立德树人

与新时代大学生劳动教育

主 编／赵德武

副主编／曾道荣 李永强

西南财经大学出版社

中国·成都

图书在版编目（CIP）数据

立德树人与新时代大学生劳动教育/赵德武主编；曾道荣，李永强副主编.—成都：西南财经大学出版社，2021.9
ISBN 978-7-5504-5056-1

Ⅰ.①立…　Ⅱ.①赵…②曾…③李…　Ⅲ.①大学生—劳动教育—研究
Ⅳ.①G40-015

中国版本图书馆 CIP 数据核字（2021）第 188099 号

立德树人与新时代大学生劳动教育

LIDE SHUREN YU XINSHIDAI DAXUESHENG LAODONG JIAOYU

主　编　赵德武

副主编　曾道荣　李永强

责任编辑：李晓嵩

责任校对：王甜甜

封面设计：墨创文化

责任印制：朱曼丽

出版发行	西南财经大学出版社（四川省成都市光华村街 55 号）
网　　址	http://cbs.swufe.edu.cn
电子邮件	bookcj@swufe.edu.cn
邮政编码	610074
电　　话	028-87353785
照　　排	四川胜翔数码印务设计有限公司
印　　刷	四川五洲彩印有限责任公司
成品尺寸	185mm×260mm
印　　张	19
字　　数	394 千字
版　　次	2021 年 9 月第 1 版
印　　次	2021 年 9 月第 1 次印刷
书　　号	ISBN 978-7-5504-5056-1
定　　价	98.00 元

序 言

劳动教育是中国特色社会主义教育制度的重要内容，是国民教育体系的重要组成部分，是学生成长的必要途径，具有树德、增智、强体、育美的综合育人价值，直接决定社会主义建设者和接班人的劳动精神面貌、劳动价值取向和劳动技能水平。党的十八大以来，以习近平同志为核心的党中央站在党和国家事业发展薪火相传、后继有人的战略高度，把劳动教育纳入党的教育方针，提出了培养德智体美劳全面发展的社会主义建设者和接班人的重要论断，强调"把劳动教育纳入人才培养全过程，贯通大中小学各学段和家庭、学校、社会各方面"。2021 年 4 月，新修订的《中华人民共和国教育法》第五条修改为"教育必须为社会主义现代化建设服务、为人民服务，必须与生产劳动和社会实践相结合，培养德智体美劳全面发展的社会主义建设者和接班人"，将党的教育方针落实为国家法律规范。这些重要论述为我们建设德智体美劳"五育并举"的高质量教育体系、办好人民满意的教育指明了方向、提供了根本遵循。

西南财经大学具有重视劳动、开展劳动、创新劳动的历史传统，从师生动手一砖一瓦建设光华校舍，到创办全国首家"大学生实验超市"、以脚步丈量中国经济发展的"家庭金融调查"，再到创建抗震救灾爱心学校、组建脱贫攻坚支教团、投身新冠肺炎疫情防控等行动，勤俭、奋斗、创新、奉献的劳动精神成为"经世济民 孜孜以求"大学精神的重要组成部分。

近年来，西南财经大学党委认真学习贯彻习近平总书记关于劳动教育的重要论述，深入贯彻落实党的教育方针，全面落实立德树人根本任务，将劳动教育作为学校人才培养的一项重大工程，学校党委书记、校长为第一负责人，举全校之力、汇众人之智、启创新之路，将加强新时代大学生劳动教育全面融入人才培养全过程。西南财经大学科学把握新时代财经高校大学生"劳育"内涵与特点，从思想价值引领出发，培育正确的劳动"价值观"；从课程体系的系统建设出发，建好劳动教育的"金课群"；从身心参与的实践要求出发，深耕劳动教育的"实践系"；从多方共建的协同育人机制出发，构建劳动教育的"共同体"；从支撑有力的基础条件出发，筑牢劳动教育的"保障网"，全方位推进大学生劳动教育，探索形成了"5+4+4"劳动教育体系（"5"是指以劳动价值观为核心，劳动情感态度、劳动品德、劳动习惯、劳动知识与技能有机统一的"五大劳动教育目标"；第一个"4"是指统合劳动价值观思想引领、劳动教育课程建设、劳动知识与技能培育、劳动实践锻炼"四大劳动教育实施体系"；第二个"4"是指加强组织领导、配强师资队伍、健全考核机制和强化条件保障"四大劳动教育保障体系"），为高校开展劳动教育提供了"西财经验"，受到学生、家长、社会和兄弟高校的广泛关注与好评。

为进一步贯彻落实习近平总书记关于劳动教育的重要论述，深入贯彻落实全国教育大会精神，更好地宣传阐释中央、教育部关于劳动教育的重大决策部署精神，西南财经大学先后举办两届"新时代财经高校大学生劳动教育工作论坛"，与 24 所财经高校共同发起成立"新时代财经高校大学生劳动教育联盟"。为展示论坛成果及近年来西南财经大学在劳动教育领域的理论探索与创新实践，我们决定出版《立德树人与新时代大学生劳动教育》论文集。论文集共遴选 36 篇文章，其中理论研究 19 篇、实践研究 17 篇，归纳和梳理了近年来劳动教育的理论与实践成果，其中既有对习近平总书记关于劳动教育重要论述的理论分析，也有立足学校实际对劳动教育的实践探讨。希望通过研究和阐释，进一步为推进和拓展新时代劳动教育的学理研究和实践创新贡献西财力量。

赵德武

2021 年 9 月 3 日

目　录

理论篇

深刻把握新时代劳动教育的价值意蕴 …………………………………… 赵德武（3）

高校大学生劳动教育研究综述（2000—2019） ……………… 刘伟亮　谢　红（7）

人工智能与劳动教育：构建中国特色社会主义劳动教育体系………… 蒋海曦（17）

中华人民共和国成立以来劳动教育的基本经验及当代启示…………… 刘建梅（27）

新时代大学生劳动教育：内涵、价值、问题与路径………… 陈　思　刘伟亮（36）

新时代高校劳动教育的价值内涵、生成逻辑与实践路径 …………………

………………………………… 魏　华　曾子芙　罗浛嘉（43）

新时代大学生劳动教育：理论·价值·困境·策略……………… 施银花（52）

新时代财经高校加强劳动教育的价值内涵与实践路径 ……………………

………………………………………………… 王　慧（64）

大学生劳动意识唤醒及教育方式改进的探索 ………… 穆晓志　邵洁蕙（72）

劳动教育综合育人价值探究

　　——基于大学生领导力培养的视角 ……………… 黄　文　谭　敏（80）

习近平劳动教育观及其对新时代大学生的启示 ……… 凌静雯　肖山山（86）

论习近平"奋斗幸福观"的理论体系及实践路径 ……………… 王　鑫（93）

新时代大学生劳动教育与担当精神培育的融合探析 ………… 申雨昕（102）

协同理论视域下大学生劳动素养培育体系构建探析 ……… 王光芬　杨　敏（109）

核心素养视域下大学生劳动教育实施策略 ……………… 李泳乐（117）

诚信品质融入大学生劳动教育的价值与途径

　　——以上海立信会计金融学院为例 ……………… 张银爽　魏　阳（124）

新时代高校党史教育和劳动教育相融合的逻辑理路 ……… 张　林　郑佳岭（133）

以劳动教育提升大学生心理健康水平研究 ……………………… 黄　琴（140）

基于 AISAS 模式的面向大学生劳动精神传播策略 ……………… 杨明爱（146）

实践篇

财经高校劳动教育体系建构的实践与探索

    ——以对外经济贸易大学为例 ……………………………… 文 君（157）

新时代财经高校劳动教育的启示

    ——基于 M 大学的研究生寒假社会调研项目 ………… 段子忠 唐 灿（166）

财经高校劳动教育必修课程的"三段式"模块构建及实现路径探索 ………………

    …………………………………………………… 陈 涛 陈小满（176）

新财经视域下大学生服务性劳动教育体系初探 ……… 刘晓彬 刘砚琛 覃 莹（185）

"五育并举"背景下财经高校劳育体系设计实践探索

    ——以中南财经政法大学为例 ……………… 梁 娜 夏东伟 胡 瑢（193）

新时代劳动教育融入金融人才培养的研究 …………… 谭 敏 雷浩巍 罗迩瀚（199）

"四个结合"协同构建全方位劳动教育体系 ……………………………… 王思涯（207）

财经高校劳动教育与专业教育深度融合的思考与实践

    ——以西南财经大学经济信息工程学院为例 …………… 王 宇 李 瑶（213）

新财经背景下财经高校开展劳动教育的几点思考

　　——基于马克思劳动学说的视角 ……………………… 罗元化（219）

"三全育人"视域下加强劳动教育的价值内涵和实践路径 ……… 舒　坦（225）

新时代高校开展劳动教育的实施路径研究 ……………… 赵　岩　刘金洋（232）

浅析新时代财经高校如何构建劳动教育实施体系 ……………… 张　凤　张　谛（239）

新时代大学生劳动教育融入学生党员教育的理论与实践探索 ………

　　…………………………………………………… 王　保　刘　余（245）

互联网时代下大学生劳动教育的新内涵和实践路径研究 ……… 蒋奕廷　伍　岳（256）

高校劳动教育在培育时代新人中的使命及其实践路径探析 ……… 杨　琳（264）

"光盘行动"融入高校劳动教育的价值与路径探析 ……………… 杨　莉（273）

红色精神融入新时代高校劳动教育的路径探析 ……………… 段鑫康（283）

理论篇

深刻把握新时代劳动教育的价值意蕴

赵德武①

摘　要： 党的十八大以来，习近平总书记针对劳动和劳动教育发表了一系列重要论述，是习近平新时代中国特色社会主义思想的重要组成部分，为开展好新时代劳动教育提供了理论指导和实践遵循。新时代劳动教育丰富了马克思的劳动思想，开辟了马克思主义劳动观的新境界，具有重要的理论价值。新时代劳动教育丰富了我国国民教育体系，发展了中国特色社会主义教育制度，具有重要的历史价值。新时代劳动教育促进了学生的全面发展，有助于培养担当民族复兴大任的时代新人，具有重要的实践价值。

关键词： 新时代；劳动教育；价值意蕴

习近平总书记在党的十九大报告中提出"培养担当民族复兴大任的时代新人"的教育任务，在全国教育大会上提出"构建德智体美劳全面培养的教育体系"的工作要求。2020 年 3 月，中共中央、国务院发布《中共中央 国务院关于全面加强新时代大中小学劳动教育的意见》（以下简称《意见》）；2020 年 7 月，教育部印发《大中小学劳动教育指导纲要（试行）》（以下简称《纲要》），对构建德智体美劳全面培养的教育体系进行系统设计和全面部署。深刻理解和把握新时代劳动教育的理论价值、历史价值和实践价值，对学习贯彻中央《意见》《纲要》精神，全面落实立德树人根本任务，全面加强新时代劳动教育，培养担当民族复兴大任的时代新人，具有重大的理论意义和实践价值。

---

①　赵德武（1963—），经济学博士，西南财经大学党委书记，教授，博士生导师，"百千万人才工程"国家级人选、享受"国务院政府特殊津贴"专家、教育部"高等学校优秀青年教师教学科研奖励计划"获得者、中国会计学会副会长及财务管理专业委员会主任委员，主要从事资本市场与公司财务、高等教育理论与实践研究。

一、新时代劳动教育的理论价值

新时代劳动教育是马克思主义劳动观的重要内容，是习近平新时代中国特色社会主义思想的重要组成部分。

劳动是人类最基本、最普遍的活动形态，在人类文明进步和社会发展中发挥了十分重要的作用。从某种程度上说，人类文明史就是一部劳动发展史。马克思主义认为，生产劳动是人区别于动物的根本特征，劳动不仅发展了世界，还创造了人类，促进了人的自由解放和全面发展。马克思把人的全面发展和自由个性阶段作为人类社会发展的最高阶段，指出共产主义"是以每一个个人的全面而自由的发展为基本原则的社会形式"。马克思主义认为，劳动是创造价值的唯一源泉，人民群众是物质财富和精神财富的创造者，教育要与生产劳动紧密结合。马克思指出："未来教育对所有已满一定年龄的儿童来说，就是生产劳动同智育和体育的结合，它不仅是提高社会生产的一种方法，而且是造就全面发展的人的唯一方法。"

中国共产党作为马克思主义政党和中国工人阶级的先锋队，进一步丰富和发展了马克思主义劳动观。《中国共产党章程》在党的性质和宗旨、路线和纲领、指导思想和行动目标等内容中，突出了劳动的地位和作用，强调"中国共产党党员永远是劳动人民的普通一员""尊重劳动、尊重知识、尊重人才、尊重创造""依靠科技进步，提高劳动者素质"等。党的十八大以来，习近平总书记多次围绕劳动的价值、弘扬劳动精神、构建和谐劳动关系等内容进行深刻阐述，内涵丰富、思想深邃，为决胜全面建成小康社会、夺取新时代中国特色社会主义伟大胜利、实现中华民族伟大复兴的中国梦提供了强大的思想引领和精神支撑，是实施新时代劳动教育的根本遵循和行动指南。从宣传倡导"劳动最光荣、劳动最崇高、劳动最伟大、劳动最美丽"到提出"爱劳动""以劳动托起中国梦"；从宣传倡导弘扬劳动精神、劳模精神、工匠精神到提出"社会主义是干出来的，新时代是干出来的""实干才能梦想成真"新劳动价值理念；从少年儿童的成长到对广大青年、知识分子、劳动模范关心关怀；从基础教育、职业教育到"更高水平人才"的培养；从德智体美全面发展到德智体美劳全面培养，形成了一个要素充实完整的人才培养体系。这一过程是马克思主义劳动观、劳动价值观在新时代的新解读，体现了习近平总书记"人民群众对美好生活的向往，就是我们的奋斗目标"的人民立场、政治信念和劳动情怀，丰富了马克思的劳动思想，开辟了马克思主义的劳动观、劳动价值观、劳动教育观的新境界。

二、新时代劳动教育的历史价值

劳动教育是我国国民教育体系的重要内容，新时代劳动教育丰富和发展了中国特色社会主义教育制度。

中华民族一直都是热爱劳动的民族，在劳动中创造了 5 000 多年的辉煌历史。教育与生产劳动相结合是我们党历来坚持的教育方针。1949 年 9 月，中华人民共和国成立前夕，具有临时宪法性质的《中国人民政治协商会议共同纲领》，把"爱劳动"与"爱祖国""爱人民""爱科学""爱护公共财物"一并列为中华人民共和国全体国民的公德。随着社会主义改造的完成，我们党实现了对社会主义教育的全面领导，把"教育与生产劳动相结合"作为基本原则写入党的教育方针。毛泽东同志于 1957 年在《关于正确处理人民内部矛盾的问题》中明确提出，"我们的教育方针，应该使受教育者在德育、智育、体育几方面都得到发展，成为有社会主义觉悟的有文化的劳动者"。自党的十一届三中全会后，党和国家的工作重心转移到经济建设上来，1995 年颁布的《中华人民共和国教育法》规定，"教育必须为社会主义现代化建设服务，必须与生产劳动相结合，培养德、智、体等方面全面发展的社会主义建设者和接班人"。此后，新时期教育方针不断发展完善，更加注重与生产劳动和社会实践相结合，党的十六大、十七大报告均提出"培养德智体美全面发展的社会主义建设者和接班人"的目标。

党的十八大以来，习近平总书记高度重视教育工作，把劳动教育纳入社会主义建设者和接班人的要求之中，提出"德智体美劳"的总体要求，把劳动教育上升到前所未有的政治高度。2021 年 4 月，经第十三届全国人大常委会第二十八次会议审议，《中华人民共和国教育法》第五条修改为"教育必须为社会主义现代化建设服务、为人民服务，必须与生产劳动和社会实践相结合，培养德智体美劳全面发展的社会主义建设者和接班人"，将党的教育方针落实为国家法律规范。中国特色社会主义进入新时代，教育服务功能也发生了新变化，教育特别是高等教育要为人民服务，为中国共产党治国理政服务，为巩固和发展中国特色社会主义制度服务，为改革开放和社会主义现代化建设服务，赋予劳动教育新的使命和内涵。新时代劳动教育要坚持走中国特色社会主义教育发展道路，以培养德智体美劳全面发展的社会主义建设者和接班人为根本目的和任务，不断丰富和发展中国特色社会主义教育制度。

三、新时代劳动教育的实践价值

劳动教育具有树德、增智、强体、育美的综合育人价值，是培养社会主义建设者和接班人、培育时代新人的必要途径。

劳动教育在教育体系中具有基础性、先导性、全局性的地位，贯穿并作用于其他"四育"，是学生成长成才的"必修课""基础课"。新时代中国特色社会主义劳动教育的重要特征可以概括为以劳树德、以劳增智、以劳强体、以劳育美、以劳创新，这也是中华人民共和国成立以来劳动教育的实践结晶。"以劳树德"，劳动是最好的防腐剂；"以劳增智"，实践出真知，勤劳出智慧；"以劳强体"，劳动锻炼人，劳动磨炼人的意志，劳动发展了人；"以劳育美"，智慧劳动增加了人的审美情趣，劳动最美丽；"以劳创新"，创新始于劳动，"智慧在孩子的手指上"。因此，劳动教育手段和目的相互作用、相互促进、相互影响的辨证机制，揭示和解释了整个教育的内在联系和德智体美劳之间的关系，对于推进立德树人、实现学生全面发展起着至关重要的作用。

虽然我国在劳动教育方面积累了许多有益的经验，但以前劳动教育主要作为德育、智育的一个途径，不具有与其他"四育"并行的独立地位，"在学校中被弱化、在家庭中被软化、在社会中被淡化"仍未根本性扭转。我们必须把劳动教育摆在更加突出的位置，建立健全体现时代特征的劳动教育体系，充分发挥劳动教育的综合育人价值，以劳促进德、智、体、美全面发展，这既是对马克思主义教育思想的继承和发展，也是对新时代中国特色社会主义教育制度的坚持和完善。我们要以贯彻落实《意见》《纲要》为契机，全面加强新时代劳动教育，系统构建德智体美劳全面培养的教育体系，使劳动成为青少年全面发展最鲜亮的底色，努力培养更多能够担当民族复兴大任的时代新人。

参考文献

［1］中共中央，国务院. 中共中央 国务院关于全面加强新时代大中小学劳动教育的意见［EB/OL］.（2020-03-26）［2021-09-23］.http://www.gov.cn/zhengce/2020-03-26/content_5495977.htm.

［2］教育部. 大中小学劳动教育指导纲要（试行）［EB/OL］.（2020-03-26）［2021-09-23］.http://www.gov.cn/xinwen/2020-07/15/content_5526951.htm.

高校大学生劳动教育研究综述（2000—2019）[①]

刘伟亮[②]　谢　红[③]

摘　要： 加强大学生劳动教育，对于落实"立德树人"根本任务，促进学生全面而自由的发展，具有重要的理论意义与现实价值。本文拟对近20年国内大学生劳动教育研究做系统梳理，从劳动教育的意义、内涵与形式、存在的问题与实践路径等方面进行总结，分析得失，明辨未来研究与实践的方向。

关键词： 大学生；劳动教育；研究综述

"教育与生产劳动相结合"是马克思主义教育思想的核心，是实现人的全面发展的重要途径。高校担负着为国家培养高素质人才的重任，加强大学生劳动教育对于培养担当民族复兴大任的时代新人具有重要意义，近些年也成为学者和高校研究的重点、热点问题。本文拟对国内大学生劳动教育问题近20年的研究做系统梳理，以期总结成果、分析得失、明辨方向。

一、大学生劳动教育研究的基本情况：
研究热度与研究水平同步提升

笔者以"劳动教育""大学生劳动教育""高校劳动教育"对"中国知识资源总库"（CNKI）2000—2019年（截至2019年10月底）的文献资源进行检索，通过信息

① 基金项目：本文受四川省教育厅、高校思想政治工作队伍培训研修中心（西南交通大学）思想政治教育研究课题（高校辅导员专项）"新时代高校大学生劳动价值观教育：方法论与实践逻辑"（项目批准号：CJSFZ21-26）资助。

② 刘伟亮（1983—），男，硕士，西南财经大学人文（通识）学院分党委副书记、讲师，主要从事思想政治教育研究。

③ 谢红（1975—），女，博士，西南财经大学学生工作部（处）部长、教授，主要从事思想政治教育研究。

筛选、甄别后获得与大学生劳动教育问题相关文献资料 171 篇，其中期刊论文 147 篇，硕士、博士学位论文 24 篇，但学术著作方面仅有《新时代高校劳动教育论纲》（刘向兵，2019）、《嬗变与审视：劳动教育的历史逻辑与现实重构》（李珂，2019）等少量成果。从研究趋势来看，关于大学生劳动教育的研究热度与研究水平逐步提升，2010年以后研究成果数量呈明显增长态势，占文献总量的近 70%。究其原因，一是 2010 年出台了《国家中长期教育改革和发展规划纲要（2010—2020 年）》，提出"加强劳动教育，培养学生热爱劳动、热爱劳动人民的情感"[①] 的教育目标；二是 2018 年习近平总书记在全国教育大会上提出"培养德智体美劳全面发展的社会主义建设者和接班人"，首次把劳动教育纳入党的教育方针，社会各界对劳动教育问题更加关注。梳理过去 20 年关于大学生劳动教育问题的研究文献和高校大学生劳动教育工作开展情况，我们发现学术研究与教育进程主要依靠党和国家领导人的重要讲话、重要文件与通知来推动，研究与实践动力具有明显的外生性特点，基于学术层面、教育问题的本体研究不足。

二、大学生劳动教育研究成果：在辩证分析中深化发展

（一）大学生劳动教育意义之辩

习近平总书记在全国教育大会上指出"劳动最光荣、劳动最崇高、劳动最伟大、劳动最美丽"。过去 20 年，学者们从不同角度阐述了大学生劳动教育的重大意义与现实价值。

第一，"自由幸福"，促进人的全面发展方面。学者们认为，"劳动教育是引导人向自身本质复归的实践活动"[②]"具有内在生命力的劳动教育，以在劳动中体知真善美为生命之根"[③]"劳动教育不仅仅是人对自然的改造和适应的目的性行为，更是人性有机体的活力和积极性表征，是追求自信、自尊、自重的解放过程"[④]，全面印证了自由自觉的劳动是实现人的全面发展基础这一马克思主义劳动价值观思想。

第二，"五育并举"，构建德智体美劳全面培养的教育体系方面。学者们认为，"五育"之间既相对独立又密切联系，劳动教育应该独立为完善人才培养目标，支持德育、

---

① 国家中长期教育改革和发展规划纲要（2010—2020 年）[EB/OL].中国政府网,(2010-07-29)[2020-01-21]. http://www.gov.cn/jrzg/2010-07/29/content_1667143.htm.

② 郭长义.人的全面发展视域下的新时代高校劳动教育研究 [J].辽宁大学学报（哲学社会科学版）2019 (4)：162.

③ 李珂.嬗变与审视：劳动教育的历史逻辑与现实重构 [M].北京：社会科学文献出版社，2019：221.

④ 肖绍明，扈中平.重释劳动教育的人性意义 [J].现代教育论丛，2013 (4)：10.

智育、体育、美育的重要平台，强调"劳动精神的培育是学校德育的重要内容，劳动科学和技能的教育是高校智育的重要内容，劳动能力的锻炼是高校体育的重要内容，劳动者对美的追求和创造是高校美育的重要内容"①。

第三，"人才强国"，建设高素质社会主义建设大军方面。"中国制造转型升级需要一支高素质产业工人队伍，需要一大批精益求精、追求卓越的大国工匠。"② 楼锡锦、薛书敏等学者认为，通过开展劳动技术教育、专业实习实践、劳动法律法规教育以及劳动能力的培养，可以帮助学生了解劳动知识及技能，培育良好的劳动观念、劳动习惯，掌握现代大生产所要求的基本原理和生产技能，提高社会整体生产力水平。"劳动托起中国梦"，中国梦的实现离不开爱劳动、能劳动、会劳动的劳动者大军，离不开知识型、技能型、创新型的劳动者。

第四，"以劳育人"，提升大学生思想政治教育针对性和实效性方面。学者们认为，"劳动教育是培育和践行社会主义核心价值观的有效途径，是高校立德树人的重要载体"③，是一种更为贴近实际、贴近生活、贴近学生的思想政治教育。学者们强调，"劳动教育在理论联系实践中起到很好的桥梁作用，推动学生产生责任感、荣誉感、协作精神、坚毅品质、劳动习惯等很多意想不到的思想观点"④。脱离社会实践的思想政治教育犹如无源之水，社会主义劳动价值观是社会主义核心价值观的重要组成部分，是构建具有生命力的思想政治教育的重要路径。

第五，"以劳促创"，激发大学生创新创业活力方面。李珂等学者认为，大学生劳动教育与创新创业教育都具有实践导向的一致性、培养目标的一致性、培养过程的一致性。"在大学生中开展劳动教育，能有效地调动人的各种潜能在实践中创造性地分析问题、解决问题，有助于培养大学生创新意识、创新精神和创新能力。"⑤

（二）大学生劳动教育内涵之辨

对大学生劳动教育内涵的科学界定是解决教育主体和教育客体对劳动教育认识模糊问题的关键，也是构建科学的高校大学生劳动教育体系的基础。学者们综合思想政治教育学、教育学等学科基础，把握大学生劳动教育的时代性、导向性、创新性、实践性等特征与原则，对大学生劳动教育的内涵进行了持续论证。

第一，"从属"与"并列"的关系之辨。从《辞海》《中国百科全书》《中国百科大词典》等工具书对劳动教育概念的界定来看，学者们认为劳动教育主要是指培养受

① 刘向兵. 新时代高校劳动教育论纲［M］. 北京：社会科学文献出版社，2019：3.
② 李珂. 习近平新时代中国特色社会主义劳动思想探析［J］. 思想教育研究，2018（1）：14.
③ 冯刚，刘文博. 新时代加强大学生劳动教育的时代价值与实践路径［J］. 中国高等教育，2019（12）：22.
④ 王丽娜. "90"后大学生劳动观教育研究［D］. 成都：西南交通大学，2016：12.
⑤ 田华，李兴军. 浅谈高校开设公益劳动课的意义与途径［J］. 教育教学论坛，2013（40）：170.

教育者正确的劳动观点、劳动态度，习得劳动技能，养成劳动习惯，但通常将劳动教育作为德育、智育和实践教育的形式或内容之一。"对体育、智育、德育、美育来说，劳动教育是另一类别的教育、另一个层次的教育，它不能、也不应与德育、智育、体育、美育并列为人的全面发展教育的组成部分。"① 2018 年全国教育大会重新确立了"五育并举"的教育理念，"历史性地把劳动教育从传统意义上促进青少年全面发展的有效途径提升为重要教育内容"②。除推动人类社会发展之外，劳动教育最重要的目标是创造劳动幸福与人的全面发展。研究者和教育界普遍认为，"五育并举"并不意味着平均用力，而是意味着不可或缺。"五育并举"并非内容的简单叠加，劳动教育与其他"四育"辩证统一于学生的全面自由发展。

第二，劳动教育内容与形式之辨。学者们认为，劳动教育内容和目标主要涵盖知识技能与思想价值观培育两个层面，而思想价值观培育是核心内容。例如，黄济从劳动教育的基本任务出发，认为劳动教育包括劳动技能培养和思想品德教育两个方面，在学校的劳动教育中，两者兼而有之③。檀传宝认为，劳动教育是以促进学生形成劳动价值观（确立正确的劳动观点、积极的劳动态度，热爱劳动和劳动人民等）和养成劳动素养（有一定劳动知识与技能、形成良好的劳动习惯等）为目的的教育活动④。劳动教育、劳动观教育、劳动技能教育三个概念不可混淆使用。劳动教育内涵更广，包括劳动观教育、劳动技术教育、劳动习惯与劳动品德养成等层面的内容，不能以劳动知识和技能教育代替劳动价值观教育，更不能等同于劳动教育。"劳动教育中的劳动是具有教育意义的劳动，它是既兼有脑力和体力劳动，又兼有物质和精神生产活动，既有自我服务，也有公益性活动等的劳动。"⑤ 也有学者从劳动链条发展的角度对劳动教育的内容进行扩展，如班建武认为，"生产和消费是一个完整的劳动链条得以有效运转的基本要素，新时代的劳动教育应该涵盖消费教育"⑥。

（三）大学生劳动教育现存问题之辨

学者们普遍认同"劳动教育在学校中被弱化，在家庭中被软化，在社会中被淡化"⑦ 的基本判断，认为劳动教育缺失严重，亟须"补课"。

---

① 瞿葆奎. 劳动教育应与体育、智育、德育、美育并列：答黄济教授 [J]. 华东师范大学学报（教育科学版），2005（9）：1.
② 曾天山. 劳动教育的时代价值与落实机制 [N]. 中国教育报，2018-12-27（08）.
③ 黄济. 关于劳动教育的认识和建议 [J]. 江苏教育学院学报（社会科学版），2004（5）：17.
④ 檀传宝. 劳动教育的概念理解 [J]. 中国教育学刊，2019（2）：82.
⑤ 王丽娜. "90"后大学生劳动观教育研究 [D]. 成都：西南交通大学，2016：8.
⑥ 班建武. "新"劳动教育的内涵特征与实践路径 [J]. 教育研究，2019（1）：23.
⑦ 教育部、共青团中央、全国少工委关于加强中小学劳动教育的意见[EB/OL].（2010-07-29）[2020-02-04].
http://www.moe.gov.cn/srcsite/A06/s3325/201507/t20150731_197068.html.

第一，作为劳动教育对象的大学生群体劳动价值观需纠偏、劳动能力需提升。学者们通过问卷调研、一对一访谈等方式对大学生劳动价值观与劳动能力开展深入调查研究，认为大学生在劳动教育方面的主要问题是劳动认知模糊、劳动情感淡漠、劳动意志薄弱、劳动行为缺乏、劳动能力不足，产生问题的主要原因一是应试教育的"指挥棒"偏向智育，忽视了劳动教育。二是深受"万般皆下品，唯有读书高""劳心者治人，劳力者治于人"等社会不良价值观与风气的负面影响。例如，简超宗、张永红调研发现，67.2%的人对"劳心者治人，劳力者治于人"持非常赞同或比较赞同的观点，64.2%的学生表示在大学假期期间偶尔会做或几乎不做家务①。三是家庭原生态劳动教育缺失。当代大学生以独生子女居多，生活条件比以往更为优越，普遍被父母过度爱护，"剥夺"了劳动机会，生活在"襁褓"之中，"不珍惜劳动成果、不想劳动、不会劳动、看不起体力劳动者"的现象很普遍。四是部分媒体存在不良导向，宣扬"不劳而获""一夜暴富"，对"网红""娱乐明星"的宣传报道多于劳动模范、大国工匠。可以说"在大学生从小到大的成长过程中一直缺乏相对的培育劳动价值观土壤"②。这导致大学生长期脱离劳动，存在"个体本位"思想，存在对生活的理解和认知片面、心理素质差、不善于集体协作等问题，违背了教育与生产劳动相结合的基本原则，偏离了学生成长成才的规律。

第二，作为劳动教育主体的高校大学生劳动教育工作认识缺失、工作缺位。从劳动教育体系的顶层设计来看，顾建军等人认为，目前劳动教育政策不健全，大中小学劳动教育课程一体化设计缺失，缺乏课程标准、系统化教育内容、教学保障与教学评价。从高校大学生劳动教育工作实践来看，有学者认为，"大部分高校未设计劳动教育课程，也没有将劳动教育纳入人才培养体系，专业课教学中也缺少劳动教育的渗透"③，劳动教育理论内容缺失，劳动教育与德育、智育、体育、美育并未实现融会贯通。从笔者对近50所国内高校的调查来看，高校大学生劳动教育课程缺位，未被纳入高校教学体系。在日益完善的后勤社会化服务背景下，学生日常劳动教育不足、劳动机会少，勤工助学、社会实践等劳动教育平台也存在有劳动、无教育的明显缺陷。学校、家庭、社会单打独斗，要求不一，并未形成育人合力。各大高校在资源配置、政策推动上还是存在明显的短板，缺教师、缺时间、缺场地、缺保障。

（四）大学生劳动教育路径之辩

贯彻落实"立德树人"根本任务、促进学生全面发展、培育"勤于劳动、善于劳

---

① 简超宗，张永红. 大学生劳动价值观现状及提升路径［J］. 高校辅导员，2019（8）：72.
② 刘向兵，李珂. 论当代大学生劳动情怀的培养［J］. 教学与研究，2017（4）：86.
③ 李敏. 高校落实劳动育人应畅通"六个渠道"［J］. 教书育人（高教论坛），2019（24）：50.

动的高素质劳动者"，对高校提出了科学构建劳动教育体系、切实加强劳动教育的新任务、新课题，学者们从社会主义劳动价值观引领、劳动教育课程体系建设、劳动实践活动开展、劳动教育保障体系建设等方面进行了全面阐述。

第一，将社会主义劳动价值观作为大学生劳动教育的核心。为坚持社会主义办学方向，重视劳动价值观的引领作用，学者们认为，大学生劳动教育应该"加强价值引领，凸显劳动教育的导向性，把培养劳动素质与培养合格社会主义劳动者结合起来"①，在观念层面"以大劳动观、大教育观为抓手，将社会主义核心价值观融入劳动教育全过程"②。部分高校开展劳动教育主题宣讲、劳模进校园、庆祝五一劳动节、西部与基层就业宣传等教育活动，利用校园网站、微博和微信公众号等新媒体传播平台，宣扬中华优秀传统文化中的劳动精神，弘扬劳动模范、劳模精神，培育正确的劳动品德与劳动情感态度。

第二，加强高校劳动教育课程体系建设。学者们认为，劳动教育课程是大学生劳动教育的主渠道，课程内容建设建议从"单独设课"与"结合融入"两个维度同时入手。一方面，高校应"构建系统性、实用型的劳动教育课程"③，从劳动发展史、劳动哲学、劳动价值观到劳动基本知识与技能、职业生涯规划，再到劳动与社会保障、劳动经济学、劳动关系学、劳动法等进行系统规划、科学讲授，帮助大学生树立正确的劳动观。另一方面，思想政治教育课程和专业课程结合学科、专业特点，梳理专业课程所蕴含的劳动教育元素，完善教学设计，融入行业法律法规、科技创新、实习实训等劳动教育内容，"在理论和实践结合的高度加强专业范围内的技能培训，使之既有扎实的专业理论知识，又有相应的动手应用能力"④。滕青、杨汝奎、方美君等学者提出，要在日常管理、教学管理、教学模式创新中强化劳动教育。在课程实施层面，吕文清建议课程实施渠道综合化，课上与课下相结合、校内校外打通、家庭社会参与；课程实施形式深层化，参考项目式学习，引进任务驱动、情景探究、实践实验、协作分享等要素；课程形态统整化，课时宜集中不宜分散；课程评价作品化，可以采用表现性评价、形成性评价⑤。

第三，重视发挥劳动实践的锻炼与教育平台作用。学者们强调，"加强劳动教育，必须加强劳动实践，坚持让学生在劳动实践中做，在劳动实践中学，在劳动实践中悟，

① 孟国忠. 高校劳动教育价值实现的机理研究 [J]. 学校党建与思想教育, 2019 (7)：87.
② 王连照. 论劳动教育的特征与实施 [J]. 中国教育学刊, 2016 (7)：92.
③ 郑程月, 王帅. 建国 70 年我国劳动教育的演进脉络、时代内涵与实践路径 [J]. 当代教育科学, 2019 (5)：17.
④ 宋敏娟. 教育与生产劳动相结合的时代内涵及其实现途径 [J]. 毛泽东邓小平理论研究, 2019 (1)：19.
⑤ 吕文清. 劳动教育需要"四个进化" [N]. 中国教育报, 2018-11-07 (09).

通过丰富多彩的劳动实践活动，实现劳动育人的教育目标"①。学者们主张劳动教育应该回归生活世界，将劳动教育融入大学生活，"强化专业性劳动实践、创新性劳动实践、社会服务性劳动实践，提升劳动教育亲和力"②。学者们认为，学生可以通过顶岗实习、勤工助学、志愿服务、创新创业、技能培训等多种方式参与劳动实践活动，打造高校教育基地，让学生真正获得劳动体验、习得劳动本领、创造劳动价值、享受劳动成果。

第四，强化劳动教育保障体系建设。一是在制度政策建议层面，学者们建议为劳动教育立法，依法治教，明确适合我国国情的、符合教育质量需求的劳动教育关键事项③；加强劳动教育制度的顶层设计，实现劳动教育在基础教育、职业教育、高等教育中的一体化贯通教育，分类分层施策，注重有机衔接。二是在打造劳动教育共同体方面，学者们认为，要"深刻理解和把握学校教育与家庭教育、社会教育的关系，在利用好学校这个主战场的同时，发挥好家庭教育和社会教育的协同作用"④；积极发挥好家庭劳动教育的基础作用，社会劳动教育的支撑作用，构建"三位一体"的劳动教育网络。另外，"大众传媒在劳动观教育宣传方面具有不可替代的作用"⑤，媒体应大力弘扬社会主义劳动价值观。三是在大学生劳动教育评价体系建设方面，学者们提出，"探索建立劳动教育督导体系，制定科学合理的各级各类学校劳动教育的发展性评价指标，并将其作为推进素质教育与科学选才的考评指标依据"⑥。部分学校也制定了劳动教育考核评价机制，将劳动教育作为学生综合素质测评的核心指标之一，作为学生评优评奖的参考依据。四是学者们建议加强劳动教育资源保障，包括在积极开发校内外社会实践场所资源、专兼结合劳动教育师资队伍建设、劳动教育设施设备配置等方面的保障需求。

三、新时代大学生劳动教育研究的反思与展望

大学生劳动教育问题在未来一段时间将会是国内教育学界及教育工作者研究和实践的重点领域。综合学者们在2000—2019年对大学生劳动教育意义、内涵、问题与路

---

① 顾建军. 劳动教育要抓住灵魂科学实施 ［N］. 中国教育报，2018-11-28（09）.
② 李敏. 高校落实劳动育人应畅通"六个渠道"［J］. 教书育人（高教论坛），2019（24）：51.
③ 王连照. 论劳动教育的特征与实施 ［J］. 中国教育学刊，2016（7）：93.
④ 刘向兵. 新时代高校劳动教育论纲 ［M］. 北京：社会科学文献出版社，2019：71.
⑤ 鲍忠良. 青少年学生劳动教育现状的实证研究 ［J］. 教育探索，2013（8）：93.
⑥ 郑程月，王帅. 建国70年我国劳动教育的演进脉络、时代内涵与实践路径 ［J］. 当代教育科学，2019（5）：18.

径的研究，可见目前对大学生劳动教育问题的研究缺少完善的理论支撑体系和科学的教育实践体系，主要为经验之谈，而实证研究较少，并且研究存在外生性、表面化、碎片化等问题与不足，需要进一步挖掘和提升。

（一）大学生劳动教育理论支撑体系亟待完善

大学生劳动教育必将是未来教育体系研究的重点领域。目前，劳动教育研究仍然处于探索阶段，学者们的研究主要集中在政策的解读、外在意义阐述与具体实践，忽视了对劳动、劳动形态以及劳动教育内容本身的研究，对教育与生产劳动相结合的思想、劳动的社会价值与人本价值、劳动与人的全面发展、"五育并举"等问题的阐释仍然不足，整个劳动教育理论支撑体系需要不断完善。

（二）大学生劳动教育实施体系需要加强顶层设计

新时代大学生劳动教育面临新形势、新对象、新要求，从大学生教育实践领域来看，劳动教育仍然缺少有效的政策保障，缺少对整个教育系统劳动教育开展的科学顶层设计，教育实践活动缺少"章法"，呈现零散化、碎片化特点，大学与中小学劳动教育从内容与机制的有机衔接，家、校、社会"三位一体"的劳动教育机制问题研究需要深入，以期形成全员、全过程、全方位的劳动教育长效机制。

（三）大学生劳动教育研究与实践缺乏时代性和针对性

高校对大学生劳动教育问题反应较慢，对新时代大学生劳动教育的意义认识仍不到位，课程化劳动教育体系的研制任重道远。在不同社会发展时期，劳动的主体、内容与形式存在较大差异，新时代大学生劳动教育应有新内涵，对"00后"大学生劳动价值观现状、劳动教育文化与教育氛围、劳动教育新方法、劳动教育评价机制、大学生劳动观念的自我培养与劳动实践的自我设计和践行等方面的理论探讨、实证研究都需要更加全面深入。

参考文献

［1］国家中长期教育改革和发展规划纲要（2010—2020 年）［EB/OL］.中国政府网,（2010－07－29）［2020－01－21］.http://www.gov.cn/jrzg/2010－07/29/content_1667143.htm.

［2］郭长义.人的全面发展视域下的新时代高校劳动教育研究［J］.辽宁大学学报（哲学社会科学版），2019（4）：162.

［3］李珂.嬗变与审视：劳动教育的历史逻辑与现实重构［M］.北京：社会科学文献出版社，2019：221.

［4］肖绍明，扈中平.重释劳动教育的人性意义［J］.现代教育论丛，2013（4）：10.

［5］刘向兵. 新时代高校劳动教育论纲［M］. 北京：社会科学文献出版社，2019：3，71.

［6］李珂. 习近平新时代中国特色社会主义劳动思想探析［J］. 思想教育研究，2018（1）：14.

［7］冯刚，刘文博. 新时代加强大学生劳动教育的时代价值与实践路径［J］. 中国高等教育，2019（12）：22.

［8］王丽娜.“90”后大学生劳动观教育研究［D］. 成都：西南交通大学，2016：8-12.

［9］田华，李兴军. 浅谈高校开设公益劳动课的意义与途径［J］. 教育教学论坛，2013（40）：170.

［10］瞿葆奎. 劳动教育应与体育、智育、德育、美育并列：答黄济教授［J］. 华东师范大学学报（教育科学版），2005（9）：1.

［11］曾天山. 劳动教育的时代价值与落实机制［N］. 中国教育报，2018-12-27（08）.

［12］黄济. 关于劳动教育的认识和建议［J］. 江苏教育学院学报（社会科学版），2004（5）：17.

［13］檀传宝. 劳动教育的概念理解［J］. 中国教育学刊，2019（2）：82.

［14］班建武.“新”劳动教育的内涵特征与实践路径［J］. 教育研究，2019（1）：23.

［15］教育部、共青团中央、全国少工委关于加强中小学劳动教育的意见［EB/OL］.（2010-07-29）［2020-02-04］. http://www.moe.gov.cn/srcsite/A06/s3325/201507/t20150731_197068. html.

［16］简超宗，张永红. 大学生劳动价值观现状及提升路径［J］. 高校辅导员，2019（8）：72.

［17］刘向兵，李珂. 论当代大学生劳动情怀的培养［J］. 教学与研究，2017（4）：86.

［18］李敏. 高校落实劳动育人应畅通“六个渠道”［J］. 教书育人（高教论坛），2019（24）：50-51.

［19］孟国忠. 高校劳动教育价值实现的机理研究［J］. 学校党建与思想教育，2019（7）：87.

［20］王连照. 论劳动教育的特征与实施［J］. 中国教育学刊，2016（7）：92-93.

［21］郑程月，王帅. 建国 70 年我国劳动教育的演进脉络、时代内涵与实践路径［J］. 当代教育科学，2019（5）：17-18.

［22］宋敏娟. 教育与生产劳动相结合的时代内涵及其实现途径［J］. 毛泽东邓小平理论研究，2019（1）：19.

［23］吕文清. 劳动教育需要"四个进化"［N］. 中国教育报，2018-11-07（09）.

［24］顾建军. 劳动教育要抓住灵魂科学实施［N］. 中国教育报，2018-11-28（09）.

［25］鲍忠良. 青少年学生劳动教育现状的实证研究［J］. 教育探索，2013（8）：93.

人工智能与劳动教育：
构建中国特色社会主义劳动教育体系

蒋海曦①

摘　要： 人工智能条件下实现劳动教育目标，构建中国特色社会主义劳动教育框架体系，具有特殊的意义。人工智能对人的劳动的替代，并不能否认劳动教育的必要性和重要性，反而更凸显了劳动教育的独特价值。在人工智能的挑战下，劳动教育体系已发生了重大变革。从劳动教育方针、对象、师资、内容、教材、教法以及条件等多方面形成的中国特色社会主义劳动教育体系，是进行劳动教育的重要保证。坚持党的教育方针，运用现有劳动教育的条件，我们一定能够通过劳动教育，完成培养新时代中国特色社会主义事业的、德智体美劳全面发展的建设者和接班人的重任，实现中国的现代化，最终在未来社会实现人的全面发展。

关键词： 人工智能；劳动教育；体系

当前，以人工智能为代表的高新技术飞速推进经济社会的发展，在中国尤其是这样。我国已完全消除了绝对贫困，全面建成了小康社会，正沿着高质量发展战略和方向，继续迈向新时代共同富裕以及建设中国特色社会主义现代化强国的目标。要实现这一目标，需要培养大量的中国特色社会主义现代化事业的建设者和接班人。这些建设者与接班人的重要素质之一，就是崇尚劳动、热爱劳动、能够劳动的素质。如何在人工智能大量替代人工劳动的背景下进行大学生劳动教育，构建中国特色社会主义劳动教育体系，值得我们大力研究。

---

①　蒋海曦（1984—），女，西南财经大学国际商学院副教授，硕士生导师，主要从事马克思主义资本及金融理论研究、中外资本及金融理论比较研究、补充性货币理论及运行研究。

一、劳动教育的内涵及人工智能的现状

所谓劳动教育，是指对受教育者进行劳动意义、劳动形式、劳动意志锻炼、劳动技能培养的综合教育。劳动教育是一个系统教育工程，必须要在人出生之时，作为社会的人的起点开始进行培养与教育。习近平总书记从中国特色社会主义现代化的高度，多次强调劳动教育的重要性。2020 年 3 月 20 日，《中共中央 国务院关于全面加强新时代大中小学劳动教育的意见》提出，劳动教育应当作为中国特色社会主义教育制度中的重要组成部分和内容，要针对新时代大小中学教育的现状，强化劳动教育素质，避免不珍惜劳动成果、不会劳动、不能劳动甚至不想劳动的趋势，在培养中国特色社会主义建设者和接班人的劳动精神风貌、劳动价值取向和提高劳动技能水平上下功夫，凸显劳动教育的价值性，为培养真正的中国特色社会主义建设者与接班人贡献力量[①]。由此可见，劳动教育十分重要。

既然劳动教育如此重要，那么劳动教育的实施存在一个什么样的大背景呢？在国内外局势方面，我们正面临"百年未有的大变局"，即面临许多不确定性的因素。在经济社会发展方面，我们在习近平中国特色社会主义经济思想的指导下，取得了脱贫攻坚、消除绝对贫困的伟大成就。随着全面建设小康社会这一目标的实现，我们正在意气风发向着全面建成社会主义现代化强国的第二个百年奋斗目标迈进，开启了实现共同富裕的新征程。更为不可忽视的因素在于，在社会生产力发展方面，我们正面临以人工智能、互联网、大数据、云计算为代表的当代高科技的冲击。这些高科技产生了强大的发展力，带来了极高的经济发展效率，替代了大量的人工劳动，也给我们的劳动教育提出了新要求、新挑战和新课题。

以人工智能为代表的高新技术，对中国的生产力发展起了非常大的作用。有数据统计，截至 2020 年年底，中国的制造业已再次位列世界第一，其增加值由 161 840 亿元增长到 265 944 亿元。这使得工业增加值与中国的制造业增加值达到 1.19 倍，而制造业总量保持着国内生产总值的 3.25 倍左右。其中，这得益于人工智能促进"数字产业化"或"产业数字化"带来的直接收益。人工智能等高新技术推进中国科学技术的发展也不容小觑。2019 年，中国关于科技与教育方面的支出已达国内生产总值的 2.23%，技术改造经费在 2019 年增加到 3 740.2 亿元。中国专利授权数在 2019 年达到 2 474 406 件，年均增长 117.07%，中国高校及科研工作者发表的论文在 2019 年增加到

---

① 中共中央，国务院. 中共中央 国务院关于全面加强新时代大中小学劳动教育的意见 [EB/OL]. (2020-03-26) [2021-02-03]. http://www.gov.cn/zhengce/2020-03/26/content_5495977.htm.

了 1 447 336 篇，年均增长 6.59%。通过人工智能高新技术的促进，中国在社会生产方面的综合能力大幅提高。2019 年，中国制造业的煤炭消耗量达到59 894.33万吨的标准，电力消费为 38 108.53 亿千瓦小时。2019 年，中国制造业煤炭消耗量达到了 0.45 吨标准煤/万元，年均下降 4.3%左右。在人工智能等高新技术的促进下，我国的环境友好能力也不断提升，在能源消耗降低的同时，环境污染大为减轻。自 2011 年以后，中国工业二氧化硫排放量开始大大降低。2019 年，工业二氧化硫排放量仅为 413.73 万吨，年均下降 9.7%左右。随着人工智能等高新技术的推进，经济社会长足进步，仅中国制造业的就业人员在 2019 年就达到 3 832 万人，年均增幅为 1.3%。2019 年，中国制造业主营业务收入达到 943 582 亿元，占全部规模以上企业的主营收入的 88.4%，且其2019 年的利润高达了 55 314.5 亿元，占本年应纳增值税的 84.1%①。

从社会生产和社会生活各个领域来看，人工智能等高新技术是通过改善制度条件、改善社会生产与社会生活环境、赋能高新技术产业及服务业、增加相对剩余价值等来全面促进经济社会的进步的。特别是人工智能出现在经济社会各个领域，带来了经济社会的巨大变化。自动驾驶、无人商场、无人智服、智能系统、智能教育、智能医疗等，给人们展示了新的天地。然而，更为重要的是，当代人工智能的高效率是任何时代都不可比拟的。根据专家测算与理论论证，人工智能等高新技术促进的劳动生产率，理论上可以趋于无穷大②。因此，在社会工作量一定的情况下，人工智能促进社会生产力的提高，将极大地形成对劳动力的大量替代。

二、人工智能可否替代劳动教育：理论与实践解惑

如前所述，劳动教育对于中国特色社会主义现代化建设十分重要，对培养中国特色社会主义事业的建设者和接班人十分重要。这在理论及实践上形成了这样一个问题：在人工智能条件下，劳动教育是否会被人工智能所替代？这里首先有一个前提：人工智能还在继续发展吗？答案是肯定的。按学者们的划分，人工智能分为弱人工智能阶段、强人工智能阶段以及超人工智能阶段。目前，我们正处于弱人工智能阶段的初始阶段。人工智能尽管只有 60 余年历史，但是它在社会生产及生活中的巨大作用，已显示出强大的生命力及发展前景。可以预见，人工智能的发展是推动我们经济社会的强大动力。人工智能通过大大提高劳动生产力，使人类从繁重的劳动中解放出来，实现

---

① 数据来源：笔者根据《中国统计年鉴》数据整理。
② 蒋南平，邹宇. 人工智能与中国劳动力供给侧结构性改革［J］. 四川大学学报（哲学社会科学版），2018（1）：130-138.

了技术进步，推动了经济社会的更大进步，加速了人的进一步向"全面发展"迈进的步伐。在过去，如果说人工智能还没出现之时，仅仅存在科学技术（如机器设备）替代人的体力劳动的情况，如 20 世纪 60 年代就出现过的"无人车间"和"无人工厂"，实现了设计、制造、维护、操控自动化设备的"总体工人"创造价值的过程和情景，但也毕竟只是"机器替代工人的体力"，很少替代智力。然而，人工智能的出现，开始替代人的智力。人工智能不仅要替代人的体力，也要替代人的智力，也就是说，可以代替任何劳动力。对此，不少专家有大量的研究文献。

基于西方传统的技术进步影响劳动力就业的理论，国内学者关于人工智能对劳动力就业的双向作用进行了研究。他们认为，人工智能对就业具有双向的作用，即替代作用和促进作用。替代作用是指，一方面，企业基于成本的考虑会选择使用机器，使得一些机械性、重复性和低端的工作逐渐被替代（邓洲，2019），对劳动力需求会相对降低；另一方面，受企业对劳动力技能需求提高的影响，原有的工作人员不符合企业对技能的需求，部分需要一定技能水平的工作会产生替代，对人类的就业产生负向影响。促进作用是指，首先，企业生产成本降低，收入增加，规模扩大，带动了就业（王君，2017）；其次，人工智能本身会产生与自身运用和发展相关的岗位，创造出全新的职业和岗位，对劳动力的就业产生正向的促进效应；最后，人工智能会催生新业态和新行业，带动新兴产业发展，对人类就业产生正向的拉动作用（邓洲，2019）。

国内学者普遍认为，人工智能对劳动力就业的替代作用和促进作用的大小决定了人工智能对劳动力就业量的影响。当人工智能对劳动力就业的替代效应大于促进效应时，其运用和发展会对劳动力就业产生冲击，降低劳动就业总量；反之，创造出更多的就业机会，缓解就业压力。根据目前的研究进展，国内学者对这一问题尚未形成统一的结论。许军等（2015）通过构建我国机器人和劳动力就业的成本均衡模型发现，随着两者成本的变化，在未来，智能机器人替代部分劳动力就业是一种必然的趋势。韩民春等（2020）也认为，人工智能的不断发展对劳动力就业产生了破坏作用，他们通过研究工业机器人对制造业就业的影响发现，机器人的大范围推广和运用，最终带来了就业的负向作用。但是有部分学者对此持相反的观点，即认为人工智能对劳动力就业的促进作用较大。例如，吴清军等（2019）认为，人工智能会给电商行业带来新的就业机遇，能够吸纳大量的就业人员，对就业的推动作用较强。还有部分学者认为，两种效应的大小与所处的发展阶段相关，在生产率较低的阶段，人工智能对劳动力就业主要是替代作用，但是随着生产率提高，创造效应较为明显（蔡啸、黄旭美，2019）。

如前所述，人工智能的出现，在理论与实践上都表明，人工智能对人类劳动的替代性是毋庸讳言的。当然，人工智能在现阶段可以是对机械性、重复性的人力进行替代，再以后可以是对高度复杂劳动及医疗、教育等领域的人类劳动进行替代。在超人工智能时代，人工智能可能实现全能劳动替代。当然，在那个时候，社会生产力的高度发展，将会为人类社会创造更大的发展空间。如上所述，人工智能可以替代人类劳动。既然如此，是否在人工智能背景下就不需要劳动教育了呢？不，答案正好相反。在人工智能背景下，更需要加强劳动教育。

第一，人工智能可以替代人类劳动，但无法代替劳动教育。人类劳动分为简单劳动和复杂劳动两大类。所谓复杂劳动，是指需要经过专门的教育训练才能从事的劳动。复杂劳动是随着经济社会不断发展，以致更加复杂的。从当前的情况来看，我们仅处于弱人工智能的初始阶段，许多技能复杂、不均衡、不统一的人类劳动，人工智能还无法替代。这一部分劳动必须要通过劳动教育形成。此外，前文已述，复杂劳动是不断进步的，为了经济社会的发展，为了自身在社会上更加如鱼得水，能够更好地从事高级复杂的劳动是一个重要前提。因此，劳动教育不可或缺。

第二，经济社会的前进任何时候都离不开劳动教育。根据马克思主义经济学的原理，人类最基本的活动是物质生产活动，这是人类生存和发展的最基本条件。在物质资料生产活动过程中，劳动者、劳动对象、劳动资料构成了人类劳动体系，形成了人类与自然的物质交流，产生了劳动成果，推进了经济社会的进步。也就是说，任何经济社会时期，人类都是要进行生产劳动的，而不论劳动的形式如何。我们即使生活在人工智能大发展的时期，人类劳动也是不可脱离片刻的。因此，在人工智能背景下，我们要推进经济社会的发展，必须掌握物质生产劳动的技能，当然也必须接受劳动教育。

第三，劳动教育是中国共产党在新时代对培养中国特色社会主义事业的建设者和接班人的一贯方针。中国共产党将马克思主义同中国革命和建设的实际相结合，探索出了一条适合中国特色社会主义发展道路的教育方针。毛泽东同志在20世纪40年代就认为，我们的教育方针，应该使受教育者在德智体几方面都得到发展，成为有社会主义觉悟的、有文化的劳动者。邓小平同志认为，教育要面向现代化、面向未来。习近平总书记多次强调劳动教育，强调要培养适合中国特色社会主义事业发展的建设者和接班人。这一切都表明，劳动教育是中国共产党一以贯之的重要教育方针。劳动教育理所当然成为当前我们的必修课。特别值得一提的是，新时代是进入人工智能兴盛的新时代，借助人工智能为代表的高新科技，中国特色社会主义事业会取得更加长足的进步。而这个时候党中央强调劳动教育，既是党一以贯之的教育方针的体现，又是人工智能背景下新时代培养中国特色社会主义建设者和接班人的必然要求。

第四，劳动教育是创造物质财富的必然保证。不论人工智能如何发展，人类社会需要的物质财富都必须由劳动创造出来。当前，有不少的新经济形态出现，如智能经济、网络经济、数字经济、直播经济、粉丝经济等，但许多经济形态不外乎就是为实体经济赋能，不外乎就是转移或转换价值形态而已。因此，社会财富及价值仍然要通过物质资料的生产性劳动才能被创造出来，而创造物质财富的劳动，也必须要通过劳动教育才能获取。劳动教育仍然不可或缺。

第五，劳动教育是人工智能时代完善社会人格的重要途径。人工智能的实质是借助于大数据、算法、算力等技术和方法，实现由"人-机""机-人"的有机联系，实现人工劳动与机器运行的融合。在这种情况下，人们往往处于一个虚拟的空间，进行着虚拟现实的交换，而人的劳动才是真实的人与自然的关系。人与自然的关系不断持续，人才具有人的本质，即社会属性。正如马克思所认为的，就其现实性上，人的本质是一切社会关系的总和。由此可见，人工智能难以给出客观的社会条件，仅在人工智能背景下难以形成人的社会属性，只有通过人的社会劳动，才能达到这个社会目的。因此，劳动教育是必需的。

第六，劳动教育是达到社会各阶段目标的必然条件。不同的经济社会时期完成的社会目标是不一样的。中华人民共和国成立之前，中国共产党的教育方针着力服务为进行新民主主义革命和建设的人才培养，要求培养的人才具有坚定的革命信念及能力。中华人民共和国成立后不久，为了培养大量的人才，中国共产党的教育方针还突出强调教育和生产劳动相结合。在改革开放新时期，中国共产党的教育方针强调教育要"面向世界，面向现代化，面向未来"。在实现中国特色社会主义现代化的过程中，中国共产党更是强调要通过"德智体美劳全面发展"来培养中国特色社会主义事业的建设者与接班人。也就是说，中国人民乃至全人类如果要在不同的经济社会得以发展，必须按照一定的教育方针，把劳动教育作为教育方针的重要内容。特别是在未来社会，按照马克思主义"人的全面发展"的最高社会目标，通过包括劳动教育在内的各种教育达到人类社会的最高境界，更是我们的必由之路。

三、人工智能背景下劳动教育体系的框架构建

如前所述，在当代人工智能的背景下，人工智能可以代替劳动，但代替不了劳动教育。因此，我们构建人工智能背景下中国特色社会主义劳动教育体系的框架，是十分必要的。这个体系构建必须考虑下列要素：

（一）受教育者，即劳动教育对象

在人工智能背景下，严格来说，受教育对象应该是全体公民。因为全体公民都应

是中国特色社会主义事业的建设者与接班人。然而，部分公民是正在履职的劳动者及其他人员（如退休人员等），相比而言，他们已具备了一定的劳动教育所要求的技能。因此，需要重点进行劳动教育的对象应是未进入或未能进入职场的幼儿园、小学、中学、大学的受教育者。

（二）劳动教育方针

在每个经济社会时期，中国共产党都针对要完成的主要战略目标，对教育者提出相应的标准和要求，从而制定出不同经济社会的教育方针，并根据教育方针，规定了相应的劳动教育内容。例如，中华人民共和国成立之后，中国共产党就根据"培养德智体全面发展、有社会主义觉悟、有文化的劳动者"，要求"教育为社会主义政治服务""教育与生产劳动相结合"。在改革开放新时期，中国共产党要求包括劳动教育在内的教育要"面向现代化，面向世界，面向未来"。在当前中国特色社会主义新时代，根据"培养德智体美劳全面发展的社会主义建设者和接班人"的要求，则要形成新时代中国特色社会主义劳动教育的方针。

（三）劳动教育的师资队伍

劳动教育的师资队伍应根据人工智能条件下劳动教育的特点加以建立。例如，人工智能对人力的重复性、机械性劳动替代性强，但对感情性、艺术性、多样性的劳动在目前还难以替代。因此，师资队伍应分为三类：习惯性或基础性劳动教育的师资、技能性劳动教育的师资、开拓性劳动教育的师资。

（四）劳动教育的教材

严格来说，实践特别是社会实践，是最好的劳动教育的教材，因为它最具有普适性、广泛性、灵活性。但我们前已述及，劳动教育的对象主要限于未能入职或无法入职的幼儿园、小学、中学、大学的受教育者，因此仍应突出课堂使用的教材。教材同样应分为基础性教材、技能性教材、开拓性教材，以适应不同的劳动教育对象。

（五）劳动教育的教学方法

一般而言，最适合的就是最好的，方法也是如此。劳动教育的方法有很多种类，但归纳起来不外乎两大类：一是理论教学法，二是实践教学法。前者主要是通过对劳动教育的理论阐述，使劳动者明白劳动的意义、起源、发展、本质、特征、范畴等，以用于劳动实践的引导；后者主要通过实践的过程，使劳动理论教育传授的知识得到理论教育之外的操作与运用，体验劳动教育理论与实践融合的快乐，使劳动技能得以形成、积累、提升，培养劳动者成为有劳动理性、有劳动能力的真正劳动者，为成为中国特色社会主义的建设者与接班人打下基础。

（六）劳动教育的环境

所谓劳动教育的环境，是指影响劳动教育的一切外部条件，如教育氛围、教育设施、教育投入、教育政策等。这些条件的好坏关乎劳动教育质量的高低。

（七）劳动教育的内容

劳动教育的内容是指劳动教育施加、灌输给劳动教育对象的相关知识和技能。劳动教育的内容决定教材的内容甚至影响到劳动教育的师资、教法等方面。从现在的情况看，劳动教育的主要内容应针对人工智能背景下，准劳动者如何适应人工智能替代人力的问题，设计具体的应对策略和方法。这些内容首先应包括劳动通识教育。这一部分内容是基础的，要反映人类社会在物质资料生产各个经济社会时期的劳动情况，包括对未来社会的劳动发展的预测。其次，劳动教育的内容应包括现时技能教育。在人工智能条件现存的情况下，不同层次、不同类别、不同行业的受教育者，在现实准劳动者与人工智能相匹配的劳动技能，如人工智能届时不能替代的技能、人工智能现时无法替代的技能、人工智能与人力协同配合的技能等。最后，劳动教育的内容还应包括超越人工智能的技能。人工智能是发展的，而发展是一个过程。尽管一些科学家认为，人工智能发展得非常快，替代人力也将非常快，因此劳动技能的进步难以跟上人工智能发展的步伐。但是无论如何，劳动者必然是社会物质资料生产过程的主体。如果人工智能成为其主体，那么人类社会将展现"全面发展"的现实，这则是另外研究的话题。

我们当下在人工智能条件下构建中国特色社会主义劳动教育框架体系，主要包括七个方面的内容：劳动教育对象、劳动教育方针、劳动教育的师资队伍、劳动教育的教材、劳动教育的教学方法、劳动教育的环境、劳动教育的内容。

四、人工智能背景下劳动教育的展望

我们遵循习近平总书记关于"培养德智体美劳全面发展的社会主义建设者和接班人"的指示，在消除了绝对贫困、夺取了全面决胜小康社会的胜利、继续迈进建成现代化强国的过程中，我们面临人工智能主导的当代科技的新挑战。由于人工智能对人类劳动的强势替代，新时代中国特色社会主义的劳动教育必然要有新思维、新发展。因此，我们必然要构建中国特色社会主义劳动教育框架体系，并着力充实这个框架体系的相应内容。

从目前的情况而言，中国特色社会主义劳动教育体系中的劳动教育方针是十分明确的，就是要通过劳动教育等多种教育形式，培养中国特色社会主义事业的、德智体美劳全面发展的建设者和与接班人，我们必须坚持下去。劳动教育的对象，除了对在职劳动者进行适应人工智能现实的技能培训之外，对于未来的劳动者或准劳动者，即从幼儿园到高校研究生层次，都应进行劳动教育。当然，对于不同层次的受教育者，我们应施以不同的劳动教育内容。例如，在幼儿园、小学层次，我们应主要进行劳动基础理论和知识的教育，辅之以劳动习惯（日常生活、简单劳动习惯的养成）等；在中学层次，我们应主要进行劳动意志的磨炼、体验教育，辅之以劳动技能的教育；在大学、研究生层次，我们应主要进行劳动技能及超前劳动技能的培养教育。当前，我们在这些方面还应进一步加强。在劳动教育的师资队伍建设中，目前的问题还较多，主要表现在幼儿园、小学的劳动教育师资还不适应人工智能条件下的劳动教育的形势，小学、中学、大学、研究生劳动教育的师资队伍，除了同样难以适应人工智能条件下劳动教育的形势之外，师资队伍本身又或多或少欠缺受教育者应具备的劳动技能、知识以及理论，因此师资队伍还得先行加强对这些劳动技能、知识和理论的学习。在劳动教育的教材建设方面，我们也还有大量的工作要做。因为建立中国特色社会主义劳动教育的框架体系是一个创新性工程，这决定了其教材建设与其他方面的内容都是全新的。教材要分不同层次，容纳不同教育层次的教材内容，特别是人工智能条件下，劳动者被要求的技能、知识更具有复杂性、协调性，使得教材工程更为浩大，我们必须尽更大的努力进行劳动教育的教材建设。伴随着中国特色社会主义劳动教育体系相关内容的构建，劳动教育的方法也必然丰富多样，既要求理论知识教育和方法多种多样，更要求实践活动多种多样，且完全不同于过去的一些教学方法。这是因为人工智能下的劳动教育方法更具有多样性、丰富性、易变性。在这方面，我们还要继续探索与实践。在营造劳动教育的环境方面，我们现在已经具备了浓厚的氛围、良好的基础设施，就待我们较好地加以利用。

综上所述，我们当前在人工智能条件下构建中国特色社会主义劳动教育框架体系，虽然在劳动教育的师资队伍、劳动教育的内容、劳动教育的教材、劳动教育的教学方法等方面面临一系列新问题，要克服一些新困难，但是我们的劳动教育方针是科学先进的，劳动对象是确定的，劳动教育条件是完备的。因此，我们有十足的自信心圆满完成新时代中国特色社会主义劳动教育的历史任务。就历史和现实的经验来看，从中外的经验与教训来看，劳动教育是一个必然的过程，是一个渐进的过程，是一个被教育者社会化的过程，是促进整个社会更加文明的过程。因此，我们坚信，只要遵循党的教育方针，利用现有条件，克服新的困难，人工智能背景下新时代中国特色社会主义的劳动教育体系一定能够不断完善。我们一定能够通过劳动教育在内的各类形式的教育，培养出亿万中国特色社会主义事业的建设者和接班人，从而完成建设中国特色社会主义现代化强国的宏伟大业，最终在未来社会破解人工智能带来的各种困难，实现"人的全面发展"。

参考文献

［1］蒋南平，邹宇．人工智能与中国劳动力供给侧结构性改革［J］．四川大学学报（哲学社会科学版），2018（1）：130-138．

［2］邓洲，黄娅娜．人工智能发展的就业影响研究［J］．学习与探索，2019（7）：99-106，175．

［3］王君，张于喆，张义博，等．人工智能等新技术进步影响就业的机理与对策［J］．宏观经济研究，2017（10）：169-181．

［4］王君，杨威．人工智能等技术对就业影响的历史分析和前沿进展［J］．经济研究参考，2017（27）：11-25．

［5］许军，董冰冰．机器人替代劳动力的均衡分析［J］．江苏师范大学学报（哲学社会科学版），2015（3）：150-154．

［6］韩民春，韩青江，夏蕾．工业机器人应用对制造业就业的影响：基于中国地级市数据的实证研究［J］．改革，2020（3）：22-39．

［7］吴清军，陈轩，王非，等．人工智能是否会带来大规模失业：基于电商平台人工智能技术、经济效益与就业的测算［J］．山东社会科学，2019（3）：73-80．

［8］蔡啸，黄旭美．人工智能技术会抑制制造业就业吗：理论推演与实证检验［J］．商业研究，2019（6）：53-62．

中华人民共和国成立以来劳动教育的基本经验及当代启示

刘建梅[①]

摘　要： 劳动教育在促进社会革命和建设、教育现代化以及学生全面高素质发展等方面具有重要作用。中华人民共和国成立以来，历届党和国家领导人都特别注重劳动教育，不同的领导人在不同的时期提出不同的劳动教育观，采取不同的方式方法开展劳动教育。中华人民共和国成立以来劳动教育的基本经验，主要体现为坚持党对劳动教育的领导、顺应时代要求调整劳动教育的目标、协调既有资源推动劳动教育的实施三个方面。进入新时代，大学生劳动教育要继续提高劳动教育的地位，加强劳动教育顶层设计，发挥学校、社会、家庭的协调作用。

关键词： 劳动教育；大学生；启示

一、引　言

在新时代，加强大学生劳动教育是国家发展和个人成才的迫切需要。就目前高校劳动教育的现状来看，教育者和大学生都还需要继续不断理解劳动教育的内涵、外延以及劳动教育的必要性和重要性。本文对中华人民共和国成立以来的劳动教育观进行梳理，挖掘其中的经验和教训，使当代大学生劳动教育在此基础上采取更为有效的教育措施，更好地发挥劳动教育在大学生成长成才和国家发展中的重要作用。

---

①　刘建梅（1998—），女，西南财经大学思想政治教育专业硕士研究生。

二、中华人民共和国成立以来的劳动教育

（一）毛泽东的劳动教育思想

"教育与生产劳动相结合"是毛泽东教育思想的重要组成部分。中华人民共和国成立后，为巩固新生政权，实现国家又快又好发展，毛泽东坚持把学校教育与工农业生产相结合，以培养专业的工业人员和农业人员为教育的首要目标。1949 年，毛泽东在第一次全国教育工作会议上明确提出实行教育要与生产劳动相结合、与社会实践相结合的教育方针。1957 年 2 月，毛泽东在《关于正确处理人民内部矛盾问题》中就提道："受教育者通过教育后要实现德、智、体的全面发展，成为有社会主义觉悟的有文化的劳动者。"① 与此同时，毛泽东还要求将生产劳动课作为学校的正式课程，在学校增设手工劳动课和教学工厂实习课，学校教育和劳动要两手抓。毛泽东认为，将教育与生产劳动相结合是实现青年潜在劳动力转化为现实劳动力的最有效的途径。毛泽东在视察天津大学时提出："将来要学校办工厂，工厂办学校。"② 其目的就是倡导大学生走出书本、走出课堂、走出学校，参与劳动，将理论与实践联系起来，培育适应社会主义革命和建设的专业人才。历史充分地证明，毛泽东的劳动教育思想是符合当时中国发展实际的，为当时的人才培养明确了方向，也培养了一批高级工业知识分子和农业知识分子，为中华人民共和国"站稳脚跟"起到了重大推动作用，为改革开放奠定了重要基础。

（二）邓小平的劳动教育思想

邓小平继承和发展了毛泽东的劳动教育思想，并根据国家发展的实际情况提出："我们必须在新的条件下认真研究如何更好地贯彻教育与生产劳动相结合的方针，以培养合格的社会主义建设者。"③ 为将此方针落到实际，发挥预期效果，邓小平还提出三个要求：首先，教育事业必须符合国民经济的发展要求，即教育的目标、内容、结构、发展速度和规模都必须与当时社会生产力的发展要求相适应；其次，各级学校必须合理安排教育活动，在以教学为中心的同时，合理安排学生参加各种劳动，将学生培养为高水平的技能型劳动者；最后，必须将教育与生产劳动相结合的方针落实到具体的教学工作中，不能流于表面，学校课程设置和教学内容要与实际生产劳动相结合，使

---

① 毛泽东. 关于正确处理人民内部矛盾的问题 [M]. 北京：人民出版社，1957.
② 廖盖隆. 毛泽东百科全书 [M]. 北京：光明日报出版社，1993：417.
③ 邓小平. 邓小平文选：第二卷 [M]. 北京：人民出版社，1994：107.

学生在具体劳动实践中学习知识和提高技能。"科学技术叫生产力，科技人员就是劳动者。"[①] 邓小平除了提出落实劳教结合方针的要求外，首次明确地将科技人员等同于劳动者，打破了以前人们对"劳动者"和"劳动教育"的片面理解，将纯体力劳动延伸到脑力劳动，为学校教育提供了更新、更广阔的教育模式和教育方向。自 1980 年后，随着社会发展和需要的变化，邓小平对劳动教育做出新的定位，要求加快劳动教育体系构建，学校在劳动教育过程中不仅要重视教学内容和方法的更新，要更加重视学生劳动技能、劳动态度和劳动价值观的培养，将劳动教育贯穿学校教学的各个环节和全过程。1982 年，教育部出台了中华人民共和国第一个劳动教育考核标准和要求的文件——《教育部关于普通中学开设劳动技术教育课的试行意见》（以下简称《意见》）。《意见》对中学劳动技术教育课程做出了明确安排，并把学生的劳动态度和劳动素养作为评选"三好学生"的条件之一。邓小平的劳动教育思想加深了各级各类学校对劳动教育的理解，为改革开放培养了一批先进的技术型人才，促进了国家经济的发展和科技的进步。

（三）江泽民关于劳动教育的重要论述

进入 21 世纪，实现全面建成小康社会的目标对人才素质提出了更高的要求。改革开放加速了中国教育事业的发展，培养了一大批专业工人和现代技术人才。然而，在市场经济快速发展、功利主义思想盛行的背景下，学校教育重理论轻实践、重智育轻体育、重应试轻学生个人素质的弊端日益凸显，劳动教育被严重轻视和削弱。江泽民在继承教育与生产劳动相结合的思想前提下，增加了教育与实践相结合、教育为社会主义现代化建设服务，倡导青年到实践中去增长才能。1999 年 6 月，全国教育工作会议召开，江泽民在会议上提出："学生如果只读书，不参与社会实践、不参与劳动，是不利于他们全面发展的，因此参与生产劳动应成为学生的必修课，而非可有可无的课。"[②] 此外，江泽民在会议上还将教育与劳动相结合的方针作为坚持社会主义教育方向的一项基本措施，指明了劳动教育的重要性。江泽民提出，坚持劳动教育，积极鼓励学生参与社会实践，使学生将理论与实际联系来，在实践中对所学知识进行检验，并在实践中获得新知识和新感受，学习到书本上和课堂中没有的知识。江泽民不仅在口头上强调了劳动教育的重要性，还于 1996 年和 1998 年分别推动出台了《小学管理规程》和《中小学德育工作规程》，明确规定学校教育教育要促进学生德育、智育、体育、美育和劳育的全面发展。江泽民的劳动教育思想在前人的基础上增加了"教育与社会实践相结合"，拓宽了劳动教育的实现路径、人才培养的途径，深化了对劳动教育

---

① 邓小平. 邓小平文选：第二卷 [M]. 北京：人民出版社，1994: 34.
② 江泽民. 江泽民在全国教育工作会议上的讲话 [N]. 人民日报，1999-06-16 (01).

功能和重要性的认识，对人的全面发展有重要意义。

（四）胡锦涛关于劳动教育的重要论述

胡锦涛对劳动教育的重视达到一个新高度，对劳动教育的关注更加全面，劳动教育以及与劳动教育相关的词语在胡锦涛的讲话中频繁出现。2006 年，教育部发布了《教育部办公厅关于进一步加强勤工俭学和劳动实践活动过程中学生安全工作的通知》。2010 年，胡锦涛提出，为调动劳动者的主观能动性，发挥他们的首创精神，我们要全面实行尊重劳动、尊重知识、尊重人才、尊重创造的方针。这些都足以证明胡锦涛对劳动教育的重视。为促使劳动教育在学生的教育教学中得到贯彻实施，胡锦涛鼓励学校与企业合作、工作与学习相结合。2012 年 5 月，教育部发布了《教育部办公厅关于组织开展劳模进校园活动的通知》，指出让劳模走进校园，让有劳动精神的人讲劳动，大力发挥劳模的精神感染作用，在学校营造良好的劳动氛围，培养学生正确的劳动观念和劳动态度，使学生积极参与劳动、崇尚劳动。

（五）习近平关于劳动教育的重要论述

党的十八大以来，习近平总书记在多个地方、多次强调了劳动及劳动教育的重要地位和重要作用。进入新时代，我国经济得到飞速发展，人民生活水平不断提高，但与此同时，贪图享乐、崇拜金钱、懒惰等不正之风仍然侵蚀着人们的思想价值观念，在大学生中显得尤为明显。为遏制这股歪风邪气，习近平总书记在 2018 年 5 月给中国劳动关系学院劳模学员的回信中倡导全社会要树立劳动最光荣、劳动最崇高和劳动最美丽的价值观念。2018 年 9 月 10 日，习近平总书记在全国教育大会上再次指出："立足基本国情，遵循教育规律，坚持改革创新，以凝聚人心、完善人格、开发人力、培育人才、造福人民为工作目标，培养德智体美劳全面发展的社会主义建设者和接班人，加快推进教育现代化、建设教育强国、办好人民满意的教育。"[①] 同时，习近平总书记提出要努力构建德智体美劳全面培养的教育体系，将劳动教育提高到与其他教育平等的地位，大力弘扬劳动精神，引导学生尊重劳动、崇尚劳动，培养正确的劳动态度和劳动价值观。其中，特别需要注意一点，即习近平总书记多次强调教育与创新的融合。随着智能时代的到来，创新成为国家竞争的重要因素之一，创新人才成为国家发展的重要引擎。正如习近平总书记指出的："谁拥有了创新人才、拥有了一流科学家，谁就能在科技创新中占据优势。"[②] 学校作为人才培养的基地，必须充分发挥学校的育人优势，担负起培养符合时代发展需求的创新型人才。2020 年 3 月 20 日，中共中央、国务

---

① 习近平. 习近平在全国教育大会上的讲话［N］. 人民日报，2018-09-12（02）.
② 习近平. 习近平在中国科学院第十九次院士大会、中国工程院第十四次院士大会上的讲话［N］. 人民日报，2018-05-29（02）.

院出台的《中共中央 国务院关于全面加强新时代大中小学劳动教育的意见》提出，把劳动教育纳入人才培养全过程，贯穿大中小各学段，贯穿家庭、学校、社会各方面，对新时代加强劳动教育的要求、构建劳动教育体系的要求和开展劳动教育实践活动的途径做出了全方位的规定。

综上所述，在中华人民共和国成立后的发展历程中，劳动教育始终是党中央领导者的重要教育思想之一，并在党中央的领导下始终保持着理论联系实际的优良作风，朝着社会主义的方向稳步前进。

三、中华人民共和国成立以来劳动教育的基本经验

（一）坚持党对学校劳动教育的领导

坚持中国共产党的领导是中国特色社会主义的本质特征，是中国特色社会主义各项事业取得成绩的根本保障。纵观中华人民共和国成立以来劳动教育的演进历程，劳动教育取得巨大成就的根源就是坚持党的正确领导，党为劳动教育提供了正确的前进方向和培养目标。中华人民共和国成立以来，劳动教育虽然随着时代要求的变化而表现出不同的形式，提出不同的要求和目标，但始终是在党的领导下，围绕党的工作重心开展工作。中华人民共和国成立初期，进行社会主义革命和建设是党的中心工作。为此，劳动教育着眼于培育专业工人和农业人员。改革开放时期，社会主义市场经济发展对人的思想和素质造成一定的冲击，劳动教育在培养专业人才的同时更加注重劳动态度和劳动价值观的培养，更多强调劳动者要为人民、为国家、为社会主义服务。进入 21 世纪以来，劳动教育更加重视素质教育，新时代劳动教育全面贯彻党中央创新与教育相结合的战略要求，以培养"五育并举"的全面人才为目标。劳动教育的根本是一项培养人的活动，那么培养什么人、怎样培养人、为谁培养人是劳动教育必须回答的问题。只有坚持中国共产党的政治领导、思想领导和作风领导，才能保障劳动教育方向的正确性，发挥劳动教育育人的功能和作用。

（二）顺应时代要求调整劳动教育的目标

中华人民共和国成立以来的劳动教育经历 70 多年的探索和发展，其内涵和外延不断丰富和拓展，地位不断提高，但始终以培育时代发展需要的人才为目标。70 多年以来，劳动教育结合不同时期国家发展的时代主题，不断进行调整，取得巨大成就。中华人民共和国成立之初，劳动教育主要是培养促进国民经济恢复和发展的劳动技术型人才。自改革开放后，劳动教育的目标更多是培育适应社会主义市场经济发展的高素质人才。在新时代，"适应科技发展和产业变革，针对劳动新形态，注重新兴科技支撑

和社会服务新变化。深化产教融合，改进劳动教育方式"①，培养德智体美劳全面发展的创新型世界一流人才，成为劳动教育的新要求和新目标。不同时期，劳动教育目标和方式的差异，表达了劳动教育的目标要始终与时俱进、因时而变的历史经验。

（三）协调既有资源推动劳动教育的实施

对既有资源进行整合和优化，因地制宜、因时制宜地进行劳动教育，是劳动教育取得巨大成就的宝贵经验之一。在中国共产党的正确领导之下，劳动教育者始终坚持理论与实际相结合，顶层设计与基层探索相结合，普遍推进与具体分析相结合，因时、因地、因人开展劳动教育。中华人民共和国成立之时，全国百废待兴，各行各业缺乏专业人才。此时的劳动教育被纳入基础教育和职业教育体系之内，同工业生产、农业生产相结合，同体力劳动、工农群众相结合，全力促进国民经济的恢复和发展。自改革开放后，劳动教育与技术变革相整合以促进社会主义市场经济的发展。进入21世纪，为推动劳动教育与素质教育的融合发展，劳动教育多以实践活动的形式开展。进入新时代以来，学校、社会、家庭协调推进的劳动教育模式，是整合和协调既有资源实现劳动教育实效最大化的必然要求。

四、中华人民共和国成立以来的劳动教育观对当代大学生劳动教育的启示

新时代加强大学生劳动教育的重要性日益凸显，推进大学生劳动教育有效开展，除借鉴以上基本经验外，还需做到以下几点：

（一）提高大学生劳动教育的地位

毛泽东、邓小平等都提出要培养德智体美劳全面发展的人，可见他们已经认识到劳动的重要性，新时代虽然提倡"五育并举"，但劳动教育在实际行动中往往被弱化。当代大学生之所以存在不愿劳动的问题，其原因之一就是劳动教育的地位不够高、劳动教育被边缘化和形式化。智育在高校教育中地位是最高的，因为智育直接关系到大学生的各种评比、关系到大学生能否顺利毕业，而劳动教育却与这些没有直接的关系，自然不受高校和大学生的重视。此外，在日常的教育教学活动中对劳动教育也没有硬性要求，有时间就进行，没时间就算了，是各高校劳动教育的常态。马克思、恩格斯在《德意志意识形态》中提出："由于他们的需要即他们的本性，以及他们求得满足的

---

① 中共中央，国务院. 中共中央 国务院关于全面加强新时代大中小学劳动教育的意见［EB／OL］.（2020-03-20）［2020-04-13］. http：∥www.moe.gov.cn/jyb_xxgk/moe_1777/moe_1778/202003/t20200326_435127.html.

方式，把他们联系起来（两性关系、交换、分工），所以他们必然发生相互关系。"①马克思、恩格斯揭示了人的需要是人的内在的本质规定性，是人的全部生命活动的动因和根据。因此，加强大学生劳动教育就要使大学生对劳动产生需求，劳动需求产生劳动动机，劳动动机催发劳动行为。将劳动教育设置为大学生的必修课程，并将其与大学生的评奖评优和毕业条件挂钩，就可以激发大学生的劳动需求，更好地达到大学生劳动教育的效果。

（二）加强大学生劳动教育的顶层设计

纵观上述各时期党中央领导人的劳动教育观点，一个共同的做法就是制定劳动教育政策来保障劳动教育的施行，新时代大学生劳动教育也要加强顶层设计。各高校的领导者要加强对大学生进行劳动教育的价值性和重要性的认识，将强化劳动教育的顶层设计作为教育教学工作中的一项重要内容。首先，高校在大学生劳动教育中要坚持以学生为主体的教育理念，在劳动教育课程设置和劳动实践活动中都要坚持以大学生为中心，充分发挥大学生的主观能动性，使大学生在参与劳动教育的过程中提高各方面的能力。其次，高校要将劳动教育真正融入大学生人才培养体系。新时代的大学生人才培养方案必须将劳动教育作为其不可缺少的一部分。高校在制定大学生人才培养方案时就要对劳动教育的目标、内容、要求等做出明确规定，为大学生劳动教育提供理论依据和评价标准。最后，国家要加强大学生劳动教育的保障体系建设。大学生劳动教育要取得长远持久的效果，需要建立完善的大学生劳动教育保障体系。国家要通过出台劳动教育政策和劳动教育法规为新时代加强大学生劳动教育提供合法性支撑。

（三）发挥学校、社会和家庭的协同作用

1. 发挥学校教育的主导作用

学校是对大学生进行劳动教育的主要场所，也在大学生劳动教育中起着主导作用。高校要树立正确的教育教学理念，将劳动教育作为培养人才的重要内容。首先，高校要设置专门的劳动教育理论课和实践课，同时将劳动教育融入各门专业课，树立大学生正确的劳动价值观、教给学生基本的劳动技能。其次，高校要增加勤工俭学岗位，加强校社合作，从而拓宽大学生劳动教育的实践路径，使更多的大学生可以通过丰富多彩的活动感受劳动的快乐。再次，高校要对劳动表现突出的学生给予物质上的或精神上的奖励，创造"以热爱劳动为荣，以好逸恶劳为耻"的校园环境，为学生参与劳动营造良好氛围。最后，高校领导者和教育者要带头劳动，起榜样示范作用。习近平总书记说："要让有信仰的人讲信仰。"大学生劳动教育亦是如此，要让尊重劳动、热爱劳动的教育者讲劳动教育。

---

① 马克思，恩格斯. 马克思恩格斯全集：第3卷［M］. 中共中央马克思恩格斯列宁斯大林著作编译局，译. 北京：人民出版社，1960：514.

2. 发挥家庭教育的基础作用

家庭是人出生后的第一所学校，是个人成长的摇篮。家长的一言一行都会对大学生产生潜移默化的、深刻的影响，家长对劳动的态度、观点也会直接影响大学生的劳动价值观和劳动态度。当代大学生多为独生子女，家长普遍舍不得让自己的孩子从事劳动，只让孩子学习、玩耍，从而使大学生缺乏劳动意识和劳动技能。为了更好地促进大学生的全面发展，来自家庭的劳动教育就必不可少。首先，家长要提高自己的劳动素质，树立正确的劳动价值观和劳动态度，为大学生树立良好的榜样。其次，家长要树立正确的教育观念，摒弃"唯成绩论"的错误观念，注重大学生德智体美劳的全面发展。最后，家长要在日常的家庭生活中注重对大学生进行劳动教育，让大学生在家中从事力所能及的劳动。家长应从生活琐事中教给大学生劳动的意义和价值。

3. 发挥社会教育的导向作用

人是社会的人，社会制约人的发展。当今社会经济和科技的发展给大学生带来了更好的物质生活条件和更丰富多彩的精神生活世界，但同时也致使个别大学生产生极端个人主义、享乐主义和拜金主义。例如，在网络上特别火的选秀节目，一群青春洋溢的年轻人都妄想通过选秀一夜爆红，走上人生巅峰。最令人不可思议的是，这些行为在一些大学生中受到赞扬和追捧。诸如此类的例子特别多，对大学生劳动教育起了极大的消极作用。因此，我们必须改善社会环境，发挥社会在大学生劳动教育中的积极导向作用。首先，社会应减少对娱乐明星的宣传，转而多宣传劳动模范和劳动精神，在全社会营造劳动光荣的社会氛围。其次，社会组织应配合学校，为大学生进行劳动实践提供平台和岗位，使更多的大学生参与劳动实践。最后，社会应给积极劳动的大学生进行精神上和物质上的奖励，对大学生的劳动给予鼓励，从而激励大学生积极劳动。

总之，学校、家庭和社会在大学生劳动教育中都扮演着不可或缺的作用，单靠其中一方都不能达到劳动教育的效果，只有将三者结合起来，形成大学生劳动教育合力，才可能实现大学生劳动教育持续良好的发展，达到大学生劳动教育的目的。

五、结　语

劳动教育是"五育"的重要内容之一，是促进人的全面发展的重要手段。新时代大学生劳动教育被淡化、被边缘化的情况不符合社会发展要求和大学生发展需求。因此，我们要在总结前人劳动教育经验的基础上，根据当前社会发展的实际情况以及大学生自身情况，不断调整劳动教育的内容、方法，建立完善的劳动教育体系，联合劳动教育主体，全方位加强大学生的劳动教育，培养真正能担当民族复兴大任的社会主义建设者和接班人。

参考文献

［1］毛泽东. 毛泽东选集：第3卷［M］. 北京：人民出版社，1991.

［2］邓小平. 邓小平文选：第2卷［M］. 北京：人民出版社，1993.

［3］江泽民. 江泽民在全国教育工作会议上的讲话［N］. 人民日报，1999-06-16（01）.

［4］习近平. 习近平在全国教育大会上的讲话［N］. 人民日报，2018-09-12（02）.

［5］李雨. 新中国成立以来劳动教育的演进及启示：基于对时代新人培养的思考［J］. 现代交际，2019（22）：149-151.

［6］宋乃庆，王晓杰. 新中国成立以来我国劳动教育政策发展：回眸与展望［J］. 思想理论教育导刊，2020（2）：76-80.

［7］余守萍. 毛泽东、邓小平、江泽民的"教育与生产劳动相结合"思想之比较［J］. 教育探索，2006（6）：4-5.

新时代大学生劳动教育：
内涵、价值、问题与路径①

陈　思②　刘伟亮③

摘　要： 在建设高等教育强国的新时代，加强大学生劳动教育是推进实现中华民族伟大复兴中国梦的时代呼唤，是培育德智体美劳全面发展的时代新人的客观要求，是落实立德树人根本任务的重要内涵与根本要求。新时代大学生劳动教育目标更高、内容更丰富、对象特点更鲜明、教育方式更灵活。提升新时代大学生劳动教育工作水平，要以培育社会主义劳动价值观为核心，构建好劳动教育课程体系，搭建好劳动教育实践平台，夯实劳动教育共同体，为实现中华民族伟大复兴中国梦提供高素质的劳动者大军。

关键词： 大学生；劳动教育；价值意蕴；路径选择

党的十九大以来，习近平总书记站在党和国家事业发展全局的高度、立足新时代的历史方位、着眼于培养担当民族复兴大任的时代新人，提出"努力构建德智体美劳全面培养的教育体系，形成更高水平的人才培养体系"的时代要求，将劳动教育提升到与德育、智育、体育、美育并举的高度。这对高校提出了构建科学的劳动教育体系，加强大学生劳动教育的新任务、新课题，对新时代高等教育事业发展具有重大指导意义。

---

　①　基金项目：本文受四川省教育厅、高校思想政治工作队伍培训研修中心（西南交通大学）思想政治教育研究课题（高校辅导员专项）"新时代高校大学生劳动价值观教育：方法论与实践逻辑"（项目批准号：CJSFZ21-26）资助。
　②　陈思（1993—），女，硕士，西南财经大学学生工作部干事，主要从事思想政治教育研究。
　③　刘伟亮（1983—），男，硕士，西南财经大学人文（通识）学院分党委副书记，讲师，主要从事思想政治教育研究。

一、新时代大学生劳动教育的时代内涵

（一）新时代大学生劳动教育目标更高

中国特色社会主义进入新时代，习近平总书记在全国教育大会上指出，"要在学生中弘扬劳动精神，教育引导学生崇尚劳动、尊重劳动，懂得劳动最光荣、劳动最崇高、劳动最伟大、劳动最美丽的道理，长大后能够辛勤劳动、诚实劳动、创造性劳动"，以弘扬"一种精神"，端正"两种态度"，内化"四种观念"，外化"三种行为"，引导新时代大学生成为有大爱、大德、大情怀的人，培育德智体美劳全面发展的社会主义建设者和接班人。

（二）新时代大学生劳动教育内容更丰富

新时代的大学生"劳动"，是劳动、学习、实践、创业、奋斗的统称。云计算、物联网、大数据、人工智能等新技术蓬勃发展，大学生的劳动方式、劳动领域、劳动岗位必然发生变化，简单劳动与创造性劳动、实体劳动与虚拟劳动交织。大学生劳动教育的内涵更丰富，不仅要注重传统劳动精神、劳动品德、劳动习惯的培养，还要重视劳动形态、劳动认知、劳动科学知识与技能的培养，强调以劳动价值观塑造为核心，更加注重人的全面劳动观。

（三）新时代大学生劳动教育对象特点更鲜明

新时代大学生劳动教育，主要面向的是"00后"大学生。新时代大学生"朝气蓬勃、好学上进、视野宽广、开放自信，是可爱、可信、可为的一代"，但"00后"大学生以独生子女为主，"在大学生从小到大的成长过程中一直缺乏相对的培育劳动价值观土壤"[①]。"00后"大学生的家庭原生态劳动教育缺失，生活条件较为优越，未曾经历艰辛生活的磨砺，存在"个体本位"思想，在个人成长过程中一直缺乏相对的培育劳动价值观土壤，有劳动认知模糊、劳动情感淡漠、劳动意志薄弱、劳动行为缺乏、劳动能力不足等方面的问题。这违背了教育与生产劳动相结合的基本原则，偏离了学生成长成才规律。"00后"大学生在劳动教育方面急需补课。

（四）新时代大学生劳动教育方式更灵活

新时代劳动内容、劳动形式、劳动对象的新特质，要求大学生劳动教育的方式要比以往更灵活、更具时代性。教育者在利用传统方式加强劳动教育的同时，更要精准灵活运用网络信息技术，增强劳动教育的感染力、吸引力，强化社会主义劳动价值观

---

① 刘向兵，李珂. 论当代大学生劳动情怀的培养［J］. 教学与研究，2017（4）：86.

的传播力。教育者应将劳动教育有机融入校园学习生活的全方位、全过程，融入社会实践、志愿服务、实习实训、创新创业等各方面，让劳动教育"活起来""实起来"，增强劳动教育的互动性、即时性、满足感。

二、新时代大学生劳动教育的价值意蕴

（一）加强大学生劳动教育是推进实现中华民族伟大复兴中国梦的时代呼唤

习近平总书记指出："我们所处的时代是催人奋进的伟大时代，我们进行的事业是前无古人的伟大事业，我们正在从事的中国特色社会主义事业是全体人民的共同事业。全面建成小康社会，进而建成富强民主文明和谐的社会主义现代化国家，根本上靠劳动、靠劳动者创造。"[①] 劳动在中华民族伟大复兴奋斗征程中具有基础作用。扎根中国大地办大学，必须坚持社会主义办学方向，弘扬社会主义劳动价值观，激扬经世济民的担当精神，切实肩负起为人民服务、为中国共产党治国理政服务、为巩固和发展中国特色社会主义制度服务、为改革开放和社会主义现代化建设服务的时代使命，"以劳动托起中国梦"，以劳动精神进行伟大斗争、建设伟大工程、推进伟大事业、实现伟大梦想。"中国制造转型升级需要一支高素质产业工人队伍，需要一大批精益求精、追求卓越的大国工匠。"[②] 青年大学生是担当时代使命的生力军，培育新时代青年大学生的劳动意识、劳动精神、劳动情怀，为新时代提供人力支撑、智力支撑和创新支撑，最终推动在广大青年学生的接力奋斗中实现伟大复兴中国梦，真切回应这个伟大时代的呼唤。高校与新时代同频共振的深度，决定其未来发展的高度，"热爱劳动""尊重劳动""诚实劳动"等绝不是一般性的口号，而应内化为高校师生的基本工作态度和基本精神风貌，落实于"六个下功夫"，融入新时代、奉献新时代、引领新时代。

（二）加强大学生劳动教育是培育德智体美劳全面发展的时代新人的客观要求

"教育与生产劳动相结合"是马克思主义教育思想的核心内容，是造就全面自由和谐发展的人的重要途径。"劳动教育是引导人向自身本质复归的实践活动。"[③] 传统教育理念与教育观点偏向于将劳动教育作为德育、智育和实践教育的形式或内容之一，劳动教育在教育体系中被弱化、淡化、边缘化。不爱劳动、不会劳动、不珍惜劳动成果的现象在学生中确实普遍存在，部分大学生在生活中崇尚安逸、贪图享受；在学习中

① 习近平在庆祝"五一"国际劳动节大会上的讲话 ［EB/OL］.（2015-04-28）［2021-02-03］. http://www.xinhuanet.com/politics/2015-04/28/c_1115120734.htm.

② 李珂. 习近平新时代中国特色社会主义劳动思想探析 ［J］. 思想教育研究, 2018（1）：14.

③ 郭长义. 人的全面发展视域下的新时代高校劳动教育研究 ［J］. 辽宁大学学报（哲学社会科学版）, 2019（4）：162.

缺勤缺课、应付敷衍；在行为习惯上足不出户、懒散拖沓等。种种问题与我们的日常教育中缺乏专门的、系统的、扎实的劳动教育，不能适应新时期社会发展形势进而为学生树立正确的劳动价值观有很大的关系。全国教育大会重新确立了"五育并举"的教育理念，使教育的培养目标，从"德智体美"拓展到"德智体美劳"全面发展，历史性地把劳动教育从传统意义上作为素质教育的组成部分、促进学生全面发展的有效途径提升为必不可少的重要教育内容。"五育并举"是我们党对教育规律认识和把握的深化，即对青年学生进行系统劳动思想教育、劳动技能培育与劳动实践锻炼，弘扬青年学生劳动精神，培育社会主义劳动价值观，是高等教育人才培养体系不可或缺的重要组成部分。推进以劳树德、以劳增智、以劳强体、以劳育美、以劳促创的互融共通和相互促进，是高等教育面临的时代新命题。以劳动教育夯实社会主义建设者和接班人全面发展的基础，是新时代加强大学生劳动教育的根本任务。"五育并举"并不意味着平均用力，而是意味着不可或缺。德智体美劳五大要素相互依存、相辅相成、有机统一、缺一不可，统一于培养合格建设者和可靠接班人的进程中。

（三）加强大学生劳动教育是落实立德树人根本任务的重要内涵与根本要求

社会主义劳动价值观是社会主义核心价值观的重要组成部分，是构建具有生命力的思想政治教育的重要路径。劳动教育是培育和践行社会主义核心价值观的重要途径，脱离劳动教育与劳动实践的思想政治教育犹如无源之水。"劳动教育在理论联系实践中起到很好的桥梁作用，推动学生产生责任感、荣誉感、协作精神、坚毅品质、劳动习惯等很多意想不到的思想观点。"[①] 劳动教育作为高校育人链条中的重要内容和关键环节，本身具有独特的思想政治教育价值，是一种更为贴近实际、贴近生活、贴近学生的思想政治教育，可以有效提升思想政治教育的亲和力和针对性，消除唯分数、唯书本、唯考试、追求"纸面成长"的不良倾向。高校可以通过弘扬劳动精神、开展劳动实践，引导大学生在劳动中坚定理想信念，在劳动中厚植爱国情怀，在劳动中加强品德修养，在劳动中增长知识见识，在劳动中培养奋斗精神，在劳动中锻炼强健体魄，在劳动中增强综合素质，以劳动教育夯实社会主义建设者和接班人全面发展的综合素养与思想基础。

① 王丽娜."90"后大学生劳动观教育研究［D］.成都：西南交通大学，2016：12.

三、加强新时代大学生劳动教育面临的问题

（一）大学生劳动教育的"缺位"问题

传统的教育体系"长于智，疏于德，弱于体美，而缺于劳"。劳动教育被弱化、淡化、边缘化，存在唯书本、唯考试、追求"纸面成长"的不良倾向，缺乏专门的、系统扎实的劳动教育，学生全面发展空间受阻。学生培养存在劳育内容缺失、知行合一受限等问题。大学生劳动教育的"缺位"问题沉淀时间长，解决问题非一朝一夕之事，需要久久为功，明确新时代大学生劳动教育的目标与功能定位，夯实实施路径，形成全员、全过程、全方位的劳动教育新格局。

（二）大学生劳动教育的"低质"问题

传统的大学生劳动教育长期存在低层次、低质量等问题，劳动与教育、劳动教育与专业教育、劳动教育与大学生特点及需求结合度不高，存在明显的"无劳动的教育"或"无教育的劳动"现象，学生在客观上存在不想劳动、不爱劳动、不会劳动、不珍惜劳动成果的现象和实践操作能力不足的问题。新时代大学生劳动教育亟须课程化、体系化、科学化，实现劳动育人的提质增效。

（三）大学生劳动教育的"长效"问题

传统的大学生劳动教育开展碎片化，缺乏长效教育工作机制，树德、增智、强体、育美、促创价值发挥不充分，"五育"融合不足，不能有效助力专业教育、激发思政教育活力。劳动教育在学校中被弱化，在家庭中被软化，在社会中被淡化，且学生、教师、学校、家庭、社会缺乏有效协同。劳动教育评价缺失，存在考核评价"宽松软"问题。

四、新时代大学生劳动教育的路径选择

（一）强化社会主义劳动价值观认知

加强大学生劳动教育，关键是"加强价值引领，凸显劳动教育的导向性，把培养劳动素质与培养合格社会主义劳动者结合起来"[1]，在观念层面，"以大劳动观、大教育观为抓手，将社会主义核心价值观融入劳动教育全过程"[2]。社会主义劳动价值观如何培育？习近平总书记关于这一问题的重要论述可以概括为"一二三四"。一是围绕一个核心——弘扬劳动精神；二是端正崇尚劳动、尊重劳动两种劳动态度；三是践行三项

---

[1] 孟国忠. 高校劳动教育价值实现的机理研究 [J]. 学校党建与思想教育，2019 (7)：87.
[2] 王连照. 论劳动教育的特征与实施 [J]. 中国教育学刊，2016 (7)：92.

劳动行为范式，即辛勤劳动、诚实劳动、创造性劳动；四是深刻理解四个基本道理，即劳动最光荣、劳动最崇高、劳动最伟大、劳动最美丽。四个维度共同构成一个完整不可分割的劳动教育认知体系。劳动价值观教育，关键就是将社会主义核心价值观融入劳动教育全过程，破解"没有劳动的教育"或"没有教育的劳动"，引导大学生增进劳动体知、深植劳动情怀、锤炼劳动品质、养成劳动习惯。

（二）构建好劳动教育课程体系

高校要在"课程创建"上下功夫，纳入人才培养方案，保障学分、时间、师资、场地，统筹优化劳动教育类独立公共必修或选修课程，重视"构建系统性、实用型的劳动教育课程"[①]；要在"内涵挖掘"上下功夫，挖掘思政课程、专业课程、创新创业课程中的劳动教育元素，讲清楚做人做事的基本道理、社会主义核心价值观的内在要求、实现中华民族伟大复兴的理想与责任，鼓励和引导学生进行创造性劳动，实现劳动教育与知识体系教育的有机统一；要在"有机衔接"上下功夫，实现劳动教育第一、二、三课堂的有机融合，形成具有综合性、实践性、开放性的劳动教育课程体系，让学生真正获得劳动体验、习得劳动本领、创造劳动价值、享受劳动成果。

（三）搭建劳动教育实践平台

"纸上得来终觉浅，绝知此事要躬行。""加强劳动教育，必须加强劳动实践，坚持让学生在劳动实践中做，在劳动实践中学，在劳动实践中悟，通过丰富多彩的劳动实践活动，实现劳动育人的教育目标。"[②] 高校要打造校内校外劳动教育基地，实现传统劳动与现代劳动、体力劳动与智力劳动、专业劳动与日常生活劳动的紧密结合，开展好家务劳动、校园劳动、创新创业、志愿服务、技能培训、顶岗实习等形式多样的劳动教育实践，让学生在实践中获取真知、在实干中提升能力。

（四）打造劳动教育共同体

劳动教育需要从制度政策层面为劳动教育立法，依法治教，明确适合我国国情的、符合教育质量需求的劳动教育关键事项，依法打造劳动教育"共同体"。一是基础教育、职业教育、高等教育劳动教育共同体，实现劳动教育的一体化贯通，分类分层施策，注重有机衔接。二是学生、教师、学校、家庭、社会"五位一体"的劳动教育共同体，以期形成全员、全过程、全方位的劳动教育长效机制。劳动教育需要把握好高校教育、家庭教育、社会教育的关系，建设一支崇尚劳动、勤勉劳动的教师工作队伍，在抓好高校大学生劳动教育的同时，发挥好家庭教育和社会教育的协同育人作用，统筹校内外劳动教育全要素、全资源。劳动教育需要以"四自教育"（自我教育、自我管

---

① 郑程月，王帅. 建国70年我国劳动教育的演进脉络、时代内涵与实践路径［J］. 当代教育学，2019（5）：17.

② 顾建军. 劳动教育要抓住灵魂科学实施［N］. 中国教育报，2018-11-28（09）.

理、自我服务、自我监督）激发大学生劳动教育主观能动性，强化劳动教育评价，将劳动教育作为学生综合素质测评的核心指标之一，让劳动教育成为人才培养体系的重要组成部分。另外，"大众传媒在劳动观教育宣传方面具有不可替代的作用"①，劳动教育需要注重发挥媒体在大力弘扬社会主义劳动价值观中的作用，营造劳动教育的良好氛围。

加强新时代大学生劳动教育，要从培养社会主义合格建设者和可靠接班人的高度，作为一项系统工程来抓，坚持"典型示范+全面覆盖"的工作机制和运行模式，弘扬劳动精神，营造劳动氛围，落实劳动教育行动，为实现中华民族伟大复兴的中国梦提供高素质的劳动者大军。

参考文献

［1］刘向兵，李珂. 论当代大学生劳动情怀的培养［J］. 教学与研究，2017（4）：86.

［2］习近平在庆祝"五一"国际劳动节大会上的讲话［EB/OL］.（2015-04-28）［2021-02-03］. http://www.xinhuanet.com/politics/2015-04/28/c_1115120734.htm.

［3］李珂. 习近平新时代中国特色社会主义劳动思想探析［J］. 思想教育研究，2018（1）：14.

［4］郭长义. 人的全面发展视域下的新时代高校劳动教育研究［J］. 辽宁大学学报（哲学社会科学版），2019（4）：162.

［5］王丽娜. "90"后大学生劳动观教育研究［D］. 成都：西南交通大学，2016：12.

［6］孟国忠. 高校劳动教育价值实现的机理研究［J］. 学校党建与思想教育，2019（7）：87.

［7］王连照. 论劳动教育的特征与实施［J］. 中国教育学刊，2016（7）：92.

［8］郑程月，王帅. 建国70年我国劳动教育的演进脉络、时代内涵与实践路径［J］. 当代教育学，2019（5）：17.

［9］顾建军. 劳动教育要抓住灵魂科学实施［N］. 中国教育报，2018-11-28（09）.

［10］鲍忠良. 青少年学生劳动教育现状的实证研究［J］. 教育探索，2013（8）：93.

---

① 鲍忠良. 青少年学生劳动教育现状的实证研究［J］. 教育探索，2013（8）：93.

新时代高校劳动教育的价值内涵、生成逻辑与实践路径

魏　华[①]　曾子芙[②]　罗浛嘉[③]

摘　要： 劳动是人类的基本实践方式，是人类不断催生物质文明与精神文明的主要手段，具有非常重要的价值意蕴。劳动教育的价值认识和重塑贯穿中华人民共和国高等教育建设的历史脉络中，体现在中国共产党坚持教育与生产劳动教育相结合的原则与实践上。面对新时代新情况，劳动教育在实践中不可避免地存在诸多问题，高校需要从全面发展视野、教育内在属性、教育内外关系等方面把握劳动教育的生成逻辑，进而在课程设计、智能技术、协同育人、校园文化等方面进行系统实践，最终实现高校劳动教育的高质量发展。

关键词： 劳动教育；人才培养；价值理念；课程建设

马克思认为，劳动是一切价值的创造者。这既是历史唯物主义的逻辑起点，也是人类历史发展的事实基点。习近平总书记在2018年全国教育大会上强调，要把劳动教育正式纳入人才培养总体要求之中，努力构建德智体美劳全面培养的教育体系，培养德智体美劳全面发展的社会主义建设者和接班人，进而形成更高水平的人才培养体系[④]。紧接着，中共中央、国务院发布的《中共中央 国务院关于全面加强新时代大中小学劳动教育的意见》，对新时代劳动教育进行了顶层设计和全面部署。高校作为联结学生与社会的直接桥梁，劳动教育尤为重要。因此，赓续劳动教育的价值内涵，厘清新时代劳动教育的生成逻辑，探索与时俱进的劳动教育实践路径，构建更加系统的育人体系，是新时代高校劳动教育的重要课题和方向。本文从历史视角出发，在肯定劳

---

① 魏华（1982—），男，任职于西南财经大学教师教学发展中心，主要从事课程教学研究。
② 曾子芙（2001—），女，西南财经大学会计学院学生。
③ 罗浛嘉（2001—），女，西南财经大学国际商学院学生。
④ 习近平总书记在全国教育大会上的重要讲话［N］. 人民日报，2018-09-12（02）.

动教育在高等教育人才培养中的重要价值的基础上，深挖劳动教育实践中存在的主要问题及原因，最后从多维度出发探索新时代劳动教育的改革与发展之路。

一、劳动教育的历史演变及重要价值意蕴

劳动教育是中国特色社会主义教育制度的重要内容，在不同时期有着不同的内涵，担负着不同的教育使命。1949 年，中华人民共和国成立，举国上下百废待兴，国家的主要任务是恢复生产与发展经济，劳动教育也主要服务于个人及国家的生存发展。国家将这一时期的教育方针定义为"为工农服务，为生产建设服务"，教育成为支援工农生产，推动国家建设的重要助力。1956 年，中国进入全面探索社会主义建设新阶段，教育的目的也变成了"使受教育者在德育、智育、体育几方面都得到发展，成为有社会主义觉悟的有文化的劳动者"①，劳动教育在步步摸索中曲折前进。1978 年，进入改革开放新时代，经济建设成为重中之重，劳动教育亦随之破旧立新，劳动教育的目的转为为"四个现代化"建设培养人才，脑力劳动得到充分肯定和重视，高等教育开始强调培养与经济发展相契合的人才。在人才培养标准上，由培养"有社会主义觉悟的有文化的劳动者"演变为培养"全面发展的社会主义事业的建设者和接班人"②。如今，我国进入社会主义新时代，劳动教育开始快速发展，习近平同志指出"要始终重视提高劳动者素质"，教育部、共青团中央和全国少工委联合下发了《教育部 共青团中央 全国少工委关于加强中小学劳动教育的意见》，明确指出："劳动教育是全面贯彻党的教育方针的基本要求，是实施素质教育的重要内容，是培育和践行社会主义核心价值观的有效途径。"劳动教育成为新时代党对教育的新要求，是全面发展教育体系的重要内容。

从中华人民共和国劳动教育的发展历程来看，虽然各个时期劳动教育有不同的侧重点，但是关于劳动教育对人才培养价值的关注和重视是一以贯之的。因为社会生活的本质是实践，没有劳动，社会就会失去生机和活力、失去创新和发展机遇，劳动是人类维持生存和发展的必要条件，也是我们幸福生活的来源，"社会主义是干出来的，新时代也是干出来的"③。"全面建成小康社会，进而建成富强民主文明和谐的社会主义

---

① 中央教育科学研究所. 中华人民共和国教育大事记（1949—1982）［M］. 北京：教育科学出版社，1984：190.
② 张雨强，张书宁. 新中国成立 70 年劳动教育的历史演变：基于教育政策学的视角［J］. 中国教育学刊，2019（10）：61-67.
③ 习近平回信勉励中国劳动关系学院劳模本科班学员：珍惜荣誉努力学习继续拼搏再创佳绩激励广大劳动群众争做新时代的奋斗者［N］. 人民日报，2018-05-01（01）.

现代化国家，根本上靠劳动、靠劳动者创造。"① 因此，崇尚劳动是大学生劳动价值观的应有之义。大学生劳动价值观的形成必须基于对劳动本身正确的理解，大学生正处在价值观形成的关键时期，形成正确的劳动价值观是未来人生发展的基础。作为高水平人才培养的主要阵地，高校肩负着培养高素质劳动者大军的重要任务，高校需要引导广大学生建立正确的劳动价值认知体系和劳动价值观，培养大学生必备的劳动能力，提升劳动知识水平，重视实践在劳动教育中的重要性。同时，高校劳动教育必须遵循教育规律，以体力劳动为主，强化实践体验，实现知行合一，从而提升育人实效。

二、我国高校劳动教育实践中存在的主要问题及原因分析

（一）我国高校劳动教育实践中存在的主要问题

我国已经将劳动教育纳入教育方针，部分高校按要求开展了一些劳动教育活动，但主要是与学生专业相关的职业劳动技能教育活动，对一般的生产性劳动、服务性劳动、家务性劳动等非职业性劳动的关注和重视程度很低。高校在服务性劳动开展与组织方面较为缺乏。参加过服务性劳动的学生表示，由学校开展的服务性劳动不足四成。高校的生产性劳动开展情况更加不容乐观，有调查发现，仅有 10.4% 的学生指出学校曾经开展过生产性劳动教育②。一些重视劳动教育的高校注重劳动实践教育，开展志愿服务活动、社会实践活动、寝室卫生大扫除活动、校园环境美化活动、勤工俭学教育等。但是这些劳动教育实践方式缺乏创新性，形式单一，对学生的吸引力明显不足，达不到理想的效果。虽然也有少数高校开展了特色劳动教育课，并建立了劳动教育基地，如华东师范大学、南京航空航天大学等高校开设了与烹饪相关的劳动实践课，让学生学习烹饪理论知识，动手制作家常菜肴、点心等，并建立了校内实训基地，让学生学习果蔬种植的理论知识，并负责果蔬种植与照管……但是这类活动能够容纳的参与学生人数很少，难以让全校学生有相关的劳动体验。

（二）我国高校劳动教育存在问题的原因探析

1. 理念认识没有跟上最新发展

劳动教育是一个动态变化的概念，它的时代意蕴与具体劳动的形态息息相关。随着经济社会的不断发展和科学技术的不断进步，劳动的内涵、形式也不断进行调整和改变。因此，人们对劳动教育内容和意义的认识也在不断丰富和发展。根据《中共中

---

① 习近平. 在庆祝"五一"国际劳动节暨表彰全国劳动模范和先进工作者大会上的讲话［N］. 人民日报，2015-04-29（02）.

② 王飞，车丽娜，孙宽宁. 我国高校劳动教育现状及反思［J］. 中国大学教学，2020（9）：75-79，85.

央 国务院关于全面加强新时代大中小学劳动教育的意见》中关于劳动教育的目标、内容、途径等要求，劳动教育的实践形态和实践内容呈现出了新时代特点。然而，由于受长期的应试教育的影响，我国部分高校的劳动教育理念并未随之更新，而是停留在原地。多数高校依然将全部教学重点放在理论知识和专业技能的学习上，将劳动教育边缘化、无视化，忽视了劳动教育在教育体系中应占的比重。

2. 体系建设没有及时系统重构

目前，大部分高校劳动教育没有设立专门的制度和学分体系，劳动教育得不到教师和学生的重视。在教学管理上，高校未设置完善的教育系统，课程设置不完善；未设置专业指导教师，活动组织没有计划性、不成体系。在机制建设上，顶层设计不完善，目标规划模糊不清，执行计划不具有可行性，措施落实不到位。设置了劳动教育相关课程的高校，由于没有系统科学的课程设计，负责劳动教育课程的指导教师缺乏系统培训和指导，无法科学系统地传授相应知识给学生以培养学生的劳动素养和技能，在学生进行劳动实践时也无法提供到位的指导和保障。此外，高校在劳动教育相关课程内容设置上也存在问题，课程内容过于传统和单一，没有结合时代发展，对学生缺乏吸引力。在教学评价上，相应的劳动教育考核评价机制缺失，使得劳动教育的成效难以评估①。

3. 多方协同育人机制无法充分联动

首先，部分高校目前没有专门从事劳动教育的教师，负责劳动教育的教师本身还要从事其他方面的工作，教学压力大；同时，由于缺少关于开展劳动教育的系统性理论与培训，这些教师也很难将劳动教育持续性地开展好，难以让劳动教育切实有效。其次，由于场地和硬件设施等原因，大部分高校难以在校内建立像种植基地、烹饪基地、养殖基地等劳动实训基地。可以说，高校缺乏专门供学生进行劳动实践的场地是劳动教育开展的一大难题。此外，众所周知，校企联合或校社联合是丰富教育资源、开展协同育人的重要方式，是提高教育教学实践活力的有效方法。然而，目前校企联合机制在高校劳动教育中较为缺乏，少数工科专业会由学院组织前往相关企业进行专业实习，但这些实习并未脱离专业本身，难以让学生获得更多、更广的劳动教育资源，没有将劳动教育的价值真正发挥出来。学校与企业、与社会之间缺少必要的沟通，也没有积极去寻求社会和企业已经存在的可以用于劳动教育的资源。

---

① 马潇祺. 新时代高校劳动教育现状与路径探析［J］. 宁波教育学院学报，2021，23（2）：93-96.

三、劳动教育对大学生价值观形塑的生成逻辑

劳动意识、能力、素养的形成是一个长期过程，也是劳动教育必须长期坚持的目标。在新时代的教育变革中，要破解劳动教育实践中存在的问题，更好地发挥劳动教育对人才培养的积极作用，需要从多方面进行综合把握，厘清劳动教育在教育规律和教育体系的内嵌机理，从而更好地实现劳动教育的目标。

（一）从全面发展视野来把握劳动教育的价值生成

劳动是实现人的自由全面发展的基本途径。马克思指出："未来教育对所有已满一定年龄的儿童来说，就是生产劳动同智育和体育的结合，它不仅是提高社会生产的一种方法，而且是造就全面发展的人的唯一方法。"[①] 新时代大学生劳动教育具有重要的育人导向和育人价值，即"坚持党的领导，围绕培养担当民族复兴大任的时代新人，着力提升学生综合素质，促进学生全面发展、健康成长"[②]。这是基于教育的整体视野，对劳动教育的充分认识，同时也是马克思主义对于人的全面发展理论的继承与发展。

通过劳动教育，人能够自我建构、自我重塑，体验成长完善与超越提升的生命过程，人的潜能得到越来越好的发展和解放，在创造性的劳动中感受自身存在的意义和现实性。劳动不仅能够提高人的社会生产能力，而且能够建构社会关系。通过劳动，人的物质属性不断演进，人的社会属性和精神属性进一步得到张扬。劳动是人融入社会生活的重要方式，劳动者之间通过联合劳动结成一定的劳动关系，在彼此分工与合作的交往中，建立起自我与他人的社会关系。通过劳动教育，青少年学会担当责任，学会分担任务，学会与他人合作，提高处理解决各种问题的能力，成为符合社会需要的全面发展的可塑之才[③]。

（二）从教育内在动因来把握劳动教育的机制生成

加强劳动教育需要厘清劳动教育的内在动因，要弘扬热爱劳动的精神，在社会形成崇尚劳动的社会风尚。加强劳动教育需要通过劳动把劳动精神中科学劳动、辛勤劳动和诚实劳动等劳动理念转化为德行操守，内化于心、外化于行，真正把劳动作为提升自我和推动社会进步的推动力。对于新时代大学生，劳动精神教育和塑造能够感染

---

① 马克思. 资本论：第1卷［M］. 中共中央马克思恩格斯列宁斯大林著作编译局，译. 北京：人民出版社，2004：556-557.

② 中共中央，国务院. 中共中央 国务院关于全面加强新时代大中小学劳动教育的意见［N］. 人民日报，2020-03-27（01）.

③ 赵美艳，隋宁. 新时代劳动教育的意涵建构与现实审思［J］. 沈阳师范大学学报（社会科学版），2020，44（3）：33-39.

到身边的每个人，在高校中营造良好的氛围。同时，这一氛围又能够影响到学校其他方面的教育，从而起到良好的助推作用。大学生在劳动教育的过程中，需要形成主动劳动的劳动习惯，将内在的劳动价值观与劳动精神，具体地体现在实践和行动上。这是我们劳动教育的根本目的。

劳动教育内在动因中关键是处理好知与行的关系，必须积极探索具有中国特色的劳动教育模式，创新体制机制，注重教育实效，实现知行合一，促进学生形成正确的世界观、人生观、价值观。教育的本质既有传授传承知识的要求，也有提升适应技能的要求，并且还更有提升个人生命质量的更高要求。因此，劳动教育需要注重知识层面的应然之理，也要满足行动层面的实然之动，并且要在知行合一、理论与实践相统一中做到价值升华，从外在诉求向内在本能转化。

（三）从教育内外关系来把握劳动教育的实践生成

习近平总书记指出："要努力构建德智体美劳全面培养的教育体系。"劳动教育和其他"四育"有着相同的教育地位，并且"五育"之间相互联系、相互融合，全方位地培养综合型人才。劳动教育具有树德、增智、强体、育美的综合育人功能，是构建全面教育体系的关键环节。强化劳动教育与德育、智育、体育、美育相融合，形成"五育并举"的教育格局，这是顺应现代教育发展趋势、适应新时代人才培养新需要和新要求的正确决策，是确保人才培养正确方向的有力保障。劳动教育与其他"四育"融合共生，要素与功能都相互渗透。通过"以劳树德，以劳增智，以劳强体，以劳育美，以劳创新"①，劳动教育能够使大学生形成良好的品德和养成劳动习惯，增长智力和才干，培养欣赏美、创造美的能力以及创新能力。通过劳动教育以及实践活动，大学生可以实现德智体美劳的全方位发展。

劳动教育是形式与内容、数量与质量的有机融合。新时代劳动教育致力于在新时代劳动教育价值观的指引下，帮助受教育者习得劳动知识、涵养劳动态度、训练劳动技能。劳动教育要考虑到复杂性和多样性，要兼顾受教育者可接受的程度和个性需要，要在劳动时间、师资、经费、场地、设备等方面给予充分保障，调动家庭、企业、社会等多方面力量，形成教育系统的内外有机结合，形成劳动育人的合力。

四、我国高校劳动教育改革发展的实践路径维度

（一）优化劳动教育课程设计

高校开展劳动教育的过程，就是通过劳动思想教育、劳动实践锻炼、劳动知识与

---

① 卓晴君，徐长发. 以劳树德以劳增智以劳育美［N］. 光明日报，2018-10-09（13）.

技能培育实现"活性劳动知识""感性劳动知识""理性劳动知识"的知识体系建构的过程①。高校应该设置与德智体美劳全面发展的育人目标相匹配的劳动教育课程体系②。

加强劳动教育课程顶层设计，保障各类课程有效开展。一是要明确的是劳动课程旨在培养学生综合劳动能力，劳动课程编制要依托主体进行知识整合。二是劳动实践课程要求学生动脑与动手相结合，将所学的理论知识运用到实践中去，如社会调研、农作物种植、机械组装等。三是将劳动教育与专业课程学习相融合的课程，如理工类专业可以结合多门学科形成一个知识系统开展生产实习、专业实验。此外，高校的劳动教育课程体系还应该加入课堂外的劳动教育，有利于学生养成劳动习惯，并在潜移默化中养成终身热爱劳动的品质。

（二）主动引入智能技术

人工智能迅速发展，深度嵌入社会生活的各个领域，推动着社会发展。劳动教育应该与时俱进，利用人工智能加快劳动教育的技术变革。人工智能不断渗透到劳动教育中，改变原有的教育模式，推动劳动教育的智能化转型。人工智能进入劳动教育，使得劳动教育的内容、实践场景都发生了变化，也为劳动教育的开展提供了更多可能性，推动了劳动教育创新发展。一是人工智能引领劳动教育内容智能化整合，建设劳动教育知识数据系统，提升劳动教育内容的系统性水平；构建劳动教育数字课程体系，提高劳动教育内容的智能化水准；提供劳动教育智能解决方案，推动劳动教育个性化生成，生成符合教育对象需要的、系统化的、趣味性的劳动教育课程，及时对劳动教育开展情况做出系统性测评。二是人工智能引导劳动教育实践智能化发展，将人工智能运用于劳动教育，使劳动教育场景虚拟化，使劳动教育和知识学习无缝链接，改变了过去的劳动实践模式，给劳动教育以新的实践思路。虚拟劳动实践由于其趣味性和相对真实性，能够让学生在虚拟现实中亲身体验到劳动，从听觉、视觉、触觉等方面去体验、观察、思考，更加能够吸引学生享受劳动过程。学生通过接触，体验更多劳动场景、劳动工具，能够更加清晰地感受到虚拟劳动实践场景中嵌入的劳动知识、劳动价值、劳动理念等，从而将其内化为自身的知识体系、价值观，让劳动教育体现出广度与深度③。

（三）联动校社协同育人机制

劳动教育离不开社会的支持。社会拥有海量的劳动实践资源和劳动途径。学校应

① 刘向兵，赵明霏. 构建新时代高校劳动教育体系的理论逻辑与实践路径：基于知识整体理论的视角［J］. 中国高教研究，2020（8）：62-66.

② 王莹，王涛. 大学生劳动教育的路径优化研究［J］. 中国高教研究，2020（8）：67-71.

③ 王海建. 人工智能时代的劳动教育：创新与调适［J］. 思想理论教育，2021（1）：103-107.

加强与社会的交流，为学生提供更多的服务性（公益性）劳动实践，使得学生在服务他人、服务社会的过程中增加劳动知识，增长劳动本领。一是加强校际联系。部分高校由于自身专业设置和学校体量原因，难以开展丰富多彩的劳动教育实践活动。这时高校应本着求同存异、取长补短的态度加强与周边高校的联系，相互建立长期合作关系，取他校之所长，加强校际联系，促进各校学生进入其他学校进行劳动实践。各高校可以相互邀请专业教师来本校对学生进行劳动知识讲授、劳动实践指导。加强校际联系，不仅仅实现了资源共享，也在高校现有的条件下实现了劳动教育的多样性、丰富性，提高了劳动教育的吸引力。二是加强校企联动。企业往往是技术革新的首要发生地，在残酷的市场竞争环境中，企业对市场需求形成了敏锐的嗅觉。结合当代大学生的互联网成长背景，以及当前人工智能、机器人技术、量子信息技术、虚拟现实、生物技术等新兴战略性产业发展趋势，如果高校劳动教育能够加强与企业联动，那么高校的劳动教育必定是紧随时代发展脚步的劳动教育，就是切实有效的劳动教育。三是开展服务输出。高校可以与周边社区、中小学、各类机构开展合作，定期组织学生开展劳动教育。例如，高校可以与社区共同组织学生改善社区环境，如除草、种花、植树等绿化活动，巡逻、安全知识宣讲等秩序维护劳动实践，也可以组织学生定期参与社区管理工作、活动组织等。此外，高校可以积极主动地寻求志愿组织能够提供的劳动教育资源，也可以自己创办志愿组织，在服务性劳动教育方面发挥更大的作用。

（四）劳动教育文化的重塑

文化重建是文化自身吐故纳新、薪火相传、血脉相续的一个历史过程，这一过程更多的是与文化赖以生存的社会的变革聚合在一起的。当前，我国正处在百年未有之大变局的进程之中，劳动、劳动者、劳动教育都处在这个变局里，这是劳动教育文化的大背景。为此，我们要积极倡导尊重劳动、热爱劳动、参与劳动的劳动文化，学校、家庭、社会等方面联动，营造劳动育人的良好氛围，形成重视劳动的良好风尚。我们特别是要符合经济社会发展和科技创新要求，建立科学规范、严格约束的劳动教育制度规范和活动体系，发挥校园文化的导向、规范、激励、凝聚和交流功能在培育学生过程中潜移默化的作用。例如，高校可以在植树节、五一劳动节等节日开展劳动主题教育，培养学生对劳动的尊重意识，也可以结合学校特色，开展丰富多彩、内涵丰富的劳动教育，如在校园内增加关于劳动模范、大国工匠的宣传，增加与劳动相关的文化布置，开辟更多的劳动教育展示平台，加强劳动教育的常态化浸润。

参考文献

［1］习近平总书记在全国教育大会上的重要讲话［N］.人民日报，2018-09-12（02）.

［2］中央教育科学研究所．中华人民共和国教育大事记（1949—1982）［M］．北京：教育科学出版社，1984：190．

［3］张雨强，张书宁．新中国成立70年劳动教育的历史演变：基于教育政策学的视角［J］．中国教育学刊，2019（10）：61-67．

［4］习近平回信勉励中国劳动关系学院劳模本科班学员：珍惜荣誉努力学习继续拼搏再创佳绩激励广大劳动群众争做新时代的奋斗者［N］．人民日报，2018-05-01（01）．

［5］习近平．在庆祝"五一"国际劳动节暨表彰全国劳动模范和先进工作者大会上的讲话［N］．人民日报，2015-04-29（02）．

［6］王飞，车丽娜，孙宽宁．我国高校劳动教育现状及反思［J］．中国大学教学，2020（9）：75-79，85．

［7］马潇祺．新时代高校劳动教育现状与路径探析［J］．宁波教育学院学报，2021，23（2）：93-96．

［8］马克思．资本论：第1卷［M］．中共中央马克思恩格斯列宁斯大林著作编译局，译．北京：人民出版社，2004：556-557．

［9］中共中央，国务院．中共中央 国务院关于全面加强新时代大中小学劳动教育的意见［N］．人民日报，2020-03-27（01）．

［10］赵美艳，隋宁．新时代劳动教育的意涵建构与现实审思［J］．沈阳师范大学学报（社会科学版），2020，44（3）：33-39．

［11］卓晴君，徐长发．以劳树德以劳增智以劳育美［N］．光明日报，2018-10-09（13）．

［12］刘向兵，赵明霏．构建新时代高校劳动教育体系的理论逻辑与实践路径：基于知识整体理论的视角［J］．中国高教研究，2020（8）：62-66．

［13］王莹，王涛．大学生劳动教育的路径优化研究［J］．中国高教研究，2020（8）：67-71．

［14］王海建．人工智能时代的劳动教育：创新与调适［J］．思想理论教育，2021（1）：103-107．

新时代大学生劳动教育：
理论·价值·困境·策略①

施银花②

摘　要： 新时代大学生劳动教育可以从四个层面进行理解和把握。首先是理论层面，马克思的劳动教育思想、中国古代传统的劳动教育思想、党中央历任领导人的劳动教育思想奠定了新时代大学生劳动教育的理论基础。其次是价值层面，体现在劳动教育是促进大学生全面发展的有效途径，劳动教育是高校落实立德树人根本任务的必然要求，劳动教育是实现中华民族伟大复兴的应有之义。再次是困境层面，主要是劳动教育主体综合素养较低、劳动教育形式单一、劳动教育机制存在漏洞、劳动教育合力不足。最后是策略层面，即创造劳动教育良好的社会环境、深化高校劳动教育的主导作用、夯实家庭劳动教育的基础作用、激发大学生自我劳动教育的内生动力。

关键词： 新时代；大学生；劳动教育；四个层面

中国特色社会主义进入了新时代，这是我国发展新的历史方位。劳动教育是中国特色社会主义教育体系的重要组成部分，包括劳动知识、劳动态度、劳动技能等方面的教育，具有树德、增智、强体、育美的综合育人价值。2020 年 3 月，中共中央、国务院印发了《中共中央 国务院关于全面加强新时代大中小学劳动教育的意见》，对新时代劳动教育做了顶层设计和全面部署。笔者利用中国知网的高级检索功能，以党的十九大召开时间至 2021 年 8 月 18 日为时间限度，以"新时代"并含"大学生劳动教育"为主题进行检索，共检索出学术期刊 280 篇，学位论文 37 篇，会议文献 4 篇（见图 1）。在此基础上，笔者选择核心期刊为来源类别，最终的检索结果仅为 45 篇。由此可见，自党的十九大以来，国内学术界掀起了"新时代大学生劳动教育"的研究热潮，

　　① 基金项目：本文为西南财经大学 2020 年"中央高校基本科研业务费专项资金"决策咨询项目"马克思主义视域下的劳动教育：历史演变与新时代转向"（JBK2101057）的阶段性研究成果。
　　② 施银花（1997—），女，西南财经大学思想政治教育专业硕士研究生。

在学术期刊上发表相关研究文章呈逐年递增的趋势，但研究的总体数量和质量仍有待提高。对检索结果进行分析，笔者发现目前国内学术界对"新时代大学生劳动教育"更多聚焦现状、路径等较为单方面的探讨，而缺乏总体性研究。因此，本文从理论、价值、困境、策略四个层面对新时代大学生劳动教育进行了分析，以期在理论与实践两方面有所贡献。

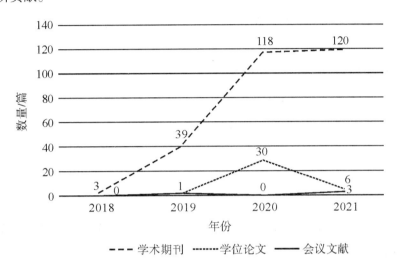

图1　"新时代"并含"大学生劳动教育"主题检索结果

一、理论层面：新时代大学生劳动教育的理论基础

理论是行动的先导，劳动教育不仅是塑造价值观的理论教育，也是一种引导现实行为的实践教育，需要科学的理论指引方向。劳动教育的理论基础主要有以下三个方面：

（一）马克思的劳动教育思想

首先，从历史唯物主义的角度，马克思认为劳动创造了人本身和人类社会。一方面，劳动创造了人本身。人类是由类人猿进化而来的，劳动使人类的四肢得以分化发展，是从猿到人转变的关键。另一方面，劳动创造了人类社会。人的本质是一切社会关系的总和，复杂的社会关系是由人的社会实践活动所引起的，人在社会实践活动中构成人与人的联系，即人类社会①。其次，从政治经济学的角度，马克思认为劳动是创造价值的源泉，并揭露了资产阶级对工人所创造的剩余价值无偿占有的剥削本性，提

① 马克思，恩格斯. 马克思恩格斯选集：第4卷［M］. 中共中央马克思恩格斯列宁斯大林著作编译局，译. 北京：人民出版社，1995：115.

出了按劳分配的重要构想。最后，从教育的角度，马克思提出了教育与生产劳动相结合的主张，并从两个方面阐明了其重要性。一是生产劳动和教育相结合有助于提高社会生产力。第一次工业革命的迅猛袭来使得科学技术的重要性日益凸显，教育是连接生产和科学技术的有效途径。通过教育，劳动者能更好地掌握科学技术并运用于生产之中，进而提高社会生产力。二是生产劳动和教育相结合能促进人的全面发展。生产劳动和教育相结合能使劳动者掌握现代社会所要求的科学知识和劳动技能，逐渐摆脱由于旧式分工所造成的自身发展的片面性，实现自身自由而全面的发展。

（二）中国古代传统的劳动教育思想

中华优秀传统文化蕴含着丰富的劳动教育思想，开展新时代大学生劳动教育，需要吸收借鉴传统劳动思想的精华。一是劳动是生存之本。墨子曰："民无食则不可事，故食不可不务也。"食物是人们活动的基础，因此人们必须生产粮食，而粮食则必须通过劳动获得。"治生以稼穑为先，舍稼穑无可为治生者。"明末清初学者张履祥认为，舍弃农业劳动就等同于丧失了生存基础。二是劳动是提升自我的途径。清代学者汪辉祖强调："欲望子弟大成，当先令其习劳。"意思是能忍耐劳苦是想成大事者必须具备的素质。晚清时期政治家曾国藩曾教导子女："习劳习苦，可以处乐，可以处约，此君子也。"在他看来，劳苦可以造就君子品格。三是辛勤劳动。东汉张衡在《应闲》一文中说道："人生在勤，不索何获？"宋朝范成大在《四时田园杂兴·其三十一》中用清新的笔调对"昼出耘田夜绩麻，村庄儿女各当家"的农村辛勤劳动生活进行了描写。四是诚实劳动。例如，孟子通过"揠苗助长"的故事，告诫人们不能违背劳动规律；《增广贤文》中提出了"君子爱财，取之有道"的原则，等等。

（三）党中央历任领导人的劳动教育思想

在不同的历史时期，党中央历任领导人根据现实国情对劳动教育进行了创新发展，推动着劳动教育与时俱进。中华人民共和国成立初期，以毛泽东为代表的中国共产党人坚持"劳教结合"的思想，不仅倡导干部应兼顾劳动生产，还注重对学生和农民进行劳动教育，以着力培养德、智、体方面都得到发展的有社会主义觉悟的劳动者。进入改革开放阶段，邓小平结合当时改革发展实际，提出了学用一致、精细学校管理、密切劳动和教育两大部门联系、创新劳动教育的内容和方法等思想，突出了教育与生产劳动结合为社会主义现代化建设服务的重要性。江泽民首次提出了"坚持教育与社会实践相结合"的重要论断，使劳动教育不再局限于生产劳动，扩大了劳动教育的范围。"为了加强劳动教育，江泽民还从学校、地方各级教育主管部门、地方各级党委和政府、社会四个方面提出了策略。"① 进入 21 世纪，"以胡锦涛为代表的中国共产党人创造性地提出了'以辛勤劳动为荣，以好逸恶劳为耻'的荣辱观、'让劳动者在劳动中得到尊严获得幸福感'的体面观以及'劳动光荣，创造伟大'的劳动观"②，并强调要着重培养青少年的劳动价值观以培养合格的社会主义建设者和接班人。党的十八大以来，以习近平同志为核心的党中央结合时代特色、聚焦时代任务，对劳动教育的性质、基本理念、总体目标等进行了精辟论述，包含"实干兴邦"的劳动实践观、"民族复兴"的劳动发展观、"崇尚劳动"的劳动价值观等，为新时代劳动教育的开展提供了科学的理论指导③。

二、价值层面：新时代大学生劳动教育的时代意蕴

在 2018 年 9 月召开的全国教育大会上，习近平总书记要求把劳动教育纳入培养社会主义建设者和接班人的总体要求之中，明确提出构建德智体美劳全面培养的教育体系。其时代价值体现在以下三个方面：

（一）劳动教育是促进大学生全面发展的有效途径

劳动教育具有树德、增智、强体、育美的综合育人价值，是促进大学生全面发展的有效途径。首先，劳动教育有助于树德。通过劳动教育，大学生更容易明白劳动成果的来之不易，体会劳动者的辛苦，从而形成尊重劳动、勤俭节约、艰苦奋斗的美德。其次，劳动教育有助于增智。通过劳动教育，大学生不仅可以拓宽自身的知识面，还可以把理论知识运用于实践，透过现象抓住本质。再次，劳动教育有助于强体。劳动教育改变了纯理论层面的学习形式，为大学生提供了更多锻炼身体的机会，在提高动手能力的同时增强自身的体魄。最后，劳动教育有助于育美。审美是人类理解世界的一种特殊形式，蕴含着人们的情感态度和价值倾向。通过劳动教育，大学生会以辛勤劳动、诚实劳动、创造性劳动为荣，以好逸恶劳、铺张浪费、极端个人主义为耻，无形之中形成劳动最光荣、劳动最崇高、劳动最伟人、劳动最美丽的劳动观念。

（二）劳动教育是高校落实立德树人根本任务的必然要求

习近平总书记指出："要坚持把立德树人作为中心环节，把思想政治工作贯穿教育教学全过程，实现全程育人、全方位育人。"④ 劳动教育是高等教育的重要组成部分，

① 王小芳. 大学生的劳动观及其教育研究 ［D］. 太原：中北大学，2019：18.
② 戴家芳. 新时代大学生劳动教育的新意蕴和新践行 ［J］. 高校辅导员学刊，2021，13（1）：8.
③ 李珂，曲霞. 1949 年以来劳动教育在党的教育方针中的历史演变与省思 ［J］. 教育学报，2018，14（5）：69.
④ 习近平. 在学校思想政治理论课教师座谈会上的讲话 ［N］. 人民日报，2019-03-18（02）.

本身具有独特的思想政治教育价值，其涵养道德品质、助力智力提升、增强身体素质、提高审美水平的功能契合立德树人的根本任务，因此高等教育的推进不能与劳动教育的贯彻和践行相脱离。高校要准确理解和把握新时代劳动教育的内涵与意义，在教育过程中引导大学生知劳动、爱劳动、会劳动，真正把劳动教育融入立德树人的过程中[①]。

（三）劳动教育是实现中华民族伟大复兴的应有之义

习近平总书记指出："中华民族是勤于劳动、善于创造的民族。正是因为劳动创造，我们拥有了历史的辉煌；也正是因为劳动创造，我们拥有了今天的成就。"[②] 劳动创造社会财富，推动社会变革。当下，中国特色社会主义进入了新时代，为了提升我国的国际地位，发展中国特色社会主义事业，中国人民通过辛勤、诚实和创造性劳动，取得了"祝融号"在火星成功传回遥测信号、新型冠状病毒疫苗成功研发、"神舟十二号"成功发射升空等重大成就，这些成就极大地增强了我国的综合国力，推动着中华民族伟大复兴梦的实现。大学生是社会主义事业的建设者和接班人，良好的劳动教育能引导大学生充分认识劳动的价值，塑造诚实劳动的优良品德，积极投身劳动实践，成长为担当民族复兴大任的时代新人。

三、困境层面：新时代大学生劳动教育存在的问题

为贯彻落实《中共中央 国务院关于全面加强新时代大中小学劳动教育的意见》和《大中小学劳动教育指导纲要（试行）》等文件精神，各高校正如火如荼地开展劳动教育。从现状来看，新时代大学生劳动教育仍存在困境，这主要体现在以下四个方面：

（一）劳动教育主体综合素养较低

首先，劳动认知不足。受"万般皆下品，唯有读书高""劳心者治人，劳力者治于人"等思想的影响，部分大学生对劳动的理解存有偏差，片面地认为脑力劳动高于体力劳动，进而排斥劳动，不想劳动，不愿劳动。其次，劳动价值取向功利化。目前，劳动教育领域受到了拜金主义、享乐主义、极端个人主义思想的侵袭，致使部分大学生在参与劳动时以劳动报酬、劳动难度、个人利益为衡量标准，带有极强的功利性。再次，劳动能力日益削弱。如今，随着我国经济的腾飞，以"00后"为主体的大学生

---

① 杨志清. 新时代大学生劳动教育的"三维"价值与对策探析［J］. 信阳师范学院学报（哲学社会科学版），2021，41（4）：96.

② 习近平. 在庆祝"五一"国际劳动节暨表彰全国劳动模范和先进工作者大会上的讲话［N］. 人民日报，2015-04-28（02）.

所享有的物质生活条件普遍较好，再加上父母过于溺爱，对子女成长过程中的具体事务大包大揽、事无巨细，使得孩子缺少了更多的劳动机会，形成了安于现状、铺张浪费的陋习，缺乏基本的劳动能力。最后，对劳动者不够尊重。在现代社会，有些大学生意识不到劳动的重要性，不仅自己不劳动，也不会尊重劳动者及其劳动成果。

（二）劳动教育形式单一

随着"科教兴国""创新驱动发展"等战略的提出，各行各业都掀起了一股创新的热潮。但反观大部分高校的劳动教育，仍停留于单纯的体力劳动，形式比较单一，多数表现为组织学生打扫教学楼和去校外挖地、拔草等。对于大学生而言，这些劳动在中小学阶段都已经经历过了，因此重复参与时只会单纯以完成任务为目标，并不会深究其意义，出现"大学劳动教育中小学化"的苗头，导致"有劳动、无教育""重劳轻育"的后果，偏离了劳动教育的实质。诚然，高校开设这种劳动课具有必要性，但高校进行的是高层次的教育，应着重升华学生的劳动认知、提升学生的劳动能力、强化学生的劳动行为。

（三）劳动教育机制存在漏洞

目前，劳动教育在部分高校处于"说起来重要，干起来次要，忙起来不要"的困境，究其原因在于高校劳动教育机制存在漏洞，集中体现在资金保障、师资力量和考核评价三个方面。首先，劳动教育缺乏资金保障。劳动教育是一种融理论与实践于一体的教育，场地、工具、人员等都需要投入资金，但相较于劳动教育，高校更倾向于把大量资金投向教学科研及专业建设。其次，劳动教育缺乏专业指导。"在德国培养一名专业劳动教育教师需要 19 年，教师必须在各类教学范围和学习场所同时具备了高等教育教学方法和职业经验，才有可能定向成为劳动教育的教师。"① 反观我国，虽说国情不同，但两国在劳动教育教师专业化要求方面确实存在差距。在我国，一些高校担任劳动教育的教师是后勤处工作人员、教务处教师以及思政课教师。术有专攻，从整体来看，我国高校劳动教育工作队伍的专业化水平还有待提高。最后，劳动教育缺乏考核评价。劳动教育后进行考核评价一方面能促使师生认真参与劳动，另一方面能使师生双方明白自身及活动策划的不足。实际上，大部分高校并不注重事后考核评价，使劳动教育浮于表面。

（四）劳动教育合力不足

劳动教育是一项全民总动员的大工程，强基固本需要社会、高校、家庭、大学生四者形成合力。但从现实来看，新时代大学生劳动教育面临合力不足的困境。对于大

---

① 董航. 新时代高校劳动教育必要性及实践途径探究［C］//第二届新时代财经高校大学生劳动教育论坛，2020：83.

学生自身和高校存在的问题前面做过阐述，本部分主要探讨的是社会和家庭方面的问题。首先是不良的社会风气的影响。中国互联网络信息中心（CNNIC）发布的第47次《中国互联网络发展状况统计报告》显示，截至2020年12月底，我国网民规模高达9.89亿人，其中学生群体所占比例居于前列。网络具有开放性、便捷性和匿名性等特征，人民群众会更倾向于运用网络来表达自己的思想，其中不乏带有自私自利、贪图享乐等消极色彩，"人不为己、天诛地灭""啃老"等错误观念会更容易侵蚀大学生的劳动观。其次是家庭偏颇的劳动教育观念。现代家庭多为"2+1"模式，"00后"大学生以独生子女居多，家长对于他们的保护欲过于强烈，很少会让其参与劳动。此外，由于受传统思想和应试教育的影响，"读书（理论教育）是成才的唯一途径"仍根深蒂固地存留于家长的脑海中，家长仍认为脑力劳动要优于体力劳动，从而舍弃体力劳动、歧视体力劳动者[1]。

四、策略层面：新时代大学生劳动教育的优化路径

当前，要克服劳动教育主体综合素养较低、劳动教育形式单一等困境，需要从社会、高校、家庭、大学生自身四个方面积极探索加强劳动教育的新路径，以优化新时代大学生劳动教育的格局。

（一）创造劳动教育良好的社会环境

1. 加强党对劳动教育工作的领导

党政军民学，东西南北中，党是领导一切的，包括劳动教育领域。首先，要加大对马克思、党中央历任领导人和中华优秀传统文化中有关劳动教育思想的宣传。作为新时代大学生劳动教育的理论基础，其在武装大学生的思想和指导大学生的实践方面所起的作用是至关重要的。其次，要加大劳动教育领域的资金投入力度，为各高校开展劳动教育提供充足的物质保障。最后，要支持和鼓励农场、科技馆、企业等社会力量为大学生劳动教育提供场地、人员、资金等，使学生能够走出学校体验更加丰富的劳动教育。

2. 优化网络生态空间

网络社会作为现实社会的延展空间与劳动教育紧密相连，网络生态良好则助推劳动教育，网络生态恶化则阻碍劳动教育。网络媒体是网民群众行使言论权的重要平台，但这并不意味着网民群众可以为所欲为，法律是其行为的硬性约束，道德是其行为的

---

① 徐雨洁. 浅析新时代青年大学生劳动教育的问题与对策［J］. 长江丛刊，2020（24）：177.

软性约束。然而，现实生活中总是有极少部分网民群众挑战法律，挑战道德，极力宣传自己所秉承的个人主义、拜金主义以及享乐主义等，这会削弱现实生活中劳动教育的效果。因此，要做好网络空间内的劳动教育，大众传媒需要承担起社会责任，扮演好舆论"把关人"的角色，尽量避免网络氛围的低俗化和腐朽化，要积极宣传正能量，提高网络舆论的引导能力。

3. 发挥劳动榜样的示范作用

正所谓"启事在教诲，成事在榜样"。一方面，劳动榜样能使大学生深入理解劳动教育的内涵、实质以及价值，从而形成正确的劳动观；另一方面，劳动榜样能促使个体发现自身的不足，从而激发自身不断前进。因此，在日常的教育中，我们要通过思政课程、新媒体平台、报纸、电视等各种途径发挥劳动榜样的示范作用。例如，为了启发社会大众，弘扬"工匠精神"，中央广播电视总台以高级技师高凤林、錾刻大师孟剑锋、"两丝钳工"顾秋亮等人为主角推出了八集纪录片——《大国工匠》。这些劳动榜样始终坚持创新创造、孜孜以求、精益求精的理念，创造出了一个又一个的劳动奇迹，把"中国造"推向了世界。

（二）深化高校劳动教育的主导作用

1. 完善劳动教育课程体系

"课程是新时代大学生劳动教育的有效载体，高校必须坚守'课程育人'的理念，把劳动教育纳入课程体系中。"[①] 其一，将劳动教育纳入公共必修课程或选修课程。为了引起当代大学生对劳动教育课的重视，各高校有必要将劳动教育课设置为公共必修课程或选修课程，并赋予其相应学分。在这方面，西南财经大学就深化了课程改革，在2020—2021学年第二学期打造了"耕读田园"果蔬种植劳动实践首期课程，将劳动教育课纳入了公共选修课程，并赋予其相应学分。其二，在高校的公共必修课程中渗透劳动教育。例如，在中国近现代史纲要这门课程中，教师要引导学生从劳动的角度看待中华民族的救亡图存，即近代中国摆脱屈辱是靠一代又一代的革命先辈艰苦奋斗实现的。其三，结合各高校开设的专业课进行劳动教育。例如，在医学生呼吸病学这门专业课程中，教师可以从抗击新冠肺炎疫情的角度引起学生对劳动的重视，即让学生明白中国之所以能够取得举世瞩目的抗疫成果，除了医学的贡献外，没有建筑工人夜以继日的辛勤劳动，火神山医院不可能仅用10天的时间就拔地而起，雷神山医院也不可能仅用18天的时间就交付使用。

---

① 裴文波，岳海洋. 高校大学生劳动教育的多维透视［J］. 学校党建与思想政治教育，2019（4）：89.

2. 完善劳动教育机制

完善的高校劳动教育机制是提高大学生劳动教育有效性的关键。鉴于此，高校可以采取以下三个方面的措施：其一，加大资金投入力度。高校要提高劳动教育经费在总教育经费中的比重，包括购买基础劳动工具的经费、引进先进劳动设备的经费、物质奖励经费等。其二，加强劳动教育队伍建设。高校要注重劳动队伍整体素养的提高，特别是提高教师的劳动素养。此外，针对大学生劳动教育缺乏专业指导教师的情况，各高校可以公开选拔具备良好劳动素养、较强劳动实践能力的教师组成劳动教育队伍，邀请劳动模范、劳动专职人员来校举办讲座或聘请其作为本校的劳动教育兼职教师。其三，健全劳动教育的考核评价机制。一方面，教师要对学生进行考核评价。对于理论知识，教师可以采取闭卷或开卷考试的方式进行考查。在实践方面，教师要对学生的劳动态度和团队精神等进行评价，对学生的劳动成果进行考核。考核的形式可以是当场考核、后期撰写调研报告等。另一方面，学生要对教师的劳动态度、负责程度等进行评价。评价的方式一般是填写调查问卷。

3. 创新劳动教育形式

思想活跃、追求新颖是当代大学生的一大特性，单一的形式并不能激发学生参与劳动教育的积极性，因此高校必须创新劳动教育的形式。除了常见的打扫校园卫生的形式外，高校还可以采取以下形式：一是拓展勤工助学的岗位。大学生勤工助学不仅能磨炼学生意志、减轻经济负担，还能提高人际交往能力。二是安排与学生专业相关的劳动教育。对于大部分大学生来说，大学阶段是其踏入社会的最后阶段。因此，为了促进大学生在日益严峻的就业环境下更好地实现就业，高校需要多安排专业性的劳动教育活动，如多安排师范类的学生去中小学实地上课。三是开展主题征文、微视频制作、"厨神"争霸大赛。这种形式会让学生在体验劳动乐趣的同时锻炼思维、写作和动手能力。四是为学生承包"一亩三分田"。高校可以在校外为学生承包一片土地，从耕地、育苗、施肥、收获，每一个阶段都安排学生亲身参与，这种方式会让学生产生更多的获得感和成就感。

（三）夯实家庭劳动教育的基础作用

1. 矫正家长的劳动教育观念

家庭是孩子接触的第一个场域，父母是孩子的第一任教师，家长的劳动教育观念会对孩子形成深刻而久远的影响。具体来说，家长应矫正以下三种观念：一是矫正脑力劳动和体力劳动具有等级之分的观念。两种类型的劳动并不存在高低之分，比如没有农民辛苦种的粮食，知识分子难以解决基本的吃饭问题。二是矫正劳动会耽误学习的观念。学习和劳动之间并不存在矛盾关系，相反，劳动也是学习的一种方式，这种方式有利于加深孩子对理论知识的把握。特别是在大学阶段，知识的实践应用性更加突出，家长要正确看待学习与劳动之间的关系。三是矫正劳动会累着孩子的观念。在日常生活中，有些家长连基本的家务都不让孩子做，认为劳动会累着孩子。这是由于大部分家长都存在着一个通病：想一直充当孩子的保护伞，为孩子遮风挡雨。但这种想法显然不现实，孩子迟早会走入社会，有一天也会成为家长。若家长一直过度保护孩子，则会让孩子难以适应社会，孩子在未来成为父母时也会无从下手。

2. 发挥家长身教的示范作用

如果说家长的言传身教会在无形之中影响孩子的劳动观，那么其身教也不可忽视，一定程度上可以说身教胜过言传身教。因此，家长需在以下三个方面以身作则：一是平时多劳动。尽管"00后"的家长所面临的工作和生活压力都非常大，但也需要形成勤于劳动的习惯，如定期打扫家庭卫生、参与社区劳动等，这不但是释放压力的一种方式，也会使孩子模仿家长有现实依据可循。二是尽自己所能多关心体力劳动者。烈日炎炎下，家长和孩子外出时，如遇到需要帮助的清洁工，家长可以伸出援助之手。三是提高自己的劳动技能。无论是体力劳动还是脑力劳动，当家长缺乏相关方面的知识和技能时，都应想办法进行学习。

3. 引导孩子积极参与劳动

在家庭劳动教育中，家长只注重自身的完善是不可取的，还应引导孩子参与劳动，如打扫卫生、参与田间劳作等。在引导孩子参与劳动时，家长应注意以下两点：一是给予孩子一定的奖励。当孩子表现好时，家长可以给予孩子适当的物质奖励和精神奖励，以激励孩子继续努力。二是注意方式方法。当孩子犯错或遇到困难时，家长不要急于责骂，要寻找原因，耐心指导，从"命令式""呵斥式"教育转向"启发式""渗透式"教育。

（四）激发大学生自我劳动教育的内生动力

1. 调整劳动教育心态

以上提到的社会教育、高校教育以及家庭教育，对于大学生正确劳动观的形成来说都只是起着外部推进的作用，只有大学生的自我教育才具有内生性。当今世界正处于百年未有之大变局，我国面临的内外部环境非常复杂。对内，受新冠肺炎疫情的影响，经济社会高质量发展压力较大；对外，中国面临着个别西方国家的恶意竞争。在这种情况下，要想以更加昂扬的姿态屹立于世界民族之林，我国就必须加强全面发展人才的培养。因此，为了更好地完成时代使命，大学生必须在德智体美劳五个方面全方位提升自我。其中，在劳的方面，大学生首要的就是调整劳动教育心态。目前，大学生普遍存在着"劳动具有等级之分""劳动教育浪费时间"等消极思想，这和国家所倡导的"五育并举"理念相悖，不利于大学生自身的全面发展，因此要及时进行自我调整。

2. 积极参与劳动实践活动

"纸上得来终觉浅，绝知此事要躬行。"实践是透彻理解事物的重要途径，如果只是"夸夸其谈""坐而论道"，那么个人提升、社会进步、国家复兴则都是一句空话。因此，大学生应充分认识劳动教育实践的重大意义并积极参与其中。身处社会，大学生要积极参与志愿活动、调研活动。身处高校，大学生要积极参与校园卫生打扫、劳动教育主题比赛以及勤工俭学。身处家庭，大学生要积极承担家务。总之，只有大学生参与劳动实践活动的自觉性得到了增强，其才能在劳动中收获快乐。

综上所述，新时代大学生劳动教育具有一定的理论基础，拥有重大的时代价值，但其实施现状并不乐观，存在劳动教育主体综合素养较低、劳动教育形式单一等困境，需要从社会、高校、家庭、大学生自身四个方面来优化新时代大学生劳动教育格局。作为一名思想政治教育专业的学生，新时代大学生劳动教育本就是应该关注的主题。本文虽然从理论、价值、困境、策略四个层面出发对新时代大学生劳动教育进行了分析，但仍存在着很多不足之处，笔者还需要在以后的学习和工作中积累经验、继续完善。

参考文献

[1] 马克思，恩格斯. 马克思恩格斯选集：第4卷 [M]. 中共中央马克思恩格斯列宁斯大林著作编译局，译. 北京：人民出版社，1995：115.

[2] 王小芳. 大学生的劳动观及其教育研究 [D]. 太原：中北大学，2019：18.

[3] 戴家芳. 新时代大学生劳动教育的新意蕴和新践行 [J]. 高校辅导员学刊，2021，13 (1)：8.

[4] 李珂，曲霞. 1949年以来劳动教育在党的教育方针中的历史演变与省思 [J]. 教育学报，2018，14 (5)：69.

[5] 习近平. 在学校思想政治理论课教师座谈会上的讲话 [N]. 人民日报，2019-03-18 (02).

[6] 杨志清. 新时代大学生劳动教育的"三维"价值与对策探析 [J]. 信阳师范学院学报（哲学社会科学版），2021，41 (4)：96.

[7] 习近平. 在庆祝"五一"国际劳动节暨表彰全国劳动模范和先进工作者大会上的讲话 [N]. 人民日报，2015-04-28 (02).

[8] 董航. 新时代高校劳动教育必要性及实践途径探究 [C].//第二届新时代财经高校大学生劳动教育论坛，2020：83.

［9］徐雨洁. 浅析新时代青年大学生劳动教育的问题与对策［J］. 长江丛刊，2020（24）：177.

［10］裴文波，岳海洋. 高校大学生劳动教育的多维透视［J］. 学校党建与思想政治教育，2019（4）：89.

［11］段磊. 加强大学生劳动教育的四个维度［J］. 人民论坛，2020（20）：106-107.

［12］张庆亮. 新时代大学生劳动教育的实施路径［J］. 高校辅导员学刊，2019（6）：35-40.

［13］文新华. 论以新时代马克思主义劳动观为指导深入推进劳动教育［J］. 中国高等教育，2018（21）：10-12.

［14］檀传宝. 加强和改进劳动教育是当务之急：当前我国劳动教育存在的问题、原因及对策［J］. 人民教育，2018（20）：30-31.

新时代财经高校加强劳动教育的价值内涵与实践路径

王　慧①

摘　要： 新时代劳动教育在价值导向、目标要求和实践内容方面实现了重大转变，肩负着更加艰巨的历史使命和任务。加强新时代财经高校劳动教育，可以遵循劳动教育与实践育人、课程思政和专业培养的"三结合"实施思路，构建以劳动教育为纽带的措施合力。在教育实施方面，高校应立足学科优势，做好顶层设计；创新实践场景，提升教育实效；健全管理体制，加强实施保障。

关键词： 劳动教育；财经高校；价值意涵；实践路径

一、新时代劳动教育实践的转变与发展

新时代劳动教育肩负建设新时代教育发展道路、治理劳动教育异化的历史使命和任务（肖绍明、扈中平，2019）。中华人民共和国成立以来，生产劳动与教育相结合是党始终贯彻的基本教育方针，但关于如何开展劳动教育实践，随着社会经济持续发展，一直处于动态调整的过程中。就目前看来，劳动教育实践的转变与发展可以大致分为以下五个阶段：

第一，实践探索阶段（1949—1957 年）。在社会主义过渡时期，劳动教育处于实践探索阶段。当时，劳动教育作为贯彻"教育为生产建设服务"方针的重要内容，旨在鼓舞广大民众积极从事劳动创造，普及劳动中的发明创造，组织一切原来不从事劳动生产的人参与劳动生产并在劳动中完成自身改造（何东昌，1998）。但"教育与生产劳

---

① 王慧（1991—），女，西南财经大学会计学院辅导员，主要从事高校思想政治教育研究。

动相结合"在这一阶段还未成为我国的基本教育方针，劳动教育在各级各类学校中的实践形式各异，甚至出现"喊口号、缺落实"的现象，教育实践者的重视程度相对不足。在"三大改造"时期，虽然劳动教育作为缓解中小学毕业生升学压力、动员毕业生就业的手段，被赋予生产技术教育的重任，但具体实践效果并不理想（李珂、曲霞，2018）。

第二，泛政治化阶段（1958—1977年）。进入社会主义建设探索时期，劳教结合虽然被上升为我国教育的基本方针，但在理念层面上因被视为阶级斗争的工具而走向泛政治化。1958年，时任中宣部部长陆定一同志发表的文章《教育必须与生产劳动相结合》，奠定了该时期劳教结合思想的总基调，但误将脑力劳动者归结为旧社会的"劳心"剥削阶层，导致体力劳动与脑力劳动的矛盾和差距被放大，脑力劳动与体力劳动分工的阶级属性被夸大（杰明、李国海，1986）。劳动教育作为消除体脑分工、进行阶级改造的政治手段，解决教育经费的经济手段而备受重视，是让学生成为有比较健全知识的工人的唯一方法。在这一时期，劳动教育的政治、经济和认识论意义都达到了前所未有的高度，特别是由于其政治意义的过度拔高造成了学习与劳动对立的结果，使劳动教育违背了正常的内在规律（李珂、曲霞，2018）。

第三，方向纠偏阶段（1978—1999年）。自党的十一届三中全会后，随着党的工作重心的转移，"以经济建设为中心"基本路线的确立，劳动教育步入了纠偏阶段。1978年，全国教育工作会议上，邓小平同志重申，"教育与生产劳动相结合"作为党的教育基本方针和优良传统，同时要立足中国经济社会和教育事业发展实际，以"面向世界、面向未来、面向现代化"的眼光，对科学开展劳教结合做出指导意见（何东昌，1998）。自此，劳教结合被简单地理解为让学生从事体力劳动的错误倾向被逐渐扭转，"学习"和"劳动"的割裂关系也得以修复。但由于社会经济发展不平衡及财富分配方式变革，轻视体力劳动的观念尘嚣日上。尽管党中央反复强调劳教结合的重要性，加强对劳动教育的系统化建构，但相应的实践效果并不理想（李珂、曲霞，2018）。

第四，素质培养阶段（2000—2017年）。在第三次全国教育工作会议上，中共中央做出关于全面推进素质教育的决定。2000年，教育部印发《全日制普通高级中学课程计划（试验修订稿）》，将劳动技能纳入学生综合素质培养体系，"尊重劳动、尊重知识、尊重人才、尊重创造"被明确为党和国家的一项重大方针，并写入党的十七大、十八大报告中。党的十九大以来，习近平新时代中国特色社会主义思想开创了新时代中国特色社会主义劳动思想的新境界。在此阶段，劳动教育虽然被赋予了崇高的政治和教育意义，但仍然仅被作为一般性教育工作甚至是非显性的教育工作进行部署。同时，在社会文化层面，拜金主义、享乐主义等思想不断蔓延，严重侵蚀了人们正确的劳动价值观，对我国传统的劳动美德以及中华人民共和国成立后劳动教育的政治社会化功能造成了巨大冲击（赵长林，2019）。因此，体力劳动和生产劳动逐渐被淡化、轻视，重塑劳动价值观成为新时代教育发展亟待破解的重要难题。

第五，全面提升阶段（2018年至今）。2018年9月10日，在全国教育大会上，习近平总书记发表重要讲话，指出"要在学生中弘扬劳动精神，教育引导学生崇尚劳动、尊重劳动，懂得劳动最光荣、劳动最崇高、劳动最伟大、劳动最美丽的道理，长大后能够辛勤劳动、诚实劳动、创造性劳动。"在阐释党的教育方针时，习近平总书记重提德智体美劳全面培养，强调"要努力构建德智体美劳全面培养的教育体系，形成更高水平的人才培养体系"[①]。这些重要论述，高擎劳动教育旗帜，着眼时代要求，极大地丰富和发展了党的教育方针，对劳动教育提出了新要求和新任务。

较之过往，新时代的劳动教育内涵出现了以下新的发展：第一，新时代劳动教育的价值导向发生由外及内的转变。新时代的劳动教育思想，体现了对内在价值的不懈追求，"劳动永远是人类生活的基础，是创造人类文化幸福的基础"。劳动教育有助于引领学生思想，引导学生实践，在过程中牢固把握劳动的价值，从而实现内在的价值认同，激发学生的获得感和幸福感（吴式颖，2005）。第二，新时代劳动教育的发展目标得到全面提升。"劳动教育的本质涵义是指通过参加劳动实践活动所进行的一种有目的、有计划、有组织的培养受教育者多种素质的教育活动，是融德育、智育、体育、美育为一体的全面提高学生素质的综合性教育（陈勇军，1995）。"当前，劳动教育致力于培养学生的综合素质，具有超越德育、智育、体育、美育等单一方面的综合作用。第三，新时代劳动教育的实践内容发生了根本性变革。当前，信息产业、文化产业等新兴劳动形式的不断涌现，正日益挑战着过去主要基于第一、二、三产业所建构的劳动形态格局，促使劳动形态呈现出愈发多样化的叠加格局（班建武，2019）。劳动形态的持续性变革和多样化叠加，要求高校劳动教育基于飞速发展的生产力和高速更迭的劳动形态，进行不断完善和发展。

---

① 习近平. 坚持中国特色社会主义教育发展道路培养德智体美劳全面发展的社会主义建设者和接班人 [EB/OL].（2018-09-10）[2021-02-03].http://www.xinhuanet.com/politics/leaders/2018-09/10/c_1123408400.htm.

二、新时代高校加强劳动教育的重要价值

新时代劳动教育思想是对马克思主义劳动价值理论的新发展。新时代高校加强劳动教育，不仅有利于创造经济价值，更能实现精神价值；不仅可以筑牢大学生正确的劳动价值观，磨炼劳动技能，推进身心全方面发展，更对推动实现中华民族伟大复兴具有重要的现实意义。具体而言，新时代高校加强劳动教育的重要价值可以概括为以下三点：

第一，加强高校劳动教育是实现中华民族伟大复兴的关键所在。纵观世界历史，任何国家、民族的崛起与复兴无不是通过辛勤劳动才得以实现的。如今的中国，正向制造业强国稳步迈进，因此对劳动者素质的要求一再提高。新时代的劳动者必须要有追求精益求精、质量至上的"工匠精神"（冯刚、刘文博，2019）。因此，只有拥有坚毅顽强、追求完美的劳动品格，才可以适应当今的时代要求，也才能助力中华民族伟大复兴中国梦的实现。只有加强高校劳动教育，才能够增强学生劳动素质，磨砺奋斗意志，真正建成富强民主文明和谐美丽的社会主义现代化强国，实现两个一百年奋斗目标，实现中华民族的伟大复兴。

第二，加强高校劳动教育是实现立德树人根本任务的客观需要。在全国教育大会上，习近平总书记指出："培养什么人，是教育的首要问题。"教育工作的根本任务就是立德树人，而劳动教育之于立德树人的重要作用不可忽视。我们既要看到劳动教育在形式上具有的树德、增智、健体、育美综合育人价值，更要看到劳动教育作为内容，在国民素质养成中具备的德智体美"四育"独特价值（曲霞、刘向兵，2019）。劳动教育最为重要的成果就是正确劳动价值观的培育，这就需要加强高校劳动教育，通过劳动实践，将思想教育和自身行动相结合，使学生能够在实践过程中强化对正确劳动价值观及社会主义核心价值观的把握，从而真正实现立德树人的根本任务。

第三，新时代加强高校劳动教育是推动大学生全面发展的现实需要。劳动实践是人类不断认识世界、改造世界的重要手段，也是提高学生能力、增长学生才干、拓宽学生视野的重要方法。加强高校劳动教育不仅可以帮助学生树立正确的劳动价值观，也可以显著地改善"知易行难"现状，提高学生的实践能力，使学生真正做到知行合一。通过系统化的劳动理论学习，学生的劳动技能和综合素质可以得到较大幅度提升，同时在实践中深化学习与思考，发挥劳动实践对人格塑造的重要作用。劳动教育是实现智育、德育、体育、美育相结合的重要途径，不仅有助于培养劳动习惯，磨砺劳动精神，还能够实现学生劳动知识的内化、劳动情感的升华和劳动能力的增强，实现学生的自我提升，促进实现人的全面发展（岳海洋，2019）。

三、新时代财经高校劳动教育的实施思路

（一）劳动教育与实践育人的结合

加强新时代新阶段的劳动实践教育，一是要创新实践育人内容，紧随社会的发展变化，不断因时而变，将劳动教育的内容融入高校实践育人工作中，在劳动中强化价值认同。二是要完善劳动实践形式，不仅要在校内开展劳动教育，也要在校外开展劳动教育，要通过学校、社会、家庭等多方面协同的作用，使得劳动教育深入实际开展，劳动实践多样化发展。劳动教育不同于文化知识教育，劳动教育是实践性很强的教育活动，劳动观念的培养、劳动习惯的养成都需要通过实践才能完成（孟国忠，2019）。只有真正的劳动实践才能让通过理论学习到的劳动技能得到巩固和强化，也只有真正在劳动实践中思考才能提升大学生的劳动素养，使大学生树立正确的劳动价值观。在物质生产已然趋向不断丰富的实际情况下，劳动实践在某种意义上逐渐远离了我们的生活，但我们仍然要对劳动教育有更全面的价值认识——只有充分重视和强化实践教育，才能让大学生切身体验劳动的魅力所在，才能让大学生深刻理解劳动之于人、社会、国家的意义所在，才能促进大学生的全面发展，弘扬劳动精神。

（二）劳动教育与课程思政的结合

劳动教育不仅是要让学生参加到实际的劳动过程之中，而且要让教师在课程教学过程中，向大学生不断地传递正确的劳动价值观。帮助大学生树立正确的劳动价值观是实现劳动教育价值的重要基础和前提条件。高校劳动教育应该逐步充实完善对劳动理论知识的系统教育，稳步提高大学生对劳动的科学认识，应在学校开设专门的劳动教育通识课程，培养大学生正确的劳动价值观，提高大学生对劳动的价值认同，引发大学生对劳动实践的向往和热爱，引导大学生在劳动过程中激发幸福感、获得感，培养大学生对劳动生产、劳动创造的兴趣。高校劳动教育有助于引导大学生尊重劳动、尊重劳动者，通过亲力亲为的辛勤劳动和拓宽思维的创造性劳动，培养大学生的劳动责任意识；通过正确劳动价值观的传递，树立大学生正确的择业观；通过积极引导大学生努力拼搏、实现人生价值，增强大学生争当新时代高水平劳动者、争做新时代伟大奋斗者的意识，以此培育出拥有社会实践能力、社会责任感以及正确劳动价值观的高素质人才。

（三）劳动教育与专业培养的结合

发挥学生在学科专业学习上的比较优势，让他们的劳动能够得到更多的价值体现，既要实现对其自身意识的锻炼，也要尽可能地为社会创造更多的价值。高校劳动教育的实践内容设计可以从自身专业的特点进行把握，不能受限于传统的体力劳动，如打扫校园卫生等，必须在自身擅长的领域内，充分发挥脑力劳动的作用。实现专业学习与劳动实践相结合，才能真正发挥劳动教育德育智育协同作用的最大化效用。不同的高校间、专业间都有着自身的比较优势，难以在劳动教育实践内容的设计上做到"一刀切"，只有依靠本校教职工充分发挥自身的主观能动性，积极建构更具学校特色的劳动教育实践内容，才能在实现劳动教育的同时，创造更高的社会效益，让劳动教育的实践得到效用最大化的体现。

四、新时代财经高校构建劳动教育实施体系的思考

（一）立足学科优势，做好顶层设计

一是建章立制，规范制度保障。高校要将劳动教育纳入高校人才培养方案和教育教学体系之中。通过设立责任划分明确、资源配置高效、后勤保障完善、考核制度科学的劳动教育长效化、规范化机制，解决目前劳动教育的随意性、间歇性、断层式和形式化问题。

二是思想引领，强化价值灌输。在劳动实践过程中，高校应充分发挥带队教师的思想政治引领作用，通过实践活动及时培育学生的劳动价值观，筑牢正确的劳动价值观，不能仅是简单完成实践活动。在每天实践完成后，师生应及时总结，开展交流活动，提高学生的思想认知，为第二天的实践活动提供思路。

三是立足自身，发挥学科优势。高校应结合自身实际，科学调整部署，依照专业学科的比较优势组织和开展劳动教育工作。在教育内容方面，高校应深挖劳动教育的内涵与外延，充分发掘学科共生优势，实现交叉融合、学科互补，实现整体大于部分总和的理想效果，并在此基础上，结合社会志愿服务等实践活动，依据自身特长来开展劳动教育。

（二）创新实践场景，提升教育实效

一是整合资源，构建完整体系。在实际的劳动教育过程中，高校应整合各方面资源，构建系统化的劳动课程体系，结合学科特色，编写劳动教育教材，设计教学活动，创设集理论课程、社会实践、实习等于一体的必修课程，保证教学计划严谨、科学，教学体系规范、完备。高校应充分发挥社会和家庭对大学生劳动教育的积极作用，推

进学校教育、社会教育和家庭教育的有机结合，构建家校社协同育人的机制，实现三方衔接互动，共同作用。

二是创新实践形式。在新时代，高校劳动教育理应冲破体力劳动的束缚，呈现更为开放、多元的劳动形态，从而实现实践形式的创新。这就要求高校必须适应时代变化，不仅要重视基于传统劳作的劳动教育形式，更要注重现代化、信息化、智能化的劳动形式，要结合自身学科优势，制定一系列将最前沿的劳动形式与脑力劳动有机结合的精品课程和教育体系。

三是拓宽实践场景。整合各部门资源，紧密结合家校社互动，是新时代劳动教育体系建立的必然要求。在实际的劳动教育过程中，高校应整合各方面资源，构建系统化的劳动课程体系，拓宽实践场景，在劳动教育中强化家校合作、校企合作，通过社会对学生的教育作用来实现劳动教育的完善。

（三）健全管理体系，加强实施保障

一是成立领导小组，做好监管与保障。高校内部需要高度重视劳动教育，成立劳动教育领导小组，明确管理权责，发挥统筹作用，进行科学决策，制定规划目标，协调劳动教育的策划与管理，做好劳动教育实践的实施与保障。高校应依据现实需要设置组织架构，分配调整人员，保证劳动教育实践有序实施。劳动教育领导小组应全力协调配合，强调整体把握，不断完善决策，切实做到对劳动教育的监管与领导。

二是构建考核体系，完善监督机制。新时代高校劳动教育的成功实践，需要完善考核评价体系。高校应及时考核劳动教育的成效，评估大学生对劳动教育的学习效果，重点考察大学生对劳动教育的态度及劳动价值观，丰富考察形式，并将劳动教育成绩以过程、结果为依据进行量化，纳入大学生综合评价体系，参与评奖评优。构建劳动教育评价体系要注重劳动教育实施的科学性与可行性，从实际出发，注重过程体验和结果反馈，要以大学生为本，注意劳动教育对不同专业大学生的差异化要求。

参考文献

［1］班建武. "新"劳动教育的内涵特征与实践路径［J］. 教育研究，2019（1）：21-26.

［2］陈勇军. 马克思主义"教育与生产劳动相结合"生产劳动的涵义［J］. 南京体育学院学报，1995（4）：43-45.

［3］冯刚，刘文博. 新时代加强大学生劳动教育的时代价值与实践路径［J］. 中国高等教育，2019（12）：22-24.

［4］何东昌. 中华人民共和国重要教育文献（1949—1975）［M］. 海口：海南出版社，1998.

［5］杰明，李国海. 关于"劳动"一词的两种涵义［J］. 现代外国哲学社会科学文摘，1986（4）：21-23.

［6］李珂，曲霞. 1949 年以来劳动教育在党的教育方针中的历史演变与省思［J］. 教育学报，2018（5）：63-72.

［7］孟国忠. 高校劳动教育价值实现的机理研究［J］. 学校党建与思想教育，2019（14）：85-87.

［8］曲霞，刘向兵. 新时代高校劳动教育的内涵辨析与体系建构［J］. 中国高教研究，2019（2）：75.

［9］吴式颖. 马卡连柯教育文集［M］. 2 版. 北京：人民教育出版社，2005.

［10］肖绍明，扈中平. 新时代劳动教育何以必要和可能［J］. 教育研究，2019，40（8）：42-50.

［11］岳海洋. 新时代加强高校劳动教育的价值意蕴与实践路径［J］. 思想理论教育，2019（3）：100-104.

［12］赵长林. 新中国成立 70 年我国劳动教育思想的演进与劳动课程的变迁［J］. 国家教育行政学报，2019（6）：9-17.

大学生劳动意识唤醒及教育方式改进的探索①

穆晓志②　邵洁蕙③

摘　要：劳动意识的唤醒是现阶段加快构建德智体美劳全面培养的重要方式，是贯彻落实《中共中央 国务院关于全面加强新时代大中小学劳动教育的意见》的价值要旨。本文通过问卷的形式调研了新时代大学生劳动教育的现状与需求，结合高校学生学业职业发展规划早、时间节奏快、竞争压力大等趋势特点，设计了契合高校学生发展需求、必修选修相结合、学思践悟全覆盖、家校社企共合力的教育传导模式，探索传导环节间的激励机制，实现劳动意识唤醒的正向促进。

关键词：劳动意识；传导途径；正向激励

2018 年的全国教育大会将劳动教育纳入培养社会主义建设者和接班人的总体要求④。2020 年 3 月 20 日，中共中央、国务院发布《中共中央 国务院关于全面加强新时代大中小学劳动教育的意见》（以下简称《意见》），详细部署了新时代劳动教育方向⑤。对高校而言，其必须深入学习贯彻落实上级文件精神，认识到劳动教育对学生全面成长成才的促进作用，着力解决好现阶段大学生劳动价值偏离、劳动精神缺失、劳动素养不足的问题，解决好家庭、学校、社会劳动教育整体缺位的问题，解决好高校学生自身学业职业发展规划早、时间节奏快、竞争压力大与劳动教育迫切的平衡契合

---

① 基金项目：本文受 2020 年度教育部人文社会科学研究专项任务项目（高校辅导员研究）"培育高校优良学风的方法与路径研究——基于乐学善学辅导员工作室的实践探索"（编号：20JDSZ3030）的资助。

② 穆晓志（1994—），男，对外经济贸易大学金融学院分团委书记、辅导员，从事思想政治教育、管理科学与工程研究工作。

③ 邵洁蕙（1997—），女，对外经济贸易大学金融学院辅导员，从事思想政治教育、资本市场与风险投资管理研究工作。

④ 习近平. 在全国教育大会上强调坚持中国特色社会主义教育发展道路培养德智体美劳全面发展的社会主义建设者和接班人［N］. 人民日报，2018-09-11（01）.

⑤ 中共中央，国务院. 中共中央 国务院关于全面加强新时代大中小学劳动教育的意见［N］. 人民日报，2020-03-27（01）.

问题。探索适合高校学生的劳动教育方式，唤醒隐藏的劳动意识，意义深远。

一、劳动教育与劳动意识

（一）劳动教育的定义

劳动是与活动、实践等概念相区别的①，以取得效用、创造价值为主要目标的人类活动。

劳动教育以增强学生的劳动意识，培育学生的劳动观念，提升学生的劳动素养，激发学生的劳动热情为主要目标，依托丰富多样且富有创造性和厚重感的劳动活动，使新时代高校学生充分认识到正确劳动观对推动社会进步及个人全面发展的重要意义，引导其不忘初心，积极投身于新时代中国特色社会主义建设事业中去。

（二）劳动教育的核心

在探讨劳动教育如何开展之前，我们应该先确定高校劳动教育要坚持什么、发展什么——劳动教育的核心。

从马克思主义出发看劳动可以认识到，劳动是人类社会形成的基石，奠定了全部社会关系发生发展的基础，推动着社会历史向前发展。劳动创造的价值见证和诠释了人类文明的进步规律。时代的浪潮滚滚向前，高校劳动教育必须坚定不移学习践行马克思主义劳动观，加强顶层设计，构建内外兼修的劳动教育场景，将培养满足社会需要的、观念正确和态度积极的高素质劳动者作为高校劳动教育建设的核心。

（三）劳动教育的实现方式：劳动意识的唤醒和教育方式的改进

高校进行劳动教育总体规划时应紧紧围绕劳动教育的核心，基于高校学生的特点，找出符合学生成长规律、契合学生接受程度的方式方法；引导学生思考和实践，逐步唤醒和培育劳动意识，迎接劳动价值观的回归；密切关注劳动形态的演进，搭建与学生劳动意识共同成长的教育平台，不断探索教育方式的改进，与时俱进地开展劳动教育。

二、高校学生劳动教育现状调研

正确的劳动价值观，尊重劳动、热爱劳动的劳动意识是高校在劳动教育过程中重要的塑造目标。高校在此目标的引领下着重引导学生在正确观念的指导下不断提升劳动素养，自觉成长为全面发展的社会主义接班人。然而，在实际劳动教育过程中，特

---

① 檀传宝. 劳动教育的概念理解：如何认识劳动教育概念的基本内涵与基本特征［J］. 中国教育学刊，2019（2）：82-84.

色鲜明的主题与丰富多样的活动在增强学生获得感的同时，也存在劳动教育目标与教育成效偏离的显著问题。

本文基于劳动的认知、劳动教育的认知、劳动教育的接受程度、劳动教育对自身的影响、劳动教育存在的问题、可接受的劳动教育形式、未来就业方向7个层面设计了32个相关问题，对在读本科学生展开随机线上问卷调研。截至成文，笔者收到的问卷中有效份数为623份。从学生年级分布来看，大一年级173份，大二年级169份，大三年级132份，大四年级149份。与此同时，本文基于劳动的认知、劳动教育的认知、劳动教育的目标、劳动教育的成效、劳动教育存在的问题5个层面设计了27个相关问题，通过线上问卷和线下访谈的形式对32名从事一线思想政治教育的辅导员进行调研。结果如下：

（一）劳动教育概念的混淆导致教育主客体间信息不对称

由于教育主体对劳动教育认知的不清晰，加之劳动教育体系的不完备，导致从教育主体发出教育信号到教育客体接收教育信号的传导路径并不顺畅。问卷结果显示，有超过一半的学生无法清楚地区分属于劳动教育的内容。目前，高校劳动教育多依赖于各类型实习实践活动，少有从劳动教育本身出发而进行的、从思想引导到着手实践的教育规划，颇有一种"顺便完成的任务"的性质。在这种缺少规划的劳动教育实践中，教育者认为发出了"教育信号"，学生们往往只接收了"活动信号"，劳动过程固然发生了，教育意味却缺失了，成效必然不佳。

（二）劳动教育缺乏厚重感无法彰显真正的教育意义

劳动作为人类运动的一种特殊形式，拥有最为深层和持久的内在力量，劳动潜能向劳动价值的转化离不开辛勤的汗水和时间的付出，并最终创造出物质财富与精神财富。目前开展的高校劳动教育的实践以及学生喜好的劳动教育活动，在形式上往往丰富而有趣，在内容上普遍追求丰满且精致，学生喜闻乐见、踊跃参与，保证了劳动教育的趣味性和吸引力的同时，也淡化了劳动本身的朴素感和厚重感。此外，缺少反思和总结在一定程度上导致高校学生对劳动成果的不珍惜和不尊重，使劳动育人的作用和价值大打折扣。

（三）短平快的教育模式与追求高折现率回报的畸形平衡

对于竞争日趋激烈的高校学生而言，追求"高折现率"成为生活常态。在升学与就业压力高企的境况下，学生大多十分看重成绩、科研、竞赛、实习与学生工作任职等高效用的部分，在其他可能分担精力但产生效用较少的活动上，学生们普遍希望可以在短时间内一次性完成任务。与此同时，教育者如果仅追求效率和口碑而忽视教育目标，组织一系列短期付出、快速收获的劳动活动，将陷入短平快的教育模式与追求高折现率间的畸形平衡中，与培养学生树立正确的劳动价值观的劳动教育目标相背离。

（四）添加式思维阻碍自由劳动的实现

劳动教育的初衷，是劳动育人价值的实现。想要真正体现劳动的教育意义，需要以"真正自由的劳动"为逻辑前提，异化劳动因其强制性、外在性和非人性并不具有育人价值[①]。因此，高校劳动教育的场景不应该是单一的，必须尽快摆脱没有独立的机制体系、重要性与重视程度不匹配、添加在其他活动上共同开展的现状，使劳动教育融合进学生的学习和生活中，摒弃"添加式思维"带来的劳动异化，使劳动教育回归到发挥劳动育人价值的初衷上。

三、劳动教育目标与成效偏离的根本原因：劳动意识的淡化

从问卷结果来看，现阶段高校大学生的劳动教育主客体的劳动目标与效果的偏离现象严重，包括了对劳动价值认识的偏离、劳动尊重文化的缺失、劳动参与意愿的降低，归根结底是劳动意识的淡化。

（一）劳动价值认识的偏离

教育是个同向同行的过程。劳动价值认识的偏离原因是教育者与被教育者对于劳动价值认识的不统一。

1. 对劳动理论价值认识的不统一

探索分析人类历史发展，马克思的一个重要角度就是劳动，劳动价值论是发挥市场在资源配置中的决定性作用的理论基础。细数人类社会发展历程，亘古不变的载体便是人的物质劳动，其关键性不言而喻[②]。问卷结果体现出了教师和学生对劳动价值认识的偏离，其中41.9%的学生对于劳动理论本质含义认识不清，仅0.06%的学生对于"劳动是创造物质世界和人类历史的根本动力"这一观点表示"特别赞同"；18.75%的教师对于如何提升学生对于劳动理论价值的认识感到迷茫。

2. 对劳动现实价值认识的不统一

价值是由劳动创造的，正当的分配原则应是按劳分配，但是追求不劳而获、少劳多得的观念日益加重。问卷结果显示，16.85%的学生认为"不劳而获、少劳多得"在自己身边时常发生，近1/3的学生对"不劳而获、少劳多得"的现象表示认同或无所谓。

3. 对劳动教育价值认识的不统一

教育与生产劳动相结合不仅体现社会主义教育的本质，而且对实现个人健康成长

---

① 周兴国，曹荣荣. 论劳动的育人价值及其实现条件 [J]. 南京师大学报（社会科学版），2020（6）：30-38.
② 胡君进，檀传宝. 劳动、劳动集体与劳动教育：重思马卡连柯、苏霍姆林斯基劳动教育思想的内容与特点 [J]. 国家教育行政学院学报，2018（12）：40-45.

有深刻意义。问卷结果显示，学生在对"显著促进个人成长的活动"进行选择和排序时，劳动教育类活动平均排名为第 5.8 位，排名靠前的分别为科研、竞赛、实习、恋爱、学生工作任职等。另有 5.14% 的学生在选择对其个人成长有帮助的活动时并未将劳动教育类活动考虑其中。

（二）劳动尊重文化的缺失

劳动尊重有三层含义：尊重劳动、尊重劳动者、尊重劳动者的劳动，层层深入形成崇尚劳动的文化氛围。问卷结果显示，近 1/3 的学生表示"身边时常出现不尊重劳动的行为"，超过 1/4 的学生表示"自己出现过不尊重劳动的行为"。这些行为尤其体现在浪费粮食、垃圾不分类等问题上，究其原因是劳动尊重文化的缺失。

尊重劳动，首先要引导学生参与到劳动中去，通过实践获得认识，从根本杜绝"劳动可耻观"，找回逐渐丢失的劳动尊重感。尊重劳动者，就是要让劳动者体面地、有尊严地、自由而公正地劳动，劳动是体力和脑力的结合[1]，劳动者的劳动过程应得到相应的报酬和尊重，劳动者的合法权益应获得支持和保护。尊重劳动者的劳动，最重要的是重视劳动成果。一方面，高校可以依托家庭、学校、社区、企业等社会主体，丰富劳动教育场景，开展多方联合的实践活动，激发学生的劳动活力与创造力；另一方面，高校应加强对劳动成果与版权意识的教育，强调对知识、人才、创造的尊重，让劳动尊重感在学生心中落地生根。

（三）劳动参与意愿的降低

根据问卷结果，学生参与度低、认可度低，劳动活动难以引发学生对于劳动价值的思考，是目前多数劳动教育活动的弊端。从体力劳动来看，当今大学生享受着优越的社会和家庭环境，且多为独生子女，从小受到两代人的共同关心和爱护，享乐主义、拜金主义气息浓厚，参与体力劳动的意愿低；从脑力劳动来看，由于缺少集体意识和团队合作精神，极少对问题产生积极主动的思考。因此，脑力劳动的参与意愿也在降低。从衣食住行到学习研究再到未来的择业、就业、创业的选择，越来越多的大学生偏向于寻找一个相对简单的、劳动付出少而回报高的工作，劳动价值取向越来越功利化。

四、劳动意识的唤醒

劳动意识的唤醒，是认知的再启蒙、行为的再塑造。唤醒的过程需要有劳动科学知识的陪伴，使之树立正确的择业、就业、创业观念；需要有劳动生活习惯的养成，

---

① 马克思，恩格斯. 马克思恩格斯全集：第 23 卷 [M]. 中共中央马克思恩格斯列宁斯大林著作编译局，译. 北京：人民出版社，1972：555.

使之通过劳动提高自立自强的能力；需要有校内外劳动服务的打磨，使之发扬主动作为、甘愿奉献的精神；需要有专业领域生产劳动的锻炼，使之提高解决问题、珍惜成果的意识。

（一）谋篇布局，遵循成长规律搭建劳动教育体系

新时代高校学生在不同学年有着不同的习惯和诉求，高校劳动教育要结合学生成长规律，由浅入深，由思考到实践，由固定活动到创造性实践，逐步引导学生劳动习惯的养成。开展劳动教育的第一步，是要基于高校自身学生特点开展教育者自我教育。高校应探寻学生成长规律，寻找学生接受程度高的方式方法为自育目标，在与学生深刻沟通的基础上，构建起学生易于接受、乐于参与、勇于实践、勤于思考的劳动教育体系。

（二）打好基础，契合学习过程树立劳动价值观念

在劳动教育体系的搭建过程中，高校要牢牢把握劳动教育不是说干就干，而是学、思、践、悟的过程。高校劳动教育要契合学习过程，依托讲座等形式引导学生在学习中加强思考，以思考夯实学习成效并引导实践；依托班团组织指导学生在实践中不断反思并形成成果和感悟，以创新性的成果展示为正向激励促进学习交流，逐渐形成螺旋式上升的顺畅的学习过程以及螺旋式深入的对劳动价值的体悟，在学习、实践、再学习、再实践的循环往复中提高高校学生劳动素养，并引导其形成正确的择业、就业、创业观念。

（三）整合资源，协同家校社企形成劳动共育合力

高校应坚持专业自信，在劳动教育过程中把握专业特色，设计出契合产业业态的劳动项目形态，整合专业资源，多方联动，家校社企合力发挥劳动育人价值。高校在与家庭的联动中，强调家庭劳动教育对学生劳动意识从萌芽到生长的全过程培育；在与社区的联动中，强调社区实践对学生劳动尊重感、劳动获得感与劳动奉献感的激发；在与企业的联动中，强调企业实习对学生劳动素养和劳动效率的打磨，多方协同培育尊重劳动、热爱劳动、珍惜劳动的高素质劳动者。

五、高校学生劳动教育形式改进的探索

学分兑换理顺传导路径，正向激励促进效果提升。以对外经济贸易大学金融学院为例，金融学院开设劳动教育专题讲座及成果报告会，将劳动教育学分纳入本科生毕业要求学分体系中，设置1学分修读要求，于本科第六学期进行学分兑换并记录是否修读通过（见表1）。

表1 学分修读、考核、激励表

教育平台	修读环节	环节形式	环节内容	考核方式	激励政策
劳动教育平台（1学分）	必修环节（0.6学分）	思想培育（0.3学分）	劳动意识与劳动尊重系列讲座（0.1学分）	签到并评价（0.1学分）	心得撰写（0.1学分激励）
			正确劳动价值观系列讲座（0.1学分）	签到并评价（0.1学分）	
			劳动价值视阈下就业择业选择系列讲座（0.1学分）	签到并评价（0.1学分）	
		班级实践（0.3学分）	班级责任区维护（0.3学分）	大一学年卫生区环境维护（0.1学分）	年度考核评优（0.1学分激励）
				大二学年楼区纪律维护（0.1学分）	
				大三学年宿舍区环境美化（0.1学分）	
教育平台	修读环节	环节形式	环节内容	考核方式	激励政策
劳动教育平台（1学分）	选修环节（0.3学分）	联动创新实践（0.3学分）	社区联动实践（0.3学分）	立项并结项（0.2学分）	成果展示评优（0.1学分激励）
				成果展示（0.1学分）	
			企业联动实践（0.3学分）	立项并结项（0.2学分）	
				成果展示（0.1学分）	
			家庭联动实践（0.3学分）	立项并结项（0.2学分）	
				成果展示（0.1学分）	
		其他创新实践（0.3学分）	其他创新型实践（0.3学分）	立项答辩及成果展示（0.3学分）	

劳动教育学分以"3∶3∶3∶1"的结构构成：学生以个人为单位，在前三学年参与至少3次讲座并进行评价，经审核将获得每人每次0.1学分认定，共计0.3学分，最高不超过0.4学分；学生以班级为单位，认领学院分派的校内固定责任区并进行责任区监督维护，经审核班级学生将获得每人每学年0.1学分认定，共计0.3学分；学生以班级为单位，与家庭、社区、企业等联动，创造性地开展实践活动或艺术创造活动立项并形成成果，经成果展示及评比将获得每人0.3学分认定，优秀者获得额外0.1学分

认定。以上共计 1 学分。

综上，高校劳动教育正处于不断深化内涵的过程中，在执行中要达到内化于心、外化于行的效果，最终完成唤醒和培育劳动意识的目标，迎接劳动价值观的回归，还有比较长的一段路要走。本文从高校学生的成长规律出发，探索劳动教育改进的方式，设计必修与选修相结合的学分修读模式以及相应的激励措施，以期为唤醒劳动意识，培育尊重劳动、崇尚劳动、德智体美劳全面发展新青年提供新的教育思路。

参考文献

［1］习近平. 在全国教育大会上强调坚持中国特色社会主义教育发展道路培养德智体美劳全面发展的社会主义建设者和接班人［N］. 人民日报，2018-09-11（01）.

［2］中共中央，国务院. 中共中央 国务院关于全面加强新时代大中小学劳动教育的意见［N］. 人民日报，2020-03-27（01）.

［3］檀传宝. 劳动教育的概念理解：如何认识劳动教育概念的基本内涵与基本特征［J］. 中国教育学刊，2019（2）：82-84.

［4］周兴国，曹荣荣. 论劳动的育人价值及其实现条件［J］. 南京师大学报（社会科学版），2020（6）：30-38.

［5］胡君进，檀传宝. 劳动、劳动集体与劳动教育：重思马卡连柯、苏霍姆林斯基劳动教育思想的内容与特点［J］. 国家教育行政学院学报，2018（12）：40-45.

［6］马克思，恩格斯. 马克思恩格斯全集：第 23 卷［M］. 中共中央马克思恩格斯列宁斯大林著作编译局，译. 北京：人民出版社，1972：555.

劳动教育综合育人价值探究

——基于大学生领导力培养的视角

黄　文[①]　谭　敏[②]

摘　要：劳动教育对学生领导力培养和对教育体系的完善具有双重维度的意义，其与领导力培养兼具的知识、能力、价值观特性和团队性特征使得两者有着深刻的内在联系。本文认为，在当代高校大学生领导力培养中，一是要构建以价值观为核心，知识、技能有机结合的教育体系；二是要构建理论体系、实践教育、反思评估的教学循环过程；三是要构建多样化内容的教学形式，进一步加强被动式接受学习与主动式探索学习的有机融合，将劳动教育有机融入大学生领导力培养之中。

关键词：劳动教育；领导力培养；高校

习近平总书记在 2018 年召开的全国教育大会上强调，坚持中国特色社会主义教育发展道路，培养德智体美劳全面发展的社会主义建设者和接班人。习近平总书记指出，要在学生中弘扬劳动精神，教育引导学生崇尚劳动、尊重劳动，懂得劳动最光荣、劳动最崇高、劳动最伟大、劳动最美丽的道理，长大后能够辛勤劳动、诚实劳动、创新性劳动。习近平总书记的讲话给广大教育系统工作者明确了劳动教育在学生培养过程中的重要性，在一定程度上也督促社会各界大力推进劳动教育这一重要课题在各级学校层面的研究与落地。2020 年，《中共中央 国务院关于全面加强新时代大中小学劳动教育的意见》出台，就充分认识新时代培养社会主义建设者和接班人对劳动教育的新要求、全面构建体现时代发展特征的劳动教育体系、广泛开展劳动教育实践活动、着力提升劳动教育支撑保障能力、切实加强劳动教育的组织实施五个方面指明了方向。

---

①　黄文（1983—），男，西南财经大学金融学院分党委副书记，讲师，主要从事学生思想政治教育、职业规划研究工作。

②　谭敏（1982—），女，西南财经大学金融学院分党委副书记，副教授，主要从事学生思想政治教育、心理健康研究工作。

随后，教育部印发《大中小学劳动教育指导纲要（试行）》，从劳动教育性质和基本理念，劳动教育目标和内容，劳动教育途径、关键环节和评价，学校劳动教育的规划和实施，劳动教育条件保障与专业支持五个方面的内容做了细致规定。在此背景下，抓好学生劳动教育成为各级学校综合人才培养工作的着力点，重视劳动、参与劳动也逐渐成为广大学子的一股新风尚。

一、全面理解劳动教育的重要意义

劳动教育是为发扬劳动的育人功能，在学生中开展热爱劳动、热爱人民等相关思想、实践教育活动。其旨在引导广大学生群体建立正向劳动观念，掌握基础劳动技能，培育积极劳动精神，培养个人良好劳动习惯。思想是行动的先导，教育者若要深入扎实推进大学生劳动教育，就必须先对劳动教育的意义有正确而深刻的认知。我们可以从劳动教育对学生成长的影响和对教育体系的完善的双重维度来全面把握其重要意义。

对学生成长而言，个人层面全方位综合进步离不开劳动教育的熏陶。从宏观的角度上看，劳动在全人类发展历程中起到决定性作用。马克思明确指出，包括生产劳动在内的所有实践活动是人类改造客观世界和主观世界的必由之路①。恩格斯认为，劳动塑造人，从猿进化到人的过程绝非一蹴而就，这需要经历一个较长的、较缓慢的、渐进性的时间历程，劳动在进化中起到了显著的支点作用。事实上，人类自诞生以来，不管是物质财富的创造还是精神世界的构建，整体上都处于一个螺旋式上升的过程，劳动在这一上升过程中发挥了不可磨灭的重要作用。从微观的角度上看，持续的、正确的劳动教育会对每个参与的个体产生具体影响。一方面，学生群体可以在劳动教育培训中获得一定的劳动技能，培养优良的劳动习惯，打破传统思维的束缚，发掘开展创造性劳动的潜质。这种影响较为直观，也较容易获取；另一方面，学生的劳动价值观可以在劳动教育中得到塑造。劳动教育培养学生的劳动精神，帮助学生建立对劳动过程、劳动主体、劳动结果更清晰的感知，进而对劳动产生真实的尊敬与热爱。这种影响于学生而言是更为潜移默化的，也是需要在更为持续性的劳动教育中方能体现出的内容。

对教育体系而言，其完善离不开各级学校对劳动教育课题的持续研究和推进。教育和劳动在历史上出现过两次分离：第一次是统治者的教育一定程度上脱离了生产劳动的色彩，发生了同劳动者的教育的分离。古代学堂教育由此逐步产生，这在一定程

---

① 班建武."新"劳动教育的内涵特征与实践路径 [J]. 教育研究，2019，40（1）：21-26.

度上使教育开始具备专有化、专业化色彩。第二次是大工业发展和科技进步促使劳动者的教育从生产劳动中分离，进而产生现代教育模式的雏形，促进了教育的普及化、平民化。教育和劳动两者之间存在着区别与联系的辩证关系，它们虽然在产生上具有独立性，但仍共同服务于、作用于社会生产力的发展，唯有相互结合才能更充分地发挥两者的内在价值。同时，教育和劳动都具有显著的时代属性与社会特征。时代发展改变人类劳动，人类劳动的形态处在一个持续性的演化过程中。社会范畴的具体劳动形态也在不断变化，主要表现为脑力劳动的比重不断上升、新形态的劳动不断产生。与此同时，教育本身也要随着时代的变化而不断优化自身实践内容。事实上，劳动和教育的联系很早就得到党和国家的重视。1958 年，中共中央、国务院发布的《关于教育工作的指示》中明确提出，教育与生产劳动相结合，并将此正式纳入国家基本教育方针之中。除此之外，党和国家着力提升劳动者的社会地位，不断加强学校劳动教育的实践意义，培养学生的生产劳动技能，促进社会发展。在我国经济高速发展、社会快速转变的过程中，受国家短期实际情况与需求的制约，教育在人才选拔和培育方面的作用更加受到关注。一段时间以来，学校等人才培养单位可能将更多的精力集中在对于学生课业知识的传授上，对于劳动教育的重视程度有所不足。进入新时代，社会发展对青年一代的各方面综合能力都提出了更高层次的要求。因此，今天大力加强劳动教育这一举措，既符合劳动与教育两者共同融合发展的需要，也符合时代变迁对于复合型人才的需要。大力开展劳动教育是我国教育体系自身完善的重大举措①。

二、把握劳动教育与大学生领导力培养的内在联系

大学生领导力是指大学生向达成自身所处群体的某一共同目的努力过程中而体现出的一种能力。它是领导者在激励团队成员朝着共同特定目标努力、团队做出卓越成就的过程中，逐步形成并发展起来的一系列个人整体能力的总称。领导力是大学生个人优良素养的综合性体现。因此，推进提升大学生领导力培养的系统性课程的研究与实践，已逐渐成为业内诸多教育工作者的共识。

如何在推进劳动教育的过程中潜移默化地推进大学生领导力的培养就成为一个值得探究的问题。针对大学生领导力这一课题，美国麻省理工学院建立了一个由工程领导力模型组成的领导力培养目标体系。领导力培养目标体系的基本内容如表 1 所示②。

---

① 刘娜. 新时代高校劳动教育的多维向度 [J]. 黑龙江高教研究，2020，38（11）：27-30.
② 翁文艳. 培养大学生领导力：高校核心价值观教育的新载体 [J]. 当代教育科学，2013（11）：32-35.

表1 领导力培养目标体系的基本内容

领导力维度	主要内容
领袖的态度	勇于进取、擅长决策、行动果断
	责任感与危机意识、富有活力、聪明睿智
	坚持底线、遵守道德法规
	信任与忠诚、成全他人
	自我认知、自我改进
	远见与理想
领导的才能	对环境的感知与研判能力
	社交能力
	远见
	目标实现
丰富的知识	专业知识
	工程思维
	批判性思维
	终身学习

同时，美国高等教育标准促进委员会（Council for the Advancement of Standards in Higher Education，CAS）制定了美国大学生领导力培养项目相关评价指南（见表2）[1]。

表2 美国大学生领导力培养项目相关评价指南

领导力维度	具体内容
知识的获得	知识点之间、知识与观念之间、知识与经历之间、组合知识
认识到复杂性	批判思维、反思思维、有效推理、创造性
个人内心的发展	客观的自我肯定、自我理解、自我尊重、自我认同的发展
人际交往能力	与他人建立有意义的关系、相互独立、相互依存、合作、有效领导
人本主义、市民参与	理解并认叮文化与个体差异、社会责任感、全球视野、市民责任感
实践的能力	对目标的不懈追求、有效沟通、技术能力、管理个人事务和人事业务、保持身心健康和幸福感

结合以上两个模型不难看出，大学生领导力的培养是以价值观为核心，结合知识、能力两个方面综合培养。从这个维度上，我们可以发现劳动教育和领导力培养的两点共性。

第一，知识、能力、价值观是劳动教育和领导力培养的重点部分。劳动教育可以

---

① 翁文艳. 培养大学生领导力：高校核心价值观教育的新载体［J］. 当代教育科学，2013（11）：32-35.

在一定程度上促进学生树立积极的劳动观念，使其掌握基础的、必备的劳动能力，培养进取精神，养成优良的劳动习惯和品质。这是一个涵盖向学生传授劳动相关知识技能，培养学生劳动能力，进而影响其关于劳动及相关领域价值观形成的系统性过程。同样，大学生领导力培养也是从知识和观念等意识层面出发，在实践过程中逐步提升教育对象在人际交往、自我把握、团队管理等方面的能力，最后塑造其关于团队领导的正确态度与价值判断。从这个方面来讲，如果能够在知识传递、能力培养方面将劳动教育与领导力培养的内容有机结合起来，我们就能够在一定程度上实现两者在教育上的兼顾。

第二，团队性是劳动教育和领导力培养的突出特征。劳动表现出很强的社会属性，合作与分工是劳动必不可少的环节，且生产关系、生产力进步与其内部生产的分工模式、合作机制的调整联系紧密。也就是说，当学生接受劳动教育时，其往往是处在一个有一定组织性与紧密性的团队之中，所承担的任务与个人行为都会与团队整体产生关联。大学生领导力培养的团队属性是更加明显的，因为只有身处一个团队中，才会存在领导等一系列的行为与关系，也只有在具体的团队实践中，个体才能对其所积累的领导力知识进行实践，进而提高自身在此方面的能力积累。从这个角度来看，大学生领导力培养和劳动教育两者的关系密不可分。一方面，在劳动教育中，我们在确定好劳动教育的具体内容之后，如何组织学生、发动学生、激励学生是一个关系到劳动教育成效的重要环节。若能充分激发学生的内生动力，那无论对于教育工作者还是对于学生而言，都是一个非常好的情况。另一方面，以往领导力教育实践给出的经验是，仿真度越高的现场环境对于学生领导力促进的效果越好。简言之，单纯通过做领导力教学模拟游戏给学生带来的领导力教育效果不如在具体实践环节中因地制宜开展领导力教学的效果。因此，如果我们将劳动教育作为学生领导力教育的一个实践环节，在细致设计环节方案的基础上，是很有可能实现一举多得的。

三、将领导力培养融入劳动教育之中

高校要构建以价值观为核心，知识、技能同步培养的教育体系，优化学生个人认知、情感以及行为的综合体验。知识是学习的基础。不论是劳动教育还是大学生领导力培养的过程，教育者都要从基础知识出发，引导学生构建基本的知识体系，并在这个基础上注重引领学生在相关领域积极开展实践、培养能力，从而实现学生认知、情感与行为的综合体验，根据体验反馈促进价值观教育的深化和内化。在知识教育层面，开展通用劳动科学知识教学的过程可以引入更多具有社会性、历史性的辅助教学材料，增强学生对历史人文的感知。在能力教育层面，教育者在组织学生进行生产劳动锻炼、实习实训、创新创业活动的过程中，应注重打造互帮互助、相对稳定的实践团队，引导学生在合作协同中增强个人领导力感知，构建自身领导力体系。在价值观教育层面，教育者应引导学生在知识学习、实践体验中加强体自我反思、团体反思，深化学习认知。

高校要构建理论体系、实践教育、反思评估的教学循环过程，加强理论学习和实践体验相结合，促进潜在价值内化和个人行为外化。劳动教育与领导力培养都具有长期性的特点，均包括书面理论认知、现实实践教育、后续反思评估三个环节。其中，学生针对书面理论知识与现实实践教育的反思评估，是知识跨越理论与实际的鸿沟的桥梁。对理论与实践过程的反思，既能帮助学生脱离教条化的知识灌输，使其有效地联系运用理论课程上所学的知识，为其解决现实生活问题提供新方法、新思路，又能帮助学生有效总结实践活动中做得好的方面和做得不好的方面，锻炼学生的归纳总结思维，使其总结失败的教训和积累成功的经验，有助于学生在综合体验过程中更好地实现价值内化与行为外化。

高校要构建包含课堂学习、实践活动、主题调研等多样化内容的教学形式，进一步加强被动式接受学习与主动式探索学习的有机融合。从课堂实际开展情况来看，领导力培养教育形式多种多样，包括但不限于课堂传授、小组探讨、沙盘模拟、角色扮演、案例研究、拓展训练、主题调研、志愿服务、实景教学等多种形式，其中很多内容都可以运用到劳动教育实践当中，更深入地开拓劳动教育实践方式。事实上，不管是劳动教育还是大学生领导力教育，课程教学方式的多元化对于提高授课实效都是非常重要的。只有在课堂上运用丰富的方式和技巧，才能进一步改善学生的课堂体验，增加学生的学习投入度，从而获得更好的学习教育成果。

参考文献

[1] 班建武. "新"劳动教育的内涵特征与实践路径 [J]. 教育研究，2019，40（1）：21-26.

[2] 刘娜. 新时代高校劳动教育的多维向度 [J]. 黑龙江高教研究，2020，38（11）：27-30.

[3] 翁文艳. 培养大学生领导力：高校核心价值观教育的新载体 [J]. 当代教育科学，2013（11）：32-35.

习近平劳动教育观及其
对新时代大学生的启示

凌静雯[①] 肖山山[②]

摘　要：劳动教育在新时代具有重大意义，新时代大学生肩负着重要使命和责任，加强劳动教育是新时代大学生使命担当的体现。习近平劳动教育观深受中国传统劳动教育观、马克思主义经典作家劳动教育观和中国共产党劳动教育观的影响，扎根中国特色社会主义伟大实践。高校在践行劳动教育时，遇到高度不够、广度不宽、力度不大等问题。习近平劳动教育观具有丰富的内容，对新时代大学生劳动教育的开展有着重要的指导意义。

关键词：新时代；大学生；劳动教育观

2018 年 9 月 10 日，在全国教育大会上，习近平总书记强调："要在学生中弘扬劳动精神，教育引导学生崇尚劳动，尊重劳动，懂得劳动最光荣、劳动最崇高、劳动最伟大、劳动最美丽的道理，长大后能够辛勤劳动、诚实劳动、创造性劳动。"[③] 学习习近平劳动教育观，发现新时代大学生劳动教育中存在的问题、分析其原因，并用习近平劳动教育观进行指导，对于新时代大学生进一步重视劳动教育，增强对劳动教育的主动性、自觉性、积极性具有重大意义。

一、习近平劳动教育观

（一）理论渊源和时代背景

习近平劳动教育观具有非常丰富的理论根源，既与马克思主义经典作家以及毛泽

---

① 凌静雯（1996—），西南财经大学思想政治教育专业硕士研究生。
② 肖山山（1998—），西南财经大学汉语国际教育专业硕士研究生。
③ 习近平. 在全国教育大会上的讲话［N］. 人民日报，2018-09-11（01）.

东、邓小平、江泽民、胡锦涛劳动教育观一脉相承又与时俱进，更是对中国传统劳动教育观的创新。首先，受中国传统劳动教育观的影响。中国神话故事中包含劳动教育观。不管是女娲造人、夸父逐日、盘古开天辟地还是神农尝百草、大禹治水、愚公移山，都记录着古时的劳动实践创造了财富。劳动教育观还体现在古代诗歌中。王维的"田夫荷锄至，相见语依依"、柳宗元的"晓耕翻露草，夜榜响溪石"、李白的"秦地罗敷女，采桑绿水边"都在歌颂劳动和劳动人民。杜甫的"三吏三别"对劳动人民充满了同情。这些诗歌从侧面歌颂劳动和劳动人民。许多传统优秀文学作品也反映了中国传统劳动教育观。《吕氏春秋》中的"省妇使，劝蚕事"，劝诫妇女从事采桑养蚕活动，织布制衣使人免于挨冻；汉代民间谚语"一夫不耕或受之饥，一妇不织或受之寒"，劝勉人们勤于耕种劳作，为自己和社会创造财富。墨子提倡，"食不可不务也，地不可不力也，用不可不节也"，劝百姓努力耕种，生产粮食，再加上厉行节约，就可以实现富足。这些文学作品都在宣扬劳动的先进思想。其次，一脉相承于马克思主义经典作家的劳动教育观。《共产党宣言》里第一次提出劳动与教育相结合的概念。列宁继承马克思、恩格斯的劳动教育观，并在此基础上提出了生产劳动与教育相连结。最后，继承和发展中国共产党劳动教育观。一代代中国共产党人在中国革命、建设和改革的实践中，结合中国传统劳动教育观和马克思主义经典作家的劳动教育观，形成了生产劳动和教育实践密切相连的中国共产党劳动教育观。毛泽东、邓小平、江泽民、胡锦涛等同志先后提出劳动教育号召。在新时代，中国共产党劳动教育观在习近平总书记的号召下继续发展，培育新一代时代新人。

习近平劳动教育观不仅理论根源丰富，更有深厚的实践基础。习近平劳动教育观基于中国人民伟大的社会实践，强调人类社会实践活动的主体是人民。"人民是历史的创造者，群众是真正的英雄。"① 中国特色社会主义进入新时代，我们要实现建成社会主义现代化强国目标，决战决胜脱贫攻坚目标任务，全面建成小康社会，这些目标的实现都离不开劳动人民的实践活动。再好的理论学说没有实践都是无源之水、无根之木，都是纸上谈兵，没有任何作用。在新时代中国特色社会主义实践中，习近平总书记强调更要将劳动实践与教育相结合贯彻到底，广大知识分子，包括新时代大学生，更要热爱劳动、热爱劳动人民，将所学知识更好地运用到为人民服务中去。

（二）主要内容

1. 树立热爱劳动、热爱劳动人民的观念

习近平总书记多次表示："要通过各种措施和方式，教育引导广大青少年牢固树立

---

① 习近平. 习近平谈治国理政：第一卷［M］. 北京：外文出版社，2014：5.

热爱劳动的思想、牢固养成热爱劳动的习惯，为祖国发展培养一代又一代勤于劳动、善于劳动的高素质劳动者。"① 新时代大学生只有热爱劳动，才能牢牢坚守无产阶级立场，为人民服务。

2. 树立教育与劳动实践相结合的观念

认识来源于实践，并在实践中不断升华。习近平总书记强调劳动实践与教育相结合是理论与实践相结合的马克思主义普遍原理在我国教育活动中的体现。"扎根中国大地办教育，同生产劳动和社会实践相结合"② 就是习近平总书记强调劳动要与教育相结合的重要性。

3. 树立全心全意为人民服务的观念

全心全意为劳动人民服务、为国家服务是习近平劳动教育观最核心的内涵。把劳动教育纳入爱国教育，才能在工作后不惧艰难，为国家和人民勇敢奋斗。

4. 树立知识分子与劳动人民相结合的观念

只有热爱人民，深入劳动人民生产生活实践，才能了解人民之所需，顺应民意，为人民的美好生活而奋斗。

5. 树立在劳动中向劳动人民学习的观念

习近平总书记提出："在人民面前，我们永远是小学生。"③ 人民群众生产物质和精神财富，是推动生产力进步和历史前进的动力，我们永远要向人民群众学习。

6. 树立在劳动中改造自己非无产阶级思想的观念

习近平总书记指出，在与劳动人民相结合的过程中，改变物质世界的同时，更要改造自己的精神世界，改造自己的非无产阶级思想观念，这样才能更好地为人民服务。

二、新时代大学生劳动教育存在问题

（一）高校劳动教育场域缺失

培养德智体美劳全面发展的人才一直是国家培养人才的目标。由于每个时期劳动教育的开展都有其明显的外生性特点，效果并不十分理想。我国劳动教育的外生性特

---

① 习近平. 在乌鲁木齐接见劳动模范和先进工作者、先进人物代表，向全国广大劳动者致以"五一"节问候［N］. 人民日报，2014-05-01（02）.
② 习近平主持召开学校思想政治教育理论课教师座谈会［N］. 人民日报，2019-03-19（02）.
③ 习近平. 习近平谈治国理政：第一卷［M］. 北京：外文出版社，2014：27.

点既表现为驱力的外生性，又表现为目的的外生性①，导致高校开展劳动教育浮于表面、流于形式，劳动教育处于边缘化地位，有些地方甚至取消劳动教育。由于学校重视程度不高，许多大学生接触劳动较少，因此不喜爱劳动、不珍惜得之不易的劳动成果甚至不尊重劳动人民，导致形成了错误的消费观和价值观。拜金主义、享乐主义仍存在于大学生群体之中。对高校劳动教育体系进行的实证研究表明，高校开展劳动教育的比例仅为16.4%②。同时，大多学者明确指出，高校劳动教育不受重视，劳动教育是其教育体系中的薄弱环节。

（二）家庭劳动教育有失偏颇

"中国式家庭教育"以学习为主，即家长认为孩子的主要任务是学习而不是劳动，会读书胜过会劳动，成绩理想、排名靠前就是家长关心的主要内容。家长不让孩子插手家务，认为劳动的时间会耽搁孩子学习。"重学轻劳"在中国的家庭教育中是普遍现象，过于重视脑力劳动，轻视体力劳动甚至出现个别父母教育孩子"不好好读书只能做清洁工"等畸形思想。在这种家庭劳动教育环境中长大，孩子缺失了科学的劳动认知。许多大学生不需要主动承担家庭劳动义务，久而久之，没有自理能力，失去劳动意识，以至于出现大学生甚至将脏衣物寄回家交由父母清洗的现象。正是由于家长轻视劳动教育，轻视体力劳动，认为体力劳动是社会底层人参与的，忽视了大学生只有通过劳动，才能充分发挥个人的才干和智力，导致一些大学生失去基本的劳动技能。

（三）大学生劳动素养有待提高

不少大学生自律性不强，缺乏参与劳动的积极性，就连基本的洗衣都不能自主完成，这种现象对于大学生群体来说，并不是特殊现象，甚至普遍存在于不少大学生日常生活中。不少大学生不愿吃苦、害怕受累、自我中心化严重、特立独行特性明显、缺乏艰苦奋斗精神。不少大学生不爱劳动、不会劳动、不珍惜劳动成果、不尊重劳动人民，更无法体会劳动的艰辛。在参与学校实践活动时，大学生参与劳动的积极性较低，缺乏自我控制能力，往往不是主动参与学校的劳动任务，而是完成任务、敷衍了事，更谈不上在劳动中发挥创造性。"不论脑力劳动，体力劳动，都是劳动，从事脑力劳动的人也是劳动者。"③科学技术是第一生产力，由于科学技术的发展、信息网络的出现，新时代大学生的劳动认知受到这些方面的深刻影响。科学技术极大地提高了人类的劳动能力，但同时也弱化了新时代大学生的动手能力，使其不愿参与劳动实践。

---

① 李珂，曲霞. 1949年以来劳动教育在党的教育方针中的历史演变与省思［J］. 教育学报，2018：70. 劳动教育驱力外生性的典型表现是，劳动教育每一次受到重视都源于主要国家领导人的讲话推动。劳动教育目的外生性的典型表现是，服务社会发展的外在目的论取向。

② 王飞，车丽娜，孙宽宁. 我国高校劳动教育现状及反思［J］. 中国大学教学，2020（9）：75-79，85.

③ 邓小平. 邓小平文选：第二卷［M］. 北京：人民出版社，1983：41.

在结合科学技术的同时，部分大学生更容易偏向追求脑力劳动，甚至歧视体力劳动。这些大学生长此以往将养成好逸恶劳、好吃懒做的习惯，将在求职中面临求职能力低、社会实践参与不积极等问题，降低自身竞争力从而提升失业率。

（四）劳动教育覆盖面较低，参与度不高

教育是立国之本、强国之基，国家历来重视教育。由于国家的大力支持与资金投入，高校各项设施完备。校园卫生承包给物业公司，教室、宿舍楼有专人清洁打扫，食堂的餐具有专人清洗。将条件更好的高校引进公寓化管理，给大学生创造更舒适的学习环境。同时，这也滋生出了一定的懒惰思想，并缺少劳动教育开展的活动载体。高校开展劳动教育，大多局限于志愿服务、社会实践、勤工助学等形式，且提供的岗位有限、覆盖面较窄，不能保证全部大学生都参与，普及度有待提高。由于重视程度不够，高校劳动教育体系尚未完善，没有有效的管理机制和专门的组织机构，政策不明朗，措施不明确，相关保障机制尚未建立。没有相关保障机制，大学生的参与度不高。

三、用习近平劳动教育观指导大学生劳动教育

（一）厚植大学生劳动教育观

习近平总书记强调，"努力培养担当民族复兴大任的时代新人，培养德智体美劳全面发展的社会主义建设者和接班人"[①]，就是要让包括新时代大学生在内的广大学生群体德智体美劳全面发展，培育其热爱劳动和热爱劳动人民的优良品质，让新时代大学生成为真正的社会主义建设者，成为优秀的社会主义接班人，成为能为中华民族伟大复兴贡献力量的高素质人才。"人民创造历史，劳动开创未来。劳动是推动人类社会进步的根本力量。"[②] 在新时代强调生产劳动与教育相结合是习近平劳动教育观的主要内容，帮助新时代大学生树立正确的劳动价值观。习近平劳动教育观已经成为新时代大学生进行思想政治教育的一部分。在高校大学生群体中应该大力倡导、努力践行习近平劳动教育观。劳动教育可以让新时代大学生锻炼尊重劳动、热爱劳动的品质和培养"劳动最光荣"的高尚情感，从心底激发出对劳动和劳动人民的尊重。我们不能把劳动教育当作一项临时任务，更不能体现驱力外生性，不能使劳动教育每一次受到重视都源于主要国家领导人的讲话推动，而应该将劳动教育变成一项高校必不可少的常规的教学内容。正确的劳动教育观不可能通过开会、动员就树立起来。新时代大学生的教育实践必须始终坚持以习近平劳动教育观为指导。

---

① 习近平主持召开学校思想政治教育理论课教师座谈会［N］.人民日报，2019-03-19（02）.
② 习近平.习近平谈治国理政：第一卷［M］.北京：外文出版社，2014：44.

（二）弘扬劳模精神，发挥榜样引领作用

习近平总书记指出："实体经济是我国经济的重要支撑，做强实体经济需要大量技能型人才，需要大力弘扬工匠精神。"① 在许多重要场合，习近平总书记宣扬优秀劳动模范事迹，号召全社会积极宣传其艰苦奋斗精神。习近平总书记殷切关心劳动模范，尊重劳动者，并动员大学生们践行劳模精神，向劳模人物和大国工匠靠拢。劳动模范具有感召力，组织新时代大学生学习劳模精神，可以让大学生切身感受劳动情怀，深入劳动模范的亲身事迹，引导其树立正确的劳动观念，并感受脑力劳动与体力劳动的结合。研究表明，劳模事迹和劳模精神对新时代大学生群里的感染力和号召力是极强的，大学生十分愿意宣扬劳模精神，践行劳模事迹②。在日常学习生活中，新时代大学生应探究劳模精神，以劳模为榜样，明确劳动目的，提高自身精神境界，降低拜金主义、享乐主义等不良思潮的影响。榜样的力量是无穷的，在高校弘扬劳模精神、工匠精神能引导大学生树立正确劳动观，培养劳动情怀，体会劳动的价值与真谛。

（三）增强高校引领作用

习近平总书记指出："我国高等教育肩负着培养德智体美全面发展的社会主义事业建设者和接班人的重大任务，必须坚持正确政治方向。高校立身之本在于立德树人。只有培养出一流人才的高校，才能够成为世界一流大学。办好我国高校，办出世界一流大学，必须牢牢抓住全面提高人才培养能力这个核心点，并以此来带动高校其他工作。"③ 劳动教育是人才培养中必不可少的一部分。有研究结果表明，劳动教育系统化设计和有效性实施在高校十分欠缺④。由于针对性不强、宣传不到位，许多学生表示所在高校从未组织过劳动教育活动。缺乏高校系统的组织和领导，参与各项劳动活动的学生数量少、比例低，且存在着只为了加分和评优的目的，功利性较强，对劳动教育的认识存在偏差。高校应做好系统规划，找好着重点，从理解和传承劳动文化、培养和增强劳动意识等方面设计劳动教育体系。在设计劳动教育体系，开展劳动教育活动时，高校应该具有一定的侧重点，侧重培养学生职业生涯和生活中所必要的基础劳动知识，形成科学的劳动情感、态度和观念。高校应该引导学生正确看待不同的劳动形态，明白劳动形态有不同但在本质上并无差别，从劳动根源上尊重不同文化。中国传统文化基于农耕文明。进入新时代，我们依然要依靠劳动。当代大学生应在高校的引

① 习近平在甘肃考察时强调：坚定信心开拓创新真抓实干团结一心开创富民兴陇新局面［N］. 人民日报，2019-08-23（02）.
② 高孙伊娃. 新时代大学生劳动观状况及引导策略研究［D］. 哈尔滨：哈尔滨师范大学，2020.
③ 习近平. 把思想政治工作贯穿教育教学全过程 开创我国高等教育事业发展新局面［N］. 人民日报，2016-12-09（01）.
④ 王飞，车丽娜，孙宽宁. 我国高校劳动教育现状及反思［J］. 中国大学教学，2020：79.

领下，掌握与专业相关的劳动技能，做好职业发展规划。

四、结　语

习近平劳动教育观对新时代大学生劳动教育有着重要的指示作用，对培养德智体美劳全面发展的时代新人有着深刻的教育意义。新时代大学生应该认真学习习近平劳动教育观，在习近平劳动教育观的指引下，热爱劳动，尊重劳动和劳动人民，为中国特色社会主义事业贡献自己的力量。我们的命运和人民、民族、国家的命运紧紧相连，我们应自觉地把个人所学知识融入人民、民族、国家发展所需的劳动实践中去，逐步树立起劳动创造幸福、劳动创造价值、劳动创造财富、劳动创造美好生活的劳动价值观，进而创造更美满的人生。

参考文献

［1］习近平. 习近平谈治国理政：第一卷［M］. 北京. 外文出版社，2014.

［2］邓小平. 邓小平文选：第二卷［M］. 北京：人民出版社，1983.

［3］李珂，曲霞. 1949 年以来劳动教育在党的教育方针中的历史演变与省思［J］. 教育学报，2018：70.

［4］王飞，车丽娜，孙宽宁. 我国高校劳动教育现状及反思［J］. 中国大学教学，2020（9）：75-79，85.

［5］高孙伊娃. 新时代大学生劳动观状况及引导策略研究［D］. 哈尔滨：哈尔滨师范大学，2020.

论习近平"奋斗幸福观"的理论体系及实践路径

王 鑫①

摘 要: "奋斗幸福观"作为引领中华儿女奋进向前的理论引导,是习近平新时代中国特色社会主义思想的重要组成部分。习近平总书记在多个场合中多次阐述和强调"幸福是奋斗出来的"这一观点。这一理论的产生有着深刻的历史根源和现实基础,既是对马克思主义幸福观的继承与发展,也是在新时代条件下对中国传统文化的挖掘与重读,更是对共产党人初心和使命的指引与升华。新时代的中国需要我们在奋斗中获得幸福,习近平总书记用通俗的表达方式激励广大人民砥砺奋斗,在奋斗中谋求幸福,通过努力奋斗过上美好幸福的生活。

关键词: "奋斗幸福观";体系;路径

幸福是通过奋斗而来的,不能脱离现实世界独立存在。马克思主义经典作家将实践与幸福相联结,肯定了只有依靠劳动才能获得幸福,指明了追求和实现幸福的路径。关于奋斗和幸福关系的论述是一直以来就有的,不同时代、不同时期对奋斗和幸福的关系阐释各有所长且不断深化。进入新时代,习近平总书记提出了"奋斗幸福观",不仅是对传统文化的继承与发展,更是新时代实现中华民族伟大复兴的中国梦的价值引领。

一、"奋斗幸福观"的理论溯源

(一)马克思的幸福观

马克思作为全世界无产阶级和劳动人民的革命导师,一生都致力于为全人类的解

---

① 王鑫(1995—),女,西南财经大学马克思主义基本原理专业硕士研究生。

放和幸福而奋斗。在他看来，现实的人只有通过实践才能实现幸福、体验幸福。马克思在肯定个人奋斗重要性的同时，也指出集体奋斗更为重要，个人通过自身的创造性活动实现的幸福，是与最后达到全社会、全民族、全人类的幸福相伴生的，即个人价值的实现应当与集体的、社会的、民族的乃至全人类的价值实现相结合。在其中学毕业论文《青年在选择职业时的考虑》中，马克思指出："如果我们选择了最能为人类福利而劳动的职业，那么，重担就不能把我们压倒，因为这是为大家而献身；那时我们所感到的就不是可怜的、有限的、自私的乐趣，我们的幸福将属于千百万人。"① 在马克思看来，个人与社会是共生的整体，只有把自己的个人利益与社会发展相结合，才可以收获真正的幸福，只是顾着自己的私利则是可怜的、不幸福的。由此可见，马克思的幸福观是以人的发展与社会目标的相辅相成为基本着眼点的，由此得出人们实现幸福的途径。

（二）传统儒家的幸福观

5 000多年的历史孕育出了独特的中华文化。中华文化广泛涉及国家建设、社会伦理、家庭品行、个人修养等多个方面，在什么是人生幸福、怎样实现人生幸福的问题上也不乏论述。以儒家为代表，其强调和关注人的修养，注重伦理道德与人文价值，将幸福的实现与道德的养成相结合，指出人同时兼备道德主体与幸福主体双重角色，双重角色紧密相关、相互作用。当作为道德主体时，人的道德品质可以生成幸福主体的愉悦体验；当作为幸福主体时，人的精神体验可以反哺道德主体的道德品质养成。以两者的辩证关系为基础，儒家所强调的幸福就不再狭隘地局限于人的感性欲望的实现程度，而更在于人的道德品质理性的自觉程度和内在价值的实现程度。需要明确的是，虽然儒家倡导追求和实现幸福要坚持道德品质至上的原则，但不能因此将儒家的幸福观理解为是对人的精神层面的引导而与现实实践相距甚远。生活资料是不可或缺的，它既是实现幸福的前提，也是创造幸福的基础。在当时的社会，受生产力发展的限制，人们对幸福生活的理解是"仓廪实"，但儒家从社会伦理角度出发，提出了物质幸福与精神幸福两个方面相结合的更高层面的幸福观。以现代眼光观之，这就要求我们以科学的、高尚的精神追求来引导和规范物质的、功利的行为追求，向着实现真正的幸福不断迈进。

（三）中国共产党人的幸福观

"为中国人民谋幸福"始终是中国共产党的奋斗方向和归宿。中国共产党在领导中国革命、建设和改革的实践中，始终以追求民族幸福为使命和担当。以毛泽东同志为

---

① 马克思，恩格斯. 马克思恩格斯全集：第40卷［M］. 中共中央马克思恩格斯列宁斯大林著作编译局，译. 北京：人民出版社，2014：7.

主要代表的中国共产党人坚持以人民的利益与幸福为一切工作的出发点,指出"共产党员是一种特别的人,他们完全不谋私利,而只为民族与人民求福利。"① 以此为遵循,中国共产党带领人民彻底推翻三座大山,实现了翻身做主人的时代夙愿。改革开放以来,以邓小平同志为主要代表的中国共产党人在探索"什么是社会主义、怎样建设社会主义"时,坚持以人民富裕幸福为主线。党的十三大报告中,把"实现国家兴旺和人民幸福"作为衡量党的工作的重要标准。"三个代表"重要思想中"始终代表最广大人民的根本利益"的鲜明表达,实则内含着对人民利益和幸福的保障与实现。以人民幸福为根本指向的科学发展观,坚持把人民的诉求与幸福放在一切工作的首位,切实提高人民幸福指数。党的十八大以来,习近平总书记屡次告诫全党同志一定要永远与人民在一起,不忘初心使命,始终把人民对美好生活的向往作为奋斗目标等。不难看出,中国共产党人的幸福观是始终是以人民为作用主体和主线的,中国共产党人在不同时期对幸福的阐释,既是共产党人幸福追求的集中体现,也是接续探索实现幸福路径的深化。

(四)习近平的"奋斗者幸福观"

习近平总书记用自己的人生阅历深切展现了如何在奋斗中收获幸福。习近平在梁家河度过了七年知青岁月。虽然下乡的日子很苦很累,但他从未放弃过读书与奋斗。在艰难的生活环境下他依然保持积极向上的心态,带领着梁家河的人民艰苦奋斗,不断探索和实践富裕之路。这是对奋斗的最好诠释,即奋斗之路是艰苦的,但也是幸福的,只有在不断奋斗中才能感知和领会幸福的真谛。实践是理论的来源,"奋斗幸福观"作为习近平总书记对自身经历及社会发展的总结与凝练,在习近平新时代中国特色社会主义思想中有着举足轻重的地位。习近平总书记在不同场合多次论述奋斗与幸福的关系,提出在砥砺奋进中实现人生幸福。关于"奋斗幸福观"的阐述从政治话语向通俗易懂话语方式的转变,有利于人民深刻理解幸福的内涵,使人民在接续奋斗中感知幸福、创造幸福。

二、"奋斗幸福观"的时代特征

(一)以人为本,奋斗为人民

马克思指出,人民群众创造历史,是社会发展的主体力量,因此社会发展进步的评判标准最终取决于人民群众的幸福程度。习近平总书记一直强调奋斗的最终目的是

---

① 毛泽东. 毛泽东文集:第三卷 [M]. 北京:人民出版社,1996:47.

为了人民，要为了人民而奋斗，要与全体人民一起分享奋斗的成果。奋斗幸福不仅仅是个人的幸福观，更是人民群众的幸福观，只有将个人的梦和家国的梦统一起来，才能实现人类的自由全面发展。

"以人民为中心"的发展思想是对党的历代领导集体人民观的继承与发展，也是习近平总书记一直坚持的价值理念。一切工作都以人民为中心，以人民的利益为奋斗目标是"奋斗幸福观"的最基本、最本质的立场，是对"什么是幸福""如何奋斗""奋斗的目标"给出的科学诠释。现如今我们国家正处于由富起来到强起来转变的社会转型期，中华民族的伟大复兴不再遥不可及，而是近在咫尺。对于共产党来说，坚定的政治信仰与理想信念就深刻体现为为广大人民群众谋福祉。这就要求我们党始终切实关注民生，加强与群众的联系，满足人民群众对美好生活的需要。同时，新时代的奋斗观不仅是为自己的奋斗，更是为集体的奋斗。在这个时代每个人都将成为奋斗的一分子，只有将个人的奋斗与人民群众的幸福追寻紧密相融，才能保证实现的幸福是涵盖每一个社会个体的，是全体人民的幸福。

（二）在劳动中收获幸福

马克思认为，劳动是人与自然的新陈代谢。但是，随着私有制的出现，劳动不再是人们自觉自愿的活动，而是转变为产生于人却反过来奴役人的异化劳动。异化劳动表现为资本对人的控制和支配、压迫和剥削。在此状态下，人民毫无幸福可言。要在劳动中找到幸福，必须将人们从劳动的奴役中脱离出来，消除劳动的异化，消除支配劳动的异化力量，消除对劳动人民的不尊重和压迫，使劳动者自觉自愿劳动。正如习近平总书记所指出的："全社会都要贯彻尊重劳动、尊重知识、尊重人才、尊重创造的重大方针，维护和发展劳动者的利益，保障劳动者的权利。"①

习近平总书记指出，获得幸福的途径就是坚持劳动，在劳动中创造幸福，在尊重劳动、尊重人才的同时进行创造性劳动，从而发挥劳动的带动作用、发挥劳模的榜样效应，激励广大群众在积极劳动中收获幸福。新时代的劳动者与以往的劳动者相比，他们中的大多数已经不是普通意义上的劳动者，这体现为他们的思想更为充盈、理念更为先进。对于他们而言，劳动已经不再仅仅是为了满足生存所需，更多是为了实现自我价值、找寻生命的意义。"奋斗幸福观"从新的情况与问题出发，与当代人自我价值实现的奋斗目标相契合，鼓励劳动者用勤劳的双手在不断奋斗中创新幸福、感受幸福。

（三）用正确的价值观指引奋斗方向

中华优秀传统文化是我们的宝贵财富，也是中华民族实现伟大复兴的历史积淀。

---

① 习近平. 习近平在同全国劳动模范代表座谈时的讲话［N］. 人民日报，2013-04-28（02）.

5 000多年的历史文化，其中蕴含着最根本的价值追求，不仅记录着中华民族的生生不息，也凝结为全人类的精神基因。《周易·乾》中的"君子以自强不息"，《荀子·劝学》中的"锲而不舍，金石可镂"，《宋史·神宗纪赞》中的"励精图治，将大有为"等，这些代表奋斗不息的语句，对个人的发展与社会的进步仍然有着十分重要的作用。我们应当从中华优秀传统文化中汲取养分，修己立德，奉献社会。

一个国家要想实现奋斗目标，只有物质上的丰富是不够的，还需要在精神上不断提升，物质力量和精神力量齐头并进才能保证我国全面建成社会主义现代化国家目标的实现。个人、国家和民族要向前发展，必须以坚定的理想信念为支撑。"人类社会发展的历史表明，对一个民族、一个国家来说，最持久、最深层的力量是全社会共同认可的核心价值观。"① 一个国家只有形成共同的价值观，才能凝聚全部力量形成合力，从而朝着共同的方向不懈奋斗。社会主义核心价值观指明了我们奋斗的时代方向，在这一方向的指引下，个人、社会、民族将统一起来，合力拼搏融入奋斗者时代，感知和收获奋斗者幸福。正确的幸福观表现为树立正确的"三观"、坚守道德底线，个人在追求幸福时不损害他人的利益和幸福。在习近平的幸福观中，我们更能领会到在自己幸福的奋斗路上也要维护他人的幸福，用更加宽容的心胸去助力更多人的幸福。

三、奋斗幸福观的实践路径

(一) 党员干部应提高为民造福的本领

"国之兴在于政，政之得在于人。"党员干部的素质和水平是执政党执政能力的重要体现。作为民族复兴大任的"领头羊"，党员干部的素质高低直接关系到党的执政能力、形象以及各项工作的完成效果。习近平总书记在多个场合强调，要实现各项目标任务，关键在党，关键在人。这也就是说，党员干部只有不断提高自身的各项本领，才能更好地为民造福。

1. 树立正确的政绩观

观念指导行为，党员干部要想有所作为首先应树立正确的政绩观。关于什么是正确的政绩观，习近平总书记曾指出："官之本在于'为官一场，造福一方'。"而要使政绩真正为民、顺民、惠民、利民，就要坚持脚踏实地、埋头苦干，"想群众之所想，急群众之所急，让人民生活更加幸福美满"。具体到每一位党员，就是把人民群众幸福与否作为衡量自己工作是否失职的标准，要树立"以造福人民为最大政绩"的政绩观。

① 中共中央宣传部. 习近平总书记系列重要讲话读本 [M]. 北京：人民出版社，2016：189.

同时，党员干部还要在干事创业中去实现政绩观，要求真务实、真抓实干，要自觉站在人民群众的立场上做事情，不能做一些表面功夫、华而不实的东西。思想是行为的先导，党员干部只有树立和实践好正确的政绩观才能更好地为民造福，才能成为好干部。

2. 坚持新时代好干部标准

中国共产党一直以来都十分重视对人才的选拔和任用，将选人和用人作为保持党肌理健康和治理国家的重要基础。我们党在回顾和总结党的经验时，科学地提炼出了好干部的认定标准。

第一，好干部需要德才兼备。一个好干部不仅要有贯彻执行的能力，同时还必须要有为人民服务的高尚情操。不同时代，好干部的具体表现又不同。在新时代，树立坚定的理想信念是好干部的第一标准。究其原因，理想信念作为共产党人精神上的"钙"，贯彻执行能力作为党员干部的"骨头"，两者呈现为因果关系，即理想信念坚定，骨头就硬，务实为民的能力就越强；反之，没有理想信念，或者理想信念不坚定，精神上"缺钙"，就会得"软骨病"，严重损害共产党员先锋模范作用的发挥①。因此，从这个意义上讲，共产党员作为人民的"勤务兵"，要加强对自身的理想信念教育，积极维护和践行马克思主义，练就"金刚不坏之身"。唯有如此，党员干部在面对各种诱惑时才能够立场坚定，才能够心甘情愿地为人民服务，才能够更好地为人民服务。

第二，好干部要做到全心全意为人民服务，踏踏实实为民造福。党员干部不仅要树立人民公仆的理念，更要在日常的工作中想民之所想、忧民之所忧。习近平总书记强调，每一个党员干部心中都要有"老百姓"这杆秤，只有心中有群众，切实为群众办实事儿，才能真正让群众满意，才能让党放心。一名干部，只有心系百姓，才会立稳根基，进而身体力行，真正为群众排忧解难。反之，如果党员干部只是一味地将注意力和行动力放在上级领导的喜怒上，靠大搞形式主义、摆花架子赢得所谓的政绩，久而久之，群众就会对党员干部失去信心，甚至弱化对党的领导的认同。因此，党员干部应该做人民的"知心人"，坚持脚踏实地为人民办实事、办好事，切实把"让人民满意"作为检验和衡量自己工作的标准。

（二）普通群众应提升感受和创造幸福的能力

幸福的实现不仅需要外在的客观因素，也离不开每一个幸福主体内在的主观因素。对于如何追求和实现幸福，需要每个个体充分发挥自己的主观能动性，对外在客观因素进行重组和优化，提升实现幸福的能力的同时，不断增强感知幸福的能力。

---

① 习近平. 习近平谈治国理政：第二卷［M］. 北京. 中共中央党校出版社，2018：414.

1. 树立正确的幸福观

要追求幸福，必须要先明确什么是幸福，什么才是正确的幸福观。卢梭在《爱弥儿》中提到，人们只有明白了幸福在什么地方，在追求幸福的过程中才不会越来越远。就个体而言，在追求幸福的过程中，应该以习近平总书记的幸福观为指导，树立正确的幸福观。

首先，我们要在思想上要树立"幸福是奋斗来的"观念，认识到幸福的来源应该是坚持不懈的劳动，只有劳动才能实现幸福。如前所述，习近平总书记一直强调幸福不是自动生成的，也不是从天而降的，个人的幸福只有通过自身的劳动实践才能获得。劳动是人与动物相区别的标志，是人的本质力量的体现，而人的本质力量对象化的过程就是人与社会逐渐演化和发展的过程。如果没有劳动，那么人的意识以及整个人类社会都将不复存在。换言之，劳动是人与社会存在和发展的基础，劳动创造一切，也是幸福实现的根本动力。没有劳动，幸福就是空中楼阁。

其次，我们在追求幸福的过程中要辩证地看待物质幸福和精神幸福之间的关系。在习近平总书记看来，真正的幸福是物质幸福和精神幸福的统一。一方面，物质基础作为获得幸福的前提条件，是具有第一位性质的，只有满足了物质需求，精神需求才有实现的可能。这也就是说，在追求幸福的过程中人们要不断增加自己的物质财富，为实现精神需求打牢基础。另一方面，习近平总书记认为，物质需求的满足并不是人生所要实现的终极目标，精神生活的满足作为人们生活不可或缺的重要组成部分，是对物质生活满足的延展与升华，能够为幸福提供充分的养分。因此，在追求幸福时，我们不仅要追求物质财富的极大丰富，也要追求精神财富的极大丰盈。如果只是一味地追求物质幸福，将其作为幸福的重要来源甚至是所有来源，完全忽视精神层面需求的重要意义，即在"物质至上的价值观"的驱使下，人们不可避免地会变得盲从和虚无，成为单向度的人。因此，在追求幸福的过程中，一定要学会辩证地看待物质幸福和精神幸福的关系。

最后，人民群众在追求幸福的过程中要意识到个人幸福与他人幸福、个人幸福与集体幸福和社会幸福乃至全人类幸福之间的辩证统一关系。马克思认为，人和动物之间的本质区别在于人是社会关系的总和，世界上不存在孤立的个体，任何人都不能脱离社会而存在。个体的社会性属性使得每个个体幸福的实都现与他人幸福的实现相互联系、相互影响。因此，从微观意义上讲，一个人生存状况的好坏可能会对他人的幸福状况造成影响；从宏观意义上讲，不论是"美美与共，天下大同"，还是习近平总书记提出的构建"人类命运共同体"的发展理念，都从现实层面回应了幸福是个人幸福和人类幸福的统一。

2. 培养感知幸福的能力

幸福作为一种主观感受在面向不同的客体时，会产生不同的感知差异。即便是同一个个体，在发展的不同阶段对幸福的感知与理解也会不同。习近平总书记提出的幸福观强调物质财富要大幅增加，精神财富也要大幅增加。幸福不仅是物质的充裕、拥有财富的多少，更重要的是精神层次的满足，因为幸福本身就是精神世界对现实生活的内在感应。在物质生产高度发达的现代社会，不少人只将物质财富的满足当成幸福的唯一标准，一味地追求物质上的满足，没有认识到精神的幸福才是一种长久的满足感和充实感。因此，我们要善于用生活中的收获滋养幸福，用脚踏实地和勤劳勇敢创造幸福，用服务社会和实现自身价值滋养幸福，在情感感知中收获幸福。

3. 提升创造幸福的能力

无论是个人的生存和发展的需要，还是自身远大理想的实现，都需要付出实实在在的努力，才能得到最真实的收获。习近平总书记多次强调"幸福是奋斗出来的"，作为社会个体的人只有在社会实践中不断发展和完善自身，才能最终实现个人的全面的发展，进而获得真正的幸福。在努力追求幸福的过程中，我们应该注意：一方面，加强学习，提高实现自身价值和创造幸福的能力。社会是不断前进的，人们对追求的幸福的层级也在不断变化，我国社会主要矛盾发生了转变，人民群众的需求不再仅仅局限于物质生活方面，而更多地关注文化和精神领域。在这种现实要求下，就需要各个行业发展升级，每个人不断加强专业领域的学习，不断强化自身的文化知识和专业技能，坚持把工作做新、做优、做精，在工作中不断实现自身价值的同时不断为社会提供更加优质的劳动成果，以更好地满足人民的需要。另一方面，艰苦奋斗不等于不可以享受。我们党坚持人民主体地位，始终以人民的向往为目标。由此逻辑推演可知，奋斗者所取得的成果必然是由人民共享的。在这一过程中，人们通过奋斗中释放自己的价值，实现自己的价值归属，其作为一种主观反映，是人们对自身价值的认同和确定，而这本身就是一种精神享受。再者，奋斗成果并不是与奋斗者相对立的存在，其作为奋斗者知识能力外化的产物，所产生的使用价值能够为奋斗者其他方面的追求提供可能和支撑。因此，可以说，奋斗与幸福是相辅相成、相互统一的。享受的本质并不是不劳而获、坐享其成、享受他人的劳动成果，而是每个人通过自身合法的辛勤劳动实现自身价值并获得物质和精神上的满足。最后，每个人都要将个人幸福与社会幸福联系在一起，在正确的导向的指引下，实现个人幸福与社会幸福的相互促进。

参考文献

［1］马克思，恩格斯. 马克思恩格斯全集：第 44 卷［M］. 中共中央马克思恩格斯列宁斯大林著作编译局，译. 北京：人民出版社，2014.

［2］马克思，恩格斯. 马克思恩格斯选集：第 1 卷［M］. 中共中央马克思恩格斯列宁斯大林著作编译局，译. 北京：人民出版社，2012.

［3］习近平. 习近平谈治国理政：第一卷［M］. 北京：外文出版社，2014.

［4］中共中央宣传部. 习近平总书记系列重要讲话读本［M］. 北京：人民出版社，2016.

［5］黄明哲. 幸福都是奋斗出来的［M］. 北京：红旗出版社，2018.

［6］习近平. 在同全国劳动模范代表座谈时的讲话[N]. 人民日报，2013-04-28（02）.

［7］陈华洲. "奋斗幸福观"的时代价值［N］. 湖北日报，2018-09-20（07）.

［8］张璐. 习近平主席的"奋斗幸福观"［N］. 学习时报，2018-03-28（A2）.

［9］高延春. 马克思幸福观的人民向度［J］. 延安大学学报（社会科学版），2014，36（6）：12-15.

［10］张建南. 马克思幸福观的哲学维度及当代价值［J］. 贵州社会科学，2014（11）：17-20.

［11］张懿. 马克思的幸福观［J］. 重庆邮电大学学报（社会科学版），2010，22（5）：80-82，101.

［12］刘建涛，胡宝元. 论习近平的幸福思想［J］. 才智，2017（20）：226-228.

［13］杨增家，袁凤娇. 论习近平幸福观的基本要义、特性及其对青年的启示［J］. 思想理论教育导刊，2018（8）：28-33.

［14］中共中央文献研究室. 论群众路线：重要论述摘编［M］. 北京：中央文献出版社，2013.

［15］谢诺. 习近平幸福观研究［D］. 北京：中共中央党校，2016.

［16］韩鹏. 论马克思的幸福观及其当代意义［D］. 太原：山西大学，2013.

［17］李水石. 马克思幸福观及其当代价值［D］. 大连：大连海事大学，2014.

［18］习近平. 更好推进精准扶贫精准脱贫 确保如期实现脱贫攻坚目标[EB/OL].（2017-02-22）［2021-02-03］.http://politics.people.com.cn/n1/2017/0222/c1001-29100485.html.

［19］习近平：扶贫路上不能落下一个贫困家庭丢下一个贫困群众[EB/OL].（2017-02-27）［2021-09-03］.http://politics.people.com.cn/n1/2017/0227/c1001-29111220.html.

新时代大学生劳动教育与担当精神培育的融合探析

申雨昕①

摘 要: 新时代大学生劳动教育与担当精神的培育都是培养社会主义合格建设者和可靠接班人的应有之义,将两者相互融合,有助于构建助力大学生全面发展的教育体系,培育出德智体美劳全面发展、适应现代化建设和国际竞争的优秀大学生。本文在概述新时代我国高校劳动教育与大学生担当精神的基础上,积极探索两者之间的关联性,并提出新时代大学生劳动教育与增强担当精神有机融合的有效路径。

关键词: 劳动教育;担当精神;融合发展

一、新时代我国高校劳动教育与大学生担当精神概述

(一) 新时期我国高校劳动教育概论

党的十八大以来,以习近平同志为核心的党中央高度重视青少年劳动教育,强调要把劳动教育纳入人才培养全过程,贯通大中小学各学段和家庭、学校、社会各方面。2018 年 9 月,习近平总书记明确提出"培养德智体美劳全面发展的社会主义建设者和接班人"的人才培养目标②。2020 年 3 月,《中共中央 国务院关于全面加强新时期中小学劳动教育的意见》出台,其中明确指出,劳动教育是中国特色社会主义教育制度的重要内容,直接决定社会主义建设者和接班人的劳动精神面貌、劳动价值取向和劳动技能水平③。在劳动教育期间,高校不仅要注重文化教育、学习课本或其他渠道的知

---

① 申雨昕 (1998—),女,西南财经大学马克思主义中国化专业硕士研究生。

② 习近平. 坚持中国特色社会主义教育发展道路培养德智体美劳全面发展的社会主义建设者和接班人 [N]. 人民日报, 2018-09-11 (01).

③ 中共中央, 国务院. 中共中央 国务院关于全面加强新时代大中小学劳动教育的意见 [N]. 人民日报, 2020-03-27 (01).

识，还要组织学生参与各种不同类型的劳动或劳作，使学生通过实践得到锻炼并养成坚强意志，从而树立起正确的劳动价值观，并提高自身劳动素质。这是基于战略角度重新分析劳动教育，也是立足于新时代背景之下重构劳动教育，更是马克思主义劳动观中国化最新成果的具体体现。

中国劳动关系学院院长刘向兵认为，要培养出符合时代要求的优秀人才，就必须注重高校劳动教育。新时代高校劳动教育是根据新时代劳动发展的趋势，对大学生进行系统的劳动思想教育、劳动技能训练和劳动实践训练，全面提高其劳动素养的过程。新时代大学生应找寻幸福，并从中得到创意灵感，成为肩负社会担当、具备创新精神且拥有一定实践水平的高级优秀人才[①]。也有学者表示，我国的劳动教育泛指教育者基于相关部门规定的实践要求，按照预先制定好的目标、计划，有组织地向受教育者进行相关教育，从而培育出与社会要求相符且具有一定实践能力和正确劳动价值观的人才，这属于极为重要的社会实践活动[②]。

综合学者们对新时代劳动教育的阐释可以总结如下：第一，在地位上，新时代高校劳动教育对高校培育全面发展的人才至关重要，不仅需要培养大学生的劳动专业技能，还需要通过科学的劳动知识理论等提升大学生的劳动素养，实现理论与实践的结合。第二，在内容上，新时代高校劳动教育反映的是一个时代劳动教育的发展态势，要求新时代劳动教育的内容要根据时代的发展而发展，留存有价值的部分，增添新的内容。第三，在形式上，新时代高校劳动教育可以分为劳动思想教育、劳动技能培训和劳动实践培训三种类型，三者结合共同促进了劳动教育的发展。第四，在目标上，进行劳动教育的根本目的是让大学生提高自身劳动素质。劳动教育既追求锻炼和提高大学生的特殊实践能力，又使大学生在劳动过程中体验到幸福感和成就感。

（二）我国大学生担当精神概述

"担当"一词源自《朱子语类》，意思是指承担并赋予责任。习近平总书记指出："担当就是责任。"[③]

自古以来，中华民族就是一个极具担当精神的民族，在 5 000 年的历史长河中，责任精神文化自始至终都存在于中华民族的奋斗与发展史里，作为精神血脉被中华儿女代代相传下来。古往今来的圣贤们用善言善行深刻诠释了家国情怀，这种精神遗产经过历代的继承和发展，演变成敢于担当、直面困难、不屈不挠的精神。正是有了这种责任担当，中国人民在民族生死存亡的危难之际，总是敢于挺身而出，誓死捍卫国家的主权独立和

① 曲霞，刘向兵. 新时代高校劳动教育的内涵辨析与体系建构［J］. 中国高教研究，2019（2）：73-77.
② 赵早军. 大学生劳动教育与担当精神培育的融合研究［J］. 品味经典，2020（9）：69-71.
③ 习近平. 习近平谈治国理政：第一卷［M］. 北京：外文出版社，2014.

领土完整。历史证明，中华民族无论是在安定时期，还是在动荡时期，始终保持着敢于担当的优良传统，体现了敢于担当、迎难而上的思想品格。

如今中国特色社会主义进入新时代，我们必须根据时代的变化与要求，培养出更优秀的人才，方可实现民族伟大复兴重任。在这样的时代背景下，培育大学生的担当精神尤为重要，是时代新人自身发展与成长的应有之义。我们可以从敢于担当、心怀忧患、积极有为、开拓创新四个方面来把握新时代大学生担当精神的核心内容①。

一是敢于担当。习近平总书记多次强调，当代青年要承担起党和人民赋予的历史重任，背负着完成中国梦的神圣目标，要走在时代前列，做新时期强国之路的建设者和接班人。大学生承担的使命会随着不同的时代背景及发展阶段而改变，新时代的大学生应学会分析时代变化，努力提升自身素质，担负起时代赋予的历史使命和社会责任，心怀远大梦想，通过贡献个人的绵薄之力，实现国泰民安的目标，并为建设具有中国特色的社会主义现代化强国而不懈努力。

二是心怀忧患。大学生不仅要关心周遭的生活，更要时刻关注国计民生和世界发展形势。忧患意识所蕴含的就是人们对于民族与国家的独特情感。大学生要谨防骄傲自满、安逸懈怠的倾向，自觉摒弃浮躁的心态，不断增强责任心、问题意识和科学预见力，保持冷静的态度，做到"不畏浮云遮望眼"，只有这样才能助力稳步实现一个长远的目标。当前，在党中央的坚强领导下，我国干部群众坚持底线思维、增强忧患意识、防范风险挑战，新冠肺炎疫情被及时有效控制。反观一些西方国家，其不仅缺乏忧患意识，而且疫情严重时也没有迅速采取对策，造成严重的后果。青年学生应当在疫情防控中深刻认识保持忧患意识与底线思维的重要性，居安思危，未雨绸缪。

三是积极有为。习近平总书记强调，青年学生要在学习、思考、实践、感悟中坚定理想信念，在奋斗中释放青春激情、追逐青春理想，以青春之我、奋斗之我，为民族复兴铺路架桥，为祖国建设添砖加瓦。这就要求广大学生锻炼过硬的本领，把时间和精力多用于学习文化知识和科学上，注重基础知识的积累和储备，通过持续的摸索与实践，不断学习各种知识，从而优化自身技能，在助力实现中华民族伟大复兴的中国梦中彰显个人的人生价值。

四是开拓创新。大学生要积极创造，学习新知识，掌握新技能，摒弃固有思维，懂得运用新方法、新途径，通过努力把自己的目标变成现实，始终保持对事物的新鲜感，保持好奇心，勇于探索，提高创新能力。

---

① 刘晓玲. 新时代大学生担当精神培育路径培育路径探析 [J]. 北京教育（德育），2018（9）：36-40.

二、新时代我国高校劳动教育与大学生担当精神的关联性分析

探索新时代我国高校劳动教育与大学生担当精神的融合路径，需要对两者之间的关联性进行分析，找出联系，抓住重点，为融合路径探索提供前提、奠定基础。

（一）新时代大学生劳动教育中担当精神缺失分析

当前，我国对劳动教育重视程度愈发提高，高校劳动教育成为目前最受关注的内容之一，但我国劳动教育发展仍需完善。深入探析当代大学生在劳动教育及担当精神之间的关联，需要先分析大学生劳动教育中担当精神缺失带来的问题或影响。

1. 大学生劳动教育价值取向功利化

教育的价值有内外之分，内在价值即育人的价值，外在价值则体现为国家和社会提供服务工具。高校劳动教育在实践中面临着功利化的价值危机，逐步僭越了育人的根本宗旨。一些大学生在学校组织下完成劳动教育任务，但是对劳动教育的宗旨认识不清，简单地将劳动教育视为思想政治教育的一部分。部分高校把劳动活动与学生的学分、成绩挂钩，以致大学生会将劳动教育视为完成学业、获取学分的途径，导致劳动价值观扭曲。劳动教育开始偏离促进个体的全面发展、社会化发展的目的。学生无法从中感受到教化价值，"有劳无教"现象和问题突出。

2. 大学生劳动教育内容形式片面化

随着大数据、人工智能等新兴科技的迅猛发展，人们的生活方式也随之改变。科技进步的同时衍生出享乐主义、自由主义等观念，大学生不爱劳动、不会劳动、不尊重劳动成果等问题日益凸显。个别高校劳动教育不同程度地存在教学内容浅薄的问题。个别高校的劳动教育多停留在浅显的知识灌输和概念分析层次，多采取课堂理论填鸭式的形式，载体单一，没有站在马克思主义劳动观的角度去解读劳动教育，没有抓住学生的兴趣点，在激发学生积极性和主动性方面的作用不明显。个别高校的劳动教育依然存在用单纯的考试来衡量劳动教育成果的现象，无法让学生切身感受到劳动带来的满足感与幸福感，导致学生对劳动教育的认同度不高。

3. 大学生劳动教育机制僵化

个别高校劳动教育体制机制的僵化体现在教育工作开展的顶层设计、规划方案、资金投入、保障机制和评价体系各个方面。例如，个别高校缺乏切实可行的计划方案、系统的课程安排、相应的课时规定等，一定程度上导致劳动教育氛围低沉、劳动教育过程形式化、高校劳动教育队伍结构不合理等各类问题，致使劳动教育沦为"纸上谈兵"。

（二）新时代我国高校劳动教育与担当精神培育的共同点分析

尽管高校劳动教育与担当精神的培育属于不同的教育体系，但两者在教育对象、教育目标、教育方式等方面有一定的共同之处。

1. 教育对象

新时代我国高校劳动教育与担当精神的培养都有共同的对象，即高校大学生群体。高校大学生是具有开拓性和创造力的主力军，劳动教育与担当精神的培养都需要紧密结合大学生自身发展的实际特点，精准对标，多途径、分层次开展。

2. 教育目标

基于时代特征，围绕当代大学生开展劳动教育的目的是培养出全面发展的大学生，这是一项极为重要的教学任务。担当精神包含于全面发展之中，是大学生必不可少的素质，是大学生全面发展过程中必须接受的教育。劳动教育与担当精神的培养都需要引导大学生学会自强自立，积极应对挑战，加强知识和技能的学习，努力奋斗，将个人发展与社会需要相结合，以国家富强、人民幸福为己任。

3. 教育方式

目前，我国高校劳动教育和担当精神培育中理论教育占主导，大部分采取教师授课和课后学习的方式，同时普遍具备相应的实践方式和平台作为载体，注重显性教育和隐性教育、理论教育与实践教育相结合，促进学生在知行合一中达到思想的升华和能力的提升。

（三）新时代我国高校劳动教育与担当精神培育的相互作用分析

1. 新时代我国高校劳动教育有力增强大学生担当精神

开展劳动教育是培育大学生担当精神的重要途径之一，并创新了对大学生担当精神培育的方式。劳动教育主要通过生产性劳动和服务性劳动两个方面开展，其中生产性劳动能够锻炼学生的技能和实践能力，对大学生来说主要包括勤工俭学、实习或集体组织去体验农场劳动（如耕地、种菜等），体验劳动的乐趣，收获成就感。服务性劳动多指以公益性为特征的社会实践活动。此类活动的作用是引导大学生树立奉献精神及服务意识。例如，许多高校都会在假期开展志愿者服务和"三下乡"帮扶活动等，鼓励学生们积极参加。开展这些活动的初心不在于到底能做出多大的贡献，而在于倡导大学生参与公益活动，不断强化自身社会责任感，培养担当精神。高校在日常教学中主要通过思想政治教育课程对学生进行教育与熏陶，加上相关讲座、论坛等的开展，引导学生树立正确的劳动观，增强担当意识。有意识地开展劳动教育是对大学生担当精神培育方式的创新，促进第一课堂的第二课堂的统一，让学生在劳动中切实体验和领悟担当精神的内涵，增强担当时代责任的使命感。

2. 培育担当精神培育是新时代我国高校劳动教育的重要内涵

担当精神的培育可以增强大学生的主体意识、集体主义意识和奉献意识，提升大学生的素质与能力，使大学生更好地担当起时代使命。大学生在参与劳动活动中体悟幸福的感觉，掌握劳动技能，增强动手能力，从而能够以积极的态度对待劳动，在日积月累中形成一种责任与担当的情怀。《中共中央 国务院关于全面加强新时代大中小学劳动教育的意见》对我国新时代劳动教育的目标进行了阐述，指出新时代劳动教育的主要育人目标就是针对一些青少年中出现的不珍惜劳动成果、不想劳动、不会劳动的现象，分别从思想认识、情感态度、能力习惯三个方面向全体学生提出劳动教育目标，突出强调劳动教育的思想性。大学生必须从思想上坚定马克思主义劳动观，从情感上培养奋斗奉献的劳动精神。培育大学生的担当精神，能够使大学生在思想上坚定马克思主义立场，从情感上养成乐于奉献、勇于担当的精神，形成正确的家国观、人生观，推动劳动教育目标的实现。

三、新时代大学生劳动教育与担当精神培育的融合路径探析

（一）新时代大学生劳动教育与担当精神培育理论的融合

理论是实践的基础和先导，着眼于培育德智体美劳全面发展的大学生，要加强对大学生的劳动理论的武装，在此基础上有机融入担当精神的内容。大学思政课和专业课教学内容当中，都蕴含着劳动教育和担当精神的元素。高校要进一步加强课程内容设计，其中在思政课教学中有意识地加入劳动教育理论和担当精神的元素，以理论知识和典型案例的形式，帮助大学生学习研究马克思主义劳动观和现代劳动教育理论知识，鼓励和吸纳大学生开展劳动教育与担当精神培育相关科研攻关，使大学生做到运用马克思主义世界观、劳动观看待人生。在专业课教学中，高校要加强课程思政建设，充分挖掘课程中蕴含的劳动精神和担当精神的相关内容，引导学生充分认识劳动创造美好生活，自觉承担起民族复兴大任的时代使命。同时，高校应在第二课堂和第三课堂中积极开展相关的劳动理论论坛、讲座，邀请先进典型和劳动模范来校为学生开展宣讲，全方面、立体式强化大学生为社会主义现代化建设服务的担当精神。大学生应站在新时代发展的前沿，始终树立正确的劳动观和担当精神，为社会主义现代化建设做出更多的贡献。

（二）新时代大学生劳动教育与担当精神培育实践的融合

实践是理论的最终目的、是检验真理的唯一标准，在教育领域是促进学生知行合一、检验立德树人效果的基本准绳。高校要有效利用学校及所在城市的社会资源与历

史文化资源，制订相应的教育计划，使学生在教学环境当中潜移默化接受劳动教育和培育担当精神。高校可以通过组织大学生实地参观或调研达到劳动教育与担当精神培育的融合。同时，高校要加强对学生志愿服务和相关社团组织的支持力度，加强对指导教师团队和社团管理团队的培训，不断提高志愿服务的质量和水平。学生组织通过活动引导学生参与劳动实践时，学生不仅可以通过自我管理接受劳动教育，还能督促学生在劳动服务结束后，积极总结感悟，培育担当精神。高校要积极将各类社会实践活动作为劳动教育和担当精神培育的载体，让大学生在服务社会的过程中深刻认识国情党情世情，使大学生正确认识责任与担当、劳动的意义与价值的关系，提升大学生社会的实践能力及兴趣，实现新时代大学生劳动教育与担当精神培育实践的有效融合。

参考文献

［1］习近平. 坚持中国特色社会主义教育发展道路培养德智体美劳全面发展的社会主义建设者和接班人［N］. 人民日报，2018-09-11（01）.

［2］中共中央，国务院. 中共中央 国务院关于全面加强新时代大中小学劳动教育的意见［N］. 人民日报，2020-03-27（01）.

［3］曲霞，刘向兵. 新时代高校劳动教育的内涵辨析与体系建构［J］. 中国高教研究，2019（2）：73-77.

［4］赵早军. 大学生劳动教育与担当精神培育的融合研究［J］. 品味经典，2020（9）：69-71.

［5］习近平. 习近平谈治国理政：第一卷［M］. 北京：外文出版社，2014.

［6］刘晓玲. 新时代大学生担当精神培育路径培育路径探析［J］. 北京教育（德育），2018（9）：36-40.

协同理论视域下大学生
劳动素养培育体系构建探析

王光芬[①]　杨　敏[②]

摘　要： 全面提升大学生劳动素养是新时代高校进行劳动教育的目标要求，构建大学生劳动素养培育体系是新时代高校提升大学生劳动教育实效的现实需要。本文运用跨学科研究的方法，从协同理论的视角解构大学生劳动素养的构成要素，审视当下大学生劳动素养培育体系构建的现实状况，对于构建高质量的大学生劳动素养培育体系，以达到劳动教育的总体目标要求，具有一定的现实意义。

关键词： 协同；大学生；劳动素养；培育体系

　　党的十八大以来，习近平总书记多次强调了劳动教育的重要意义，深刻回答了高等教育培养什么人、怎样培养人、为谁培养人，明确提出了要培养德智体美劳全面发展的社会主义建设者和接班人。劳动教育成为新时代教育体系的重要组成部分。2020年7月，教育部印发的《大中小学劳动教育指导纲要（试行）》（以下简称《纲要》）提出了劳动教育的总体目标——准确把握社会主义建设者和接班人的劳动精神面貌、劳动价值取向和劳动技能水平的培养要求，全面提高学生劳动素养。劳动素养成为劳动教育成果评估的重要标尺。厘清大学生劳动素养的构成要素，客观审视当下大学生劳动素养培育的现状，从而根据现实需求构建大学生劳动素养培育体系，推进各要素系统的协同发展，以提高劳动教育的针对性和持续性，是当下劳动教育研究的现实要求。

---

①　王光芬（1996—），女，西南财经大学思想政治教育专业硕士研究生。

②　杨敏（1998—），女，西南财经大学马克思主义中国化专业硕士研究生。

一、协同理论的基本内涵及特征

协同理论又称"协同学"或"协和学",是由德国著名物理学家赫尔曼·哈肯于20世纪70年代初创立的一门新兴综合性学科理论,是系统科学的一个重要分支。协同理论源于希腊文,意为"协调合作之学"①。协同理论以系统论、信息论、控制论、突变论等为理论基础,采用统计学和动力学相结合的方法,研究系统在涨落和非线性作用下产生协同效应,从而自发形成时间、空间和功能的自组织有序结构②。协同理论揭示出具有联合性的子系统从无序到有序的一般规律。协同理论强调各子系统之间都具有一定的联合性,各子系统之间的联合作用可以产生宏观尺度上的结构和功能。换言之,在同一目标要求下,若能将各子系统之间有机协调起来,通过优化各子系统的要素或功能,从而使协同效果达到最优,就可能实现系统的共同目标追求。根据其内涵延伸和跨学科方法推衍来看,协同理论在大学生劳动素养培育体系构建过程中主要呈现以下三个特点:第一,联合性。协同理论强调在一定条件下,各子系统之间相互作用和联系,具有一定的联合作用。运用协同理论探讨大学生劳动素养培育体系构建可以通过对各个子系统的优化和联合以提升劳动教育的实效,从而提升大学生劳动素养。第二,过程性。在协同理论中,哈肯将组织进化形式划分出他组织和自组织两种方式,揭示组织内系统从无序到有序这个过程的两种方式,体现的是动态的过程性变化。大学生劳动素养培育体系的构建也是一个从无序到有序的搭建过程,各子系统之间具有动态性的变化。第三,系统性。协同理论指出,研究对象是一个复杂的系统,在这个系统内又有各个子系统,各个子系统之间存在的共同联系,在一定条件下可以相互影响和相互作用。大学生劳动素养培育体系也是一个复杂的系统。大学生劳动素养培育体系包含着劳动素养构成的分析,各要素之间也形成了一个系统。大学生劳动素养培育体系包含着高校、社会、家庭等多元主体,这些主体相互之间又构成多个子系统。同时,大学生劳动素养体系也是一个开放体系,其中具体包含的内容体系、课程体系、评价体系和保障体系需要资源的整合和系统的优化调整。

二、协同理论视角下大学生劳动素养及构成要素

关于大学生劳动素养内涵的阐述,目前学界的说法不一。结合教育部下发的《纲

---

① 赫尔曼·哈肯. 协同学:大自然构成的奥秘 [M]. 凌复华,译. 上海:上海译文出版社,2005:123-124.
② 赫尔曼·哈肯. 高等协同学 [M]. 郭治安,译. 北京:科学出版社,1989:23-54.

要》，笔者认为，大学生劳动素养是指大学生通过劳动教育活动的实践而形成的具有稳定性的道德修养和品质。大学生劳动素养主要是指大学生个体内在的道德，外显于行的表现则是自觉主动地参与劳动实践。《纲要》明确提出劳动教育的目标：准确把握社会主义建设者和接班人的劳动精神面貌、劳动价值取向和劳动技能水平的培养要求，全面提高学生劳动素养，使学生树立正确的劳动观念、具有必备的劳动能力、培育积极的劳动精神、养成良好的劳动习惯和品质。据此对大学生劳动素养的要素进行解构，笔者认为，大学生劳动素养的构成要素包含劳动认知、劳动意识、劳动态度、劳动习惯、劳动技能、劳动观念、劳动价值观、劳动精神、劳动创新能力等子要素。根据要素的重要层次，笔者认为，在以上要素中，核心要素包含劳动价值观、劳动意识、劳动知识和技能，其他要素在整个要素系统构成中处于次生位置，可以通过对劳动意识、劳动价值观以及劳动知识和技能的培育逐渐形成。在此，笔者侧重分析核心要素。

（一）劳动价值观

关于劳动价值观的概念，尚未有严格的界定，但一些学者也做出了积极的研究。成尚荣认为，劳动教育的核心应当是价值认知，即让学生在劳动教育的各个层面体验、探究劳动的价值，并使之内化为价值观[①]。据此，笔者认为，大学生需要形成的劳动价值观是大学生对于劳动、劳动者、劳动实践、劳动价值、劳动目的等与劳动相关的内容的总体看法和态度。2018 年 9 月，习近平总书记在全国教育大会上强调："教育引导学生崇尚劳动、尊重劳动，懂得劳动最光荣、劳动最崇高、劳动最伟大、劳动最美丽的道理，长大后能够辛勤劳动、诚实劳动、创造性劳动。"[②] 这是对劳动价值观核心内涵的高度提炼和总结。当前，绝大部分大学生的生活环境较为良好，同时，作为网络"原住民"的大学生面临着多元信息和价值观的影响，存在着一些错误的价值观，对于劳动的认知存在一定的偏差。例如，在"精致利己主义"的影响下形成的功利的劳动观认为，只要于自己好处不大的劳动就没有必要，从而形成逃避劳动、歧视劳动等偏见。甚至出现职业歧视等错误观念。劳动价值观可以作为劳动的核心要素之一，正是由于科学正确的劳动价值观对推动大学生在德智体美劳等方面的全面发展具有基础性作用，其在劳动素养培育过程中起着方向性的作用。

（二）劳动意识

意识是人的大脑对于客观世界的反映，具有自觉性、目的性和主观能动性。劳动意识是劳动者在劳动实施过程中的自觉性体现，是对待劳动形式的感知性与选择性，

---

① 成尚荣. 价值体认：劳动教育的核心［N］. 中国教育报，2019-06-05（09）.
② 习近平. 在全国教育大会上强调：坚持中国特色社会主义教育发展道路 培养德智体美劳全面发展的社会主义建设者和接班人［N］. 人民日报，2018-09-11（01）.

也是对待自己和他人劳动成果的综合反映①。劳动意识的主观能动性作用需要通过动机和态度来体现。大学生是否在劳动实践活动中对自己和他人的劳动过程以及劳动成果形成自觉主动的劳动意识，关系着大学生是否自觉主动地投身于劳动实践，是否在劳动实践活动中充分发挥主观能动性。能否激发大学生内在自觉的劳动意识影响着大学生能否选择科学正确的劳动价值观、弘扬劳动精神、锻炼自身劳动技能以及能否形成自觉参与社会主义建设的意识。只有激发大学生内在的劳动意识，才能促使大学生提高自身的积极性和发挥主观能动性，促进自身全面发展，并且将个人发展与社会的发展结合起来。

（三）劳动知识和技能

掌握劳动知识和锻造劳动技能是大学生进行劳动实践和使用劳动工具的先决条件，也是提升大学生劳动素养的前提。当代大学生具有大学生、社会主义建设者和接班人两个角色身份。作为"大学生"这个角色，大学生需要掌握所学专业知识、日常生活劳动的相关知识以及在参与社会实践活动中所需要的基本工具性知识等，根据学生角色发展的规划和需要增加相关的知识储备。作为"社会主义建设者和接班人"这个角色，大学生需要掌握与社会主义建设发展需求和未来人工智能相适应的劳动知识和技能。这是大学生提升劳动素养的根本，是进行劳动生产和劳动实践的必要条件。随着网络与数字化的发展，人工智能、大数据、区块链等时代性工具出现，未来大学生的劳动形态也会发生变革。因此，作为社会主义建设者和接班人的大学生需要拓宽和加深自己的知识储备，提高综合运用劳动知识的能力，掌握更加全面的劳动技能，使自己成为高素质的劳动者。

三、大学生劳动素养培育体系构建现实审视

近年来，党和国家高度重视关于高等教育"培养什么人、怎样培养人、为谁培养人"的问题。围绕立德树人根本任务以及培养德智体美劳全面发展的社会主义建设者和接班人，习近平总书记多次对此发表重要讲话。同时，党和国家也出台了一系列与劳动教育相关的指导意见，这为各大高校劳动教育的开展及学生劳动素养的培育提供了方向性指导。各大高校结合自身实际做了许多积极的尝试和探索，形成了一些有益的成果，如关于提升大学生劳动素养的教育方案逐步形成和完善，劳动教育实践活动形式愈发多元化，部分高校通过开辟农场、与当地农场合作设置劳动教育实践基地、

---

① 孙悦. 高校大学生劳动素养培育研究［D］. 沈阳：辽宁师范大学，2021：11.

举办劳动教育论坛、开展特别节日志愿服务活动等形式进行劳动实践，对学生的劳动素养培育更加注重实践性、系统性和规范性，力求全面提升高校的育人实效。

当然，我们既要看到高校在大学生劳动素养培育方面的探索与积极尝试，客观审视其成效，也要看到当下大学生劳动素养培育尚未形成系统的、动态的体系。从协同层面来看，大学生劳动素养培育还面临以下三个问题：其一，大学生理论学习与劳动实践如何有机结合。在育人过程中，我们一直强调要做到理论与实践相结合，但是综合考察当前高校的劳动素养培育可以看到课程体系尚不完善，大学生关于劳动教育相关理论的学习主要是通过思想政治理论课程，系统的劳动教育必修课或选修课程设置处于空缺状态。因此，大多数大学生对于劳动教育相关理论的学习较为浅显，劳动知识储备较少，劳动技能掌握不够，在相关理论研究上更是力量不足。这就导致在具体的劳动实践活动中，大学生的劳动常识和对劳动工具的使用技能都存在一定的不足。理论学习与劳动实践的结合尚需长足的探索。其二，大学生参与劳动实践活动后素养培育成效如何评价。劳动素养评价对于高校及时掌握大学生劳动教育成效、思想动态发挥着"晴雨表"的作用。大学生参加劳动实践活动后，各劳动要素的指标有什么样的变化、变化是积极的还是消极的，这样的即时反馈对于高校进一步改进劳动教育实践的方式、提升劳动素养培育实效，具有重要的推动作用。目前，大多高校虽然在积极开展劳动教育实践活动，但是尚未形成系统的劳动成效评价体系，学生参加完劳动实践活动之后只有当下的实在感知，缺乏对长远劳动素养培育的动态把控。这就导致劳动实践活动开展与推进劳动成果积极影响的长效性之间脱节，一定程度上导致劳动素养培育动力不足。其三，大学生劳动素养培育体系的各子系统要如何协同优化。大学生劳动素养培育体系本身就是一个复杂的系统，包含着家庭、社会、学校与学生个体等多元的主体系统，各主体之间又形成子系统。同时，就该体系本身而言，其包含着课程体系、育人体系、评价体系和保障体系等子系统，各子系统也具有动态和开放的特征。要构建有效、系统的劳动素养培育体系，就需要解决好各子系统之间的协同关系。

四、大学生劳动素养培育体系构建进路探析

（一）完善劳动教育课程体系

劳动教育课程体系的完善有两个方面的内容：一方面是完善劳动教育课程设置。《中共中央 国务院关于全面加强新时代大中小学劳动教育的意见》（以下简称《意

见》）明确指出，"在大中小学设立劳动教育必修课程"①。当前，鲜有开设劳动教育必修课的高校，绝大多数高校并没有通用的劳动教育相关教材，形势与政策、公选思政课等课程中关于劳动教育的内容较少。根据相关要求和现实需要，高校可以根据自身人才培养要求、实际情况和特色，设置相关的劳动教育课程。课程的开设需要教材、教案、课程结构设置以及考核等方面协同推进。同时，高校可以合理开发当地特色的红色资源、民族特色资源等具有劳动教育内涵的文化元素，提升劳动教育课程的丰富性。当然，高校也不能忽略劳动教育课程的实践性要求，要将课堂理论学习与课后劳动实践结合起来，在理论学习与劳动实践的协同推进中提升大学生劳动素养。另一方面，劳动教育要与其他相关课程的有机融合。一是高校应充分发挥思想政治理论课的主渠道作用，通过对劳动模范、劳动精神等相关案例的讲解，引导大学生的劳动价值观，选取生活中较为典型和鲜活的案例，激发大学生的情感共鸣，浸润大学生的劳动情怀。二是高校应将劳动教育课程与学校的德育、智育、体育、美育课程有机结合起来。德智体美劳"五育"之间并非割裂与独立的，而是相互交融与相互影响的。高校在进行德育、智育、体育和美育教学过程中，可以充分挖掘其中的劳动教育元素，如通过体育活动锻造学生吃苦耐劳的品质，通过美育课程塑造学生的劳动美学观念等。德育、智育、体育和美育的相关课程可以成为劳动教育课程的有效补充。高校通过"五育"同行，可以丰富大学生的劳动知识储备，全方位提升大学生的劳动素养。

（二）搭建多元主体协同育人体系

大学生的劳动素养培育不仅仅局限在学校的理论学习和劳动实践中，大学生所掌握的劳动知识、劳动技能要得到充分的运用和锻炼，需要接触不同的实践场景。高校可以作为主导，一方面，根据高校自身的特色和资源优势，协同校内各二级学院主体和教师主体，打造具有学校特色的校内实践基地和创新创业孵化基地，为大学生提供固定的劳动实践平台；另一方面，充分联动校外的社会主体，利用社会资源，为学生搭建社会劳动实践平台。一是高校可以根据学校自身发展实际与未来发展规划，加强与社会组织、企业等社会主体的合作，充分依托社会资源，形成资源共享。二是高校可以加强与社会公益组织的联系，通过志愿服务活动的方式，丰富劳动教育的形式和内容。三是高校可以强化与当地农场、其他高校的联系，建立固定的劳动教育实践基地以及通过与其他高校的协同合作，实现劳动教育场域的开辟，形成劳动教育实践场所共享与资源共享。高校劳动教育应由内部向外部延伸，协同多元主体，搭建起高质量、高水平的劳动教育实践平台，通过各平台的交互作用，全方位提升大学生劳动素养。

---

① 中共中央，国务院. 中共中央 国务院关于全面加强新时代大中小学劳动教育的意见［N］. 人民日报，2020-03-27（01）.

（三）构建多向度评价体系

《意见》明确指出："健全劳动素养评价制度。将劳动素养纳入学生综合素质评价体系，制定评价标准，建立激励机制，组织开展劳动技能和劳动成果展示、劳动竞赛等活动，全面客观记录课内外劳动过程和结果……把劳动素养评价结果作为衡量学生全面发展情况的重要内容。"① 当下大多数高校尚未形成系统的劳动教育评价体系，评价标准和评价程序尚不明确，更多注重结果性评价。劳动素养评价结果作为衡量学生全面发展的重要尺度，需要形成科学的评价程序。劳动素养评价应注重过程与结果的统一并更侧重过程的形成性评价。一方面，在具体的评价程序中，高校除了考察学生劳动教育必修课程的考核结果以外，还需要重点测评大学生在劳动实践活动中的表现，结合上文谈到的劳动素养构成的核心要素再细分指标，利用大数据、云平台等现代信息技术，定期进行检测反馈，建立起包括劳动知识、劳动习惯、劳动服务、劳动能力等多向度大学生劳动素养综合评价体系。另一方面，在劳动素养评价内容上，高校理应首要明确哪些实践活动可以纳入劳动素养评价体系中，并且划分标准，依据标准实行档案管理，明晰标准界限。例如，参加劳动教育相关的学术活动、社会实践活动、志愿服务活动等在劳动评价中可以得多少分或评为什么等级。同时，高校可以将劳动教育考核结果作为推优举荐的一个标准，以梯度的形式进行奖励，以激发大学生自觉参与劳动实践以提升劳动素养培育的积极性。

（四）健全劳动教育保障体系

高校作为育人的主要阵地，需要统筹规划，健全劳动教育保障体系，为大学生劳动素养培育提供条件支撑和优良环境。一是高校应通过多元教育主体的协同、教育平台的搭建，充分挖掘教育资源，为大学生劳动素养培育提供平台支撑、服务支持和资源储备。前文有具体论述，这里不再赘述。二是高校应加强师资队伍建设。大学生劳动素养培育的关键点在于教师素质。一方面，高校应组建劳动教育课程专业教师队伍。高校可以聘请具有实践经验的社会专业技术人员、劳动模范作为客座讲师。同时，高校可以通过讲座、论坛等方式引进行业精英、在民间具有一定影响力的代表人物进校园，结合自身讲述典型案例，以激发大学生的自觉劳动意识。另一方面，高校应提升教师的劳动素养。高校应把劳动教育纳入教育行政干部、教师、辅导员培训内容，开展全员培训，强化劳动意识、劳动观念，提升劳动教育的自觉性。高校应鼓励有条件的二级学院开设劳动教育相关专业，对承担劳动教育课程的教师进行专项培训，增强其劳动育人意识、提高其专业化水平。三是高校应强化劳动教育经费保障。高校应加

---

① 中共中央，国务院. 中共中央 国务院关于全面加强新时代大中小学劳动教育的意见［N］. 人民日报，2020-03-27（01）.

强学校劳动教育设施建设，建立学校劳动教育器材、耗材补充机制。高校可以按照规定统筹安排公用经费等资金开展劳动教育，可以采取政府购买服务方式，吸引社会力量提供劳动教育服务。高校应设立劳动教育专项经费，通过多种渠道筹措资金，并制定资金使用的具体办法。劳动教育课程开发、理论研究、劳动教育实践活动、奖励经费等各个层面的资金管理都需要落实，同时进行公开透明的资金使用管理。

大学生劳动素养培育作为大学生劳动教育的重要目标，关系着大学生自身以及国家的发展。大学生劳动素养培育体系本身就是一个复杂的系统，要构建有效的大学生劳动素养培育体系，增强劳动教育的实效。提升大学生劳动素养，需要解构大学生劳动素养的要素，抓住当前大学生劳动素养培育面临的主要矛盾，以协同的视角探讨体系的构建。

参考文献

［1］马克思，恩格斯. 马克思恩格斯文集：第 1 卷 ［M］. 中共中央马克思恩格斯列宁斯大林著作编译局，译. 北京：人民出版社，2009.

［2］习近平. 习近平谈治国理政：第三卷 ［M］. 北京：外文出版社，2020.

［3］习近平. 深入学习习近平关于教育的重要论述 ［M］. 北京：人民出版社，2019：（1）：97-100.

［4］黄燕. 新时代劳动精神的生成逻辑、核心内涵与弘扬路径 ［J］. 思想理论教育，2019.

［5］刘向兵，李珂. 论当代大学生劳动情怀的培养 ［J］. 教学与研究，2017 （4）：83-89.

［6］檀传宝. 劳动教育的概念理解：如何认识劳动教育概念的基本内涵与基本特征 ［J］. 中国教育学刊，2019 （2）：82-84.

［7］岳海洋. 新时代加强高校劳动教育的价值意蕴与实践路径 ［J］. 思想理论教育，2019 （3）：100-104.

［8］王正情，等. 新时代大学生劳动素养评测模型构建与测度研究 ［J］. 现代教育管理，2021 （6）：81-89.

［9］习近平. 在知识分子、劳动模范、青年代表座谈会上的讲话 ［N］. 人民日报，2016-04-30 （02）.

核心素养视域下大学生劳动教育实施策略[①]

李泳乐[②]

摘　要：从核心素养视角来看，劳动教育是实现大学生全面发展的关键一环，是国家实现伟大复兴的基础工程。但是，由于核心素养在大学生劳动教育中渗透不足、大学生劳动教育缺乏教育资源、缺乏科学有效的管理、高校对劳动教育的重视程度不够等，导致大学生劳动教育存在着一些问题。立足这些问题及其成因，我们要坚持转变核心素养视域下"重智轻劳"的传统劳动教育观念、丰富大学生劳动教育的形式、完善高校劳动教育管理机制和落实核心素养视域下大学生劳动教育目标。

关键词：核心素养；大学生；劳动教育

近年来，关于大学生核心素养的问题日益受到国内外学者的重视。当代大学生核心素养的培育，是高校落实立德树人这一根本任务、建立新时代高质量培养体系的重要保障。教育是一个国家的基础，是党之大计、国之大计，劳动教育可以主要概括为劳动观教育和劳动知识与技能的教育[③]。在核心素养视域下研究当前大学生劳动教育面临的问题及其成因，从而制定出有针对性的实施策略，有利于推动新时代大学生全面发展，有利于中华民族伟大复兴的实现。

一、核心素养视域下大学生劳动教育的意义

2014 年，"核心素养"这一概念在《教育部关于全面深化教育体系改革 落实立德

---

　①　基金项目：本文为西南财经大学 2020 年"中央高校基本科研业务费专项资金"决策咨询项目"马克思主义视域下的劳动教育：历史演变与新时代转向"（JBK2101057）、西南财经大学 2020 年党建和思想政治工作调研项目"新时代财经高校劳动教育实施现状、问题及效果提升——基于西南财经大学'5+4+4'劳动教育体系的调研分析"的阶段性研究成果。
　②　李泳乐（1995—），女，西南财经大学思想政治教育硕士研究生。
　③　在《教育大辞典》中，劳动教育的定义被概括为劳动、生产、技术和劳动素养方面的教育，主要有两个方面的内容：一是劳动观教育，包括劳动态度、劳动习惯、劳动意识和劳动观点，隐含德育的含义；二是劳动知识与技能的教育，包括工农业基本知识、生产技能等，有技术教育的含义。

树人根本任务的意见》中被提出，不仅是对素质教育的继承，同时也是对素质教育的发展。2016 年 9 月，《中国学生发展核心素养》总体框架在北京发布，框架指明了"核心素养"是指以培养"全面发展的人"为核心①。我国学者关于"核心素养"的研究围绕立德树人根本任务，旨在培育"德智体美劳全面发展的社会主义建设者和接班人"。在核心素养视域下谈大学生劳动教育，有利于促进当代大学生的全方位发展，有利于促进社会的全面进步。

（一）劳动教育是大学生实现全面发展的关键一环

实现人的全面发展是马克思主义所追求的终极目标，是指引人们发展的最高理想境界。大学生劳动教育满足了学生核心素养发展的客观要求，从始至终是伴随着人的核心素养的形成、发展和完善整个过程的教育。大学生劳动教育有利于促使大学生成长成才，实现全面发展。首先，劳动使大学生的综合素质全面提升。大学生的综合素质，如知识、能力、身体等各项素质随着劳动的不断发展而得到不断提升。其次，劳动使大学生的个性得到发展。劳动是人有意识的、自觉的实践，人们在劳动时可以根据自己的意志，自由地表现自身特长，从劳动中提升创造能力。最后，劳动使大学生的社会责任感得到强化。习近平总书记指出："只要青年都勇挑重担、勇克难关、勇斗风险，中国特色社会主义就能够充满活力、充满后劲、充满希望。"② 参加各种社会活动、公益志愿活动等，能有效提升大学生的综合素质，促使大学生的个性发展，提升大学生的社会责任感，从而促进大学生的全面发展。

（二）劳动教育是民族实现复兴的基础工程

学生发展的核心素养离不开劳动教育。大学生劳动教育是推进民族复兴伟大工程的基本立足点，能有效引导大学生自觉以踏实劳动、创新劳动积极投身中华民族伟大复兴的实践。首先，实现民族复兴，必须依靠劳动。中华民族向来都是善于劳动、敢于创造的民族，只有踏实劳动才能冲破发展中的重重阻碍，在实践中发现、分析和解决问题。其次，劳动有利于实现国家富强。空谈误国，实干兴邦。大学生是促进国家富强的主力军，加强大学生劳动教育，有助于促使其将个人理想融入促进国家富强的实践中，引导大学生通过创新创造不断为国家富强贡献青春力量，进而促使国家实现富强。

为了较好地贯彻核心素养的要求，推进学生全面发展，实现中华民族伟大复兴，我们就必定要特别重视劳动教育，坚持不断推进这项伟大的教育事业。

---

① 核心素养：2016 年 9 月 13 日，《中国学生发展核心素养》在北京发布，明确核心素养以培养全面发展的人为核心，包括自主发展、社会参与以及文化基础三个大的方面，又围绕这三个方面划分为学会学习、人文底蕴、健康生活、实践创新、责任担当、科学精神六个维度。

② 习近平. 在纪念五四运动 100 周年大会上的讲话［N］. 人民日报，2019-05-01（02）.

二、核心素养视域下大学生劳动教育实施困境及成因

核心素养以培养"全面发展的人"为核心，以"立德树人"为根本任务。目前，高校对于大学生核心素养的培育取得了一定的成效，但是基于核心素养视角下看大学生劳动教育，核心素养在大学生劳动教育中渗透不足导致劳动教育主体缺乏劳动素养；大学生劳动教育缺乏教育资源导致劳动教育形式单一，缺乏创新；大学生劳动教育缺乏科学有效的管理导致劳动教育评价机制不合理；高校对劳动教育的重视程度不够导致劳动教育目标不明确。

（一）大学生劳动教育面临的困境

1. 劳动教育主体缺乏劳动素养

从整体来看，当代大学生存在着缺乏劳动素养的问题。首先，大学生的劳动态度偏差较大。一些大学生认为劳动仅仅是干活，还有一些大学生认为自己接受高等教育，以后不会从事简单的体力劳动，因此开展劳动教育是没有必要的，反而会影响自己考证、过级等学习行为。其次，大学生尚未养成普遍的劳动习惯。大部分学生只是以简单的自理性劳动为主，并未形成积极思考与动手操作的习惯。最后，大学生在劳动技能方面创新性不足，动手操作能力较弱。刻意躲避劳动也是高校里的常见现象，面对劳动没有耐心、躲避劳动等会导致大学生动手能力和创新创造能力减弱，因此也就难以成为社会发展所需要的人。

2. 劳动教育形式单一，缺乏创新

核心素养的具体内涵包括了实践创新，劳动教育的具体形式得到创新才能够提升大学生的实践创新能力。劳动教育的形式应该随着时代的发展不断创新，但是目前很多高校开展劳动教育的主要形式很单一，不能更全面地满足不同层次学生的教育需要。一方面，高校一般是简单地组织学生打扫学校公共区域，或者是少部分学生参与志愿服务活动及勤工俭学等；另一方面，学生参加高校组织的劳动教育活动是为了应付检查，或者是为了综合素质测评加分。这些简单的劳动形式并不能起到劳动价值观等方面的教育作用，更不能满足学生发展核心素养的基本要求。

3. 劳动教育评价机制不合理

教学评价有诊断、导向、服务、调控等功能，是整个教学环节里极其关键的一环。科学有效的劳动教育评价方式可以提升大学生的劳动积极性，相反，不合理的评价机制会极大地打击大学生的劳动积极性，从而达不到理想的教学效果。一些高校的劳动教育评价机制不合理甚至缺失劳动教育评价机制。一方面，很多高校的劳动效果的评

价主体是教师，并且会选择非专业的劳动教育教师来评价学生的劳动效果。这些教师往往只针对学生劳动的结果进行简单的评判，忽略了学生劳动过程的评价。另一方面，劳动教育的评价机制大多采取简单笼统的口头语言评价，往往缺乏学生劳动情况的记录、保存。口头的评价方式较为主观，这种非正式的评价方式在一定程度上会减弱劳动教育的作用。

4. 劳动教育目标不明确

首先，高校大学生劳动教育的核心素养目标比较模糊。在核心素养的培育过程中，很多教师会否认劳动实践在核心素养中的作用，比较倾向于简单的体育锻炼、常规的分学科教学活动、思想道德教育、设计制作等，这说明教育者并没有从核心素养的角度来看待劳动教育。其次，大学生劳动教育主要体现在劳动技能的提升上，很少会体现在劳动价值观和劳动情感方面的塑造，体现不出德智体美劳的全面整合。最后，高校劳动教育目标没有设定较为明确系统的参照标准，学生所参与的劳动教育也没有系统的指导。劳动教育目标的不系统，导致高校劳动教育陷入困境。

（二）大学生劳动教育存在困境的成因

目前，国家高度重视大学生的劳动教育，注重培养德智体美劳全面发展的大学生。大学生劳动教育的开展近些年取得了一定的成效，但同时也留存一些问题，找出存在问题的原因，才能更好地发挥高校劳动教育的基础性作用。

1. 核心素养在大学生劳动教育中渗透不足

近年来，"核心素养"在基础教育中的关注度不断上升，但是在高校大学生劳动教育中的渗透度微乎其微。劳动创造了财富，它也是人类生存和发展所需要的最基本条件[①]。众所周知，劳动教育是"五育"中的内容之一，早已被纳入素质教育之中。但是，在目前的实践教学中，人们会习惯性忽视劳动教育的教育价值，大学生劳动教育并没有以确切的核心素养目标为导向，也没有以核心素养发展为起始点的相关章程，核心素养在新时代大学生劳动教育中渗透不足，导致劳动教育主体缺乏劳动素养。

2. 大学生劳动教育缺乏教育资源

在地位上，劳动教育理应与其他学科教学一样受到关注，也需要专业的劳动教育教师、教学场地、教学工具等劳动教育资源。但是，就目前很多高校的实际情况来看，大学生劳动教育的教育资源是很有限的。一方面，高校缺乏专业的劳动教育教师。由于工作压力等其他原因，很多教师不愿意担任劳动教育老师，这就导致劳动课程不能正常有序开设。另一方面，很多高校一般没有大面积的空间来开展劳动教育，这也是

---

① 何云峰，万婕. 劳动精神的主体性阐释 ［J］. 思想理论教育，2020（6）：10-15.

直接导致大学生劳动教育形式和内容单一且劳动教育形式很难创新的因素。

3. 大学生劳动教育缺乏科学有效的管理

实现教育现代化就必须要坚持加强学生的全面发展。就目前的情况来看，劳动教育已经成为中国高等教育体系中的短板，补齐劳动教育这个短板就必须要依靠国家的政策的支持，同时也必须要有科学有效的管理为基础。劳动教育缺乏相应的制度保障。制度是要求所有人都遵守的办事规程或行动准则①。一方面，劳动教育的开展缺乏相应的制度保障，这样会导致大学生劳动教育仅仅囿于表面，并没有将其落到实处；另一方面，劳动教育的开展缺乏统一的标准性指导。在劳动教育课程方面，没有特定的组织机构设置完整系统的教学大纲、课程标准等，也没有专门设置大学生劳动教育的相关课程。劳动教育课程管理等方面也缺少一个统一的标准。这些因素导致大学生劳动教育的开展无章可循、不成系统，在教学体系方面也体现不出大学生劳动教育的价值和作用。大学生劳动教育缺乏科学有效的管理致使劳动教育评价机制不合理。

4. 高校对劳动教育的重视程度不够

改革开放以来，素质教育在中国呈现了积极向好的态势，但随之产生的许多问题致使素质教育呈现出空洞化的特质。因此，在有些地方，素质教育的口号喊得震耳欲聋，应试教育的步伐仍然蹒疾步稳甚至略有发展②。我国长期以来的唯应试论的观念依然冲击着新时代教育的实施与发展。现阶段，依然有很多高校只重视大学生的学习能力、比赛获奖成就等。高校教育者这种"唯分数论""唯文凭论"的观念，致使大学生脱离社会实践，违背了大学生的全面发展要求，阻碍了大学生提升核心素养。高校在很大程度上忽略了大学生的劳动教育，导致劳动教育目标缺失或目标模糊。

三、核心素养视域下大学生劳动教育实施策略

从大学生发展核心素养的视角出发审视并探索制定大学生劳动教育的实施策略，有助于在一定程度上解决目前大学生劳动教育存在的现实问题，从而提高大学生劳动教育的实施效果，到达核心素养的要求，提升大学生的全面发展水平。

（一）转变核心素养视域下"重智轻劳"的传统劳动教育观念

核心素养要求培养德智体美劳全面发展的学生，因此在核心素养视域下加强大学生劳动教育，首先要以马克思主义劳动观为指导，创造良好的社会劳动环境。劳动教育存在于社会生活的全过程，因此劳动教育的落实也必然不能脱离社会环境的支持。

---

① 莫衡. 当代汉语词典［M］. 上海：上海辞书出版社，2001.
② 素质教育调研组. 共同的关注：素质教育系统调研［M］. 北京：教育科学出版社，2006.

传统的"重智轻劳"观念根深蒂固,因此大学生劳动教育在很大程度上没有落实大学生发展核心素养的任务,应该形成家庭、高校、社会一体化劳动教育机制。其次,构建优良的校园劳动文化,树立正确的劳动价值观。各个高校应该结合自己独特的校园文化,带动师生一起继承优良传统,营造满足劳动教育开展的校园劳动文化氛围,使大学生体会劳动艰辛、掌握劳动技能,让大学生参与志愿者服务活动、公益劳动等各项劳动实践,培育大学生的劳动教育观。最后,教师应带头研读劳动教育相关政策,形成先进的劳动教育理念。

(二)丰富核心素养视域下大学生劳动教育的形式

大学生劳动教育不仅仅只是重视实践,理论知识的补充也同样重要,这对于提升大学生核心素养有着重要的意义。随着时代的进步,当代大学生劳动教育也应该与时俱进,注重劳动教育形式的创新发展。首先,搭建劳动教育课堂教学平台,有利于不断发挥课堂教学的主渠道作用。高校可以通过让劳动教育进学校、进课本、进课堂,通过具体的课堂教学、学生社团活动、学校制度建设等多种方式来开展。其次,搭建劳动教育宣传平台。高校的宣传平台其实也是一种比较特别的教育渠道,它作为一种强有力的工具传递着高校的各项重大信息,对大学生的劳动价值观有着较强的引导作用。因此,高校应该重视这个特殊的教育渠道。最后,创新高校活动平台。高校要将高校社团及其他学生组织最大程度地利用起来,积极组织开展各项劳动实践活动,比如相关的政策研讨、劳动教育方面的知识竞赛、辩论比赛等有利于大学生劳动教育认知水平提升的活动。

(三)完善核心素养视域下高校劳动教育管理机制

任何高校的任何一种教育都必须要有强大的管理机制,劳动教育也不例外。强大的管理机制为高校劳动教育的开展提供了基础性的制度保障,也是大学生核心素养提升的有力保证。因此,高校必须建立一套完善的管理机制来保障劳动教育的开展。首先,设置劳动教育组织机构。高校的组织机构能够保证各项工作的顺利进行,专门的劳动教育组织机构能够有效地保障劳动教育的顺利开展。其次,制定劳动教育规章制度。高校应根据劳动教育的相关政策制定适合自身的劳动教育规章制度,比如劳动教育学生手册、劳动教育相关课程的考核评价方式等。科学完备的劳动教育规章制度能有效保障大学生劳动教育的落实。最后,形成科学的考核评价机制。劳动教育考核机制理应作为劳动教育体制中不可缺少的一环。高校要对大学生劳动教育的实际效果做出科学的评判,刺激学生的劳动积极性。同时,科学的考核机制能有效保证教师掌握学生参与劳动教育的实际情况,根据实际效果调整劳动教育策略。

(四)落实核心素养视域下大学生劳动教育目标

明确了劳动教育目标,劳动教育才有一个确切的标准。一方面,高校应该基于学生核心素养的视角，转变对大学生劳动教育的态度。劳动教育不是简单的打扫卫生，更不是娱乐活动。高校教育者应在一定程度上提升大学生劳动教育的地位，把劳动教育的教育功能利用起来。另一方面，高校在大学生劳动教育的落实上应该将劳动教育价值目标与核心素养有机结合起来。高校应着眼于学生发展的核心素养，在劳动教育中增强人文底蕴、培养科学精神，使大学生懂得健康生活、明白责任担当、重视实践创新。

总之，为了促进新时代大学生核心素养的提升，为了助力新时代大学生实现全面发展，为了培养高水平、高素质人才，我们必须高度重视大学生劳动教育，以大学生核心素养的提升指引劳动教育的方向，以劳动教育的科学有序开展促进大学生核心素养的提升。

参考文献

［1］顾明远. 教育大辞典增订合编本［M］. 上海：上海教育出版社，1998.

［2］赵婀娜，赵婷玉. 中国学生发展核心素养［N］. 人民日报，2016-09-14（12）.

［3］习近平. 坚持中国特色社会主义教育发展道路 培养德智体美劳全面发展的社会主义建设者和接班人［J］. 儿童发展研究，2018（3）：1-4.

［4］马克思，恩格斯. 马克思恩格斯选集：第3卷［M］. 中共中央马克思恩格斯列宁斯大林著作编译局，译. 北京：人民出版社，2012：995.

［5］习近平. 在纪念五四运动100周年大会上的讲话［N］. 人民日报. 2019-05-01（02）.

［6］习近平. 在庆祝"五一"国际劳动节暨表彰全国劳动模范和先进工作者大会上的讲话［N］. 人民日报，2013-04-29（02）.

［7］何云峰，万婕. 劳动精神的主体性阐释［J］. 思想理论教育，2020（6）：10-15.

［8］莫衡. 当代汉语词典［M］. 上海：上海辞书出版社，2001.

［9］素质教育调研组. 共同的关注：素质教育系统调研［M］. 北京：教育科学出版社，2006.

诚信品质融入大学生劳动教育的价值与途径

——以上海立信会计金融学院为例

张银爽① 魏 阳②

摘 要： 劳动教育是中国特色社会主义教育制度的重要内容，直接决定社会主义建设者和接班人的劳动精神面貌、劳动价值取向和劳动技能水平。当前，在大学生劳动教育中还存在诚信劳动意识淡薄、劳动教育片面化导致诚信育人价值缺失、诚信理念融入劳动教育效果不理想等问题。诚信具有厚重的历史内涵、深刻的实践价值以及持久的生命活力，是社会主义核心价值观的重要组成部分之一，同时也是大学生劳动教育的重要精神文化资源。本文以上海立信会计金融学院为例，探讨将诚信品质融入劳动教育体系，发挥劳动诚信教育实践基地作用，打造劳动诚信教育校园文化的价值和路径，助力诚信品质融入高校劳动教育。

关键词： 诚信品质；劳动教育；大学生

2020 年 3 月，中共中央、国务院印发了《中共中央 国务院关于全面加强新时代大中小学劳动教育的意见》，对加强新时代劳动教育进行了整体设计，为高校加强大学生劳动教育提供了方向指引和路径遵循。劳动教育旨在帮助学生树立正确的劳动观念和劳动态度，是中国特色社会主义教育制度的重要内容③。习近平总书记尊重劳动、重视劳动教育，在不同场合强调加快推进教育现代化、建设教育强国、办好人民满意的教育，努力培养担当民族复兴大任的时代新人，培养德智体美劳全面发展的社会主义建

---

① 张银爽（1979—），女，硕士，上海立信会计金融学院党委学生工作部、党委武装部副部长，学生处副处长，副教授，主要从事大学生思想政治教育研究。

② 魏阳（1993—），男，硕士，上海立信会计金融学院学生处园区辅导员，主要从事大学生园区思想政治教育研究。

③ 中共中央, 国务院. 中共中央 国务院关于全面加强新时代大中小学劳动教育的意见［EB/OL］. （2020-03-26）［2021-02-03］. http://www.gov.cn/zhengce/2020-03/26/content_5495977.htm.

设者和接班人①。当前，在大学生劳动教育中还存在诚信劳动意识淡薄、诚信品质关注度不足、诚信理念融入劳动教育效果不理想等问题，制约了劳动教育以劳树德、以劳增智、以劳强体、以劳育美为出发点的育人实效。

党的十八大将"诚信"纳入社会主义核心价值观的范畴。2013 年 12 月，中共中央办公厅印发的《关于培育和践行社会主义核心价值观的意见》强调："以诚信建设为重点，加强社会公德、职业道德、家庭美德、个人品德教育，形成修身律己、崇德向善、礼让宽容的道德风尚。"党的十九大进一步提出了"推进诚信建设和志愿服务制度化，强化社会责任意识、规则意识、奉献意识"的新时代诚信建设要求。

当前形势下，高校应把握新时代劳动教育的基本内涵和精神特质，对新时代劳动教育的实践要义进行多维度探索，深入挖掘劳动教育的诚信内涵，发挥诚信品质在新时代的育人价值，厚植热爱劳动和劳动诚信的情怀，引导大学生艰苦奋斗、立德立信，积极培育适应新时代发展的高质量人才。由我国著名教育家、会计学家、"中国现代会计之父"潘序伦先生创办的上海立信会计金融学院一直将诚信品质作为建校之本、立校之魂，自 1928 年建校至今，形成了以"立信"为校训，坚持"诚信为本，学验并重"的办学特色、不断推进诚信文化内涵建设，精心打造具有历史特色，专业特点、时代特征的"六环节六目标"诚信教育体系，积极开展诚信教育课程建设，在诚信文化融入劳动育人方面进行了积极探索，并形成了许多特色鲜明、成效显著、可复制、可推广的做法和经验。

一、诚信品质融入大学生劳动教育的现状

在 2018 年全国教育大会上，习近平总书记强调要在学生中弘扬劳动精神，教育引导学生崇尚劳动、尊重劳动，明确提出构建德智体美劳全面培养的教育体系②。随后全国上下出现劳动教育回归的浪潮。在社会各界的努力下，大学生劳动教育取得了一定成果。目前，劳动教育的"量变"距离"质变"还存在一定差距。作为"质"的重要组成部分，诚信品质在劳动教育中也存在"缺席"等现象。

（一）主观认识不足导致诚信劳动意识淡薄

我国自古就存在"劳心之者治人，劳力者治于人""万般皆下品，唯有读书高"

---

① 施雨岑，周玮，白瀛. 努力培养担当民族复兴大任的时代新人：学校思想政治理论课教师座谈会与会代表热议习近平总书记重要讲话［N］. 人民日报，2019-03-19（04）.

② 白宛松. 习近平出席全国教育大会并发表重要讲话［EB/OL］.（2018-09-10）［2021-09-13］.http://www.gov.cn/xinwen/2018-09/10/content_5320835.htm.

的功利主义教育观，社会主流也更关注对学生科学文化知识的传授，注重吃苦耐劳、热爱劳动精神的教育，而轻视对大学生劳动价值观、诚信劳动品质的培养。在社会主流风气下，踏实劳动、诚信劳动的价值观存在缺失甚至可以为短期利益让道。诚信是劳动关系建立的基础，只有领导者和雇佣方都讲求诚信才能形成良好的劳动关系。当今社会呈现出一种诚信缺失的社会现象，劳动者或用人单位存在欺骗行为，最终造成种种不利后果。大学生的诚信劳动的品质没有被有效培养。长久以来，对诚信劳动的主观认识不足造成大学生诚信劳动意识淡薄。因此，对诚信劳动问题进行探讨，加强对大学生诚信劳动教育就显得尤为必要。

（二）劳动教育片面化导致诚信育人价值缺失

当前，高校在对劳动教育内涵的把握上有待加强，劳动教育呈现片面化特点，缺乏劳动诚信教育的融入。一方面，劳动在学生成长过程中难以量化导致难以衡量，以至于学生自行申报，引发一系列不诚信的行为和案例。劳动教育形式主义严重，偏离了劳动教育的本意。另一方面，高校在进行劳动教育时，较为片面地将劳动教育理解为教授劳动生产技术，只重视劳动技术知识的教育和劳动技能的训练，忽视了劳动教育树德、增智、强体、育美的育人价值和伴随在劳动中的精神文明的培养。事实上，在劳动教育中，"树德"是排在第一位的，树德首先要立信。高校在劳动教育过程中也应关注学生劳动诚信价值观的养成、身心健康的发展以及诚信劳动品质的建立，帮助大学生德智体美劳全面发展。

（三）机制和外延不足影响劳动诚信教育成效

科学合理的教育机制是保障劳动诚信教育高效开展的前提，健康向上的价值观融入是助推劳动教育创新发展的动力。当前，高校逐渐加强了对大学生劳动教育的重视程度，但仍有部分高校劳动教育的机制尚未完善，导致劳动诚信教育的成效不佳。一方面，部分高校缺乏对劳动诚信教育的系统性安排，没有建立专门的评价标准和考核办法，或者是评价机制不明确，让大学生对劳动课程产生松懈、忽视心理，产生虚报、谎报等不诚信的现象。另一方面，劳动诚信教育的外延不足。部分高校在劳动教育的外延和内涵方面的发掘较少，尤其是劳动诚信教育缺乏重视和结合，因此产生了一系列不诚信行为。有调查显示，当前大学生的劳动教育形式单一，缺乏内涵，并且考核机制严重不足，导致劳动教育流于表面，劳动课程虚报、谎报等不诚信现象普遍，在一定程度影响了劳动教育的效果①。

---

① 郭晓云. 高校劳动教育的现状与路径探析 ［J］. 龙岩学院学报，2019（6）：112-117.

二、诚信品质与新时代劳动教育的内在联系

党的十八大以来，习近平总书记在不同场合围绕诚信主题做过大量重要论述，从战略高度为新时代中国的诚信文化建设提供了基本遵循。习近平总书记强调诚信在和谐社会中的重要地位，指出诚信是和谐社会的基石和重要特征。党的十八届四中全会也把社会诚信建设纳入全面推进依法治国的要求之中。2013年12月，中共中央办公厅印发的《关于培育和践行社会主义核心价值观的意见》强调："以诚信建设为重点，加强社会公德、职业道德、家庭美德、个人品德教育，形成修身律己、崇德向善、礼让宽容的道德风尚。"其中，诚信建设、修身律己、崇德向善、礼让宽容等精神内涵与劳动教育培养学生勤俭、奋斗、创新、奉献的劳动精神①紧密相连。

（一）诚信品质与劳动精神在内涵上具有耦合性

2018年，习近平总书记在"五一"国际劳动节前夕，给中国劳动关系学院劳模本科班的学员们回信中号召"全社会都应该尊敬劳动模范、弘扬劳模精神，让诚实劳动、勤勉工作蔚然成风"。所谓"诚实劳动"，就是敬业实干，热爱并踏实做好自己的工作，在工作中诚诚恳恳，不偷懒懈怠，诚信工作。习近平总书记在讲到"诚实劳动"对国家发展、人民生活的意义时指出："人世间的美好梦想，只有通过诚实劳动才能实现；发展中的各种难题，只有通过诚实劳动才能破解。"诚信是社会高效运转的基础，只有人人讲诚信，我们的社会才会发展得更好。"诚者，天之道也。"这就要求我们每个人要从集体利益出发，不弄虚作假、消极怠工，要诚实劳动，遵守职业道德，努力为国家社会经济发展做出贡献。由此可见，诚信品质与劳动精神在内涵上具有耦合性。

（二）诚信品质与劳动教育的内核思想具有内在统一性

劳动教育是中国特色社会主义教育制度的重要内容，决定着社会主义建设者和接班人的精神面貌、价值取向，与社会主义核心价值观中的诚信存在内在的统一性。诚信是社会主义核心价值观的基本内容，习近平总书记在党的十九大报告中指出："推进诚信建设和志愿服务制度化，强化社会责任意识、规则意识、奉献意识。"同时，中共中央、国务院发布的《关于加强和改进新形势下高校思想政治工作的意见》强调："以诚信建设为重点，加强社会公德、职业道德、家庭美德、个人品德教育，提升师生道德素养。"事实上，诚信是培养新时代社会主义建设者和接班人的基本准则，也是高校主要的育人目标。

---

① 徐长发. 新时代劳动教育再发展的逻辑［J］. 教育研究，2018（11）：12-17.

三、诚信品质融入大学生劳动教育的时代价值

陶渊明在《归园田居》中写道:"种豆南山下,草盛豆苗稀。晨兴理荒秽,戴月荷锄归。"作者虽然早起晚归,劳动辛苦,却怡然自得。事实上,劳动既形成物质财富。也创造精神财富,劳动教育不仅需要教会学生如何通过劳动在社会上生存,也应发挥劳动促进学生身心持续健康发展的重要功能。在中国传统文化中,诚信为立人之本、齐家之道、为政之法,更是经济发展、社会和谐的根基,诚信点亮了人的价值。目前,加强社会诚信建设已经成为社会各界的共识。在高校中,广泛弘扬优秀传统美德,把诚信融入劳动教育当中,对于培养大学生的个人品德和职业道德、夯实大学生成人成才的基础都有着十分关键的作用。

(一) 诚信品质的融入有利于大学生正确劳动价值观的形成

诚信是人类社会生活的基本要求,也是人之为人应有的美德。在古人眼中,诚是信的根基,信是诚的体现。诚信品质所蕴含的始终如一、持之以恒、责任担当的价值理念与劳动价值观在内核上有共通之处。大学时期正是人生观、世界观、价值观养成的黄金时期,劳动观与"三观"内在统一。因此,以诚信品质加强大学生劳动价值观教育,有利于学生认识劳动具有的精神价值,避免劳动教育被边缘化、空心化、误读化,有利于改善校园中论文剽窃、投机取巧、拜金主义等不利于学生身心健康发展的风气,帮助大学生增强热爱劳动、诚实劳动的情感,树立积极正确的人生价值观。

(二) 诚信品质丰富大学生劳动教育的外延与内涵

如前文所述,当前大学生的劳动教育形式单一、缺乏内涵,并且考核机制不健全,导致劳动教育流于表面,劳动课程虚报、谎报等不诚信现象普遍,在一定程度影响了劳动教育的效果。劳动教育涵盖对个体劳动观念、精神、习惯、技能等多方面的培养,其中对个体劳动精神的培养是关键所在。诚信品质涵盖的持之以恒、责任担当等精神品质既是劳动的本质属性,也是劳动教育育人目标的内在需求,但实际教育中却往往忽视劳动的本质属性与劳动教育的育人目标。诚信是中华民族的传统美德和社会主义核心价值观的重要组成部分,它蕴含的思想底蕴与劳动精神高度契合,为丰富新时代劳动教育提供生机与活力。以诚信品质引领劳动教育,有利于厚植大学生劳动情怀,培养大学生持之以恒、责任担当,帮助大学生将劳动内化为指引人生前进方向的人格品质。

四、诚信品质融入劳动教育的途径

教育部印发的《大中小学劳动教育指导纲要（试行）》中也对普通高等院校的劳动教育内容提出明确要求："结合学科专业开展生产劳动和服务性劳动，积累职业经验，培育创造性劳动能力和诚实守信的合法劳动意识。"诚信品质具有强大的生命力与创造力，为高校劳动教育提供理论与实践支撑。将诚信品质融入高校劳动教育课程与实践，有利于大学生在劳动中坚定理想信念，树立科学的就业择业观。

（一）以诚信案例丰富劳动教育课程资源，培育劳动意识

大量劳模事例、感人事迹都包涵诚信的品质，是培养学生劳动意识，提高劳动认知的有效载体。上海立信会计金融学院成功探索形成了从入学到就业、从课内到课外、从实践到网络，并涵盖诚信课程、诚信教材、诚信制度、诚信考场、诚信档案、诚信讲坛、诚信体验项目、诚信环境、诚信研究、诚信传播全方位系统化的"六环节、六目标"诚信教育体系。近年来，上海立信会计金融学院依托立信会计出版社的专业力量，整理出版了《大学生诚信教育经典案例》《诚信故事100例》，深入挖掘诚信案例背后的深厚内涵，形成诚信劳动教育专题，以呈现古代先贤、模范代表等典型人物的劳动价值观为专题的重要内容，不断创新教学方式，提高学生在劳动教育中的主动性与积极性，鼓励学生收集、整理、发掘诚信品质相关资源，在文献整合梳理工作中感受劳动精神的价值。上海立信会计金融学院将诚信文化资源编入教材、引进教学，让大学生的劳动教育课程不仅有"劳"的意识，也有"诚"的情怀。

上海立信会计金融学院还将劳动教育融入第二课堂，组织大学生参加社会公益劳动、志愿活动等服务性劳动，不断强化大学生的劳动体验，培育公共服务意识和奉献精神。"大别山扶贫帮困支教"项目就将诚信和劳动教育实践相结合。围绕社会主义核心价值观、弘扬红色文化和诚信文化宣传等主题任务，上海立信会计金融学院组织优秀大学生组建了大别山暑期支教实践团队，远赴安徽省金寨县天堂寨镇开展扶贫帮困支教，用自身的辛勤劳动改变当地的面貌，坚持23年不间断服务，以持之以恒、责任担当的诚信劳动取得了积极的育人成效。另外，上海立信会计金融学院每年组织开展"诚信文化宣传万里行"暑期社会实践专项活动，依托团市委"知行杯"社会实践大赛、百姓金融、百姓营销、义教支教等项目，在全社会广泛宣传诚信理念。这些项目使大学生在创造性地解决实际问题中体会劳动的乐趣，劳有所获，劳有所学，通过自身实践更深刻地体验和学习诚信品质在劳动中的意义与作用，努力做到诚实劳动、辛勤劳动，树立正确的择业观。

（二）以诚信品质构建劳动教育基地，强化劳动实践

与其他教育实践不同，劳动教育的场所就是自我评价的场所。在参与劳动的过程中，受教育者获得的直接体验会让他们对自然、他人、社会、国家等一切个体之外的认知有更真切的评价。上海立信会计金融学院以劳动教育实践基地为重要抓手，积极在劳动教育实践基地建设上融入诚信教育。上海立信会计金融学院在认真领会《关于加强和改进新形势下高校思想政治工作的意见》文件精神的基础上，进一步提出在劳动帮困助学体系中融入诚信教育核心理念，创建"学生发展银行"劳动教育基地，将劳动实践与资助帮困高度结合，更加凸显诚信教育在劳动育人工作中的重要地位和作用，开创了一条具有诚信特色，通过学生自我实践、自我劳动实现资助育人的创新之路。上海立信会计金融学院学生发展银行（以下简称"学发行"）将勤工俭学与学校行业优势和金融专业背景特色紧密结合，依托校内各类学生奖（助）学金项目，搭建学生自我运营、自我管理、自我服务、自我教育的资助育人实践项目。学发行以增强学生诚信意识和感恩意识为核心目标，借鉴商业银行工作模式，将学生的受资助金额折算成"虚拟成长币"，以"信贷"方式发放给学生。学生通过专业学习、志愿服务、社会实践、义务劳动等形式予以"偿还贷款"。这一活动促进了学生全方位、立体化成长，丰富了劳动教育资源，推动了劳动教育理念从以"教"为中心向以"做"为中心的转变。

上海立信会计金融学院还将"输送诚信人才"作为神圣使命，夯实劳动教育基础。上海立信会计金融学院依托立信会计师事务所等校企战略联盟和各类劳动教育实践基地，开展专业实习实训，让学生体验行业行规，通过行业导师言传身教对学生进行职业道德教育。另外，上海立信会计金融学院还将"职业发展与职业道德"纳入必修课程体系，以"加强财经职业道德教育，引导学生诚信就业"为教学目标，对全校毕业学生开展劳动诚信教育，进一步夯实诚信就业的基础。上海立信会计金融学院以完善制度安排为中心点，培养诚信择业观。上海立信会计金融学院在就业信息网上开展毕业生问卷调查，了解毕业生对就业违约等现象的看法，通过有针对性的谈话，加强思想上的引导；严格规范学生的就业签约流程，通过诚信劳动承诺书、毕业生面试情况反馈表等设计，及时掌握学生就业、面试、劳动中的诚信表现，严查"注水"简历，有效减少学生的就业违约率。上海立信会计金融学院先后荣获"全国毕业生就业工作50强高校""上海市高校毕业生就业工作示范性创新基地"等荣誉称号。在诚实劳动教育的实践中，上海立信会计金融学院打造多个劳动教育实践基地，重在学生"诚"的品质的培养。上海立信会计金融学院将"诚实劳动"提升到劳动者的义务与使命的高度，从更深层意义上提高学生的劳动素质。

（三）以诚信品质打造尊劳爱劳校园文化，营造劳动氛围

校园文化是诚信品质融入大学生劳动教育不可或缺的载体。上海立信会计金融学院在诚信文化融入劳动育人方面进行了积极的探索。一是上海立信会计金融学院鼓励学生参与到诚信文化活动的策划设计中，调动起学生参与劳动的热情，实现劳动教育的身心结合、知行合一。上海立信会计金融学院引导学生自编自演打造原创大师剧——《潘序伦》，生动传递"立信"精神；开设立信讲坛、明德讲堂、人文讲坛，举办诚信辩论赛、诚信征文等活动，以诚信元素助推开展劳动教育的校园文化活动。二是上海立信会计金融学院以诚信品质引领广大学生进行劳动和实践，既让学生得到劳动锻炼，又深化了学生对劳动的认知与理解。例如，上海立信会计金融学院结合诚信品质开展红色党日、团日活动，鼓励学生参加中国诚信博物馆志愿讲解服务，鼓励学生自主设计和自主运营诚信超市、互助集市等诚信消费项目，使诚信与劳动教育结合后更具参与性和亲和力。三是上海立信会计金融学院搭建教育网络平台。上海立信会计金融学院坚持正面宣传和长期宣传，不断优化网络环境，增强诚信品质宣传"进网络"的意识，拓展劳动教育的网络空间，扩大劳动教育的影响力和覆盖面。上海立信会计金融学院在易班网上开设劳动教育专栏，针对有关劳动诚信方面的规章制度、"诚信之星"等人物事迹、诚信劳动教育案例大赛等主题活动展开宣传，为诚信品质与劳动教育相结合营造良好的网络氛围，并逐渐打造成优秀的劳动教育网络平台，提升高校劳动教育网络阵地的教育能力，使线上线下、校园内外都合力形成一股诚信为荣、尊劳爱劳的风气。

诚信品质包含着丰富的教育价值，将诚信品质融入大学生劳动教育，拓宽了劳动教育的工作方式方法，为劳动教育提供了鲜活生动的"催化剂"。上海立信会计金融学院在该领域进行了积极的探索，并形成了特色鲜明、成效显著、可复制、可推广的做法和经验。高校作为劳动教育和思想政治教育的主阵地，应自觉承担劳动教育的义务与责任，明确劳动教育的核心与价值，把诚信品质与劳动教育结合，开创具有新时代特色的劳动教育课程体系，强化学生的劳动观念，培育学生的劳动精神，厚植学生的劳动情怀，培养德智体美劳全面发展的时代新人。

参考文献

[1] 中共中央，国务院. 中共中央 国务院关于全面加强新时代大中小学劳动教育的意见[EB/OL].（2020-03-26）[2021-09-03].http://www.gov.cn/zhengce/2020-03/26/content_5495977.htm.

［2］施雨岑，周玮，白瀛. 努力培养担当民族复兴大任的时代新人：学校思想政治理论课教师座谈会与会代表热议习近平总书记重要讲话［N］. 人民日报，2019-03-19（04）.

［3］白宛松. 习近平出席全国教育大会并发表重要讲话［EB/OL］.（2018-09-10）［2021-09-13］. http://www.gov.cn/xinwen/2018-09/10/content_5320835. htm.

［4］郭晓云. 高校劳动教育的现状与路径探析［J］. 龙岩学院学报，2019（6）：112-117.

［5］徐长发. 新时代劳动教育再发展的逻辑［J］. 教育研究，2018（11）：12-17.

新时代高校党史教育和劳动教育相融合的逻辑理路

张　林①　郑佳岭②

摘　要： 新时代高校党史教育和劳动教育在教育目标、内容以及载体方面存在深刻的内在关联，均具有重要的德育隐性价值和显性价值，促进两者的融合可以在加深学生对党的历史和劳动精神的学习感悟的基础上树立正确的历史观和劳动价值观，提升思想政治工作的感染力和实效性，从而更好地落实立德树人根本任务。基于此认识，本文探索多层面营造融合型育人文化、多途径设计融合型育人课堂、多方位形成融合型育人主体，以推进高校党史教育和劳动教育融合发展。

关键词： 党史教育；劳动教育；新时代；高校

党的十八大以来，以习近平同志为核心的党中央对中国特色社会主义教育事业发展进行了一系列战略部署，形成了一系列重要制度成果和实践经验。党史教育、劳动教育均是高校思想政治教育的重要组成部分，共同践行着立德树人的根本任务。更好地推动党史教育和劳动教育融合发展，进而形成协同育人效应，可以助推思想政治教育目标的实现。近年来，学术界掀起了党史教育和劳动教育的研究热潮，但目前大多数研究者分别研究两者的教育现状、推进路径以及价值意蕴，鲜有关于两者融会贯通发展的成果。本文坚持问题导向，在探究新时代高校党史教育和劳动教育现实需要与内在联系逻辑的基础上，剖析其融合发展的价值意蕴，进而从多层面、多途径探讨推动两者融合的路径。

---

① 张林（1997—），女，西南财经大学马克思主义基本原理专业硕士研究生。
② 郑佳岭（1997—），女，西南财经大学马克思主义基本原理专业硕士研究生。

一、为何要：新时代高校党史教育和劳动教育相融合的现实逻辑

树立学生正确的历史观和劳动观是落实思想政治教育立德树人根本任务、培育担当民族复兴大任时代新人的应有之义，因此新时代高校党史教育和劳动教育融合发展研究具有较大的现实意义和时代价值。

（一）应对高校学生面临树立正确的历史观和劳动观挑战的必然要求

当今国际国内形势日益复杂，意识形态领域的斗争愈演愈烈甚至有些观念在很大程度上影响并决定着高校学生的思想价值取向。一方面，西方资本主义国家借助技术垄断、文化霸权、势力培植等手段，破坏我国网络舆论空间，发表丑化中国共产党的言论，肆意抹黑和丑化中国共产党的国际形象，这些非马克思主义甚至反马克思主义思想，不仅否定中共党史，还全盘否定中国革命，否定马克思主义指导地位和中国走向共产主义的历史必然性[①]，使得党史遭受虚无化、污名化等挑战，影响高校学生对历史和党史的正确认知。另一方面，许多大学生受"万般皆下品，唯有读书高"等传统观念的影响，认为学习是自身的全部重心，体力劳动则是一种"低等身份"的体现。在此观念的影响下，"劳动无用论""不劳而获""享乐主义"等负面思潮侵入校园，在一定程度上削弱了大学生的劳动主动性，冲击了大学生的正确劳动观，弱化了劳动教育成果。因此，高校必须强化党史教育和劳动教育，并促使两者相融相通，让大学生深入理解马克思主义劳动观，充分认识"中国共产党从哪里来，要到哪里去"等问题，自觉从思想和行动上抵御西方敌对势力的意识形态渗透。

（二）落实思想政治教育立德树人根本任务的必然举措

立德树人是高校的根本任务。"立德"的内涵不是单指传统意义上的道德教育，而是注重引导受教育者明国家发展、民族复兴之"大德"，守社会公共生活之"公德"，严私人生活领域之"私德"。"树人"的内涵也不是单指培养智育层面上的人，而是培养在大德、公德和私德引领下的德智体美劳全面发展的社会主义建设者和接班人。然而，目前部分大学生存在党性修养和政治素养不高、价值取向偏失、轻视劳动教育、德智体美劳难以全面发展等问题，这在一定程度上影响了立德树人根本任务的实现。习近平总书记明确指出，思政课是落实立德树人根本任务的关键课程[②]。党史教育和劳动教育作为思想政治教育的重要内容，对落实立德树人根本任务起着无可替代的作用，

---

① 潘玉腾，彭陈. 党史学习教育融入高校立德树人的逻辑理路 [J]. 国家教育行政学院学报，2021（3）：9-15.

② 习近平. 思政课是落实立德树人根本任务的关键课程 [M]. 北京：人民出版社，2020：2.

是实现立德树人根本任务的必然举措。

（三）培育担当民族复兴大任时代新人的战略需要

我国正处于实现"两个一百年"奋斗目标的历史交汇点，推进中华民族伟大复兴需要大批德智体美劳全面发展的时代新人接续奋斗。大学生是时代新人的主体力量，但随着世界百年未有之大变局加速演进，本土文化和外来文化相互交织，各种社会思潮激烈碰撞，由此产生的负面效应冲击着大学生的理想信念，导致大学生出现行为偏差，影响时代新人的培育。党史教育和劳动教育相融合能为培养担当民族复兴大任的时代新人提供精神动力和行动参照。百年党史涌现出无数英烈和楷模，他们用鲜血传承信仰的精神意志品质、用劳动创造幸福的光辉事迹，既是激励当代青年坚定理想信念的标杆，又能促使当代青年更深刻领悟劳动的真谛，更明晰自己未来的职业方向和目标，努力成为堪当民族复兴大任的时代新人。

二、为何能：新时代高校党史教育和劳动教育相融合的理论逻辑

高校党史教育和劳动教育具有内在逻辑联系，主要体现在教育目标具有互通性、内容具有契合性、载体具有同一性，从而使两者的融合成为可能。

（一）目标的互通性

党史教育和劳动教育目标的互通互融体现在理论、观念和行动层面。一是理论层面的目标互通。高校党史教育与劳动教育都致力于提高学生的马克思主义理论素养。在理论教学中，一方面，教师应利用历史唯物主义阐述劳动的重要性，强调劳动创造世界、历史以及人本身，从而引导学生正确认识马克思主义劳动观；另一方面，教师应将马克思主义劳动观教育融入党史教育，用马克思主义劳动观去认识党史、剖析党史、阐释党史，避免劳动无用论、历史虚无主义等"非马克思主义"甚至"反马克思主义"思想干扰学生的价值理念，以提高学生的马克思主义理论素养。二是观念层面的目标互通。党史教育和劳动教育都重视发挥社会主义核心价值观引领人的作用，塑造学生正确的世界观、人生观和价值观。两者都注重引入铁人王进喜、劳模袁隆平等栩栩如生的模范事迹，引导学生要有理想、有追求，为国家民族立心；敢担当、敢作为，为社会进步立行；强本领、强发展，为人生成长立身。三是行动层面的目标互通。党史教育和劳动教育都致力于学生的实践。越来越多的高校劳动教育通过在校内开设劳动教育课程，在校外打造劳动教育实践基地等举措，使学生将理论学习和实践行动结合起来。党史教育通过开展微党课比赛等系列活动，使学生将所学和所行结合起来。

（二）内容的契合性

党史教育和劳动教育内容互通互融。高校劳动教育的内容是在马克思主义理论的指导下，强调大学生劳动价值认知、劳动情感熏陶、劳动品格塑造和劳动能力培育，这与中国共产党百年风雨征程中体现出的勤劳、奉献、担当、奋斗的内核相契合。高校党史教育的内容离不开马克思主义理论和中国实际的结合，涵盖革命、建设和改革开放等多时期和经济、政治、文化等多领域，其中取得的无数辉煌成就，是党带领人民用自己的双手创造的，是中国人民优秀劳动成果的生动展现。中国共产党的精神谱系里诸如长征精神、"两弹一星"精神、"载人航天"精神、"抗疫精神"等伟大精神，无不蕴含着丰富的劳动价值观、劳动品德与劳动态度等方面的内容。百年党史既是一部共产党人的接续奋斗史，也是一部生动形象的劳动教育史。可见，党史教育内容和劳动教育内容高度契合，两者相融相通，在新时代高校教学育人中能够无缝对接和紧密融合。

（三）载体的同一性

高校党史教育和劳动教育在载体上具有同一性，具体体现在理论和实践、线上和线下两方面。一是理论和实践的同一。现代经济与技术的迅速发展，促使高校党史教育和劳动教育依托的载体既注重理论性，又注重实践性。具体而言，高校党史教育以理论课程、讲座论坛、红色教育基地、虚拟仿真实验等为载体，强调让大学生在感悟历史事迹的过程中，激发个体记忆，构建时空记忆和集体记忆，不断增进政治认同、理论认同、历史认同和情感认同，增强爱国主义情怀和意识。高校劳动教育以特色劳动理论课程、校外劳动实践基地、暑期社会实践活动等为载体，强调让大学生在体验式教学中领会劳动对自身发展的意义，激励大学生用双手创造价值。二是线上和线下的同一。在信息化时代，充分利用人们喜闻乐见的各类资源，实现线上教育和线下教育的有机融合，是高校开展教育的重要载体。线上和线下两种载体在高校党史教育和劳动教育中都能运用，教师一方面通过系列线下教育教学活动，面对面对学生进行启发和教育；另一方面借助网络技术平台对大学生进行党史教育和劳动教育，提高融媒体时代党史教育和劳动教育的线上资源对大学生的吸引力、感染力和渗透力。

三、为何好：新时代高校党史教育和
劳动教育相融合的价值逻辑

新时代高校党史教育和劳动教育融合发展，在培育正确观念、树立崇高理想等隐性层面和夯实思政课成效、增强学生劳动本领等显性层面能发挥巨大的作用。

（一）隐性价值

第一，培育大学生正确的马克思主义劳动观和历史观。高校是社会多元化思潮的聚集地，青年大学生是身心尚未完全发展成熟、"三观"尚未完全形成、辨识力有待提高的群体，思想上容易受到历史虚无主义、新自由主义等思潮的影响。将党史教育与劳动教育相结合，一方面用马克思主义劳动观来认识党史、剖析党史、阐述党史，另一方面依托虚拟现实（VR）仿真实验教学等新媒体技术，将中国共产党百年历程中形成的伟大劳动精神、典型劳动模范事迹融入教育教学中，弘扬劳动精神，教育引导学生崇尚劳动、尊重劳动，懂得劳动最光荣、劳动最崇高、劳动最伟大、劳动最美丽的道理，在参加各种社会劳动实践中培育正确的马克思主义劳动观和历史观，自觉抵制错误思潮的影响。

第二，筑牢大学生中国特色社会主义共同理想和共产主义远大理想。高校党史教育和劳动教育相融合，不仅能够丰富大学生关于社会历史发展规律和人类劳动史的科学认识，引导学生正确认识和充分掌握党的发展脉络和劳动历程，而且有助于大学生深刻理解中国共产党是坚守初心使命、全心全意为人民服务的党。党的信仰就是以马克思主义为指导，为共产主义而不懈奋斗。大学生深刻理解共产主义理想信念是真正推动历史发展的精神动力，从而自觉坚定中国特色社会主义共同理想和共产主义远大理想。

（二）显性价值

第一，新时代高校党史教育和劳动教育相融合有利于丰富思政课内容，增强思政教育成效。劳动教育元素一直囊括在德育范围内，但之前曾有一段时间，思政课内容中劳动教育的轮廓模糊不清。随着党中央对大学生劳动教育的日益重视，目前劳动教育已成为独立部分与其他"四育"齐肩同行，这是对思政课内容的极大补充和丰富。当前，全国上下掀起了学党史的热潮，党史教育走进思政课堂，成为思想政治教育的重要内容。党史教育和劳动教育作为思想政治教育的两个新的着力点，要在找准结合点、突出教育点、把握连贯点上下功夫，有效融入思政课堂教学内容，在劳动教育中穿插党的百年艰苦奋斗史实，在党史教育中融入劳动教育典型素材，不断增强思政课内容的鲜活度，激发学生的学习兴趣，引起学生的思考和共鸣，以提高思政课育人成效。

第二，新时代高校党史教育和劳动教育相融合有利于增强学生劳动本领，服务社会主义伟大实践。劳动者素质关乎国家和民族的未来，大学生只有锤炼过硬的本领，成为高素质劳动者，才能更好地肩负社会主义建设大任。高校党史教育和劳动教育都是着眼于培育新时代高素质劳动人才，都十分看重在实践中学习成长，促使学生领悟党的辛勤劳动历程，踏踏实实干活，实实在在流汗，成为实干型、知识型和专业型劳动者，引导大学生瞄准党和国家重大战略需求，发扬艰苦朴素的作风，投身西部、投身乡村，到祖国最需要的地方去，为社会主义事业贡献青春力量。

四、为何行：新时代高校党史教育和 劳动教育相融合的实践逻辑

基于对党史教育和劳动教育相融合的现实要求、可能性以及价值意蕴分析，笔者认为，可以充分利用各类教学资源，多层面、多途径和多方位推动两者相通相融落到实处。

（一）多层面营造融合型育人文化

习近平总书记指出："要更加注重以文化人，以文育人，广泛开展文明校园创建，开展形式多样、健康向上、格调高雅的校园文化活动，广泛开展各类社会实践。"① 校园文化具有很强的感染力和约束力，对学生的发展起着潜移默化的作用。因此，推动党史教育和劳动教育相融相通，要从物质、精神和行为等多层面营造融合型育人文化。首先，推动党史教育和劳动教育相融相通要在物质文化层面凸显。高校应深入挖掘党史教育和劳动教育中的育人元素，将中国共产党百年发展历程中形成的伟大事迹、伟大精神、劳动模范融入校园文化长廊、人物雕塑等人文环境建设中，营造良好的物质文化环境。其次，推动党史教育和劳动教育相融相通要在精神文化层面内化。高校应将党史教育与劳动教育的精神、思想融入校风、班风和学风中，发挥精神文化的引育和熏陶作用。最后，推动党史教育和劳动教育相融相通要在行为文化层面外化。高校应开展形式多样的党史教育和劳动教育活动，丰富校外实践活动方式，建立校外实践基地，通过校内活动与校外实践的有机结合，将党史教育与劳动教育融入学生的日常学习与生活中，让学生在自身实践中感悟党史与劳动的深刻内涵，实现学而知、知而行的有机统一。

（二）多途径设计融合型育人课堂

课堂是高校进行党史教育和劳动教育的主阵地。一是高校要充分挖掘中国共产党百年发展历程中形成的伟大工匠精神、典型劳动模范等育人元素，将其统筹融入党史和劳动教育教学中，丰富大学生的理论知识。二是高校要丰富第二课堂形式，多途径搭建线下实践平台，通过党史教育基地、校外劳动实践基地与暑期实践调研等方式，

---

① 习近平在全国高校思想政治工作会议上强调：把思想政治工作贯穿教育教学全过程开创我国高等教育事业发展新局面 [N]. 人民日报，2016-12-09（01）.

让大学生将党史教育和劳动教育理论知识运用于实践服务中。三是高校应搭建第三课堂——网络教育平台，搭建以"互联网+党史教育+劳动教育"为基础的网络教学平台，利用互联网的便捷性与交互性充分挖掘各类教学资源，并依托形式多样的线上教学媒体进行党史教育和劳动教育融合教学，潜移默化地对大学生进行引导和熏陶。

（三）多方位形成融合型育人主体

党史教育和劳动教育融合发展要借助高校、家庭、学生等主体力量，强化互通互融合力。一是高校要加强思政师资队伍培训，促进思政课教师把党史教育和劳动教育理论知识的融合点利用翻转课堂等教学形式和多媒体等教学手段全面呈现。在实践教学中，教师应组织学生深入红色劳动教育实践基地和脱贫攻坚战场亲身感悟革命精神和劳动精神。二是高校要借助家庭的力量，做好与家长的沟通与指导，引导家长有针对性地将党史教育和劳动教育融合在家风家训家规中，营造爱党爱国、崇尚劳动的家庭氛围。三是高校要发挥朋辈影响作用。党员学生要发挥示范带头作用，积极牵头、踊跃参与各类党史教育和劳动教育活动，充当教师与普通同学沟通交流的桥梁与纽带，做党史教育和劳动教育融合发展的传达者和推动者，积极引导同学自觉做党史教育和劳动教育融合发展的贯彻者与践行者。

参考文献

［1］上海市教卫党委系统党建研究会课题组. 高校党史育人的基本途径和方法创新研究［J］. 思想理论教育，2013（1）：61-65.

［2］王群瑛. 关于高校党史教学和科研状况的对策与思考［J］. 思想理论教育导刊，2014（1）：97-101.

［3］盛春."四史"教育和劳动教育相结合是培养本色接班人的基本要求［J］. 毛泽东邓小平理论研究，2020（11）：10-16，108.

［4］余辉，刘晓鹏. 解构与纾解：劳动教育的异化与回归［J］. 大学教育科学，2021（3）：46-53.

［5］潘玉腾，彭陈. 党史学习教育融入高校立德树人的逻辑理路［J］. 国家教育行政学院学报，2021（3）：9-15.

［6］刘向兵，柳友荣，周光礼，等. 全面加强新时代高校劳动教育（笔谈）［J］. 中国高教研究，2021（4）：9-13.

以劳动教育提升大学生心理健康水平研究

黄 琴①

摘 要：马克思认为，生产劳动和教育的结合是改造现代社会的最强有力的手段之一。一段时间以来，在高校，劳动教育存在被弱化的倾向。但目前来看，劳动教育的重要性已经不言而喻，劳动教育不仅能树德、增智、强体、育美，在提升大学生心理健康方面也具有不可忽视的作用。本文从劳动教育在心理健康中发挥的作用及如何通过开展劳动教育提升大学生心理健康水平等方面来开展研究，从而找出劳动教育促进大学生心理健康发展的有效途径。

关键词：劳动教育；心理健康；劳动精神；自我实现

一、心理健康的内涵

世界心理卫生联合会将心理健康定义为：身体、智力、情绪十分调和；适应环境，人际关系中彼此谦让；有幸福感；在工作和职业中能充分发挥自己的能力，过着有效率的生活。我国知名心理学家郭念锋先生提出评估心理健康水平的十个标准，分别是周期节律性、意识水平、暗示性、心理活动强度、心理活动耐受力、心理康复能力、心理自控力、自信心、社会交往、环境适应能力。笔者将两种观点结合起来，情绪稳定性、社会适应性、人际交往、自信心、意志力五个维度可以在一定程度上反映大学生的心理健康水平。

大学生心理健康问题不仅关系大学生个人的成长，而且对整个社会的发展都有至关重要的影响。随着经济的发展、生活节奏的加快，大学生承受着来自各方面的压力，这些压力的存在就会不同程度地导致大学生心理问题的出现。教育部门有关资料显示，20.33%～25.63%的在校大学生存在程度不一的心理问题、心理障碍或心理疾病。高校

---

① 黄琴（1980—），女，硕士，西南财经大学统计学院辅导员，讲师，主要从事思想政治研究。

进一步加强大学生心理健康教育，引导大学生克服心理障碍，提升大学生的心理健康水平在当前显得尤为重要。

二、劳动教育对提升心理健康水平的意义

2018 年 9 月，习近平总书记在全国教育大会上强调，要在学生中弘扬劳动精神，教育引导学生崇尚劳动、尊重劳动，懂得劳动最光荣、劳动最崇高、劳动最伟大、劳动最美丽的道理，长大后能够辛勤劳动、诚实劳动、创造性劳动。中共中央、国务院于 2020 年 3 月下发的《中共中央 国务院关于全面加强新时代大中小学劳动教育的意见》（以下简称《意见》）将开展劳动教育的指导原则之一确定为把握育人导向，着力提升学生的综合素质，促进学生全面发展、健康成长。劳动教育不仅是落实立德树人根本任务、促进学生德智体美劳全面发展的主要内容之一，其对于培养学生积极向上的心态、提升学生心理健康水平也发挥着不可或缺的作用。这主要体现在以下几个方面：

（一）劳动稳定情绪

《意见》指出，要让学生动手实践，出力流汗。体力劳动是通过身体的活动对身体进行锻炼，这个过程必然会付出辛勤和汗水。科学研究发现，运动本身可以促进人体的内分泌变化。大脑在运动后会产生名为内啡肽的物质，而这种物质本身是可以促进人的心情变愉快的，能让人感到欢愉和满足，可以帮助人排遣压力和不快。这种物质越多，人的心情就会越好。此外，出汗也可以排除人体内的毒素，使人的情绪更为稳定，使人的心情变得更为愉悦。因此，劳动对保持情绪稳定、促进心情愉快、缓解心理压力具有积极作用。

（二）劳动提升适应力

大学生参与劳动实践，不管是田间劳作，还是服务性劳动，势必都是要走入社会、接触社会，走入广大劳动人民中，从他们身上学习劳动经验，提升自己的劳动技能。这将使他们更好地融入社会，将书本上的知识运用到实践中，实际动脑去想、动手去做，在手、脑、眼等配合下完成一系列的劳动活动。这个过程有成功，也会有失败。在一次又一次的反复尝试之后，大学生才能最终获得劳动成果。苏联教育家苏霍姆林斯基强调"劳动是一种创造"，人类在劳动中不断地发明创造，使自己的生活变得更加丰富和美好，生活质量更高，促进自己的劳动意愿变得更为强烈。大学生可以在参与劳动的过程中去不断学习和探索，提升自己的劳动技能，发现劳动的美好，并不断认识社会的发展，从中学会适应自然，甚至改造自然，在不断劳动过程中去变革，并最终促进社会的发展。

（三）劳动扩大人际圈

恩格斯提出，劳动产生了语言，使社会成员互相帮助和共同协作的场合增多了，就产生了交流思想的需要。劳动可以促进人与人之间的交流，为人际交往提供了广阔的平台。当大家在一起劳动的时候，语言沟通是必不可少的，从而可以提升其人际交往能力。同时，劳动也可以提升协作，当前的很多活动很难一个人独立完成，大多数的劳动需要人与人之间的合作；同时，互相帮助也是非常普遍的。正是在这样的情况下，劳动的载体和平台为人与人的交流提供了更多的机会。在大学生中开展更多实践性劳动教育，将为他们创造更多的与人沟通的机会，把他们从电脑和手机中引导出来，在扩大人际圈的同时提升其心理健康水平。

（四）劳动树立自信心

苏联教育学家苏霍姆林斯基指出，如果一个学生学习兴趣淡薄，智力发展落后，那就必须让他在劳动过程中产生自尊感和自信心，使这种自尊感和自信心转移到学习上。劳动一方面可以提升对自我的认识，使学生参与到劳动活动中，让学生先从劳动中进行简单的劳动知识和技能的积累。这有助于学生对自身进行探索，从智力、能力、兴趣、性格等各方面深入解读自己，对自己有一个全面的了解，从而在不断认识自我的过程中增强自信；另一方面，劳动能促进自我价值的实现。学生在劳动过程中会接收到各种信息的反馈，包括劳动过程、劳动效果以及劳动成果等。这些信息会让学生进行反思，并在一定程度上收获喜悦和成就感，为自己能通过劳动实现价值而感到自豪。这样从实践中不断增强主体意识，自信心随之增强。此外，劳动可以促进自我超越。辛勤的劳动往往伴随着丰硕的成果，这就会成为推动一个人保持持续劳动的动力，从而在内心深处产生一种强大的力量，使自己有能力去解决以前不能解决的问题，不断感受成功，并将这种自信转移到学习上，促进学业的进步。

（五）劳动增强意志力

意志是人的意识能动性的集中体现，是为达到一定目的而自觉行动、克服困难的心理过程，是人的全部精神活动。习近平总书记指出，要教育孩子们从小热爱劳动、热爱创造，通过劳动和创造播种希望、收获果实，也通过劳动和创造磨炼意志、提高自己。劳动是人类智慧的源泉。劳动促使人"手脑并用"，使人区别于其他动物，两脚能够直立行走，两手能够自由活动，将人由猿变成了人，并在劳动中形成了人的智慧。人的意识也随之产生，同时又推动劳动继续向前发展。可见，在大学生中广泛开展劳动教育，能够有效促进大学生意志力的发展。一是劳动培养耐力。不管是体力劳动还是脑力劳动，都是持续进行的过程。这个过程对耐力的提升有很大帮助，有助于促进大学生意志力的发展。二是劳动促进目标的达成。不管开展哪一项劳动，都是在一定计划下进行的，都会有实施步骤。当学生在一步一步完成这个计划，并最终达到目标的时候，意志力也就得到了加强。三是劳动激发自主性。学生能充分认识自己所要达到的劳动目标、过程、要求及其结果，并能对劳动活动进行规划和安排，变被动接受为主动实施，从而发展为自觉行动。

三、劳动教育提升心理健康水平的途径

（一）树立劳动思想，培养健康心态

开展劳动教育，就是要在学生中形成马克思主义劳动观，树立正确的劳动观念，培养伟大的劳动精神，形成良好的劳动习惯。只有思想正了，心态才会健康。一是以"劳动微课"深化劳动意识，建立正确价值体系。高校应在大学生中开展关于劳动理论的大学习、大讨论，对劳动理论进行探索，形成一起研、相互教、大家学的良好氛围，激发学习的热情，提升对自我的认识，积极弘扬正能量，树立正确的价值观。二是以"讲劳动者故事"端正劳动态度，充分认识自我。高校应在大学生中广泛开展"学习劳动者、讲劳动者故事"活动，从普通劳动者身上进行学习，进而加深理解和认识。三是以"劳动调研"融合劳动情感，形成阳光心态。高校应让大学生在校园内、社会中开展调研活动，实地走进劳动者的工作和生活中，用心观察劳动、用情与劳动者交流，真正产生想劳动的动力，培养积极主动的阳光心态。

（二）开展实践劳动，提升个人获得感

开展实践性的劳动，可以使学生在实际体验中有所收获。一是提升生活技能。大学生实践劳动不仅从自己的寝室、自己的校园环境开展，也从与日常生活密切相关的基本生活技能培养进行，使大学生在看到周围的环境整洁一新、自己掌握了新的技能后，有一种深深的受益感。二是开展生产劳动。生产劳动是要流汗的体力劳动，这对于当代大学生来说是比较缺乏的。一方面，高校应组织学生到田间地头与劳动者一起劳动、一起流汗，体验劳动的辛苦，拉近与劳动者的距离；另一方面，高校应让学生走进与自己专业相关的企业单位，将自己的所学运用到实际中，使自己有所收获。三是开展志愿服务。高校应在校园内设立"校园劳动日""校园开放日"，并充分利用学雷锋纪念日、志愿者服务日等，组织学生开展校内外公益志愿服务劳动，不仅彰显奉献、友爱、互助、进步的志愿者精神，更能使学生在帮助他人的同时获得成长。

（三）拓展创新劳动，实现自我价值感

一是开展专业性劳动。高校应促进劳动教育与专业教育的深度融合，结合专业特点开展专业素养提升的活动；梳理专业课程所蕴含的劳动教育元素，完善教学设计，使

学生参与到专业劳动活动的设计以及方案制订中，灵活运用专业知识，在知识不断更新中获得他人的尊重；在专业的学生社团建设中融入创新、创业、创造的新理念。二是举办劳动竞赛。高校应开展劳动技能以及专业性劳动的竞赛活动，促进学生运用所学新知识、新技术、新方法创造性地解决新问题，磨炼意志、开阔眼界，在你追我赶的竞赛活动中提升自信心。三是进行创新创业实践。劳动思维的培养对于弘扬学生的创新精神、增强学生的创业意识、提升学生的创造力是有积极作用的。高校应鼓励学生参加创新性比赛项目，支持有条件的学生到社会中去创业，在社会大课堂中去自我实现。

（四）建立劳动团队，加强心理归属感

当学生加入一定的劳动实践组织或团队中时，就会产生心理归属感。一是高校应增加志愿服务团队，组织开展更多的志愿服务活动，让更多的学生参与到志愿服务活动中，从服务性劳动中体会到团队的力量。二是高校应成立劳动互助小组，在学生中运用朋辈辅导的方式，由劳动技能、劳动实践突出的同学提供指导与帮助，形成互帮互助的良好氛围。学生能在相互沟通与交流中，加强彼此的联系。三是高校应建立公寓劳动分队，由同一个公寓的学生组成劳动分队。该劳动分队可以分片区对寝室卫生、公寓周围环境等进行自我管理和自我监督，从而提升学生的管理能力和人际交往能力。

（五）宣传劳动成果，提升个人幸福感

当劳动有所收获，成果有所体现的时候，势必提升个人的幸福感。一方面，高校应设立与劳动相关的奖学金或荣誉，对在劳动教育中表现突出的学生给予表彰，对他们的表现予以肯定，对其他学生进行激励，使学生感受到劳动后的喜悦；另一方面，高校应运用学生喜闻乐见的方式充分利用新媒体等网络平台对身边的劳动事迹进行及时的宣传报道，成立弘扬劳动精神宣讲团，让学生讲述自己的劳动故事，从而更深刻地体会到劳动的意义和价值。

四、结　语

习近平总书记强调，劳动是财富的源泉，也是幸福的源泉。人世间的美好梦想，只有通过诚实劳动才能实现；发展中的各种难题，只有通过诚实劳动才能破解；生命里的一切辉煌，只有通过诚实劳动才能铸就。我们的一切生活都以劳动为基础，参与到充分的劳动中，不仅可以健体，更重要的是可以使心理也变得更加健康。只有拥有健康的心理，才能够创造更加美好的生活。

参考文献

［1］中共中央，国务院. 中共中央 国务院关于全面加强新时代大中小学劳动教育的意见［N］. 人民日报，2020-03-27（01）.

［2］崔永红，凌兴玲. 五育并举视域下的劳动教育浅析［J］. 青年与社会，2020（8）：63-64.

［3］张贤哲. 劳动教育对大学生心理健康建设研究［J］. 商情，2020（38）：126.

［4］张磊，倪胜利. 身体视域下的劳动教育：文化内涵、价值意蕴与实践路向［J］. 国家教育行政学院学报，2019（10）：88-95.

［5］王蕊. 劳动教育视域下学生心理健康发展路径［J］. 云南教育，2020（C2）：8-9.

基于 AISAS 模式的面向
大学生劳动精神传播策略

杨明爱①

摘 要：近年来，互联网呈现出了巨大的发展活力，融入了大众的学习和生活，逐渐成为新时代信息传播的主要载体。依托互联网平台和技术开展面向大学生的劳动精神传播，是提高劳动教育实效性的重要途径。本文以 AISAS 模式为基础，从 AI 阶段激发大学生的兴趣，与大学生建立联系；IS 阶段形成大学生对劳动教育工作者的信任，强化与大学生的关系；SAS 阶段引导大学生参与互动，主动弘扬劳动精神三个阶段为新时代大学生劳动精神的传播制定策略。

关键词：AISAS 模式；大学生劳动精神；传播策略

习近平总书记在全国教育大会上指出："要在学生中弘扬劳动精神，教育引导学生崇尚劳动、尊重劳动，懂得劳动最光荣、劳动最崇高、劳动最伟大、劳动最美丽的道理，长大后能够辛勤劳动、诚实劳动、创造性劳动。"② 这一重要论述体现了党和国家对新时代高校劳动教育指明了方向，提出了新的要求。数据显示，截至 2020 年 12 月底，我国网民规模达到了 9.89 亿人，较 2020 年 3 月增长 8 540 万人，互联网普及率达 70.4%③。互联网用户规模的迅速扩大为大学生劳动精神的传播带来了契机，成为进行大学生劳动教育的重要载体。本文试图从营销学的角度，将大学生视为消费者，将新时代劳动精神视为营销产品，将劳动教育工作者视为负责产品宣传推广的营销者，将互联网这一平台视为传播载体，基于 AISAS 模式，结合网络营销观点，构建新时代大学生劳动精神传播模式。

---

① 杨明爱（1997—），女，西南财经大学马克思主义学院硕士研究生。
② 习近平. 坚持中国特色社会主义教育发展道路 培育德智体美劳全面发展的社会主义建设者和接班人［N］. 人民日报，2018-09-10（01）.
③ 中国互联网络信息中心（CNNIC）. 第 47 次中国互联网络发展状况统计报告［EB/OL］.（2021-02-03）［2021-09-07］. http://cnnic.cn/gywm/xwzx/rdxw/20172017_7084/202102/t20210203_71364.htm.

一、新时代劳动精神的科学内涵

马克思以劳动为起点揭示了人在劳动中作为"类存在物"的本质，显示出劳动能够赋予人以精神特质。劳动精神既是对劳动本质的概括，又是以劳动为基础的精神信仰。习近平总书记关于劳动教育的一系列重要论述赋予了劳动精神新的时代内涵。新时代劳动精神的科学内涵应该包括两方面的内容，主要体现在思想认知和行为实践两个方面。

（一）新时代劳动精神是崇尚劳动、尊重劳动、热爱劳动的集中体现

崇尚劳动是指对劳动本质的认知问题，是人民群众发自内心地对劳动理念的崇敬与赞美，推动形成劳动最崇高、劳动最伟大、劳动最美丽的社会风尚。尊重劳动是指对劳动价值以及劳动者主体地位的态度问题。我们在尊重劳动的基础上，还要尊重劳动者本身。我们只有认识到劳动是创造价值和幸福的源泉时，才能尊重一切有益于人民群众、造福人类社会的价值。热爱劳动是指劳动主体对劳动的情感问题，体现在劳动者对投入劳动的意愿到保持对劳动的热爱的依次递进的心理变化。崇尚劳动、尊重劳动、热爱劳动三者之间相互关联、由表及里、逐步递进，是对劳动的认知问题、态度问题、情感问题的把握过程，形成了在思想认知方面新时代劳动精神的内涵。

（二）新时代劳动精神是辛勤劳动、诚实劳动、创造性劳动的集中体现

辛勤劳动是指劳动者在劳动过程中勤劳肯干、勤学苦练、爱岗敬业，这是劳动者应具备的基本素质要求，也是中华民族生生不息的精神密码。诚实劳动是指在劳动过程中劳动者要立足实际、脚踏实地、真抓实干，这是劳动者应具有的实干精神，也是中华民族成就梦想的基石。创造性劳动是指对已有的机械性劳动方式及内容的创造性突破和创新性实践，这是劳动者应具有的探索开拓精神，也是中华民族历久弥新的助推器。辛勤劳动、诚实劳动、创造性劳动三者之间相互贯通、相互促进。辛勤劳动是诚实劳动、创造性劳动的基础；诚实劳动是辛勤劳动、创造性劳动的要求；创造性劳动是辛勤劳动、诚实劳动的发展，三者构成了在行为实践方面新时代劳动精神的内涵。

二、AISAS 模式下的新时代大学生劳动精神传播模式

美国广告学家 E.S.刘易斯早在 1898 年就曾提出 AIDMA 模型。这一理论是发展较快的理论之一，它描述了消费者从看到广告的内容，到最终购买之间的消费心理过程，即注意到（attention）该广告内容、有兴趣（interest）看下去、唤起欲望（desire）、留

下深刻记忆（memory）、产生购买行为（action）。随着搜索引擎和社交网络不断渗透到消费者的日常生活中，消费者的主动性得到了极大增强，原有的 AIDMA 模型早已无法适应互联网生活环境。100 多年后，电通公司在经过讨论后提出 AISAS 营销理论，其内容包括引起注意（attention）、激发兴趣（interest）、进行搜索（search）、采取行动（action）以及分享体验（share）五个阶段[1]，并随着互联网的发展逐渐取代 AIDMA 模型。在新时代的发展环境下，大学生已经从被动地接受逐渐转换为主动地搜集和分享有关劳动精神的信息。因此，新时代劳动精神的传播也可以参考借鉴营销中的 AISAS 模式。以新媒体为平台，以大学生为中心，从引起注意到分享信息这一系列行为过程也是劳动精神传播的过程。

随着互联网的渗透率不断提升，从长远来看依附互联网传播新时代劳动精神是大势所趋，不断改善其传播模式尤为重要。由于 AISAS 模式具备完整性、一致性、针对性和可持续性的独特优势，因此基于 AISAS 模式，根据新时代劳动精神传播的特性，可以将其传播分为以下五个步骤：

第一步，引起注意（attention）：互联网络的发达致使在网上信息泛滥，大学生可以通过多种互联网渠道接触到劳动精神的相关内容。吸引注意是新时代劳动精神传播的第一个关键步骤，只有引起大学生的注意，才能激发起他们的兴趣。对于目前的大学生来说，他们不仅仅关注的是大学生劳动教育的质量，更注重的是对自身心理和情感上劳动精神的满足。因此，劳动精神传播要从他们的喜好和需求角度出发，依托多维度的网络传播渠道引起他们注意。

第二步，激发兴趣（interest）：内容吸引大学生还不够，在吸引视线后能否激发他们继续浏览相关内容的兴趣也是必不可少的一步。通过多种互联网信息渠道达到引起大学生注意的目的后，对新时代劳动精神相关内容感兴趣的大学生会被激发，在接触信息的基础上再进一步产生了解信息的需求。因此，劳动精神传播要将劳动精神相关内容有效传达给大学生，从生活中取材，结合当下大学生的需求，以引起大学生的共鸣。

第三步，进行搜索（search）：一旦大学生对信息感到有兴趣，下一步会开始搜集其想要了解的相关信息。情感和价值观相互契合是吸引大学生的一个重要接触点，因此要直击他们内心，建立情感共鸣，吸引他们主动搜索。当今正处于互联网高度发达的时代，更多的大学生会选择通过搜索引擎、微博、微信等相关网络平台进行搜索。

第四步，采取行动（action）：大学生在搜索信息后，通过对信息进行判断、选择，

---

① KOBAYASHI Y. A study of engagement in Japan [J]. Aoyam a Journal of Business, 2009, 43 (4): 39-60.

部分大学生会产生将劳动精神内化于心、外化于行的行为。这一环节需要一些奖励机制，激励大学生学习，加强他们对劳动精神的理解记忆，使他们能够达到对劳动精神的正确认知。

第五步，分享信息（share）：大学生不仅可以是接收者，也可以转换为分享者。大学生可以通过网络平台分享自己了解到的劳动精神的相关内容，从而影响其他的行为，进行新一轮的循环。

三、AISAS 模式下的新时代大学生劳动精神传播模式的可行性分析

（一）大学生劳动教育工作者分析

劳动教育工作者是新时代劳动精神的主要传播者，他们主要依据大学生的特点和需求，组织需要弘扬的劳动精神，选择可以宣传的渠道。包括大学生劳动教育专业课教师、思政课教师、辅导员等都是主要传播群体。这一群体有相对较高的学历和易于接受新事物的能力，有较强的创新意识，一般在思想、知识、经验等方面更具优势，发展更加成熟。他们在很大程度上能够结合自己的理论学习经验及成果，这为弘扬大学生劳动精神奠定了良好的人力资源基础。此外，这一群体也拥有较高的网络技能运用能力，他们较早地使用了计算机网络，为多媒体设备运用、课程编制、资源获取打下扎实的基础，这在一定程度上也为新时代劳动精神的传播打下了网络基础。

（二）大学生思想行为特点分析

当前，大学生是新时代劳动精神传播的接受者，但他们不是单向信息内容传播过程中的接受者，而是双向或交叉式传播的信息发布者或接收者。因此，在传播前、传播中、传播后都必须要了解大学生的思想行为特点，提高新时代劳动精神传播的针对性、实效性。在思想行为方面，当代大学生大多是"00 后"，他们追求的是实现个性化的自我价值，各自追求不同。他们拥有极高的主体意识，喜欢独立思考、求知欲强、接受能力强，并且普遍拥有较高的文化认可度并为本民族感到自豪。

（三）新时代劳动精神传播特点分析

互联网是新时代劳动精神传播的新渠道和载体，遵循传统的传播规律并融合了网络传播的特点，促成了具备跨越时代性、融合性的新型传播形式的形成。开展大学生劳动精神传播必须要了解互联网传播规律。丰富多样的网络传播形式使得新时代劳动精神的传播在内容、形式、时间和空间上愈发具有多样性；传播模式的去主体化促使每个人都可以变为传播者；传播过程的开放性使得只要具备电子设备和网络技能的社会群体，均可浏览网络信息，提高了新时代劳动精神传播的受众覆盖率。

四、AISAS 模式下的新时代大学生劳动精神传播的策略

（一）第一阶段：AI 阶段（注意 attention—兴趣 interest）

在吸引社会大众注意（attention）到激发兴趣（interest）的第一阶段（AI 阶段），大学生形成对新时代劳动精神的初步认知。AI 阶段最主要的目的是与大学生建立联系，激起他们的兴趣。

1. 打造并完善校内校外劳动教育队伍

校内外劳动教育队伍是信息传播的主力军，打造一支适合中国特色社会主义发展的劳动教育队伍是吸引大学生注意、激发大学生兴趣的第一步。一方面，高校需要加强与社会各界的联系，充分挖掘社会可利用资源，建立学校、社会、企业及事业单位协同的劳动教育队伍，建立相对稳定的实习和劳动实践基地，为大学生劳动教育提供多样化实践平台和实践辅导。另一方面，高校要增强劳动精神传播意识，"做得好还要说得好"。校内外劳动教育队伍要跟上时代发展潮流，了解互联网变革及趋势，充分把握并利用网络平台，传播好新时代劳动精神，提升大学生对新时代劳动精神的认同度、认识度和感知度。

2. 增强网络议程设置

所谓"议程"就是"话题"。在互联网时代，网络议程设置是抓取受众注意力的基本方式。网络议程设置既要考虑大学生劳动教育的出发点，以社会主义核心价值观为核心，弘扬符合社会主义意识形态的新时代劳动精神，紧扣发展的主题，密切关注国内外大势和热点问题，抓住大学生关心关切的问题，反映大学生的需要和心声，把握大学生发展的内在需要，以大学生喜欢的方式形成一个完整的议程设置。例如，采用大学生喜闻乐见的网络语言表达形式，着眼于认知角度的效果，将大学生的注意点指引到有关新时代劳动精神事件上。新时代劳动精神传播吸引大学生注意力要避免走入"花边新闻""网络段子"等误区。这些手段尽管可能会获得一定的注意力，但其所获得的注意往往是无意注意，带来的效果是短暂性的；相反，其可能会对新时代劳动精神的严肃性、权威性、公信力带来不利影响。

3. 强化网络载体视觉冲击

新时代劳动精神的吸引力与网络载体密切相关。我们要充分利用和发挥互联网的优势，强化网络载体视觉冲击，根据大学生的习惯和兴趣，合理进行网络平台图文排版、色彩搭配、语言风格等要素，为大学生营造舒适的视觉体验，吸引大学生的注意，激起大学生的浓厚兴趣。劳动精神的传播要与时代同步伐，保证劳动精神传播的时效

与实质。我们可以尝试利用大学生喜欢的宣传形式，如短视频、直播互动等多元一体的展现形式，通过最受大学生欢迎的微博、微信等多个网络渠道的配合进行新时代劳动精神传播，以激发大学生的关注欲望，提升大学生的兴趣，引导传递社会正能量。

（二）第二阶段：IS 阶段（兴趣 interest—搜索 search）

大学生在兴趣的驱使下，主动通过搜索信息的渠道搜索能够满足自身需要的新时代劳动精神相关信息。IS 阶段的主要目的是形成大学生对劳动教育工作者的信任，强化与大学生的关系。我们可以借助丰富内容的方式，实现快速精准地与大学生的无缝对接，优化与大学生的联系。

1. 构建"一中心多平台"的网络矩阵

在新媒体时代，网络平台已经成为进行大学生劳动教育的重要阵地，要提升新时代劳动精神传播的有效性，就要想出新的方法、开辟新的渠道。我们要全面整合融媒体资源，成立融媒体中心，将官网、微信、微博、QQ、抖音等多平台纳入统一管理。官网注重信息宣传，加强成果展示，发挥外宣"主窗口"的作用。微信展现文化建设，强化价值导向引领，建构大学生劳动教育"主营地"。微博更新实时动态，实现宣传互融，提高热搜率和关注度"主途径"。QQ 重视日常管理，突出公共服务，做实管理服务"主渠道"。抖音加强自主管理，注重有效反馈，用好自我教育"主平台"。五大媒体平台结合自身特点和功能定位主动发声、彰显特色，对大学生群体分层分类，抢占新时代劳动精神传播的制高点，为促成 360 度全面发展的大学生劳动教育提供强大的平台支撑。

2. 强化大学生的政治鉴别力

建立良好的信赖联系，有利于提升新时代劳动精神传播成效。形成对劳动教育工作者的信赖度，最直接的体现就是认同新时代劳动精神。随着网络传播在大学生的生活中扮演着重要角色，受众对网络表现出较高的依赖性。面对海量的、复杂的、多样的劳动教育内容，我们要聚焦大学生思想层面的引领，促进大学生劳动思想觉悟的提升。我们应该用马克思主义劳动观引领大学生对新时代劳动精神做出正确的认知与判断。

3. 优化新时代劳动精神传播内容

新时代劳动精神传播要体现以爱国主义为核心的民族精神和以改革创新为核心的时代精神，弘扬劳动最光荣、劳动最崇高、劳动最伟大、劳动最美丽的劳动观念。优化新时代劳动精神传播内容是形成大学生对劳动教育工作者信赖最直接、最有效的途径。大学阶段是大学生强身健体、"三观"形成、培养能力、成长成才的关键阶段，高校应以新时代劳动精神传播为突破口，推动大学生在理论认知层面主动把握劳动精神，增加知识储备，提升大学生自主学习的能力，使他们能够在劳动实践过程学以致用，改变曾经的单向"灌输"模式。

（三）第三阶段：SAS 阶段（搜索 search—行动 action—分享 share）

受众搜索信息（search）、产生行动（action）和分享信息（share）是不能拆开的循环模式，也是 AISAS 模式区别于较早的 AIDMA 模型最重要的环节。大学生通过搜索获得想要了解的新时代劳动精神的内容，并对这些内容做出综合判断、选择之后，决定是否要将其内化于心、外化于行，是否向他人宣传，从而引起新一轮的信息搜索、行动、分享。在 SAS 阶段，我们可以采取群体互动的方式引导大学生参与到互动中，达到大学生主动分享新时代劳动精神的目的。

1. 引导大学生正确选择

劳动教育要引导、启发、帮助大学生在科学判断的基础做出正确的价值选择。劳动教育工作者在工作中要主动担当起使命任务，牢牢掌握意识形态话语权。国家要加强对网络意见领袖群体的培养，引导网络意见领袖坚持正确的政治方向，确保网络意见领袖所发表的言论符合中国特色社会主义意识形态，进而主动融入各类网络社区互动平台，对大学生思想言论加以正面引导，达到引导大学生政治方向、增强劳动意识、培养劳动精神的目的。

2. 增强大学生互动参与

互联网的"第一性"是用户思维，劳动教育必须强调大学生的参与感。新时代劳动精神的传播必须把大学生的参与和体验放在首位，尊重大学生参与劳动教育的主体性地位，强化大学生的参与感，最大限度地满足大学生的劳动教育需求。我们应调动大学生积极参加劳动实践的热情，使大学生从"旁观者"变为"参与者"，从"参与者"变为"传播者"，扩大新时代劳动精神的传播效应。高校可以借助互联网络平台和现有的劳动教育资源，打造数字化劳动教育。大学生只需要开启虚拟现实（VR）浏览，便可以参与到劳动教育实践活动中。这种方式不仅是对传统劳动观教育方式的创新，同时也为大学生提供了一个新的参与平台。劳动教育工作者应跟上时代潮流，尝试利用抖音、微博等网络平台进行直播，劳动教育工作者和大学生在直播间实现平等互动交流。大学生有关劳动教育的相关问题可以第一时间在弹幕上表达，劳动教育工作者实时回复，营造热点讨论气氛，回应大学生的兴趣和疑问。

3. 加强朋辈群体交流分享

随着网络平台的发展，受众不再是单纯的信息接受者，既是接受者也是传递者，从而参与到分享过程中。从关注到分享，像沙漏一样把产生兴趣的潜在受众筛选为真实受众。于是，最关键的一步也就是不同于传统劳动教育的一步——分享。朋辈群体由于所处的环境相似、时代相同，看问题的角度也相似，因而容易产生共鸣。朋辈群体在交往过程中，无形中对成员的劳动价值观念以及行为方式产生潜移默化的影响。朋辈受众在内化信息之后，会将其分享给好朋友等，甚至不用在内化信息之后，在任意一个阶段都可能产生分享行为，这样的分享又将大学生受众规模扩大。

参考文献

［1］习近平. 坚持中国特色社会主义教育发展道路 培育德智体美劳全面发展的社会主义建设者和接班人［N］. 人民日报，2018-09-10（01）.

［2］中国互联网络信息中心（CNNIC）. 第 47 次中国互联网络发展状况统计报告［EB/OL］.（2021-02-03）［2021-09-07］. http://cnnic.cn/gywm/xwzx/rdxw/20172017_7084/202102/t20210203_71364. htm.

［3］KOBAYASHI Y. A study of engagement in Japan［J］. Aoyam a Journal of Business，2009，43（4）：39-60.

实践篇

财经高校劳动教育体系建构的实践与探索

——以对外经济贸易大学为例

文　君①

摘　要： 劳动教育是中国特色社会主义教育中的一项重要内容。本文结合劳动教育实施现状，针对财经专业学生特点和当前高校劳动教育开展过程中割裂化、边缘化、空心化等实际问题，围绕"劳动教育笃行计划"和七项分支工程，引领劳动价值观塑造、提高劳动实践能力、强化劳动教育保障，在此基础上探索构建新时代财经高校劳动教育体系，实现教育目的。

关键词： 劳动教育；财经高校；体系建构

2018 年，全国教育大会明确提出"培养德智体美劳全面发展的社会主义建设者和接班人"，把劳动教育重新放到重要地位②。2020 年 3 月，中共中央、国务院发布的《中共中央 国务院关于全面加强新时代大中小学劳动教育的意见》对新时代劳动教育进行顶层设计，做出全面部署③。2020 年 9 月，习近平总书记在教育文化卫生体育领域专家代表座谈会上的讲话中再次提及广泛开展劳动教育④。劳动教育是新时期党对教育的新要求，也是中国特色社会主义教育中的一项重要内容。

随着劳动教育的重要性日益凸显，国内研究者不断开阔理论视野，多维度开展劳

---

① 文君（1969—），女，博士，对外经济贸易大学党委常委、副书记，教授，博士生导师，主要从事马克思主义理论、高等教育、产业经济学、公共外交等研究。
② 教育部. 习近平在全国教育大会上强调：坚持中国特色社会主义教育发展道路 培养德智体美劳全面发展的社会主义建设者和接班人［EB/OL］．（2018-09-10）［2021-09-13］. http://www.moe.gov.cn/jyb_xwfb/s6052/moe_838/201809/t20180910_348145.html.
③ 中共中央，国务院. 中共中央 国务院关于全面加强新时代大中小学劳动教育的意见［EB/OL］．（2020-03-26）［2021-09-13］. http://www.gov.cn/zhengce/2020-03/26/content_5495977.htm.
④ 中国政府网. 习近平在教育文化卫生体育领域专家代表座谈会上的讲话［EB/OL］．（2020-09-22）［2021-09-13］. http://www.gov.cn/xinwen/2020-09/22/content_5546157.htm.

动教育的相关研究。在劳动教育理论研究方面，胡君进等学者提出劳动价值观决定了劳动教育观，认为社会主义劳动教育的核心目标只能是促进学习者形成正确的劳动价值观[①]。魏进平、马丹丹等学者围绕劳动教育内涵开展研究，提出从教育视野、马克思主义视野特别是习近平总书记关于劳动、劳动教育等重要论述中认识和理解劳动教育[②]。辛婷、周凤生等学者对劳动教育在高校人才培养中的重要意义进行了系统阐述，并深刻分析高校劳动教育中蕴含的教育功能和价值[③]。张威、王林等学者在高校劳动教育的问题和路径层面开展研究，提出需要从问题、价值、实践三个角度正确理解和把握新时代高校劳动教育[④]。目前，均未结合财经高校特色和学科特点对劳动教育体系构建开展研究。因此，本研究立足财经高校劳动教育实践，结合财经专业学生特点和当前高校劳动教育的实际问题，具有创新价值和现实意义。

一、对外经济贸易大学劳动教育体系构建理念

中华人民共和国成立之初，我国高校即开展了劳动教育。随着我国社会生产力的迅速发展、经济发展水平的显著提升，劳动形态发生改变，劳动观念不断更新，高校也必须及时对劳动教育进行再调整、再部署。然而，在当前高校教育工作的具体实践中，尚未形成完善的劳动教育体系，存在着劳动与教育割裂化、劳动教育地位边缘化、劳动教育内容空心化等局限。加强劳动教育，既是高校构建德智体美劳"五育并举"人才培养体系的题中之义，也是贯彻落实新时代党的教育方针的直接体现。对外经济贸易大学按照"把握育人内涵、遵循教育规律、体现时代特征、强化协同施策"原则，坚持"观念导向、能力导向、实践导向、协同导向、问题导向"，结合学校劳动教育实施情况，针对当前高校劳动教育开展过程中的实际问题，围绕"劳动教育笃行计划"和七项分支工程，着力构建具有对外经济贸易大学特色的新时代劳动教育体系。

---

① 胡君进，檀传宝. 马克思主义的劳动价值观与劳动教育观：经典文献的研析 [J]. 教育研究，2018, 39 (5): 9-15, 26.

② 魏进平，马丹丹. 新时代"劳动"的多维审视 [J]. 天津师范大学学报（基础教育版），2021, 22 (1): 1-6.

③ 辛婷，周凤生. 劳动教育在高校人才培养中的意义与功能探析 [J]. 西南科技大学学报（哲学社会科学版），2021, 38 (1): 85-89.

④ 张威，王林. 新时代高校劳动教育：问题导向、价值省思、实践路径 [J]. 安庆师范大学学报（社会科学版），2020, 39 (4): 115-119, 128.

二、对外经济贸易大学"劳动教育笃行计划"的实践

对外经济贸易大学"劳动教育笃行计划"源自"博学，诚信，求索，笃行"的校训。"笃行"意为不尚空谈、努力实践，这与劳动教育的目标和理念同向同行。对外经济贸易大学围绕"劳动教育笃行计划"，着力实施七项工程，即注重劳动价值观塑造的"育心工程"，聚焦劳动课程和专业实践的"培基工程"，搭建校内劳动实践平台的"勤体工程"，服务国家宏观战略的"致远工程"，扎根基层志愿奉献的"唯志工程"，砥砺创新精神的"励新工程"，凝聚育人合力的"聚力工程"，努力构建具有对外经济贸易大学特色的劳动教育体系。

（一）以育心工程为核心，引领劳动价值观塑造，加强劳动精神培育

育心工程围绕着劳动价值观和劳动精神培育，通过锤炼劳动品格、培育劳动精神、养成劳动习惯，引导学生树立马克思主义劳动观，这是"劳动教育笃行计划"的核心。

注重课程思政设计，引导学生树立马克思主义劳动观。对外经济贸易大学将劳动类课程作为课程思政的重要载体，在课程理念中强调劳动树德，在课程设计中强调劳动增智，帮助学生在学习技能知识的同时，通过认识劳动、理解劳动、参与劳动实现思想上的进步和转变，使学生牢固树立"劳动最光荣、劳动最崇高、劳动最伟大、劳动最美丽"的观念①。

注重多层次浸润式教育，培育积极的劳动精神。对外经济贸易大学面向不同群体，分类分段开展劳动主题教育，通过组织开展班级劳动教育理念辩论、学院卫生大扫除、学校劳动技能展示大赛等系列教育活动，融入互动式、体验式、实践式教育模式，增强活动的吸引力和参与性，由点及面循序渐进，形成全方位劳动教育的良好局面，培养学生勤俭、奋斗、创新、奉献的劳动精神。

注重教育频度适当，养成良好的劳动习惯。对外经济贸易大学合理安排劳动教育活动周期，学院每学期至少举办一场劳动教育专题讲座、开展一场劳动教育主题班会或党团活动，保证劳动教育活动处处在，在全校范围内形成长线辐射效应；抓住劳动节、植树节、学雷锋纪念日等重要节点，开展丰富的劳动主题教育活动，形成劳动光荣、创造伟大的校园文化。

注重榜样激励，锤炼宝贵的劳动品格。对外经济贸易大学善于运用青年话语体系，走心、暖心、用心弘扬社会主义劳动价值观，广泛宣传劳动榜样人物事迹，特别是身

---

① 新华网. 习近平回信勉励中国劳动关系学院劳模本科班学员［EB/OL］.（2018-04-30）［2021-09-13］. http://www.xinhuanet.com/politics/leaders/2018-04/30/c_1122766125.htm.

边师生可学、可做、可推广的模范事迹，形成人人爱劳动、人人崇尚劳动的良好氛围，使学生"真有触动，有真触动"，深层次激发学生劳动热情，使劳动价值观内化于心，外化于行。

（二）以培基工程为基础，强化劳动教育课堂阵地，提高专业实践能力

培基工程旨在通过系统性课程建设，抓好课堂主阵地，丰富劳动教育内涵，深化劳动教育影响，围绕劳动课程建设和专业实践安排开展工作，是"劳动教育笃行计划"的基础。

加强劳动课程建设，将劳动教育充分纳入学校人才培养。对外经济贸易大学通过对劳动教育必修或选修课程统筹优化，在打造"面向全体、结合专业、梯次递进"的劳动教育与创新创业课程体系的基础上，逐渐形成具有综合性、实践性、开放性、针对性的劳动教育课程体系，加大与学生劳动思想养成、劳动法律法规、劳动安全、劳动伦理责任和职业发展趋势密切相关的劳动教育类课程建设。

做好专业实践安排，将劳动教育与专业实习充分结合。对外经济贸易大学深化校企合作，梳理专业课程所蕴含的劳动教育元素，结合学科、专业特点，融入行业法律法规、科技创新、实习实训等劳动教育内容，加大与学科专业体系密切相关的劳动类实践、实训及岗位实习的支持力度，着重培养爱岗敬业精神和严谨细致的工作态度。

（三）以勤体工程为重要主体，丰富校内劳动实践平台，构建全景式育人模式

勤体工程聚焦校内劳动教育工作安排，内容围绕校内服务实践、勤工助学工作、校园责任区项目和爱国卫生运动开展，是"劳动教育笃行计划"的重要主体。

完善校内服务实践，培养劳动观念和职业道德。对外经济贸易大学构建学校规划督导、院系教育引导、班级组织实施、学生全员参加的劳动实践模式，引导学生系统学习掌握必要的劳动技能，全面提高劳动素养，持续深入开展"绿色校园"主题教育活动。对外经济贸易大学组织学生到饮食、公寓、物业、修缮、绿化等部门参加劳动实践，体验后勤工作情境。

提升勤工助学育人质量，进一步优化勤工助学岗位设置。对外经济贸易大学适当增加体力劳动与脑力劳动相结合、与学生专业相匹配、具有创造性劳动的勤工岗位，培养学生热爱劳动、自强不息的奋斗精神，提高社会适应能力。

打造校园责任区项目，搭建校内劳动服务新平台。对外经济贸易大学根据劳动领域按照校园环境区、上课教学区、住宿生活区、饮食用餐区四个领域平台划分，引导学生尝试不同类别、不同内容、不同工种的劳动实践。

推动爱国卫生运动，将劳动教育与爱国卫生运动紧密结合。对外经济贸易大学引导学生充分参与健康教育行动、传染病防控行动、校园环境改善行动、食品安全行动、

节能光盘行动、垃圾分类行动、控制烟草行动、厕所革命行动和健康促进行动等九大行动①。

（四）以致远工程为亮点特色，立足国家宏观战略，深挖劳动教育内核

致远工程以主题社会实践为依托，借助"一带一路"建设，推动全球治理人才培养，在青年服务国家过程中融入劳动教育思想，在走出校园丈量祖国的过程中感受劳动实践，在面向世界培养全球治理人才的探索中弘扬学生劳动实干精神，是"劳动教育笃行计划"的亮点特色。

对外经济贸易大学服务"一带一路"建设，以社会实践活动为载体，结合财经高校人才培养特色，精心设计劳动实践主题，为青年学生提供服务国家战略的实现路径，让青年学生在实践中增长本领，充分体现教育实效。对外经济贸易大学建立并推广青年学生在服务国家战略中成长成才的育人长效机制，相关成果荣获第五届首都大学生思想政治工作实效奖一等奖②。

对外经济贸易大学积极探索全球治理人才培养推送新途径。对外经济贸易大学发挥国际化办学特色，培养具有家国情怀、国际视野、全球竞争力的高层次实操型人才，建立全球治理课程导师团队，聘请实践经验丰富的国内外学者、专家、高官、校友担任导师，增强学生参与全球治理的过硬本领；每年在新生入学和毕业季召开两次学校国际组织实习任职说明会，支持、选拔、输送优秀学生到国际组织任职。

（五）以唯志工程为重要载体，扎根基层投身志愿，涵养劳动奉献精神

唯志工程围绕志愿服务工作展开，引导学生在志愿服务中深入体会劳动精神内涵，不断完善创新具有对外经济贸易大学特色的大学生志愿服务工作机制，使志愿服务成为劳动价值观引领的重要阵地，是"劳动教育笃行计划"的重要载体。

对外经济贸易大学强化志愿活动的知识培训、注册准入、过程管理、教育引导和效果评估，积极引导学生关注志愿服务事业，尤其是在重大赛事、社区专业、支教支农、服老助残、应急救援、生态文明建设等方面，贡献对外经济贸易大学学子的力量，营造投身志愿、服务社会的良好氛围。对外经济贸易大学加大对校研究生支教团、各学院志愿者团队的指导帮扶力度，充分发挥其在志愿服务工作中的地位作用，推进活动共办、信息共通、成果共享，形成校内校外完善的志愿服务体系架构。

对外经济贸易大学搭建平台，发动社会力量，支持学生参加志愿服务，开展公益

---

① 北京市教育委员会. 北京市教育委员会关于印发《深入开展新时代教育系统爱国卫生运动工作方案》的通知［EB/OL］.（2020 – 09 – 29）［2021 – 09 – 13］. http://jw. beijing. gov. cn/xxgk/zfxxgkml/zfgkzcwj/zwgzdt/202009/t20200929_2103313. html.

② 搜狐网. 服务国家战略与引领青年学子成长成才，对外经贸大学这样做！［EB/OL］.（2018-04-08）［2020-02-03］. https://www.sohu.com/a/227552236_173997.

劳动，参与社区管理，引导学生在面对重大疫情、灾害等危机时主动奉献，培育公共服务意识和志愿服务精神。例如，在抗击新冠肺炎疫情期间，对外经济贸易大学在"志愿北京"系统登记志愿者 11 952 人，志愿服务时长累计 791 206.5 小时，人均志愿服务 66 小时，其中线上辅导学生百余名、完成课时上千小时。学生自发建立"贸大力量"团队给予积极支持，为武汉周边地区筹集善款 30 余万元，产生了热烈反响。

（六）以励新工程为突破口，培养实干品质，砥砺创新精神

励新工程围绕着培养"德才兼备、善于创新、基础宽厚、专业扎实、具有跨文化交流能力和国际竞争力的高素质创新型人才"的目标，将创新精神、创业意识和创业能力培养融入劳动教育中并贯穿人才培养全过程，是"劳动教育笃行计划"的突破口。

对外经济贸易大学推动劳动教育与创新创业教育相结合，充分利用学校创业孵化园，搭建多点支撑、多方联动的国际化创新创业实践平台；积极组织开展一系列深受学生欢迎的各类创新创业实践精品活动，做好"经纬杯""互联网+"等校内外创新创业大赛，依托形式多样的各类创新创业实践活动，提升劳动创造性，积累职业经验；强化创新科学的教学实践，着重培养学生创业实践过程中的动手能力，提升其劳动技能，鼓励引导学生进行创造性劳动，创新解决实际问题。对外经济贸易大学引导学生树立正确的择业观，大力宣传西部与基层就业政策、征兵入伍政策，教育引导学生树立到艰苦地区和行业工作的奋斗精神，懂得空谈误国、实干兴邦的深刻道理。对外经济贸易大学通过第一、二、三课堂的联动，将创新创业教育、训练、实践、服务融为一体，营造浓厚的创新与劳动的校园文化氛围。对外经济贸易大学学生创业项目"掘金三板"在首届中国"互联网+"大学生创新创业大赛中获得金奖，成为所有获得金奖的高校中唯一一所财经类院校。

（七）以聚力工程为育人保障，优化体制机制，形成育人合力

凝聚全面共识，汇集各方力量，聚力工程通过优化机制建设，协调校内外资源，以组织保障、师资保障、质量保障、督导保障、经费保障和安全保障六项内容为核心举措，保障"劳动教育笃行计划"有效推动。

对外经济贸易大学构建劳动教育组织保障，出台劳动教育总体实施方案，着力完善工作机制、加强平台建设，推动实施劳动教育的机制建设走向深入；明确劳动教育师资保障，配齐劳动必修课教师，配强专兼职结合的劳动教育师资，聘任校外劳动实践导师，建立健全与劳动教育配套的教师考核体系；推进劳动教育质量保障，将劳动教育作为学生综合素质测评的核心指标之一，充分结合自评与他评、定性与定量、行为与观念、课程与实践的多维度评价方式，建立充分涵盖劳动素养的评价制度；建立劳动教育督导保障，定期对责任单位保障劳动教育情况开展督导、检查和评估，进行

劳动教育质量监测，改进教育方式方法；确定劳动教育经费保障，设立劳动教育专项资金，按照劳动教育设施标准化要求，加快建设校内外劳动教育场所和实践基地，强化劳动教育器材耗材保障；落实劳动教育安全保障，加强对师生的劳动安全教育，提前评估劳动教育活动的安全风险，科学制定实践活动风险防控预案。

三、新时代财经高校建构劳动教育体系的探索

新的时代背景和社会条件催生出劳动形态的新特点、劳动观念的新改变。在此背景下，财经高校迎来了劳动教育的新起点，但也面临新要求、新挑战。新时代财经高校的劳动教育要立足财经专业学生群像特点，立足学生获得感缺失的现实情况。

首先，财经专业学生毕业后整体薪资水平较高，获取报酬的方式"短平快"，很少有在一线艰苦行业长期耕耘的，相比较而言更容易产生不尊重基础性劳动、贪图享乐的错误劳动观念。其次，财经专业的学生相较于理工农医专业的学生，很少有机会走到实验室、走向田间地头，更加依赖于智育，缺乏深入开展劳育的具体场景和内容供给，少有机会获得将劳动融入学习带来的获得感。最后，财经专业学生相对而言动手能力较差，容易形成"本领恐慌"状态，在日常劳动实践中经常被动执行，较少发挥主观能动性，难以提升动手能力。笔者尝试针对以上问题，探索财经高校落地、落实、落细劳动教育的实施路径，为进一步构建并完善劳动教育体系提供参考。

第一，落地劳动教育，要理顺"劳动"与"教育"二元辩证关系，解决劳动教育割裂化问题。在当前的劳动教育中，劳动与教育长期割裂，可能同时存在"有教育无劳动"或"有劳动无教育"的问题。由于财经高校学科的特点，学生所学专业和择业规划鲜有一线艰苦行业，高校更需要将劳动元素融入教育、在教育中贯穿劳动，既不能重"劳动"工具性而轻"教育"本位性，也不能重"教育"结果而轻"劳动"过程。此外，财经高校还应避免"劳动""教育"的概念窄化，防止将劳动固化为"出出汗"式的粗浅劳动，而非结合财经专业的特点、手脑并用的劳动；防止将教育局限于偶发性的教育引导，而非针对财经专业人才的劳动价值观塑造。财经高校应充分理顺"劳动"与"教育"二元辩证关系，确保劳动教育方向不走偏、制度不踩空。

第二，落实劳动教育，要形成"联动、保障、评价"三项配套机制，解决劳动教育边缘化问题。当前，高校劳动教育边缘化集中表现为未形成独立的教育支持体系，在劳动教育实施主体上缺乏联动机制，在劳动教育实施过程中缺乏保障机制，在劳动教育实施完成后缺乏评价机制，因此劳动教育成为依附于其他教育的"去中心化"工作。财经高校应在全员育人格局下形成高校内部的协同联动机制，打破部门壁垒、分

解任务清单，进一步推动高校与学生家庭、社会间的联动。同时，相较于理工农医类高校，财经高校的学生鲜有机会走到实验室、走向田间地头，更缺乏具体的劳动场景和专业的师资队伍。因此，财经高校要确保劳动教育制度刚性，设立专项经费和专门场地、组建专兼职结合的师资队伍，形成全面保障。此外，财经高校也应以深化教育评价改革为契机，将劳动教育评价作为学生综合素质评价的独立且重要的一个方面，形成评价内容全面、评价路径丰富、评价指标精准的评价机制，用好劳动教育评价的"指挥棒"。

第三，落细劳动教育，要充实劳动教育"观念、能力、精神、习惯"四大育人要素，解决劳动教育空心化问题。当前，劳动教育容易流于形式，缺乏落细抓手和内容供应，较难深入学生内心并持续开展。财经高校需要充分立足学生的群像特征，充实"观念、能力、精神、习惯"四大育人要素。劳动观念引领劳动能力，财经专业学生毕业后整体薪资水平较高，获取报酬的方式更为"短平快"，更容易产生不尊重基础性劳动、贪图享乐的错误劳动观念。因此，财经高校要着力强化马克思主义劳动观教育，引导学生形成尊重劳动、崇尚劳动的思想认知。劳动能力促进劳动精神，财经高校要着力解决财经专业学生动手能力不足的问题，精心设计劳动通识课和实践课，促进学生在知识习得、技能掌握过程中克服缺乏劳动能力的"本领恐慌"。劳动精神培养劳动习惯，财经专业学生个人主义倾向相对更明显，更应通过集体劳动浸润劳动精神，促进学生将劳动精神内化于心。在此基础上，财经高校应进一步激发财经专业学生想劳动、能劳动、爱劳动，形成出力流汗、躬身实干的持久动力，牢固养成劳动习惯。

财经高校开展劳动教育是一项系统工程，需要充分调研、反复推敲，立足学生特点、合理构建体系。对外经济贸易大学努力探索构建具有财经高校特色的劳动教育体系，劳动教育将一直处于"进行时"，在育人实践中常做常新。与此同时，对外经济贸易大学劳动教育仍将不断完善提升、与兄弟院校学习交流，着眼"将来时"，共同打造有财经高校特色的劳动教育体系。

参考文献

［1］习近平. 在知识分子、劳动模范、青年代表座谈会上的讲话［M］. 北京：人民出版社，2016.

［2］乔锦忠. 补齐劳动教育短板，重构"五育"教育体系［J］. 人民教育，2018（21）：33-35.

［3］姜惠，刘宝杰. 恩格斯劳动观及其对新时代劳动教育的启示［J］. 齐齐哈尔大学学报（哲学社会科学版），2020（10）：9-12.

［4］柳夕浪. 全面准确地把握劳动教育内涵［J］. 教育研究与实验, 2019（4）：9-13.

［5］班建武. "新" 劳动教育的内涵特征与实践路径［J］. 教育研究, 2019, 40（1）：21-26.

新时代财经高校劳动教育的启示

——基于 M 大学的研究生寒假社会调研项目

段子忠[①]　唐　灿[②]

摘　要：劳动教育是高校人才培养的重要组成部分，而财经高校作为行业特色型院校的重要代表，其劳动教育的类型、方式与特点等具有相当的借鉴意义。本文对 M 大学的研究生寒假社会调研项目进行了全面梳理，总结了通过实践项目践行劳动教育价值观、搭建劳动育人平台、彰显大学社会服务职能的有效路径，分析了通过实践项目开展劳动教育应注意的问题，并提出改进方向，为国内财经高校劳动教育的实施提供有价值的参考。

关键词：财经高校；劳动教育；研究生；寒假社会调研

一、引　言

马克思在《资本论》中指出："未来教育对所有已满一定年龄的儿童来说，就是生产劳动同智育和体育的结合。"劳动既是人的基本属性，也是无产阶级的阶级属性。劳动教育一直是中华人民共和国社会主义教育体系的重要组成部分，目的源自立党立国的初心，教育与生产劳动相结合、知识要服务工农阶级与生产建设。

2018 年 9 月 10 日是我国第 34 个教师节，习近平总书记出席全国教育大会并发表重要讲话，强调"培养德智体美劳全面发展的社会主义建设者和接班人"，为"四育"还是"五育"的论证画上了句号，突出了新时代劳动教育的重要地位和深远意义。随

---

① 段子忠（1990—），男，对外经济贸易大学研究生工作部讲师，研究方向为思想政治教育、高等教育管理。

② 唐灿（1992—），男，对外经济贸易大学发展规划处（学科建设办公室）助理研究员，研究方向为高等教育管理、大学排名与国际评估。

后，中共中央、国务院发布《中共中央 国务院关于全面加强新时代大中小学劳动教育的意见》（以下简称《意见》），就高等学校劳动教育提出"结合学科和专业积极开展实习实训、专业服务、社会实践、勤工助学等"，目的是"创造性地解决实际问题"。之后，各高校纷纷开展各具特色的劳动教育，形式多样、种类丰富，不断健全和完善立德树人的培养要求。

与综合类、理工类高校相比，财经高校是行业特色类院校（财经、医药、政法、农林、语言等）的重要代表。截至 2020 年 12 月，根据教育部阳光高考公开平台信息，本科层次的财经高校一共有 104 所。财经高校可谓特色鲜明，其学科布局不同于综合类大学的数十个学科门类，传统上集中在经济学、管理学两大门类，教育教学、课程、专业乃至整体的人才培养体系范畴均较狭窄；在校生规模、教职工队伍一般为两三万人，办学规模与学校体量较小；服务于经济类、管理类行业，与政府和企业需求结合较为紧密，等等。

二、M 大学研究生寒假社会调研项目概况

M 大学是国内一所著名财经院校，办学规模处于同类高校平均水平，办学特色鲜明。M 大学的学科专业相对聚焦，在经济学、管理学、法学等社会科学领域学术声誉较高。毕业生就业领域相对集中，主要服务于相关特定行业且在业内认可度较高。本文选取 M 大学的研究生寒假社会调研项目作为研究对象，其劳动教育的开展情况及经验启示对财经高校具有一定的借鉴意义。

习近平总书记多次强调调查研究的重要性，明确指出："研究、思考、确定全面深化改革的思路和重大举措，刻舟求剑不行，闭门造车不行，异想天开更不行，必须进行全面深入的调查研究。"研究生教育不同于本科教育之处，就在于"研究"二字，强调学生的研究能力和创新意识，不但要熟悉某一学科相关领域的研究成果，更要把科研能力运用到现实生活中，发现问题进而解决问题。

M 大学在本科生阶段设立大学生暑期社会实践活动，也是学校品牌，但其侧重点主要在于扩大覆盖面，鼓励包括社会调研、志愿活动、科研立项、企业实习等多种形式的实践活动，关注于劳动教育的"面"。M 大学的研究生寒假社会调研，应该说深入劳动教育的"质"，真正做到把知识和劳动结合起来，在调查研究中树立问题意识，在实践与理论中寻找学术志趣、张扬家国情怀。

由于 M 大学研究生学制特点，学术型硕士（以下简称"学硕"）和专业型硕士（以下简称"专硕"）基本上以两年制为主，考虑到研究生第一年主要是课程学习，

第二年主要是毕业论文写作与就业实习，不像本科生或三年制研究生那样有充足的课外时间，M大学将研究生调研项目这一校级活动设在第一学期的寒假，既让新进研究生熟悉校内环境及各项工作安排、积累一定的专业理论知识与研究能力，又给调研项目活动的安排预留好时间，照顾到研究生群体的客观需求。同时，M大学鼓励跨学科、跨年级组队，很好地突破了行政管理的藩篱与学科视野狭窄的弊端，有助于促进研究生学科交叉融合、专业知识与社会经验的积累。

M大学研究生寒假社会调研项目自2013年开始启动，至今已经持续8年，项目主要分为前期选题立项、中期实地调研、后期评审结项三个阶段。在选题立项阶段，寒假社会调研项目管理部门在学校党委的领导下确定整体调研方案，确定选题范围后，邀请相关领域专家学者对调研主题进行论证，并确定可选择的子课题。研究生第一年的秋季学期末，M大学寒假社会调研项目管理部门会发布立项通知及课题指南，各培养单位的研究生自由组建申报团队。申报团队在规定主题里选择相关研究方向进行项目申报。申报团队需要确定队长及调研指导教师，经学院党委推荐后向项目管理部门提交申报材料。项目管理部门邀请专家进行集中评审，同时会对立项团队进行培训，帮助调研团队成员掌握调查研究的专业知识与一定的统计分析方法，以提高调研成果质量、突出劳动教育实效。在实地调研阶段，项目管理部门成立专门的工作小组负责寒假社会调研的日常管理工作，一方面确保学校实时掌握研究生在实地调研过程中的生命健康安全；另一方面对调研情况进行过程监督，避免走马观花，督促各团队搜集可靠数据，形成符合规范的调研报告或学术论文。在结项评审阶段，项目管理部门再次组织专家评审，对顺利结项、表现突出的团队及个人予以表彰和奖励；对优秀调研成果结集成册，对思想深刻、学术价值高的文章在自办刊物《研究生论坛》上予以选登或将其推荐至学术期刊予以公开发表；对未通过评审的项目按照项目管理规定进行处理，对违反学术规范甚至故意拖延结项的行为追究责任。

三、M大学研究生寒假社会调研项目的成效

2016年"双一流"建设的集结号吹响，在立德树人、"三全育人"方面，M大学采取了一系列有力措施、推进改革。其中，研究生寒假社会调研项目也进入发展的新阶段。一是选题与国家政策结合更加紧密。2016年以前，研究生寒假社会调研立项主要聚焦青年就业、青年成长的相关主题，更偏向于研究课题的长期追踪调查。自2016年以后，调研项目逐渐与国家的重大方针政策紧密结合，从党的十九大报告、中央一号文件、党的十九届四中全会等重要会议或文件中划定选题范围。二是项目管理更加

规范。项目管理部门制定了《研究生寒假社会调研项目管理规定》，推进立项团队管理的制度化和规范化，确保调研团队在实践过程中得到收获，准确了解我国经济社会发展的情况。三是更加注重发挥学校的学科优势。调研一方面要求立项团队必须有一位研究生导师担任指导教师，在实地调研和报告撰写过程中给予专业指导；另一方面鼓励博士生参与申报，鼓励不同专业的研究生跨学院、跨学科申报。四是实践育人在研究生思想政治教育中的作用有效发挥。自 2018 年开始，M 大学在实践团队中选拔优秀团队成立研究生返乡宣讲团，面向基层宣讲党的十九大精神，促进研究生成为国家政策的学习者、宣传者和践行者。五是校院两级工作联动逐渐加强。M 大学鼓励研究生培养单位将寒假社会调研项目列入研究生综合评价细则，引导学院通过评奖评优，加强研究生劳动教育，有效激发研究生参与实践的积极性。

2016—2021 年研究生寒假社会调研队伍总数、人员总数如表 1 所示。

表 1　2016—2021 年研究生寒假社会调研队伍总数、人员总数

年份	主题	团队数量/支	总人数/人
2016 年	新常态下的青年创新创业	17	97
2017 年	心系热土·聚焦青年——走近农村青年	17	90
2018 年	培育农村发展新动能，打好精准脱贫攻坚战	26	146
2019 年	探寻"三农"发展路径，助力乡村振兴战略	12	86
2020 年	聚焦农业产业现代化，共建新时代美丽乡村	30	222
2021 年	畅通"大循环"与"双循环"，促进新时代农业农村优先发展	18	88
合计		120	729

M 大学积极响应党和国家的号召，将脱贫攻坚战与立德树人任务紧密结合，引导广大研究生结合专业优势，深入农村基层开展精准扶贫调研实践，激发研究生的家国情怀和责任担当，为国家打赢脱贫攻坚战贡献了重要力量，同时也探索了立足国家重大战略，全面推进研究生劳动育人、实践育人的有效路径。

（一）研究生寒假社会调研项目践行劳动教育价值观

当代研究生要努力贯彻落实习近平总书记对研究生教育的重要指示，不仅要刻苦学习科学文化知识，更要正确把握国家经济社会发展的前沿和脉搏，将个人理想融入党和国家的伟大事业中。研究生寒假社会调研是一个大课堂，身教重于言传。在进行寒假社会调研的同时，广大研究生群体明晰了国家层面的价值要求，感知了社会层面的价值要求，践行了个人层面的价值要求，实现了国家、社会、个人三者的有机统一，践行了劳动教育价值观。研究生寒假社会调研也由此成为思想政治教育的重要组成

部分。

调研团队充分发挥专业优势，深入调研农业、金融、保险、管理等诸多领域的问题，在调研过程中充分感受劳动价值。2016 年，研究生在调研中充分感受青年创新创业者的劳动艰辛；2017 年，研究生深入了解农村地区不同行业青年的生存现状，更加懂得珍惜来之不易的学习深造机会；2018 年，研究生深入农村、企业感受党和国家带领全国人民开展精准扶贫的伟大事业，深刻领会基层群众劳动致富的精神品质；2019 年，研究生前往农村地区了解乡村振兴的战略蓝图，感受乡村发展的蔚蓝前景，激发扎根基层的青年热情；2020 年是全面建成小康社会和打赢脱贫攻坚战的收官之年，200 多名研究生深入农业企业，了解农业产业现代化现状，充分感受现代劳动生产力的快速发展。

（二）研究生寒假社会调研项目提供劳动教育平台

创新是一个民族兴旺发达的不竭动力。高等院校作为人才培养的重要基地，承担着知识文化传承创新、培育拔尖创新人才的重要使命，作用和地位不言而喻。但是，目前高等教育存在诸多问题，突出表现为教育内容与社会实际脱节、研究生的实践能力与创新能力尚显不足、开放培养和多元培养机制有待健全、无法有效满足社会需要。生成创新理念的源泉只能是调查研究，检验创新活动实效的标准只能是社会实践，衡量创新人才质量的尺度只能是社会需要。

寒假社会调研活动为研究生提供了运用专业知识解决实际问题的平台。M 大学在开展项目立项过程中要求立项团队结合所学专业确定研究方向，运用专业理论和技能对调研发现的问题进行分析和研究。例如，2016 年，在 M 大学"新常态下的青年创新创业"的主题调研中，调研团队充分运用经济学、社会学、管理学知识深入分析小微企业、青年创新创业、互联网金融、在线教育等社会热点话题。2017 年，"心系热土·聚焦青年——走近农村青年"的主题调研鼓励研究生运用管理学、社会学知识为农村青年发展提出意见建议。2018—2021 年的主题调研（2018 年"培育农村发展新动能，打好精准脱贫攻坚战"、2019 年"探寻'三农'发展路径，助力乡村振兴战略"、2020 年"聚焦农业产业现代化，共建新时代美丽乡村"、2021 年"畅通'大循环'与'双循环'，促进新时代农业农村优先发展"）将育人平台的搭建与国家重大战略紧密结合，引导研究生运用经济学、管理学、社会学、马克思主义理论分析热点问题，真正体现了劳动育人因事而化、因时而进、因势而新。在实践平台上，研究生群体能够以开放包容的心态，从社会实践中获得创新思维，从社会实践中培育创新能力，从社会实践中养成创新品格，达到接受教育、锻炼能力、增长才干的多重目的以及参与社会、服务社会、奉献社会的复合效果，实现自身的全面协调发展。

（三）研究生寒假社会调研项目彰显大学社会服务职能

大学的职能，传统上主要是教学与科研。随着全球化的推进、高等教育的大众化，大学的社会服务职能逐渐成为社会关注的焦点。大学不再以象牙塔自居，而是积极走向当地社区、融入社会，发挥其在教育、人才、科技研究、政策咨询与国际合作方面的优势。

贫困一直是世界性难题，减贫、扶贫工作是广大发展中国家及各类国际组织的重点关注领域。以中国为例，贫困人口从 2012 年年底 9 899 万人减到 2019 年年底 551 万人，贫困发生率由 10.2% 降至 0.6%，连续 7 年每年减贫 1 000 万人以上，区域性整体贫困问题基本得到解决。贫困群众收入水平大幅度提高，贫困地区基本生产生活条件明显改善，贫困地区经济社会发展明显加快，贫困治理能力明显提升。中国的减贫方案和成就得到国际社会的普遍认可。2020 年，自脱贫攻坚任务完成后，中国将有 1 亿左右的贫困人口脱贫，对世界减贫贡献率超过 70%，提前 10 年实现联合国 2030 年可持续发展议程的减贫目标[①]。2020 年是习近平总书记提出"精准扶贫"的第八年，也是我国脱贫攻坚决战决胜之年，国家的扶贫开发工作取得了举世瞩目的成就。将国家脱贫攻坚战略与研究生劳动育人工作相结合，是研究生个人成长的实际需求，更是为党育人、为国育才的战略需要。2020 年，M 大学的寒假社会调研形成了 19 项脱贫攻坚相关的成果，涵盖了产业扶贫、消费扶贫、农业科技扶贫、传统产业扶贫、生态农业扶贫、互联网科技扶贫等主题，为各地经济社会发展提供了政策建议。

2019 年，M 大学组织力量，参加泰晤士高等教育集团的世界大学影响力排名。按照排名规则，提交相关的支撑材料与数据，研究生寒假社会调研项目及其成果作为一项重要的素材。最终的排名结果也印证了事实：M 大学在"消除贫穷"和"可持续城市与社区"两个单项排名中，均进入全球 101~200 名，表现优异。

（四）研究生寒假社会调研项目吸引多方参与劳动育人

劳动育人仅依靠高校的力量难以形成合力，《中共中央 国务院关于全面加强新时代大中小学劳动教育的意见》指出，劳动育人要"整合家庭、学校、社会各方面力量""形成协同育人格局"。M 大学研究生寒假社会调研项目在运行过程中注重进行媒体宣传，引起了社会对于劳动育人的关注，有利于引导各方加入劳动育人，形成全员育人格局。

2017 年，M 大学研究生寒假社会调研活动引起了国内多家媒体的报道，包括《光明日报》《中国日报》、新浪网、今日头条等多家媒体以及《丹阳日报》《恩施晚报》

---

① 习近平出席决战决胜脱贫攻坚座谈会并发表重要讲话［EB/OL］.（2020-03-06）［2021-09-13］. http://www.gov.cn/xinwen/2020-03/06/content_5488151.htm.

《太行日报》《遵义晚报》、云阳县广播电视台等 10 余家地方媒体。2018 年，《中国日报》对"扶贫攻坚队"进行了专稿报道，肯定了队员关注民生的社会责任感。《包头日报》、今日头条等媒体对"向日葵队"在内蒙古包头市固阳县开展的社会调研进行了题为《走基层、看民情、真实践，研究生团队寒假情暖家乡父老》的报道，高度赞扬了 M 大学研究生心系民生的精神。"边城队"在湘西调研的事迹受到当地媒体广泛关注，《团结报》、湘西网以及当地电视台对调研团队展开了专题报道，高度评价他们为脱贫攻坚建言献策的使命担当。2019 年，"脱贫在路上"小队前往内蒙古呼和浩特市武川县（国家级贫困县）调研特色农业在国家级贫困县脱贫过程中发挥的作用，得到了人民网的专题报道。这些宣传报道，一方面是对调研活动给予肯定和认可，另一方面也是政府、社会了解劳动育人的重要窗口，是吸引各方力量参与劳动育人的有效途径。

四、M 大学研究生寒假社会调研项目的现存问题

（一）高质量成果产出有待提升

如前所述，M 大学的研究生寒假社会调研项目已具备一定的社会影响力，成果形式较为多样，但学术影响力仍显不足，高质量的研究报告或论文成果数量仍然较少，能够在国内外顶尖期刊发表的学术成果更是寥寥无几，相关成果主要集中于内部自办刊物发表。显然，这并未达到项目设置的初衷，与政治素养好、创新意识强、专业知识扎实、实践能力突出的研究生培养目标尚有一定的差距，下一步要提高研究成果的学术质量。

（二）调研项目缺乏积累与连贯性

年度调研项目的主题更换虽然具有时效性，但调研项目缺乏连贯性，难以形成有效的数据积累。例如，乡村振兴、"三农"现代化，每年的状况在不断变化，前后对比才能发现变化和进步；一个地区的"十三五"总结和"十四五"规划，放在一起才能给予研究者信心与期待。同时，一个有研究价值的课题，显然也不会只有短期成效，长期建设成果更具有研究价值，有利于研究生将研究课题带入后续的学术深造阶段，但需要涉及相关单位与学院的协调。目前，M 大学的寒假社会调研项目还缺少整体规划。

（三）工作队伍专业化程度不高

受限于 M 大学的定岗定编方案，管理部门的在岗工作人员较少，还需兼顾研究生日常教育与管理，学生奖励及"三助"，研究生辅导员的选拔、培养、管理和考核工作，制定研究生教育管理的规章制度和工作计划等，事务繁杂。在组织研究生寒假社会调研项

目时，项目管理部门往往会借调其他学院的研究生辅导员、研究生学生组织与研究生骨干协助。这可以解一时之急，但终非长久之计。同时，借调人员也不熟悉整个工作流程、缺乏经验积累，不能很好地发挥主观能动性，也难以分出足够的时间、精力进行全过程管理。

五、M 大学研究生寒假社会调研项目的未来与思考

M 大学研究生寒假社会调研项目始终坚持学校党委的正确领导，努力实现劳动育人工作与学校各项事业协同发展，努力打造成新时代财经高校研究生教育的精品活动、特色活动。

（一）加强制度建设，优化管理流程

"双一流"建设高校的拔尖创新人才培养，其中一项衡量指标就是研究生继续科研深造、博士生从事学术职业的人数及比例。研究生寒假社会调研项目是在 M 大学现有的研究生教育框架下，旨在培养研究生科研兴趣、学术水平与调研能力的重要活动，项目管理是否规范关系到人才输出质量高低。

进一步突出成果导向，项目管理部门坚持按年度提炼研究主题、设立主攻方向，发挥研究生群体的科研优势，把论文写在中国大地上。相较于课堂教学而言，结合实地调研的做法能够有效调动研究生的积极性，促进学生了解国家脱贫攻坚、乡村振兴等过程中取得的成就以及面临的挑战。项目管理部门鼓励研究生团队将研究的成果和政策建议反馈给调研一线与基层，为当地的相关工作提供教育咨询与政策支持。M 大学持以学生为本，以成果应用为导向，制定符合学校学生发展特点的劳动育人的考核评价体系。M 大学完善全过程管理，把广大研究生纳入学术团队，参照校级科研管理服务的组织方式，鼓励研究生导师甚至博士生导师参与、指导，提升产出高水平成果的能力。项目管理部门还会邀请校内相关领域专家学者作为成果评估的主要参与者，确保项目申报、实践成果得到专业化指导。另外，项目管理部门组织专家对调研成果开展评估，评估的目的在于引导学生的社会实践活动真正下沉基层，促进实践活动真正深入社会、贴近群众。对学生社会实践的评估不仅要对实践报告、研究成果的内容进行评价，还要对成果的形式与丰富度进行考察，对研究生开展实践活动整体流程进行系统了解和全面分析，检验学生实践成果的应用价值，总结有效经验供今后实践活动借鉴，做好分级分类评价。M 大学鼓励研究生开展前瞻性研究，在实践中、在对问题的调查研究中，发现自身所长，找到学生自身特点与学校事业发展、社会客观需要三者的"最大公约数"。

（二）重视经验梳理，做好成果积累

M大学的研究生学制年限较短，长期科研只能在博士阶段完成。寒假社会调研给高校管理者和研究生提供了一个解决问题的途径：选定课题，做好本年度调研，形成规范的研究报告和一手数据，在保证知识产权归属清晰的前提下，可提供给项目管理部门备案、存档。项目管理部门合理使用调研团队的成果，在尊重前一批团队成员意愿的前提下，可以把过去团队的成果、经验以及研究方向作为后续立项研究的基础，相对科学、合理、客观地使得某一研究主题与研究方向连贯化。项目管理部门鼓励跨学院、跨学科和跨年级的组建调研团队，老生、新生"传帮带"，做好成果积累和跨年度使用，只有长期化，才能产生实际成效，避免蜻蜓点水。研究生可以通过长期调研、观测、数据积累，触发学术灵感，在未来可能的学术深造中，从小处着手、以小见大，形成高质量研究成果。目前，2020年政府管理学院的研究生在长期数据积累的基础上，合作完成《基于调查实验法的治理主体与环境治理评价研究》，发表在《中国人口·资源与环境》上。以H市环卫改革为例，探究在政府和社会资本合作（PPP）改革项目中，不同治理主体对环境治理评价的影响，并且基于KHB分解法验证治理主体影响公众评价环境治理效果的中介机制，对其博士阶段的深造具有积极意义。

（二）加强队伍建设，提高运行效率

M大学培养了一批具有管理意识、服务意识，综合素质突出的研究生干部，负责配合校级管理部门开展具体管理和服务工作。以学生组织及学生社团为工作抓手，一方面能培养学生的管理能力、服务能力，另一方面能够有效减少管理部门与实践参与者的沟通误差。M大学设立了专门负责研究生社会实践的学生组织，配合项目管理部门开展寒假社会调研的管理和服务工作。在此过程中，也涌现了一大批优秀的学生骨干，实现了劳动育人、组织育人的同步推进。未来，M大学将持续推进研究生学生骨干的培养，促进项目管理质量持续提升。

M大学进一步加强项目管理人员和指导教师队伍建设。M大学为项目管理人员搭建能力提升平台，定期组织项目管理培训，帮助其掌握项目管理的前沿方法，并运用到寒假社会调研项目管理实际工作当中。同时，M大学加强指导教师队伍建设，吸引高层次人才加入指导教师队伍，促进更多优秀调研作品的产出；鼓励指导教师将科研项目与学生调研活动联系起来，有效培养研究生的科研兴趣；鼓励指导教师参与实地调研，实现教师对调研项目的全过程指导。

（四）加强顶层设计，提升项目连续性

M大学在校地合作框架的基础上推进研究生寒假社会调研基地建设，培育可持续开展的调研项目，聚焦某个区域的相关问题持续组织调研团队深入开展研究，通过长期的数据搜集和资料积累形成高质量调研报告，促进高质量学术成果产出，实现劳动育人与科研育人的有机结合。M 大学加强与调研地的高校及科研院所合作，发挥各自的学科和区位优势就相关问题联合开展调研，促进院校学术交流，培养学生沟通协作能力。M 大学有选择性地引入公益组织、规模企业、官方媒体等第三方资源加入项目运作，扩大项目的社会影响力，帮助学生在调研过程中得到全方位锻炼，真正实现在调研过程中受教育、长才干。

六、结　语

立德树人、"五育并举"，有赖于高等教育的深化改革，有赖于高校、社会与研究生群体的共同努力，是一项长期的、艰巨的工程。M 大学的研究生寒假社会调研项目是三者协同协作的良好示范，为立德树人根本任务的实现提供了重要路径，为新时代财经高校培养德智体美劳全面发展的社会主义建设者和接班人提供了有效借鉴。

参考文献

［1］马陆亭，王小梅，刘复兴，等．深化新时代教育评价改革研究（笔谈）［J］．中国高教研究，2020（11）：1-6．

［2］周光礼．论劳动教育在高等教育中的价值定位：基于高等教育与工作世界关系的视角［J］．劳动教育评论，2020（1）：31-41．

［3］陈思，刘伟亮．"新时代财经高校大学生劳动教育工作论坛"会议综述［J］．劳动教育评论，2020（1）：109-113．

［4］李思楚．改善世界的大学力量：《泰晤士高等教育》发布全球首份"世界大学影响力排名"［J］．可持续发展经济导刊，2019（5）：55-57．

［5］梁烨．高等教育大众化趋势下财经高校发展思路浅析［J］．长春工业大学学报（高教研究版），2004（4）：16-17．

［6］周晶平．财经院校研究生能力培养与教学模式分析［J］．东北财经大学学报，2007（2）：95-97．

财经高校劳动教育必修课程的"三段式"模块构建及实现路径探索[①]

陈　涛[②]　陈小满[③]

摘　要：劳动教育是大学生成长过程中不可或缺的部分，对推动大学生全面发展具有重要意义。高校作为大学生劳动教育的主体，承担着劳动教育的任务，构建高校劳动教育体系，关键在于构建高校劳动教育必修课程体系。本研究从马克思主义劳动观教育理论及习近平新时代中国特色社会主义思想出发，结合劳动教育课程的特点，确立"三段式"培养模块及"学校+学院"共育课程模式，在此基础上形成符合财经高校发展的劳动教育必修课程体系。

关键词：劳动教育；课程体系；课程模块；实现路径

一、研究背景

劳动教育是中国特色社会主义教育制度的重要内容，直接决定着社会主义建设者和接班人的劳动精神面貌、劳动价值取向和劳动技能水平。2019 年 11 月，中共中央全面深化改革委员会审议通过《中共中央 国务院关于全面加强新时代大中小学劳动教育的意见》（以下简称《意见》），指出劳动教育是中国特色社会主义教育制度的重要内容，要将劳动教育纳入人才培养全过程，实现知行合一，促进学生形成正确的"三观"，这为我国高校劳动教育实施指明了基本方向。《意见》强调劳动教育是中国特色

①　基金项目：本文为西南财经大学 2021 年度第一批"教育教学改革专项资金"劳动教育综合类项目"财经类高校劳动教育必修课程体系及实现路径研究"的研究成果。

②　陈涛（1984—），男，西南财经大学发展研究院副院长，副教授，教育学博士，管理学博士后，主要从事高等教育、区域治理与人才发展研究。

③　陈小满（1990—），男，西南财经大学发展研究院讲师，管理学博士，主要从事产学研融合与研究生教育研究。

社会主义教育制度的重要内容，要把劳动教育纳入人才培养的全过程。构建新时代劳动教育课程体系，明确劳动教育的实施方案，是认真贯彻落实习近平新时代中国特色社会主义思想的必然要求。

在这一政策基础上，2020 年 3 月，中共中央、国务院印发《中共中央 国务院关于全面加强新时代大中小学劳动教育的意见》，对劳动教育做了顶层设计和全面部署，明确了劳动教育体系的构建。基于此，构建新时代劳动教育必修课程体系有了明确的依托和参照标准。《意见》提出整体优化学校课程设置，将劳动教育纳入中小学国家课程方案和职业院校、普通高等学校人才培养方案，形成具有综合性、实践性、开放性、针对性的劳动教育必修课程体系。高校应充分发挥劳动教育课程育人功能，以重新塑造大学生的思想观念。近年来，在大学校园中出现大学生不珍惜劳动成果、不想劳动、不会劳动、拒绝劳动、逃避劳动的问题，劳动意识、劳动观念淡薄的现象，劳动的独特育人价值在一定程度上被忽视，劳动教育正被淡化、弱化。因此，在高等院校开设劳动教育课程，培养大学生劳动意识、知识和相关技能显得尤为迫切。

二、文献综述与理论分析

关于高校劳动教育的研究主要集中以下方面：一是在劳动教育思想上，有学者研究马卡连柯、苏霍姆林斯基[①]、黄炎培[②]、陶行知[③]等著名教育家劳动教育思想对当代劳动教育的启示及新时代背景下劳动教育在立场、内容、功能、实践等层面具有的新的内涵[④]。二是在高校劳动教育上，刘向兵（2018）基于习近平总书记关于劳动的重要论述对高校劳动教育和中小学劳动教育的区别与联系进行了辨析[⑤]；裴文波等（2019）提出从高校、社会、家庭和大学生自身四个方面切入来探析当代大学生的劳动教育[⑥]；郭长义（2019）认为，劳动是实现人的全面发展的必由之路，要把劳动教育融入高校教育教学全过程、全方位、各环节[⑦]。三是在高校劳动教育必修课程上，乐晓蓉和胡蕾

① 胡君进，檀传宝. 劳动、劳动集体与劳动教育：重思马卡连柯、苏霍姆林斯基劳动教育思想的内容与特点 [J]. 国家教育行政学院学报，2018（12）：40-45.

② 张琛，李珂. 论黄炎培劳动教育思想的丰富内涵与当代启示 [J]. 教育与职业，2019（2）：93-97.

③ 李珂，蔡元帅. 陶行知劳动教育思想对新时代加强大学生劳动教育的启示 [J]. 思想教育研究，2019（1）：107-110.

④ 班建武. "新"劳动教育的内涵特征与实践路径 [J]. 教育研究，2019（1）：21-26.

⑤ 刘向兵. 新时代高校劳动教育的新内涵与新要求：基于习近平关于劳动的重要论述的探析 [J]. 中共高教研究，2018（11）：17-21.

⑥ 裴文波，岳海洋，潘聪聪. 高校大学生劳动教育的多维透视 [J]. 学校党建与思想教育，2019（4）：87-89.

⑦ 郭长义. 人的全面发展视域下的新时代高校劳动教育研究 [J]. 辽宁大学学报（哲学社会科学版），2019（4）：161-169.

（2020）指出，通过建立开放性劳动教育课程实践体系，构建劳动教育长效机制来保障劳动教育整体推进①；赵健杰和刘向兵（2020）指出，高校劳动教育课程化是一个有机的系统，编写和完善以劳动科学为内容的教学教材，整合课程体系②；宋岭和张华（2020）认为，劳动教育应回归身心融合的本源，开发适应时代发展和学生兴趣的创新性、融合性劳动课程③。

总之，现有文献从不同层面对高校劳动教育进行研究，取得了一定的阶段性成果，但整体来看还存在亟待完善的地方。在研究对象方面，已有研究主要从宏观层面关注高校劳动教育必修课程设置，较少涉及财经高校劳动教育必修课程设置；在研究方法方面，已有研究多为理论和制度性研究，鲜有量化与质化相结合的混合研究；在研究特色方面，已有研究多为通用性研究，缺乏对特色类型高校的研究。因此，本文立足财经高校学科发展的特点，构建财经高校劳动教育必修课程体系，促进劳动教育课程融入财经类学科专业发展。

劳动观是马克思主义关于劳动的根本观点和看法，是马克思主义首要的基本观点。马克思主义哲学认为，劳动是区分人与动物的决定性因素，劳动实现了自在意义的自然世界跃迁为自为意义的人类世界，劳动创造了世界，劳动创造了人本身④。习近平总书记高度重视劳动的价值和意义，曾多次指出："中华民族伟大复兴，绝不是轻轻松松、敲锣打鼓就能实现的。全党必须准备付出更为艰巨、更为艰苦的努力。"⑤ 当前，我国正处于全面建设社会主义现代化国家的新征程，在转换增长动力、优化经济结构、建设创新型社会的今天，重视劳动教育、培养高素质劳动人才是新时期全面发展的必然诉求，是有效实施素质教育的重要推力，是富国强民、托起中国梦的客观要求，具有重要的现实意义和时代意义。

在2018年全国教育大会上，习近平总书记明确点明劳动的重要性，重新将劳动教育纳入国家教育体系，强调要在学生中弘扬劳动精神，教育引导学生崇尚和尊重劳动。基于结构功能主义理论分析，劳动教育是具有一定结构或组织化手段的系统，劳动教育与育人系统高度关联，并对社会整体功能的发挥起到了至关重要的作用。习近平总书记关于劳动教育的重要论述立足我国国情和发展实际，不仅丰富和发展了党和国家

① 乐晓蓉，胡蕾. 新时代高校劳动教育的价值考量与整体推进 [J]. 思想理论教育，2020（5）：96-101.
② 赵健杰，刘向兵. 论新时代高校劳动教育的课程建设 [J]. 北京教育（高教），2020（2）：14-17.
③ 宋岭，张华. 时代挑战与未来路向：劳动教育的当代诠释与实践 [J]. 中国教育科学，2020（3）：41-49.
④ 马克思，恩格斯. 马克思恩格斯选集：第4卷 [M]. 中共中央马克思恩格斯列宁斯大林著作编译局，译. 北京：人民出版社，1995：374.
⑤ 习近平. 决胜全面建成小康社会 夺取新时代中国特色社会主义伟大胜利——在中国共产党第十九次大会上的报告 [N]. 人民日报，2017-10-28（01）.

的教育方针，也对高校加强劳动教育提出了新任务和新要求。

三、高校劳动教育必修课程体系构建

（一）理论和专业相结合的培养目标

1. 坚持以马克思主义劳动观为理论基础

马克思主义劳动观认为，劳动促使人类不断发展与进步、创造了人类社会，也是实现人的全面发展的必经之路。而实现人的全面发展既是新时代劳动教育的价值旨归，也是新时代高校开展劳动教育的价值诉求[①]。高校应坚持以马克思主义劳动观为指向的劳动教育，立足于劳动并根植于劳动，通过劳动的方式使学生获得德、智、体、美的全面发展。

党的十九大以来，习近平总书记多次围绕劳动的价值、弘扬劳动精神、构建和谐劳动关系等内容发表了一系列重要讲话，并指出劳动是推动人类社会进步的根本力量；只有通过诚实劳动，才能实现美好梦想、破解发展难题、铸就生命辉煌[②]。习近平总书记从多维度阐释了劳动教育人生观、奋斗观、人才观，具有很强的实践性与时代性，为马克思主义劳动观镌刻出新的时代维度。

2. 创新创业教育与劳动教育必修课程的有机结合

教育的本质是培养人，劳动教育与创新创业教育都立足育人，能够推动立德树人根本任务的完成和劳动精神的培育。"从实践中来，到实践中去"，劳动教育的落脚点在于劳动实践，而创新创业则是将学生创新创造的思想和热情落地的实践活动，两者都是育人全过程中的组成部分，可以将两者有机结合，更好地发挥育人效果。

3. 劳动教育课程与学科专业特色相结合

学科实践活动课程是学科教学中培养学生综合素养，增强实践动手能力。学科实践活动课程也能够成为劳动教育课程的阵地，结合学科、专业特点，让学生在从做中学，学中做，更好的感悟和反思所学知识，调动学习和实践的积极性。劳动教育课程开始应结合高校的学科专业特色，并根据高校学科发展情况开设与之相关劳动教育必修课程，如财经高校可将劳动教育必修课程与会计学、保险学、金融学专业等进行结合，形成符合财经高校学科发展特色的劳动教育课程。

4. 注重通用劳动科学知识的传授

劳动科学知识是劳动理论教育的前提与保障，对此高校要将劳动理论教育纳入人

---

① 羌毅，任海华. 以马克思主义实践观重构高职劳动教育范式 [J]. 黑龙江高教研究，2021 (7)：121-124.
② 田鹏颖. 用实干践行马克思主义劳动观 [N]. 光明日报，2018-05-02 (04).

才培养方案，开设贯穿整个教育教学过程的劳动教育通识课程，向大学生系统传授劳动经济、劳动伦理、劳动关系、劳动保障、劳动安全等劳动科学基础理论知识，培养大学生的劳动意识与劳动观念。

（二）"三段式"课程模块

劳动教育必修课程包括通用劳动科学知识，创新创业课程，与劳动相关的实习实训、社会实践、勤工俭学等。理论与实践相结合的课程内容，要求高校在劳动教育必修课程开设时，探索实行理论课程、理论+实践课程、实践课程"三段式"课程模块（见图1）。

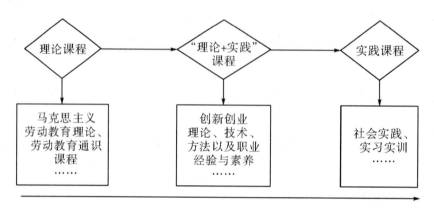

图1 "三段式"课程模块

（三）"学校+学院"共育课程模式

劳动教育必修课程开设由教务处统筹协调，学校层面负责劳动教育必修课理论部分的编制、修订与考核；学院结合自身学科特色，开设与之配套的实践课程并负责实践课程的设计与考核；整体采用"学校+学院"培养模式。此外，根据学生发展情况，大三学年开设劳动教育课程（大一、大二学生理论知识基础还不够扎实，开设劳动教育必修课程的效果有限），教学效果可能会比较理想。

（四）多元主体评价模式

衡量和评价劳动教育成效的根本依据是劳动教育目标的实现程度。劳动教育必修课程的内容包含理论课程、"理论+实践"课程、实践课程三部分，涉及高校、教师、学院、企业、学生等多个主体。劳动教育成效的评价可以分解为以下四个维度：对基本劳动常识的知晓度、劳动情感的认同度、劳动意志和信念的内化度、劳动行为的稳定性和一贯性①。评价过程中坚持多元主体的评价模式，针对理论课程采用考试形式、"理论+实践"课程采用成果形式、实践课程采用"学院+企业"共评模式。

---

① 戴家芳，朱平. 论对劳动教育成效的评价［J］. 中国德育，2017（9）：34-38.

（五）"双师型"师资队伍建设

高校劳动教育必修课程由于课程设置的特色（"理论+实践"课程），要求劳动教育必修课程在实施过程中离不开理论知识与实践技能的培养。高校应结合校情、学情、教情，以榜样引领、全员参与、多元共育为原则，推动劳动教育师资队伍结构优化，增强教师劳动教育理论认知和价值认同。高校应在劳动教育必修课程开设中采用理论型与实践型教师资源相结合的"双师型"模式，向学生传授劳动教育理论知识与实践技能（见图2）。

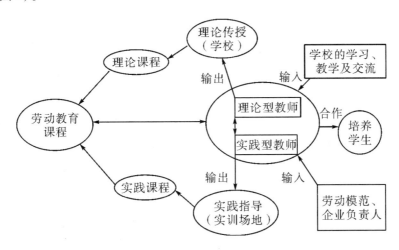

图2 "双师型"师资队伍构建

（六）探索编写"财经特色"劳动教育课程教材

劳动教育必修课程教材编制应基于马克思主义劳动教育理论及习近平总书记关于劳动教育的重要论述。同时高校应结合学科和专业特色，组织"双师型"教师共同研制编写与学科发展相契合的高校劳动教育教材。例如，财经高校在金融学、保险学、会计学等经管类专业具有自身特色，在课程编制过程中应充分将上述专业纳入课程编制的范畴，实行劳动教育教材与财经高校学科和专业发展相结合，推动财经高校学科和专业发展。

四、劳动教育必修课程体系的实现路径

根据劳动教育课程培养目标，劳动教育必修课程体系实现路径可以分为以下三个阶段：

（一）第一阶段：劳动教育必修课程师资队伍建设

劳动教育必修课程师资队伍建设阶段主要目的是培养与劳动教育必修课程相关的

教师。劳动教育课程顺利开展，离不开优秀的师资队伍。如何推进高校劳动教育师资队伍建设，是高校开设劳动教育课程首先要面对与处理的问题。对此，高校可以从以下几个层面进行推动：

首先，开展劳动教育相关理论研究，提升高校教师劳动教育理论素养。高校应根据自身发展的特色与目标，设置劳动教育理论的相关课题，鼓励高校教职员工开展劳动教育调研，通过相关案例收集、课堂实际调研、劳动教育领域专家访谈等方式，围绕高校专业发展特色、所处地域特点以及行业发展需求开展财经高校劳动教育理论研究及实践探索，推动高校教师劳动教育理论水平提升。

其次，融入劳动教育的培养理念，注重高校教师劳动理论与职业精神的培养。高校的教师培育与发展要将新时代劳动教育的观念、现代劳动职业形态、劳动教育的实践行动与研究等内容纳入其中。

最后，在培训过程中注重教师参与。传统的培训方式，如专家做报告的形式，教师实际参与度较低，虽然对于教育理念的提升有一定帮助，但往往是被动的，很难从本质上提高教师参加培训的积极性。劳动教育示范课模仿难度较大，往往使教师丧失信心。因此，高校应提倡参与式培训，使所有教师都融入集体学习活动中。教师可以自由地表达自己的教学经验和困惑，积极寻求专家对话与指导，在思维碰撞中产生新思想、达成新共识，以参与方式提升教师的内在积极性、自觉性，使教师积极主动参与劳动教育培训，通过培训提升高校劳动教育师资队伍质量。

（二）第二阶段：劳动教育必修课程编制阶段

在劳动教育必修课程编制阶段，高校应在劳动教育课程开设的基础上，结合教师、管理者、企业相关人员等编制财经高校劳动教育课程的教材。《中共中央 国务院关于全面加强新时代大中小学劳动教育的意见》指出，普通高等学校要明确劳动教育主要依托课程，其中本科阶段不少于 32 学时。除劳动教育必修课程外，其他课程结合学科、专业特点，有机融入劳动教育内容。对此，高校在劳动教育课程设置中，应注重劳动教育课程与专业课程、创新创业课程、思想政治教育课程的融合。

在专业课程设置中，高校应将劳动教育理念纳入人才培养方案，开设贯穿整个教育教学过程的劳动教育必修课程，向大学生系统传授劳动思想、劳动伦理等理论知识，引导大学生树立正确的劳动观念、劳动意识；向大学生系统传授劳动经济、劳动关系、劳动保障等劳动科学基础理论知识，引导学生认识劳动、理解劳动，形成科学的劳动观念。同时，在专业课程设置中，高校应根据需要适当增加劳动实践课程的比例，注重劳动实践课程与专业课程的联动和融合，让大学生在专业课程学习时理解与专业课程相关的劳动知识；在劳动教育中学习与之相关的专业知识，实现劳动教育知识与专业知识双丰收。

在创新创业课程设置中，高校应注重创新创业课程与劳动教育课程的有机结合。高校在推动大学生创新创业教育中，可以将"双创"通识教育课程与劳动教育通识课程进行有效整合，在"双创"教育中嵌入劳动法律、劳动伦理、劳动精神等，指导学生更好地把握创业机遇、走好创业之路；在思想政治课程设置中，注重劳动教育的重要作用。劳动教育课程是培养大学生全面发展的重要途径。面对劳动情感、劳动习惯和劳动技能尚需塑造与强化的当代大学生，高校必须在课程设置中安排相应的劳动教育内容，明确劳动教育内容所要达到的思想政治教育目标，以此提高劳动教育发挥思想政治教育功能的针对性。

在课程设置层面，以往关于课程的设置更多地集中于理论层面与学校层面。与其他课程相比，劳动教育课程包含理论课程与实践课程两部分，这就决定劳动教育课程的设置应突破理论范畴与学校界限，在劳动教育课程设置中注重实践知识和技能的培养。与此同时，在劳动教育课程编制中，突破学校限制，将劳动教育课程编制的参与者扩大到与之关联的教师、管理者、企业等相关者，以此保障劳动教育课程设置的客观性、可操作性及实用性，进而提升劳动教育课程的适用性。

（三）第三阶段：劳动教育必修课程体系建设阶段

财经高校必须逐步形成符合财经高校发展的劳动教育必修课程体系。高校应研究以习近平新时代中国特色主义思想为指导，以结构功能主义理论为基础，以调查作为研究的主线，首先选取劳动教育课程较为成功案例作为研究的对象，从中探寻其成功经验与做法，再将这些经验与做法上升到理论的层面，总结出成功的课程体系；其次引入本校劳动教育课程设置的相关者（高校教师、校外实践导师、高校学生），结合本校发展战略与发展目标对劳动教育必修课程体系进行设计、修订以及完善，使劳动教育课程更符合本校发展特色，构建"三段式"课程培养模块与"学校+学院"共育课程模式。

参考文献

［1］中共中央，国务院.中共中央 国务院关于全面加强新时代大中小学劳动教育的意见［EB/OL］.（2020－03－26）［2021－09－17］.http://www.gov.cn/zhengce/2020－03/26/content_5495 977.htm.

［2］中共中央全面深化改革委员会《关于全面加强新时代大中小学劳动教育的意见》［EB/OL］.（2019－11－28）［2021－09－17］.https://www.thepaper.cn/newsDetail_forward_5088905.

［3］胡君进，檀传宝. 劳动、劳动集体与劳动教育：重思马卡连柯、苏霍姆林斯基劳动教育思想的内容与特点［J］. 国家教育行政学院学报，2018（12）：40-45.

［4］张琛，李珂. 论黄炎培劳动教育思想的丰富内涵与当代启示［J］. 教育与职业，2019（2）：93-97.

［5］李珂，蔡元帅. 陶行知劳动教育思想对新时代加强大学生劳动教育的启示［J］. 思想教育研究，2019（1）：107-110.

［6］班建武.“新”劳动教育的内涵特征与实践路径［J］. 教育研究，2019（1）：21-26.

［7］刘向兵. 新时代高校劳动教育的新内涵与新要求：基于习近平关于劳动的重要论述的探析［J］. 中共高教研究，2018（11）：17-21.

［8］裴文波，岳海洋，潘聪聪. 高校大学生劳动教育的多维透视［J］. 学校党建与思想教育，2019（4）：87-89.

［9］郭长义. 人的全面发展视域下的新时代高校劳动教育研究［J］. 辽宁大学学报（哲学社会科学版），2019（4）：161-169.

［10］乐晓蓉，胡蕾. 新时代高校劳动教育的价值考量与整体推进［J］. 思想理论教育，2020（5）：96-101.

［11］赵健杰，刘向兵. 论新时代高校劳动教育的课程建设［J］. 北京教育（高教），2020（2）：14-17.

［12］宋岭，张华. 时代挑战与未来路向：劳动教育的当代诠释与实践［J］. 中国教育科学，2020（3）：41-49.

［13］马克思，恩格斯. 马克思恩格斯选集：第4卷［M］. 中共中央马克思恩格斯列宁斯大林著作编译局，译. 北京：人民出版社，1995：374.

［14］习近平. 决胜全面建成小康社会 夺取新时代中国特色社会主义伟大胜利——在中国共产党第十九次大会上的报告［N］. 人民日报，2017-10-28（01）.

［15］羌毅，任海华. 以马克思主义实践观重构高职劳动教育范式［J］. 黑龙江高教研究，2021（7）：121-124.

［16］田鹏颖. 用实干践行马克思主义劳动观［N］. 光明日报，2018-05-02（04）.

［17］戴家芳，朱平. 论对劳动教育成效的评价［J］. 中国德育，2017（9）：34-38.

新财经视域下大学生服务性
劳动教育体系初探

刘晓彬① 刘砚琛② 覃 莹③

摘　要： 新财经服务性劳动教育包括战略性新兴服务、高技术服务、科技服务、文化及相关产业服务等劳动，倡导手脑并用、探索创新、运用新时代服务工具与技术去解决现实服务业态中的问题，提高服务劳动技能、提升新财经领域职业就业综合素质。本文重点从服务性劳动教育的价值意蕴、新财经服务性劳动教育的实施体系构建和保障措施等方面，对新财经视域下大学生服务性劳动教育体系进行探索研究，以期服务于具体工作实践。

关键词： 新财经；高校；服务性劳动教育

党的十八大以来，习近平总书记立足新的历史方位，把劳动教育的灵魂贯穿在"一个精神""两个态度""三个行为""四个观念"④ 的时代意蕴和使命担当之中。这是以习近平同志为核心的党中央对新时代劳动教育的全新阐释，也是新形势下高校落实立德树人根本任务、构建德智体美劳全面培养教育体系的现实要求。当前，我国高等财经教育亟待全面转型升级，财经院校要更好地服务现代化经济体系建设、更好地服务科技自强自立，应当在办好"新文科"观念指导下，探索建设新财经教育。新财经教育的一个重要内容就是掌握应用现代服务业的经济管理规律，为以金融为核心的现代服务体系构建培养人才、做出贡献。从开展大学生劳动教育上看，新财经教育要

---

① 刘晓彬（1971—），男，西南财经大学会计学院分党委书记，副教授，主要研究方向为高校党建研究、思想政治教育、青年工作。
② 刘砚琛（1980—），女，西南财经大学会计学院辅导员，讲师，主要研究方向为大学生党建、思想政治教育。
③ 覃莹（1982—），女，西南财经大学会计学院讲师，主要研究方向为思想政治教育、高校管理。
④ "一个精神"：劳动精神。"两个态度"：崇尚劳动、尊重劳动。"三个行为"：辛勤劳动、诚实劳动、创造性劳动。"四个观念"：劳动最光荣、劳动最崇高、劳动最伟大、劳动最美丽。

充分重视和拓展现代服务性劳动教育，让学生全身心参与到现代服务业真实的社会运行情境之中，亲历实际的服务劳动过程，并在此过程中不断筑牢服务意识、提升实践服务技能等，从而实现劳动教育促进大学生全面发展的价值旨归。

一、大学生开展现代服务性劳动的教育价值

现代服务性劳动区别于传统劳动，是运用体力、脑力、知识和工具等进行服务与创造的实践活动，是新时代劳动教育的重要组成部分，具有育德、增智、强体、悟美等丰富的育人功能。大学生正处于世界观、人生观、价值观形成的关键期，开展服务性劳动在新时代大学生成长过程中不仅承载着"成才"的教育任务，同时承担着"成人"的社会使命，有助于新时代大学生形成正确的劳动观念，培养良好的道德品质，练就过硬的劳动本领，实现"以劳育全"的综合育人价值。

（一）培育以服务共享为核心的新型职业道德

当今时代是一个知识信息开放、交流媒介多元、自我价值缺失、追求个性独立的时代。在信息化、智能化市场环境的影响下，人机关系、虚拟关系成为社会交往的特色形态和重要组成部分，在拓展人们生活空间的同时，也模糊了人际关系和人机关系之间的边界，从而导致大学生现实社会适应能力下降。作为高校立德树人、铸魂育人的关键环节，劳动教育直接关系着培养什么样的人、如何培养人以及为谁培养人这个根本问题。通过开展实施服务性劳动，学生有机会面对真实的个人生活、职业体验和社会服务，有助于其进一步理解劳动世界和劳动关系，培养劳动意识和劳动习惯，从而建立基于信息社会"大视野"的共享理念和服务态度，逐步形成正确的职业道德，履行应有的社会责任。

（二）增加以"大智移云"为枢纽的人类发展智慧

随着"互联网+"时代的到来，以人工智能为代表的信息技术蓬勃兴起，为人类社会发展注入了新的强大动力。人机协同、跨界融合、开放共享的智能经济模式，对传统的产业链条和劳动方式产生了巨大冲击，越来越多的简单性、重复性、机械性劳动被人工智能代替，致使劳动者核心素养的重构成为当下和未来教育的图景。现代服务性劳动以培养德智体美劳全面发展的社会主义建设者和接班人为导向，以融入时代背景、适应发展需求为前提，以掌握数字化技能、提升信息化素养为核心，着重在培养人类特有的思维能力、沟通能力、协调能力和创新能力等方面下功夫，使这些来源于人的个性得到有效发挥，超越人工智能的独特能力得到不断挖掘，实现劳动力结构从简单操作型向知识服务型转变。

（三）强健以身心平衡为导向的个人体质健康

"青年兴则国家兴，青年强则国家强。"作为文化水平较高，且最具活力、潜力的青年群体，大学生正处在人生发展黄金期与民族复兴关键期重叠的新时代，承载着国家的未来、民族的希望，可谓使命光荣、责任重大。对大学生而言，良好的身体素质既是增强抗压能力、承受刻苦磨炼的生理和心理基础，也是其成长成才的必备条件。以劳动促进学生身心健康成长是当前教育理念的延伸和扩展，积极参与服务性劳动，有利于学生检验自身身体素质，适应常态化工作节奏，并从身体和心理两个方面得到有效锻炼，将有效增进其对于劳动教育的认知理解，提高主动参与劳动的积极性和自觉性。积极参与服务性劳动对于社会尊重劳动、热爱劳动、崇尚劳动具有很好的促进作用，有利于实现学生身心健康与社会环境优化的良性互动。

（四）体悟以文明和谐为精髓的群体文化审美

劳动创造美，在于具备和培养认识美、发现美、欣赏美、展示美的价值取向和能力。相对于生产性劳动教育，现代服务性劳动更注重探究劳动内容和劳动过程的内在机理，更强调人与人、人与社会之间的交叉联系。劳动的过程，不只是知识技能"移植"的过程，更是思想认知和情感心灵的交流互动过程。通过劳动实践，学生能够直观深切地感受劳动者兢兢业业的劳动态度、面对困难从容不迫的劳动气质和林林总总的劳动成果，切实从劳动创造、劳动过程和劳动智慧中获得美好的情感体验；在团结协作、相伴成长中体悟文明之美、和谐之美，从而不断矫正自己的审美取向、升华自己的审美观念，实现从个人到群体、多元到统一的调整转变。

（五）融通以知行合一为标尺的劳动教育价值

当前，高校大学生基本实现了"95后""00后"换代，他们洋溢着时代气息、张扬着迥异特点，表现出价值多元、流露出思维多变，对社会和学校倡导的价值观念、行为准则认知参差不齐，对集体活动的参与度、认可度也是好坏不一，有的甚至在标新立异、哗众取宠的心理影响下，抵触和排斥高校劳动教育。究其原因，每名学生入学前都有不同的家庭背景和成长经历，其价值观念、发展目标和生活逻辑也各不相同。针对这种个体性差异，只有从内心深处解决了"信"的问题，才能激发兴趣，产生行动自觉，实现"信和做""知与行"的统一。现代服务型劳动具有塑造价值的特殊功能，组织实施劳动教育的过程，既是从"行"的实践中获得"知"的理性认识过程，也是从"知"的感性认识到"行"的真理检验过程，对培养具有相同价值理念的当代大学生群体有着积极的促进作用。

二、新财经服务性劳动教育的实施体系

新时代建设社会主义现代化强国，迫切需要高水平、高质量的教育支撑，聚焦并有效开展劳动教育是新时代高校落实立德树人根本任务的现实要求。以高等财经院校为例，新财经背景下的服务性劳动教育必须准确把握时代特征，积极适应科技发展和产业变革，紧跟劳动新形态和财经行业新业态，在目标认知、教育课程、实习实训、志愿实践、文化传播等方面进行创新设计，深化产教融合，改进劳动教育方式，努力适应新技术带来的新变化，于变局中开新局，培育德智体美劳全面发展，具有社会责任感、创新精神、国际视野的财经领域卓越人才。

（一）新财经服务性劳动教育的基本内涵

新财经服务性劳动教育包括战略性新兴服务、高技术服务、科技服务、文化及相关产业服务等劳动，倡导手脑并用、探索创新、运用新时代服务工具与技术去解决现实服务业态中的问题，提高服务劳动技能、提升新财经领域职业就业综合素质。在高等财经院校，普遍而深入地开展大学生现代服务性劳动教育，不但具有办学特色和专业教育的优势基础，更可以通过培养契合现代市场经济社会高端服务业发展需要的人才，将服务性劳动教育融入第一课堂、第二课堂和潜在课堂中，更直接和深入地解决个人与社会的和谐关系问题，从而培育知行合一、身心健康、全面发展的现代职场新型劳动者和现代化建设迫切所需的时代新人。

（二）新财经服务性劳动教育课程设计

高校应将服务性劳动教育纳入专业人才培养方案，围绕卓越财经人才培养目标，深入挖掘思想政治教育、专业教育、创新创业教育、职业生涯规划等所蕴含的劳动元素和育人功能，打造建设一批特色鲜明、作用明显的服务性劳动示范课堂，科学设计本硕博不同层次学生接受劳动技能的难度系数，循序渐进增加服务性劳动课程技术含量，实现劳动教育与知识体系教育的有机统一。高校应针对人工智能背景下创新能力培养，在持续巩固德育、智育、体育和美育成效的基础上，引入 STEAM 教育、创客教育和创新教育最新发展成果，探索建立一批既符合时代要求，又满足学生需求的新载体、新平台，深化产教融合，形成与德育、智育、体育、美育横向有机融入，本硕博不同学生层次纵向衔接贯通，劳动价值理念终身遵从体现的新财经服务性劳动教育课程设计。

（三）新财经服务性劳动教育实习实训

作为专业课堂教学的拓展和延伸，实习实训是学生把专业知识从"知道"转化为

"运用"的基本课堂，也是学生掌握劳动技能、提升劳动能力的主要途径，还是推动学校与社会"无缝衔接"的重要依托。新财经服务性劳动教育实习实训要坚持聚焦国家战略发展需求和学生成长规律，以服务社会经济发展为中心，紧跟科技前沿和关键领域，综合运用校地合作、校企合作等开放式培养平台。例如，高校应建立财会金融特色实训基地，完善教学和过程管理机制，通过为政府机构和创业企业提供代理记账、纳税服务、投融资中介服务等，真实从事会计核算、财务管理、审计评估等工作，让学生在服务性劳动实践中更深入地理解专业知识、更熟练地运用专业技能，并内化形成个人的知识与技能储备。

（四）新财经服务性劳动教育志愿实践

志愿服务是社会文明进步的重要标志。高等财经院校开展服务性劳动教育必须充分利用志愿服务这个重要载体，因地制宜地开展好志愿实践活动。高校要组织学生走出校园、走进社会、走入特殊困难群体，深入开展以助力地方经济、资助困难学生、支教留守儿童、关爱抗战老兵、辅学灾区学生、服务城市建设等为主要内容的志愿服务活动。例如，针对驻地中小型企业创业初期实际困难，高校应发挥好新财经应用型学科优势，通过实施"财务金融帮扶计划"，搭建金融服务平台，完善"四化"① 志愿服务机制等，为中小型企业提供公益性金融服务，支持和推动地方创业经济发展。广大学生通过参与志愿服务活动，不断加深对专业知识和职业道德的认知与理解，增强"为他人送温暖、为社会做贡献"的责任担当。

（五）新财经服务性劳动教育文化传播

建立支持和保障劳动教育的精神风尚与文化环境，关系到高校立德树人根本任务的实现，关系到大学之道和劳动精神的传承与弘扬，关系到中华民族伟大复兴中国梦的最终实现。新财经服务性劳动教育文化传播，要以丰富的校园文化为载体，以弘扬劳动精神为核心，以营造劳动光荣的校园氛围和树立求真务实的学习风尚为目标，从思想、理念、精神、物质、制度、行为等多个维度，全面构建既体现时代特征又彰显办学特色，既反映教学水平又展示育人格局的劳动教育体系，全力营造"劳动最光荣、劳动最崇高、劳动最伟大、劳动最美丽"的良好氛围，创新推动新时代劳动教育与高等财经院校校园文化建设及"三全育人"教育理念的有机融合，为培养服务国家及区域经济转型发展的高素质应用型财经人才做出应有的贡献。

---

① "四化"：需求选择菜单化、服务项目专业化、组织管理精细化、指导力量职业化。

三、新财经服务性劳动教育的保障体系

作为新时代中国特色社会主义教育制度的重要内容，劳动教育关系并直接作用于培养德智体美劳全面发展的社会主义建设者和接班人。做好劳动教育的条件保障工作，对于推进新时代劳动教育落地落细落实、促进学生健康发展和全面发展具有十分重要意义。高等财经院校要顺应时代发展要求，立足应用型学科特色，以高度的政治责任感和历史使命感，加强对劳动教育工作的组织领导，全力建立完善的长效保障机制，不断提升新财经服务性劳动教育的质量水平。

（一）党建思政引领

加强党对教育工作的全面领导，是办好教育的根本保证。抓好新财经服务性劳动教育必须要充分发挥党组织的示范引领和辐射带动作用，不断完善党对劳动教育工作的领导体制机制，加强基层党组织对课堂教学和各类劳动教育实践基地的建设管理，确保在教学、科研、管理全程中巩固政治地位、强化政治能力。高校要利用党组织"三会一课"、主题党日等，丰富劳动教育形式内容，以劳动教育主题党日、主题团日、主题班会以及劳动教育主题讲座等形式，强化马克思主义劳动观教育，增进学生思想行动的认知认同。高校要强化思想政治工作改革创新，按照"整体推进+重点培育+项目协同"的建设思路，积极推进学校、社会、家庭、个人"四位一体"教育系统构建，形成思想政治教育与劳动教育同行同向、协同育人的工作效应，涵养学生主动服务他人、服务社会、爱国爱民的家国情怀。

（二）组织规划协调

高校要进一步健全完善大学生劳动教育的顶层设计、统筹规划、宏观指导、组织协调和督促检查。高校应成立大学生劳动教育中心，设立专人专岗，在学校劳动教育工作领导小组领导下，做好大学生劳动教育工作组织协调、师资培训、过程管理、整体推进和总结评价工作。学院（中心）应设立劳动教育工作小组，党政负责人为本单位劳动教育第一责任人，负责制订本单位劳动教育工作实施方案和年度工作计划，定期研究评估、协同推进，打造劳动教育品牌亮点项目，设立专项工作联络员，定期报送劳动教育工作简报。高校应成立学院（中心）劳动教育安全评估督导工作小组，科学评估劳动实践过程中的安全风险，扎实做好安全隐患的分析研判和排查清除工作，不断强化学生劳动安全意识，构建形成安全教育与管理并重的劳动保障体系。

（三）师资培训拓展

高校要广泛采取多种措施，加强劳动教育师资培养，建立专职、兼职相结合的劳动教育师资队伍。高校应精选教学经验丰富，具有技能型、实践型、复合型学科背景的专业性人才担任劳动教育课程教师，定期安排专项培训，打造一支既有理论知识又有劳动专业技能的高水平教师队伍。高校应与兄弟院校、行业企业和社会机构协同合作，建立师资共享交流机制，设立荣誉教师岗位，聘请实践经验丰富的"大国工匠"、劳动模范、企业技术能手等担任劳动实践兼职教师。高校应在师德师风建设中大力倡导劳模精神、劳动精神和工匠精神，组建一支以辅导员、班主任和专业导师为主的劳动实践指导团队，将指导学生开展劳动教育的工作成效作为教师职称评审、年终考核和岗位聘任的重要依据，对取得显著成效的指导教师给予表彰奖励。高校应加大劳动教育类科研和教改课题的支持与培育力度，形成劳动教育理论研究和实践创新成果，增强实践指导。

（四）条件设施保障

高校应协同地方政府、企业、学校和家庭等多个主体共同谋划，强化资源统筹管理，多形式多渠道加强劳动基地建设。高校应与驻地农场、工厂、社区、综合实训基地、创新创业孵化平台等各类社会资源，探索建立劳动课程开发与资源共享工作机制，积极打造省、市、区、校四级联动共建共享平台，为劳动教育课程实施提供高质量、常态化的资源支撑。高校内部要持续加大保障劳动教育的人力、物力、财力投入力度，保障劳动教育工作开展所需要的资金、场地、时间等条件。高校应设立劳动教育专项资金，用于劳动教育基地建设、劳动教育工作开展和劳动教育奖励等。高校应加强劳动风险防范与管理，强化师生的劳动安全意识，制定劳动实践活动风险防控预案，完善应急与事故处理机制，切实保护师生身心健康。

（五）激励评价督导

建立行之有效的劳动教育管理与评价督导机制，是提升劳动教育育人实效的基础和前提。高校应围绕课程管理与评教评学，主动将劳动教育纳入日常教学管理督导体系，完善评价制度、落实督导办法。高校应着眼激发活力，创新激励机制，果断把劳动教育纳入教学成果评奖范围，鼓励专业课教师积极申报和创建劳动教育示范课程、开展课题研究，对优秀成果予以表彰奖励，激发广大教师实践创新的潜能和动力。高校应立足考核评价，坚持把劳动素养纳入学生综合素质评价体系。高校应以劳动教育的目标、内容和要求为主要依据，将定性与定量、过程与结果、监管与考核等多重因素统一结合起来，完善学生劳动素养评价标准、程序和方法；支持职能部门和学院（中心）利用信息化管理系统，开展劳动教育过程监测与纪实评价，发挥评价的育人导向和反馈改进功能，对违反劳动职业道德实行一票否决制。

参考文献

［1］陈芸. 财务共享服务对管理会计能力构建的影响研究［J］. 会计之友，2019（17）：8-14.

［2］刘玉方，徐彦泽. 加强实习实训劳动教育［J］. 北京教育（德育），2019（4）：93-96.

［3］陈苏谦. 人工智能背景下高校劳动教育的创新研析［J］. 齐齐哈尔大学学报（哲学社会科学版），2020（11）：60-63.

［4］吴奶金. 高校劳动教育内涵与可行性路径分析［J］. 大理大学学报，2020，5（1）：38-41.

［5］许昌斌. 志愿服务融合新时代大学生劳动教育的实践探索和启示［J］. 中国共青团，2020（10）：70-71.

"五育并举"背景下财经高校
劳育体系设计实践探索

——以中南财经政法大学为例

梁　娜① 夏东伟② 胡　瑢③

摘　要：在建设财经政法深度融通、特色鲜明的世界一流大学新征程中，中南财经政法大学贯彻党的教育方针路线，落实立德树人根本任务，继承和弘扬学校前身——中原大学的红色基因及劳动精神，坚持"五育并举"，积极开展劳动教育实践探索活动，切实把劳动教育纳入人才培养全过程，逐步构建起涵盖"一门劳动教育示范课程""一周劳动教育专题实践项目""一套校园劳动教育文化活动""一批劳动教育实践基地""一份劳动教育综合档案"的"五个一"特色劳动教育体系，为培养勇担大任、全面发展的时代新人不断努力。

关键词："五育并举"；劳动教育；体系构建

一、"五育并举"体系中的劳动教育

2018 年 9 月 10 日，在全国教育大会上，习近平总书记明确指出，要努力构建德智体美劳全面培养的教育体系，形成更高水平的人才培养体系④。"五育并举"模式已成

---

① 梁娜（1981—），女，硕士，中南财经政法大学团委书记兼创业学院院长，助理研究员，主要从事高校大学生思想政治教育研究。
② 夏东伟（1985—），男，硕士，中南财经政法大学校团委副书记，讲师，主要从事高校大学生思想政治教育。
③ 胡瑢（1987—），女，硕士，中南财经政法大学团委组织部部长，讲师，主要从事高校大学生思想政治教育研究。
④ 范国睿. 从蓝图到行动：全国教育大会一周年基础教育政策与教育改革述评［J］. 人民教育，2019（18）：34-42.

为人才培养的新要求、新目标，具有时代性、现实性，为高校劳动教育注入了新内涵，进一步推动了教育现代化、建设教育强国。德育、智育、体育、美育、劳育各自有其不可替代的育人功能，德育为善，智育求真，体育健体，美育臻美，劳育安身立命。同时，"五育"之间又相辅相成、相互交融、相互促进。德能定才智、健体魄、悦美、塑品格；智育为德、体、美、劳提供知识和智力的基础；体育能成德、增智、激美、助劳[①]；美能润德、激智、健体、益劳；劳能树德、增智、强体、育美。"五育"有效融合，统一作用于人身上，从而促进人的全面而自由的发展。"五育并举"完成培养德智体美劳全面发展的社会主义建设者和接班人的任务。

马克思主义劳动观认为，人是劳动创造的，财富也是劳动创造的。习近平总书记指出，人民创造历史，劳动开创未来。劳动是推动人类社会进步的根本力量。劳动教育作为"五育"之中十分重要的一环，有助于帮助学生养成良好的劳动习惯和品质，树立正确的劳动观念，鼓励学生继承并发扬中华民族传统美德，勤俭节约，艰苦奋斗，逐步培养学生开拓创新、勇于实践、敬业奉献的优良品质；促进学生形成正确的世界观、人生观、价值观，实现知行合一，投身社会主义现代化建设中。因此，新时代全面加强劳动教育是在新发展阶段新发展格局新发展理念指导下，培养德智体美劳全面发展、可堪大任的时代新人的必然要求。

二、中南财经政法大学校史中的劳动教育

中南财经政法大学的前身是创建于1948年的中原大学，由时任中共中央中原局第一书记的邓小平同志及其他革命先辈们共同创建，陈毅同志担任筹备委员会主任。中南财经政法大学有着优秀的红色基因，也有着劳动教育的传统。早在1949年中原大学首次院长会议上，学校就决定"发动全校全体人员于每学期抽出四整天时间参加建校劳动，以求增强全体同学及其他同志之劳动观念"。在中南财经学院时期，学校规定全院干部师生均须参加劳动，将劳动作为实践锻炼依据，作为延续艰苦作风的传统。校规明确规定，学生在四年本科期间，参加劳动教育的时间不得少于160个工作日，参加社会实践活动的时间不得少于200个工作日；专修科学生的劳动教育和社会实践活动的时间每年不得少于40个工作日。

中原大学刚迁到武汉时，办学条件较差，物质资源和人力资源不足，无固定校舍。师生们自力更生、自强不息，利用业余时间，以极大的热情担起兴建学校、美化校园

---

① 冯建军. 构建德智体美劳全面培养的教育体系：理据与策略［J］. 西北师大学报（社会科学版）2020, 57 （3）：5-14.

的责任，进行植树栽花、平整操场、修建道路等义务劳动；相继成立了蔬菜生产、鞋子修补等劳动小组；停课参与武汉铁路枢纽工程卸土工作和东西湖围垦等活动。

中南财经政法大学师生始终坚持学以致用，积极开展社会实践活动，服务社会。学校组织师生参与集体劳动，到街道上开展卫生公益实践活动，共清除了 30 余吨垃圾、疏通了集贸市场的水沟、铺平了大东门东侧大街，营造了整洁舒适的校园周边环境。1951 年春，中原大学植树委员会成立，全校师生在学校组织下，不到一个月便在东湖风景区喻家山植树共 11.1 万株。20 世纪 70 年代，学生努力实践，在学校创建的实验银行实习。20 世纪 80 年代，学生学以致用，走上街头为市民提供义务法律咨询。1992 年 9 月，第四届全国大学生运动会开幕式和主赛场设在中南财经大学，广大青年学子积极投入赛场工地义务劳动之中，以实际行动整治校园、完善绿化、改善不足，积极参与图书馆、食堂、教学楼等文明共建活动，为美化校园、净化环境贡献自己的青春力量。正是师生们自强不息的拼搏精神和卓有成效的劳动实践，为学校后续发展奠定了坚实的思想和物质基础。

三、新时代中南财经政法大学劳育体系的探索实践

中南财经政法大学以习近平新时代中国特色社会主义思想为指导，全面贯彻落实党的十九大及历次全会精神，按照"充分认识加强劳动教育对新时代培养社会主义建设者和接班人的重要性，全面构建体现时代特征的劳动教育体系"的要求，落实把劳动教育纳入高校人才培养的过程当中，紧密结合学生成长成才需求和学校发展实际，积极探索具有中南财经政法大学学科特色的"五个一"劳动教育工作体系，切实改进和加强新时代学校劳育工作。

（一）打造一门劳动教育示范课程

中南财经政法大学结合学校经、管、法学科特色，依托经济学、劳动保障、法学等相关专业，打造一门创新型、融通型的劳动教育示范课程；开设劳动教育慕课课程，按不少于 32 学时安排课堂教学与劳动实践，适时组织编撰出版学校大学生劳动教育教材（读本）。中南财经政法大学面向全校遴选一批特色劳动教育课程。各教学单位在开展专业课程建设的同时，注重加强马克思主义劳动观相关内容的融入，充分挖掘与专业学科建设有关的劳动教育元素，普及与学生职业发展密切相关的通用劳动科学知识和实践技能。

（二）实施一周劳动教育专题实践项目

中南财经政法大学将劳动实践教育融入各阶段学生日常学习生活之中。

针对大一新生，中南财经政法大学创新安排"新生入学劳动实践教育周"。新生入学教育方案中专门设置一周时间，开展劳动习惯养成教育。中南财经政法大学结合学院（中心）实际，召开一次劳动教育主题班会、制定一份班级劳动公约、设计一份班级劳动实践项目清单、开展一次寝室内务整理评选等，创新形式、集中落实"新生入学劳动实践教育周"任务要求。

针对高年级学生，中南财经政法大学集中开展"美丽校园创建周"。中南财经政法大学根据办学实际，将南湖校区、首义校区校园以学院（中心）为单位进行划片分配，建立包干责任制，结合国际劳动节、爱国卫生运动月等时间节点，以学院（中心）为单位集中组织学生开展宿舍、教室、校园场所的义务劳动，增强学生劳动观念，磨炼学生意志品质，增强学生爱校护校意识。

针对毕业生，中南财经政法大学统一组织"安全文明离校周"。中南财经政法大学通过每年度的毕业生离校前教育，统一开展安全文明教育、离校手续事务办理、宿舍组织集中清理、"我为母校献一策"等活动，教育引导毕业生遵规守纪、文明离校。

（三）举办一系列校园劳动教育文化活动

中南财经政法大学通过举办一系列高质量的劳动教育活动，积极营造"劳动最光荣、劳动最崇高、劳动最伟大、劳动最美丽"的校园劳动文化氛围。

中南财经政法大学统筹开展"劳动最光荣"系列主题活动。中南财经政法大学结合每年的植树节、学雷锋纪念日、国际劳动节、寒暑期返乡社会实践活动、农忙丰收节、国际志愿者日等，组织开展"我的校园我做主——校园景观设计（校园花卉种植）大赛""今天，我们这样学雷锋""致敬身边的劳动者""我爱我的家乡""文明寝室行动""美好'食'光——文明食堂光盘行动（特色美食烹饪大赛）"等一系列劳动技能体验及竞赛活动，将动手实践、知行合一的劳动习惯和劳动品质全面贯彻融入校园文化和校园生活的方方面面。

中南财经政法大学通过劳动教育，使学生牢固树立"劳动最崇高"的观念，弘扬马克思主义劳动观的校园文化。中南财经政法大学组织师生宣讲团、青年学习社（研习社）、社会实践队、创新创业项目（团队）、就业实习项目小组、公益实践类学生社团等校内各类学生团体，面向全校学生积极开展马克思主义劳动观的理论学习宣讲、社会实践锻炼、创新创业实践、职业生涯规划、志愿公益活动。

中南财经政法大学编创推出"劳动最伟大"歌颂劳动者的文化艺术作品。中南财经政法大学依托相关学院艺术类专业学科、大学生艺术美育中心，指导学生个人及团队、校（院）大学生艺术团体编创推出书法、绘画、摄影、动漫、视频、音乐、舞蹈、话剧等各类歌颂劳动者、弘扬劳动精神的文化艺术作品，适时组织推出优秀劳动文化成果的校内外展演活动。

中南财经政法大学创新开展"劳动最美丽"传承中华优秀传统文化项目。中南财经政法大学鼓励学生通过中国剪纸、刺绣、木偶戏、陶艺等劳动实践项目传承中国非物质文化遗产，结合时代要求和学校特色，以更易于学生接受的方式进行演绎传播，推动中华优秀传统文化在高校的创造性转化、创新性发展。

中南财经政法大学定期举办弘扬新时代劳动精神劳动榜样典型宣传活动。中南财经政法大学适时举办劳动模范表彰和宣讲活动，并邀请各行各业劳动榜样人物来校宣讲；结合"公道美品德行奖""教书育人奖"等评选活动，及时挖掘全校师生员工在思政育人、教书育人、管理育人、服务育人以及在重大公共安全事件应急服务工作中涌现出来的先进劳动事迹，做好校园劳动榜样的典型选树及宣传工作；综合运用讲座、报告会、校园媒体等平台，大力宣传辛勤劳动、诚实劳动、创造性劳动的典型人物和事迹，引领师生领悟勤勉敬业的劳动精神，争做新时代中南财经政法大学奋斗者。

（四）创建一批劳动教育实践基地

中南财经政法大学重视生产劳动实践，整合校内外资源，为学生提供充足的劳动实践岗位，帮助学生在实践中培养创造性思维，敢于发现问题并善于解决问题；促进学生提升转化性思维，在劳动实践中将智力成果转化为劳动成果。

中南财经政法大学充分挖掘校内劳动教育实践资源，充分挖掘校内各类学生勤工助学、助研、助教、助管、科研助理、就业（校友）信息联络员等校内劳动实践岗位，引导学生积极参与校园绿化、园艺维护、教室清扫、食堂服务、图书整理、设备维护、军事训练、就业（校友）信息联络、学生宿舍网格化管理等各类劳动实践工作，引导学生在参与学校治理的劳动实践中，弘扬劳动精神，增强服务意识，提高劳动技能。

中南财经政法大学拓展创建校外学生劳动教育实践基地，加强校企合作、深化产教融合、整合社会资源，深化学校与行业骨干企业、高新企业、中小微企业紧密协同，创建、联建或共享学生劳动教育实践基地，对接一批校友企业、事业单位、社会机构、城乡社区、工厂农村、公共场所等作为学生劳动教育实践基地，为学生广泛开展各类社会实践、创新创业、实习实训、志愿服务、劳动锻炼等提供相对稳定的活动场所；推动建立各方协同创新、家校共建共育机制，打造社会、学校、家庭多位一体的协同育人新模式。

（五）形成一份劳动教育综合档案

中南财经政法大学探索建立完善大学生劳动教育综合评价机制，使劳动教育成为看得见、摸得着的成效。

中南财经政法大学制定并完善大学生劳动教育纪实办法，根据学校人才培养方案要求，明确学年劳动课程修读及劳动实践活动的具体类型、次数规定、时间等考核要求，设计《中南财经政法大学大学生劳动教育实践活动登记表》，指导学生切实参与劳动实践，如实记录课后实践情况，收集整理相关实践素材等，由学生本人完成写实记录后报学院（中心）审核，作为学生课外素质学分劳动教育实践部分的纪实成绩。

中南财经政法大学建立健全大学生劳动教育综合评价机制，结合学生劳动教育平时表现评价、学段综合评价和劳动素养监测，建立大学生劳动教育综合评价制度。中南财经政法大学依据劳动教育目标和内容，结合课堂学习成绩及劳动实践纪实，对学生劳动观念、劳动精神、劳动能力、劳动习惯和劳动品质等进行综合评定，评定结果纳入学生劳动教育综合档案，并将作为学生学年评优评先、推优入党、毕业升学、就业推荐的参考依据。

四、结　语

不忘初心方得始终。站在历史的交汇点上，面对第二个百年奋斗目标，面对新发展格局，我们需要更多契合新发展理念的高素质劳动者。这就要求高校要始终秉承"为党育人，为国育才"的初心，不断完善"五育并举"教育模式，推进"五位一体"劳育模式的实践探索，努力为培养德智体美劳全面发展的新时代劳动者、为实现"十四五"规划和2035年远景目标、为实现中华民族伟大复兴的中国梦而矢志奋斗。

参考文献

［1］范国睿. 从蓝图到行动：全国教育大会一周年基础教育政策与教育改革述评［J］. 人民教育，2019（18）：34-42.

［2］冯建军. 构建德智体美劳全面培养的教育体系：理据与策略［J］. 西北师大学报（社会科学版），2020，57（3）：5-14.

新时代劳动教育融入金融人才培养的研究

谭　敏① 雷浩巍② 罗迩瀚③

摘　要： 新时代如何贯彻落实党中央关于劳动教育的各项重要指示，让劳动教育为人才培养助力成为亟待解决的问题。同时，在新财经背景下，我国对金融人才的培养有了新的要求与挑战。劳动教育作为基础性教育之一，可以在多个方面对金融人才的培养起到促进作用。高校应当大力加强劳动教育理论化与体系化和金融教育领域的专业化建设，着力推动劳动教育与金融教育相互渗透、融合。

关键词： 劳动教育；新金融人才；人才培养

一、劳动教育与金融人才培养

习近平总书记在全国教育大会上强调，要坚持中国特色社会主义发展道路，努力构建德智体美劳全面培养的教育体系，明确将劳动教育确定为全面发展教育的重要组成部分。中国特色社会主义进入新时代，新财经应运而生。金融作为现代经济的核心，在促进现代经济快速发展、稳定现代经济体系方面有着不可或缺的作用。因此，新时代金融人才的培养显得格外重要。如何以劳动教育助力新时代金融人才的培养，成为亟待解决的问题。

（一）劳动教育的内涵与实质

劳动教育是以提升学生劳动素养的方式促进学生全面发展的教育活动④。劳动教育

---

① 谭敏（1982—），女，硕士，西南财经大学金融学院分党委副书记，副教授，主要从事学生思想政治教育、心理健康研究工作。

② 雷浩巍（1981—），男，硕士，西南财经大学金融学院讲师，主要从事学生思想政治教育工作。

③ 罗迩瀚，西南财经大学金融学院本科生。

④ 檀传宝. 劳动教育的概念理解：如何认识劳动教育概念的基本内涵与基本特征 ［J］. 中国教育学刊，2019（2）：82-84.

的三大重点为：第一，培养正确的劳动价值观，即劳动最光荣、劳动最崇高、劳动最伟大、劳动最美丽；第二，促进社会制度公平化，即强调以按劳分配为主体，多种分配方式并存的社会主义分配原则；第三，完善现代化教育体系，即做到教育与生产实际相结合，以理论促实践，促进学生人格自由和全方面发展。

劳动教育内容较多，包括培养学生的劳动技能、劳动素养等，但其最核心、最本质的价值目标是培养学生尊重劳动的价值观，培养受教育者对于劳动的内在热情与劳动创造的积极性等素养①。一切劳动教育的开展，都应当把握住这一本质性的要求进行，只有培养起学生正确的劳动价值观，才能使劳动教育由被动转变为主动，才能让劳动教育普遍开展起来。

（二）新时代对金融人才的要求

新的时代自然对应着新的时代要求。新财经的时代大潮也对当今的金融人才培养提出了新的要求。新时代的金融人才培养，必须坚守立德树人的初心，强化素质引领，培养金融人才的复合型思维和时代使命感，培养中国特色社会主义事业的接班人。

新时代金融人才培养应以中国政治经济学为基础。马克思主义政治经济学是指导理论，西方经济学是借鉴，在经济学的课程体系建设中，两者的地位决不可本末倒置②。新时代的金融人才培养应立足于中国实际，以中国政治经济学作为基础，建立起属于中国特色的微观经济学与宏观经济学体系，将其作为中国金融发展的基本道路规划。

新时代金融人才培养应该以中国金融为主线，建立起具有中国特色的金融课程体系。在现有的金融课程体系之下，加入金融史、金融制度等文科性质的知识，可以避免金融学科单一的数字化、数据化，注重培养学生的人文精神。高校要注重金融教材编排，注重逻辑架构，与新时代中国金融体系相契合，培养学生的新时代金融精神。

新时代金融人才培养应该牢牢把握住"中国特色社会主义"这一根本，培养出担当民族复兴大任的新时代金融人才。习近平总书记强调，我们的教育培养的是中国特色社会主义的接班人。新时代金融人才的培养应当继续加强思政教育，丰富思政课程，厚植爱国主义情怀。

（三）在新金融人才要求下开展劳动教育的依据

劳动教育是我国全面教育的重要组成部分。新时代金融人才的培养，既要注重专业知识的培养，又要牢牢把握住德智体美劳全面发展的基本要求。落实"立德树人"根本任务、构建"五育并举"教育体系是当前教育者共同面对的时代课题，而科学认

---

① 檀传宝. 劳动教育的本质在于培养劳动价值观 [J]. 人民教育，2017（9）：45-48.
② 王传生，高英杰. 新时代金融人才培养：问题与对策 [J]. 中国大学教育，2018（9）：29-32.

知德智体美劳"五育"之间的辩证关系，是实现新时代教育目标和教育功能的前提①。在"五育"之中，"德"决定着学生发展的方向，"智"决定着学生的才干，"体"决定着学生的身体素质能力，"美"塑造着学生的人格和内心，"劳"助力梦想的实现。劳动作为一种实践活动，具有综合教育价值，也直接决定了在"五育"中的基础地位。因此，金融人才的培养必定离不开劳动教育的助力。

劳动是促进人类天性解放的生产活动，劳动教育则是顺应人的天性、解放学生自由人格而形成的教育。在劳动教育中，学生可以很好地发挥出自身的天性，在过程当中找到自己的优势所在，更好地在金融专业中挖掘出自己的潜在能力。

同时，劳动教育能够让学生在劳动过程中更好地把握中国的实际，将所学知识与中国实际相结合，将理论付诸实践。劳动教育也能潜移默化地培养学生的综合能力，塑造其价值观，使其与社会主义核心价值观相契合，为中国特色社会主义事业培养接班人。劳动教育同样也可以提升学生的综合能力，包括学生的专业能力、动手能力、实践能力等，更能培养学生的优良品质，如奋斗精神、诚信精神、敬业精神等，助力中国高质量人才发展。

二、新时代劳动教育融入金融人才培养的重要性

马克思指出："未来教育对所有已满一定年龄的儿童来说，就是生产劳动与智育和体育相结合，它不仅是提高社会生产的一种方法，而是造就全面发展的人的唯一方法。"大学生正处在世界观、人生观、价值观形成的关键时期，因此引导大学生形成正确的"三观"是高校教育必不可少的教育工作之一。劳动教育作为全面教育的重要一环，能在多个方面促进学生的综合素质提高，其对金融人才培养的促进作用可以概括为"五个全面"。

（一）劳动教育全面弘扬学生的奋斗精神

劳动表示实干的状态，奋斗是一种劳动的态度，劳动是奋斗的一种实践形式，也是最基础的实践活动②。艰苦奋斗是中华民族的传统美德，是中华民族的传家宝。习近平总书记强调，社会主义是干出来的，新时代是奋斗出来的。奋斗精神在新时代起着十分重要的作用。青年一代正因有了奋斗精神，才能不断开阔眼界，超越自我，以饱满的精神面貌建设中国特色社会主义。

① 朱翠兰，孙秋野. 劳动教育融入创新创业教育的探索与实践［J］. 山西高等学校社会科学学报，2021，33（7）：67-72.
② 郑文博. 新时代爱国奋斗精神培育的价值与实施路径［J］. 河南科技学院学报，2020，40（9）：42-47.

劳动教育对促进学生的奋斗精神与拼搏精神起着至关重要的作用。在劳动实践过程中，学生通过劳动实践亲身感受劳动创造价值、劳动创造美好的真理，明白劳动果实来之不易，唯有奋斗才能创造美好生活。劳动教育能够使青年学生树立劳动光荣的基础观念，培养勤劳、奋斗、奉献的实践精神，形成劳动奋斗的良好习惯。

奋斗精神是新时代金融人才成长的重要动力。在新时代下，金融行业的竞争力与压力日益剧增，不仅要应对国内金融体系建设的难题，也要面对来自国际上其他国家金融体系的冲击。面对新形势与新挑战，金融学子只有不断开拓进取，在困境中拼搏向前，才能在新的挑战下勇立于时代潮流之中，为中国金融发展贡献自己的力量。

（二）劳动教育全面培养学生的诚信品德

诚信是社会社会主义核心价值观的基本内容之一，其重要性毋庸置疑。诚信是人类社会交往的基本准则之一，没有诚信，人无以立身，国无以立本。在劳动教育当中，必定会涉及劳动关系的相关内容，而劳动关系的契约，最基本的精神便是诚信精神。因此，在劳动中培养诚信精神尤为关键。劳动教育能够培养学生的诚信品质，体现在通过劳动实践让学生体会到一分耕耘、一分收获的道理，培养学生不作假、不隐瞒，踏踏实实做事的精神。

在现代金融体系当中，对金融人员的诚信品质要求比以往更加严格。诚信精神是金融人才开拓向前的基本要求。大学生只有坚持讲诚信，做好每一件事，提高人际交往能力，才能在金融领域不断扩大自身的影响力。

（三）劳动教育全面增强学生的创新意识

2020 年 7 月，教育部印发《大中小学劳动教育指导纲要（试行）》，明确提出普通高等学校要将劳动教育有机纳入专业教育、创新创业教育，不断深化产教融合。我们之所以要将创新和劳动相结合，是因为创造性劳动是人全面发展的终极目标[①]。

劳动教育的创新性可以体现在两点：一是理论创新，二是实践创新。所谓理论创新，就是在原有的劳动方式基础之上进行创新，通过更为先进的劳动理论、劳动体系来完成劳动。所谓实践创新，就是在原有的劳动工具、劳动技能方面加以改进，以此提高生产力。劳动者们在劳动中不断思索、不断创新，在原有的基础之上不断进行突破，用创新来提高自身劳动创造力和劳动积极性，在潜移默化中锻炼了自身的创新思维。

新时代下的金融体系需要以创新能力为前导，不断开拓创新。在原有的金融体系之下，我们需要大胆尝试，开创出更为高效、更加透明的金融市场和金融体系。这需

---

① 朱翠兰，孙秋野. 劳动教育融入创新创业教育的探索与实践［J］. 山西高等学校社会科学学报，2021，33（7）：67-72.

要所有金融人才树立创新意识，在努力建设中国特色社会主义金融体系时，增加思考时间，提高思辨能力，探寻更加具有中国特色的金融道路。

（四）劳动教育全面提升学生的实践能力

一切理论必将落实到实践之上。劳动教育除了夯实理论知识以外，更重要的是加强对实践教育的建设。劳动教育通过劳动、生产等形式，让学生们走出一般的课堂，通过亲自生产、亲自劳动等方式来锻炼自身的动手能力，在劳动教育中既弘扬了劳动精神，又锻炼了实践能力。

金融学的发展经过几十年时间的沉淀，其理论体系已经较为完善，理论架构也较为全面。在学习好理论的基础上，金融学子更应当走进社会，努力实践，将课本上学的内容更好地投入实践当中，通过一系列劳动，夯实自己所学的理论，以便以学习促进实践，以实践引领学习。

（五）劳动教育全面弘扬学生的敬业精神

在劳动教育过程中，我们应引导学生树立劳动最光荣、劳动最崇高、劳动最美丽、劳动最伟大的思想，通过对各种社会职业的模拟，在进行劳动教育的同时，为学生搭建模拟岗位的平台。通过这种方式，我们可以在开展劳动教育的同时弘扬学生的敬业精神。

金融行业是当今的热点行业之一，虽然因为大数据、人工智能等技术的发展，行业内部的流动性提高了许多，但仍需要一部分恪尽职守的金融人才来扎根在金融领域，为金融领域做出卓越贡献。劳动教育可以弘扬金融人才的敬业精神，让更多的金融人才能够扎根在金融业，为中国的金融发展持续、持久、稳定地贡献自己的力量。

三、新时代劳动教育融入金融人才培养的路径构建

（一）专业教育与劳动教育相结合

高校在开展专业教育的同时，应同时开展劳动教育，在条件允许范围内，逐步实现专业教育与劳动教育相结合，实现两者的有机融合。

在专业教育方面，高校需要做到以下几点：第一，促进金融学科与当代技术快速融合，着力培养掌握金融科技等技能的复合型人才。金融科技是金融业务和科学技术的交叉与应用，其内涵不是简单的"金融业务+科学技术"，其核心是借助科技手段创新金融业务、提升服务效率。第二，将思政教育融入专业教育之中，培养理想信念坚定的金融人才。高校应不忘初心，始终明确培养的是中国特色社会主义的建设者，是担当民族复兴大任的时代新人，是有理想、有信念的社会主义接班人。第三，加强校

企联合，助力金融人才全方位进步。校企合作目前存在合作范围较窄、合作层次较浅、合作对象较少的情况，校企合作应加大力度，同时、同步地培养学生的专业能力和实践能力。

在劳动教育方面，高校需要做到以下几点：第一，加强劳动教育课程体系建设，明确劳动教育学科概念，将劳动教育课程提高到核心地位。目前，劳动教育虽然上升为国家战略，但是其内在的价值体系、理论逻辑较为单薄，亟待更多理论来夯实。同时，劳动教育在部分地区存在地位缺失的问题，许多高校未能将劳动教育作为重点来抓，导致劳动教育在部分高校未能取得良好效果。此类高校应抓紧时间调整态度，积极整改。第二，拓展劳动教育主体，以校领导带动教师，以教师带动学生，形成全校劳育的新局面。劳动教育是终身教育，要想让学生更好地理解其内在含义，教师及领导也要身体力行，以身作则，进行劳动教育，以此带动对学生的劳动教育。

在两个教育并行发展的同时，高校应当积极进行融合教育的探索，如开展"新财经劳动实践创新"等融合性课程，将劳动实践融入财经教育之中，以劳动促进金融知识提高。同时，高校可以大力开展劳动教育与专业教育相融合的活动，如"模拟公司运营""模拟市场"等活动，在进行新金融教育的同时，又进行劳动教育。

（二）基地建设与日常培养相结合

在劳动教育培养方面，高校可以从基地建设和日常培养两方面入手。新时代加强大学生劳动教育，应充分利用社会生活中的各项资源、各种载体，让劳动教育走出教室，充分融入社会生活。高校要加大劳动教育力度，引导学生扎根于社区、农村、工厂等地，身体力行地去感受中国社会，体察国情民情。高校可以定点进行基地建设，在学校内部建立劳动基地，如"耕读田园""红十字急救培训基地""厨艺实训基地"等，在校内为学生提供劳动平台；可以在学校周边地区寻找农村、社区组织，开展各项劳动教育活动，如前往农村地区联系当地党支部开展"柑橘套袋""水稻播种"等活动，前往社区联系当地社区委员会开展"社区改造"调研活动等。高校应丰富劳动教育的形式，搭建更广阔的劳动教育平台。

除了基地建设外，劳动教育也应当通过工作规范落实到每位学生的日常生活当中。高校应定期组织校园清扫、校园植被保护等劳动教育活动，让学生在生活中养成劳动教育的习惯，从被动学习劳动变为主动学习劳动。此外，高校应当定期开展查寝等常规工作，在一定程度上监督学生打理内务，在生活中督促学生开展劳动活动。

通过基地建设与日常培养双线并行，学生能够在大部分时间段通过劳动教育改造与提升自己，能够真正让劳动教育做到内化于心，外化于行，以潜移默化的方式影响每位学生。

（三）兴趣爱好与劳动精神相结合

常言道："兴趣是最好的老师。"为了能够更好地推广劳动教育，劳动教育除了应当形式多样以外，还应该将其形式更加贴近于学生的日常爱好。例如，高校可以开展"厨王争霸赛"等厨艺比赛活动，让学生在接受劳动教育的同时也能够享受做饭的乐趣，并且能够品尝到自己的手艺；开展"劳动夜跑打卡活动"，让学生在夜间锻炼的时候，同时进行劳动教育，丰富夜跑的内容、内涵；开展"劳动教育定向越野"活动，在进行劳动教育的同时，融入体育教学，做到教育内容之间的相互渗透、融合。

此外，高校除了要促进劳动教育贴近于学生的兴趣爱好外，也要引导学生树立正确的劳动价值观，促使学生养成主动劳动的兴趣爱好。高校应当加强教师队伍建设，提升教师的劳动素养与劳动积极性，端正教师对待劳动的看法与态度。在以往的教育工作中，教师往往将劳动作为惩罚性工作布置给学生，如打扫教室卫生、搬运学习物资等，殊不知这潜移默化地给学生灌输了"劳动可耻"的观念。教师应当身体力行，以身作则，言传身教，树立榜样。高校应当给予学生更多自主创造、自主动手的机会，使学生在自我实践中发掘劳动美，用实际行动培养起劳动兴趣，从而由被动劳动转变为主动劳动。

劳动教育的开展应当贴合学生的兴趣爱好，使其能够在更广泛的范围内开展。学生的兴趣爱好也应当向劳动精神看齐，学生应努力培养起自己的劳动价值观。劳动精神与兴趣爱好相辅相成，共同推动着学生劳动素养的全方位提高。

四、结　语

劳动教育能够在多个方面对金融人才的培养起到积极作用。对于金融人才的培养，除了加强其专业化建设，与现代科技接轨外，高校也应当注重对其进行思想政治教育，培养有理想、有担当的时代新人，结合劳动教育进行综合性教育，培养人格健全、全面发展、专业能力强、人文素质高的新时代金融人才。

参考文献

［1］檀传宝. 劳动教育的概念理解：如何认识劳动教育概念的基本内涵与基本特征［J］. 中国教育学刊，2019（2）：82-84.

［2］檀传宝. 劳动教育的本质在于培养劳动价值观［J］. 人民教育，2017（9）：45-48.

［3］王传生，高英杰. 新时代金融人才培养：问题与对策［J］. 中国大学教育，2018（9）：29-32.

［4］朱翠兰，孙秋野. 劳动教育融入创新创业教育的探索与实践［J］. 山西高等学校社会科学学报，2021，33（7）：67-72.

［5］郑文博. 新时代爱国奋斗精神培育的价值与实施路径［J］. 河南科技学院学报，2020，40（9）：42-47.

"四个结合"协同构建全方位劳动教育体系

王思涯①

摘　要：习近平总书记多次在重要会议、重要场合阐释和强调劳动教育的重要意义，但是目前，部分高校还存在劳动教育保障体系不够健全、劳动教育课程体系设计不够全面、劳动宣传引导体系对青年大学生的吸引力不足、劳动教育尚未形成合力等问题。本文从以上问题入手，阐述如何利用"四个结合"协同构建全方位劳动教育体系，即以"顶层制度＋全员协同"构建劳动教育保障体系、以"理论必修＋实践拓展"构建劳动教育覆盖体系、以"特色活动＋丰富平台"构建劳动教育宣传引导体系、以"校内教育＋校外资源"建设学生劳动教育协同机制。

关键词：大学生劳动教育；"四个结合"；劳动教育体系

2018年9月，习近平总书记在全国教育大会上提出，培养德智体美劳全面发展的社会主义建设者和接班人②。党和国家提倡"五育并举"，重视劳动教育并将其纳入人才培养和促进人才全面发展的总目标当中。劳动教育作为中国特色社会主义教育制度的重要一环，对推进大学生个人素养的全面发展、对大学生思想政治教育走深走实、对促进我国经济社会快速发展，进而实现社会主义现代化强国目标都发挥着重要作用。基于此，明确劳动教育体系的顶层设计理路、具体实施环节的设计等都是推动新时代劳动教育的重要内容。

一、加强大学生劳动教育的现实意义

（一）加强大学生劳动教育有助于推动大学生个人素养的全面发展

有研究者认为，劳动教育既区别于劳动，也区别于劳动技术教育。它是使受教育

---

①　王思涯（1990—），女，硕士，西南财经大学统计学院辅导员，讲师，主要从事学生思想政治教育研究。

②　习近平. 坚持中国特色社会主义教育发展道路培养德智体美劳全面发展的社会主义建设者和接班人［N］. 人民日报，2018-09-11（01）.

者树立正确的劳动观点和劳动态度，热爱劳动和劳动人民，养成劳动习惯，了解劳动场景、程序、技术，科学享受劳动成果的教育，是学生德智体美劳全面发展的主要内容之一。由此可见，在青年大学生的"三观"形成的重要时期，对大学生开展系统性的劳动教育，并注重其与德育、智育、体育、美育的融会贯通是很有必要的。但是，我们应认识到，目前很大一部分在校大学生在进入大学之前受"应试教育"的束缚，没有接受过系统的劳动教育。他们在校内参加文化课程学习，接受德育和智育；在校外参加艺术类、体育类兴趣班，接受美育和体育。但是，无论校内、校外都没有为学生提供系统性的劳动教育，只有一小部分学生参与过学校或家庭的生活类、生产类劳动实践。由于基础教育阶段劳动教育的缺失，部分大学生存在参与体力劳动、实践活动能力低下的现象。大学阶段系统性开展劳动教育，可以使得大学生在身心、智力、思想、才干等方面的综合素养得到更加全面有效的发展，这是青年大学生成长成才、实现社会化的重要前提和保障。因此，是否充分开展了大学生劳动教育，可以在一定程度上衡量大学生的各项能力是否全面发展①。

（二）加强大学生劳动教育有助于推进大学生思想政治教育工作走深走实

大学生的思政教育涉及内容众多，概括起来讲，主要是针对大学生"三观"的培养和塑造。近年来，系统性、创新性开展劳动教育的提法，也为大学生思想政治教提供了新的路径和方法。高校通过搭建丰富的劳动实践平台、开展形式多样的劳动教育活动，让大学生通过理论联系实际的方式感悟劳动之美、劳动之光荣、劳动之崇高，从而达到价值观塑造、思想引领的效果，不断推动探索大学生思想政治教育的新理论新方法。目前，部分大学生在理想信念、个人价值追求、为人处世态度等方面的表现都给我们的思想政治教育教育带来了新的挑战②。在大学阶段系统性开展劳动教育，有利于大学生在走上社会之前进一步塑造正确的劳动价值观，使学生认识到"幸福生活都是奋斗出来的"，从而立志于将实现自我抱负的"青春梦""个人梦"有机融入"中国梦"之中，实现自我价值和社会价值的统一。因此，高校通过推进系统性的劳动教育，创新性发挥劳动教育在青年中的思想政治教育功能，有助于为社会培养出能吃苦、肯干事的人才，也能够进一步促进思政教育工作不断走深走实。

（三）加强大学生劳动教育有助于促进社会快速发展

人才是兴国之本、富民之基、发展之源。当今世界强国林立，彼此之间形成了综合国力的竞争和比拼，除了要努力提升经济实力和发展先进的科学技术以外，人才已

---

① 陈宝生. 全面贯彻党的教育方针 大力加强新时代劳动教育［N］. 人民日报，2020-03-30（12）.

② 邹海峰，高艳丽，乔芳琦. "双主体"视域下大学生网络思想政治教育研究［J］. 学校党建与思想教育，2020（21）：73-74，82.

然成为关乎国家竞争力的基础性、核心性、战略性资源。站在新的历史方位，习近平总书记在全国教育大会上将劳动教育与其他四项传统教育放在同等重要的位置，将"五育并举"提升为我国教育的具体内容之一。此外，习近平总书记对新时代高等教育"培养什么人""怎样培养人""为谁培养人"提出了具体的历史使命和要求。人民是历史的创造者，青年大学生则是新时代创造历史、实现经济社会全面发展的重要新生力量，他们能否成为综合素养全面发展的新型人才，是我国人才强国战略能否够顺利实施的关键所在。劳动教育在新时代已经提升为中国特色社会主义教育制度的不可或缺的重要因素。高校作为深入贯彻新时代党的教育方针、落实高校立德树人根本任务的主阵地，要更加重视学生的全面发展，让广大青年学生在走上社会之时，有足够的劳动本领来应对严峻的就业形势的挑战，有充足的劳动创新能力来面对经济社会飞速发展对人才需求不断变化的新常态，成为符合社会和时代需要的实用型、创新型人才。

二、大学生劳动教育存在的问题及原因

《中共中央 国务院关于全面加强新时代大中小学劳动教育的意见》、教育部《大中小学劳动教育指导纲要（试行）》等一系列关于劳动教育的文件体现了国家不断完善对劳动教育的顶层设计[①]。此外，大中小学对劳动教育实践工作的研究和探讨越来越广泛、深入。但是，我们还应该看到目前大学生劳动教育方面仍存在以下一些问题：

（一）大学生劳动教育保障体系不够完善

目前，部分高校尚未构建起劳动教育的"四梁八柱"，缺乏必要的劳动教育领导工作机制保障、尚未建立起一支能够胜任劳动理论课程的专业化劳动教育师资队伍、尚未搭建起劳动实践平台等问题。究其原因，主要有以下几点：首先是对劳动教育的重视程度不够。从历史原因讲，由于科技不断进步，体力劳动的地位逐渐下降，劳动教育也在很长一段时间没有受到足够的重视，其重要的育人价值并没有得到充分的彰显。从现实原因讲，部分高校还将劳动教育作为人才培养的附加环节，而不是把劳动教育作为高校人才培养的必要环节，更谈不上将其视为重要环节。其次是对"五育"融合的认识不到位，将劳动教育脱离于其他的"四育"之外而独立存在。劳动教育、劳动价值观的塑造就是德育或思想政治教育的重要方面，劳动实践也是思政工作走出教室、走向实践的重要载体。劳动教育可以让学生感受到"劳动创造美"的丰富内涵。体力性的劳动实践锻炼也是增强体质的一个重要途径。

---

① 刘向兵. 新时代高校劳动教育的新内涵与新要求：基于习近平关于劳动的重要论述的探析［J］. 中国高教研究，2018（11）：17-21.

（二）大学生劳动教育课程体系设计不够全面

在国家的一系列劳动教育工作政策出台以后，大学普遍开始着手构建或完善劳动教育课程体系。大学生劳动教育理论课程主要由已经开设的大学生职业生涯规划与创新创业教育、大学生职业伦理教育等课程，再加上新开设的大学生劳动教育等课程组成。劳动教育理论课程要达到什么样的育人效果，如何合理设计劳动教育的必修和选修理论课程都还有待进一步研究。除劳动教育理论课程之外，学校还有诸如"大学生暑期三下乡""大学生公益服务""大学生学科竞赛"等一系列劳动教育实践活动或实践课程，那么劳动实践环节是应该多注重"脑力劳动"还是应该多注重"体力劳动"，两者如何进行学分认定等问题也有待进一步研究。由于部分高校负责劳动教育理论教学、学生劳动教育实践活动的职能部门的分工不同，并且协同化育人模式尚不成熟，造成了劳动理论课程和实践课程、实践活动之间协同性、融合性不强，学分认定标准和劳动教育实践评价考核体系尚不完善。

（三）大学生劳动教育宣传、引导体系吸引力不足

大学生劳动教育和思想政治教育一样，除了强调教育的实效性、亲和力外，同样也需要重视大学生在教育中的"获得感"。目前，部分高校正在逐步完善劳动教育课程体系和校内外的劳动教育实践基地建设，但是由于学校各个职能部门之间、职能部门与学院之间、各学院之间在上述两个方面存在分离和脱节的情况，众多的劳动课程资源、实践资源不能整合起来供全校学生进行选择，因此在宣传引导上也未能营造出浓厚的校园劳动实践活动氛围。此外，很多青年大学生除了积极参加校内的劳动教育课程和实践外，还积极投身脱贫攻坚、乡村振兴、抗击疫情、乡村支教等公益项目之中。对于大学生参与活动的情况及所取得成就，高校要通过"两微一端"积极宣传报道，以引导和激发更多学生参与劳动的热情和活力，进一步弘扬劳动精神，充分发挥大学生劳动教育的思想引领和价值引领作用。

（四）大学生劳动教育尚未形成合力

不论何种教育，都不应该只是学校的责任，劳动教育也是如此。由于受历史上劳动教育未受到足够重视、大多数家庭为独生子女等情况的影响，造成了现实生活中一些学生"四体不勤，五谷不分"的现状。一部分学生家长，从孩子小学到大学都只关心孩子的学业成绩，对劳动教育尤其是学生的体力劳动方面重视的程度不够。这不仅容易导致学生劳动实践能力低下，还容易导致学生缺乏担当和社会责任感。此外，社会上存在对体力劳动者的劳动价值不够认可、对脑力劳动者的劳动价值大力推崇的现象，也让部分学生形成了职业存在高低贵贱之分的思维，这对学生平时开展体力性劳动也造成了一定的困难。

三、利用"四个结合"协同构建全方位劳动教育体系

（一）"顶层制度+全员协同"：构建劳动教育机制保障体系

首先，高校应持续完善大学生劳动教育工作组织架构，成立学校、学院两级劳动教育工作领导小组，加强对劳动教育工作的统筹领导，把劳动教育工作纳入人才培养方案。高校应通过制定学校和各学院、专业、系（所）等方面的劳动教育制度、具体实施方案，以适合当前形势下国家和社会层面对大学生劳动教育要求。其次，高校应设立劳动教育教研室，通过引进师资或培养现有师资队伍的方式，精心打造学校劳动教育专职教师和二级学院专职劳动教育师资队伍，建立起学校专职劳动教师、辅导员、班主任、家长、校外劳动教育专家五级联动的沟通协作教育机制，形成教学、实践一体的劳动教育格局。高校应不断完善劳动教育学分标准制定和过程性、结果性考核评价体系。最后，学校、学院均应设立劳动教育专项活动经费，为劳动教育工作提供基础性保障。

（二）"理论必修+实践拓展"：构建劳动教育全面覆盖体系

为进一步帮助大学生树立起正确的劳动价值观，提升学生劳动技能和劳动创新能力，学校、学院应当整合劳动理论课程资源，结合各高校的人才培养目标，打造具有专业特色的劳动理论金课群。同时，学校、学院可以开展学生自学自讲的线上劳动微课等。学校、学院应将必修理论课程纳入各专业人才培养方案和整体教学计划。

学校、学院应针对学生的兴趣爱好开设烹饪、居家收纳整理、医疗救护培训、花草瓜果种植技术等多门公共选修课程来丰富和拓展大学生劳动教育课程体系。除此之外，学校和学院应积极搭建课外劳动实践平台。各平台应面向全校学生开放，形成劳动课外实践教育协同化发展。学校、学院应建立课堂教育与社团活动等学生组织相结合的"立体劳动教育模式"，形成课内与课外、教育与指导紧密结合的教育教学模式。

（三）"特色活动+丰富平台"：构建劳动教育宣传引导体系

劳动节是国际性节日，学校可以将每年4~5月定为劳动教育活动特色月，面向全体在校学生举办"爱劳动·迎五一"特色教育活动。例如，开展劳动教育研讨、劳动模范进校园、劳动小论文撰写、弘扬劳动价值观情景剧表演等活动。除了拓展多种形式特色劳动教育载体、开展各类劳动活动以外，学校、学院还可以通过"两微一端"或其他学生自媒体，集中分类报道一年以来学生在社区志愿服务、家庭防疫卫生、农业生产劳动、家庭生活服务等各类校内外劳动教育实践活动的开展情况以及取得的成绩，进一步营造崇尚劳动的校园文化氛围。

（四）"校内教育+校外资源"：建立学生劳动教育校社协同机制

除了利用校内资源以外，高校还要充分利用家庭、社会资源协同开展劳动教育。例如，在每年寒暑假放假时，高校可以利用《致家长的一封信》告知家长学校鼓励学生开展家庭消杀防疫、农业生产、家庭生活服务等劳动，同时也请家长提供必要的支持和监督。此外，高校要深挖社会可利用的劳动教育资源。例如，高校可以邀请本地"劳动模范"开展讲座，通过真实的、鲜活的案例让劳动教育直达学生心底；通过拓展与专业相关的实习实践基地，让学生有机会利用课余时间将理论知识与行业前沿实践相结合；通过建立校外劳动实践基地，让学生全过程参与到劳动生产活动中，更加懂得珍惜粮食、提升社会责任感。

很长一段时期，受历史等原因影响，劳动教育一直被边缘化，未能发挥出其内在价值。但是，随着我国社会的全面发展，劳动教育越来越受到党和国家、社会各界、大中小学以及家庭的重视。各方纷纷为各层级学生搭建有特色的劳动实践平台，不断推进劳动教育走深走实。大学生劳动教育的深入推进和发展要始终在提升大学生劳动知识和技能的基础上，培养大学生树立劳动光荣且崇高、伟大且美丽的价值观念。大学生应时刻以辛勤、诚实、创造性的劳动作为，以勤劳奋斗、勇于创新、甘于奉献的劳动精神和品质积蓄民族复兴和发展的后备力量，以时不我待的劳动状态实现自我的生命价值和社会价值。

参考文献

［1］习近平. 坚持中国特色社会主义教育发展道路培养德智体美劳全面发展的社会主义建设者和接班人［N］. 人民日报，2018-09-11（01）.

［2］陈宝生. 全面贯彻党的教育方针 大力加强新时代劳动教育［N］. 人民日报，2020-03-30（12）.

［3］刘向兵. 新时代高校劳动教育的新内涵与新要求：基于习近平关于劳动的重要论述的探析［J］. 中国高教研究，2018（11）：17-21.

［4］邬海峰，高艳丽，乔芳琦. "双主体"视域下大学生网络思想政治教育研究［J］. 学校党建与思想教育，2020（21）：73-74，82.

财经高校劳动教育与专业教育深度融合的思考与实践

——以西南财经大学经济信息工程学院为例

王 宇① 李 瑶②

摘 要：针对当前大学劳动教育如何深入落实，本文结合财经高校的专业教育特点，以西南财经大学经济信息工程学院的实践为例，从课程体系构建、实践实训体系搭建、实践型师资队伍建设三方面着手，探索财经高校专业劳动教育与专业教育深度融合的实现路径。

关键词：劳动教育；专业教育；深度融合

劳动教育对大学生的个性发展、智力开发、人格形成以及综合素质的全面提升具有重要作用，是高校教育体系的重要环节。2020 年 3 月 20 日，中共中央、国务院发布了《中共中央 国务院关于全面加强新时代大中小学劳动教育的意见》。该意见指出，大学要站在新时代培养德智体美劳全面发展的社会主义建设者和接班人的高度，充分认识劳动教育的新内涵、新要求，践行立德树人，把劳动教育纳入人才培养体系，根据大学生的特点，采取适当的方法，引导大学生树立正确的劳动观，培养担当民族复兴大任的时代新人。这为新时代高校劳动教育指明了前进方向。

2017 年 2 月以来，教育部积极推进新工科建设。新工科教育培养的是工程实践能力强、创新能力高的高素质复合型人才。西南财经大学的新工科建设以培养具有国际视野、国内顶尖的金融科技人才为目标。金融科技是西南财经大学"双一流"建设的重要发展方向和有力支撑。引领金融科技创新，推动金融科技发展，培养造就金融科

---

① 王宇（1975—），男，西南财经大学经济信息工程学院副教授，硕士生导师，主要从事支付经济、信息管理研究。

② 李瑶（1984—），女，西南财经大学经济信息工程学院教学秘书，主要从事高等教育研究。

技领域复合型人才是西南财经大学落实国家新工科战略的重要着力点。这就要求在现有培养模式的基础上，加强学生金融科技实践技能培养，提高学生的动手能力、金融科技实践能力，搭建理论知识拓展平台，提高管理和协同创新能力。因此，作为新时代高等教育人才培养体系的重要组成部分，新工科教育和劳动教育都是为了解决高等教育人才培养与社会需求脱节的问题而进行的教育变革，都特别强调与新时代劳动发展趋势紧密结合，面向未来劳动世界、工作世界培养人才，都特别注重培养大学生的社会责任感、创新精神和实践能力。

西南财经大学经济信息工程学院针对新工科专业教育和劳动教育的共同特性，从课程体系和实践实训体系构建、实践型师资队伍建设三方面着手，探索计算机类劳动教育与专业教育深度融合、深入融合的路径。

一、根据金融科技的产业劳动需求，重构课程体系

经济信息工程学院的计算机类人才以"高层次、高素质、多样化、创造性"为培养目标，以有技术、懂金融、会管理、善创新为具体要求，以研究型、管理型、创新型、国际型和金融科技为培养特色。这需要打破传统的以知识为本位、以教材内容为主体的课程体系，构建以能力为本位、以学习者为中心、以工程项目为主体的模块化课程体系。经济信息工程学院时刻把握信息技术发展创新的根本，服务于飞速发展的金融应用，始终面向真实产业劳动需求。以计算机科学与技术、信息管理与信息系统专业人才培养方案为例，2007 年以前人才培养方案主要强调金融电子化特色。2007 年，人才培养方案加入数据挖掘和商务智能相关课程。2008 年，经济信息工程学院开设"金融智能"课程并随后被译为教育部精品课程。2010 年，经济信息工程学院开始关注金融服务创新的相关知识体系。2011 年，经济信息工程学院开始引入算法交易和云计算的课程内容。2012 年，经济信息工程学院开始在课程中引入互联网金融的相关知识。最近两年，经济信息工程学院以突出金融大数据处理、智能信息处理、金融信息安全等创新创业型的复合能力培养为专业特色，注重学生的理论基础知识培养和实践动手能力训练。同时，经济信息工程学院优化其他专业课程，充分结合金融实践，并精心设计信息技术在金融领域的应用案例，以用于日常教学工作。

新时代背景下将劳动教育与专业教育深度融合需要我们进一步将课程结构模块化，课程内容、课程体系均要结合实际工作场景。以"管理信息系统"课程为例，整个课程均以实际劳动项目——用 ACCESS 或其他工具完成一个系统建设为驱动，串联管理信息系统知识体系的构建。"数据结构"课程则紧密和金融科技劳动实践相结合，提供

了如模拟股票的分时交易，设计一个"优先队列"；以"上市公司年报"为样本，写一个关于年报分析的小系统；以"二分类"为理论基础分析股票交易系统等多个劳动实践模拟实验。该课程由此培养学生在金融科技劳动应用情景中计算机求解问题的抽象问题、数据结构描述、程序设计的能力。同时，课程内容要综合化，主要体现在理论知识与实践能力的综合，专业技能与职业态度和情感的综合，真正实现"专业劳育"，即将劳动教育融入专业课程学习与实践实训中。一方面，经济信息工程学院在专业课程中强化金融科技领域的劳动伦理和职业素养教育，构建具有金融科技特色的劳育价值体系，如在区块链技术与加密数字货币课程中除讲授区块链专业知识外，也重点传授金融科技创新与监管机制，警惕和防范技术滥用可能引发的伦理风险。另一方面，经济信息工程学院在实践教学、专业实训中强化劳动权利、劳动情感和态度的培养，劳动能力和专业技能的训练，全面培育劳动精神。在项目管理与开发实训实践课程中，学生在为期半个月的封闭式项目开发劳动实践中，通过真实商业项目组建项目团队，深刻理解项目中各个角色的工作职责和岗位技能要求。经济信息工程学院全面培养学生的综合职业技能，整体提升个人劳动素质，而不仅仅是技术开发能力。

二、加强实践能力培养，
构建面向实际工程场景的实践实训体系

劳动教育是一项实践性很强的教育活动，而以金融科技为特色的新工科专业教育同样也强调实践能力、创新能力的培养，这就需要一个与实际金融科技实践密切相关的实践平台。西南财经大学经济信息工程学院目前已经与国际商业机器公司（IBM）、京东、阿里巴巴等著名企业建立了持续的合作关系；坚持国际化办学理念，拥有多个条件优良的海内外实习实训基地。在课程实践方面，经济信息工程学院利用专业课程的实践环节和"小学期"组织学生到创新科技园区开展实训。

今后，经济信息工程学院会继续加强实践平台建设，特别是把信息技术综合实验室打造成以金融科技为特色，服务全校为目标，涉及计算机硬件、软件、网络技术、物联网技术的专业实验室。在此基础上，经济信息工程学院将搭建金融科技综合性大数据教学实验平台和人工智能教学实验平台。实验室目前已初具规模，已经能够支持经济信息工程学院的计算机科学与技术、电子商务、信息管理与信息系统专业的各层次的实验教学和劳动教育项目。但是，该实验室的金融科技大数据实验平台和人工智能实验平台中的课程实验项目建设还刚刚起步。接下来，经济信息工程学院准备从两个方面补齐此项"短板"：一是尽快组建一支高水平的实验教师队伍；二是整合各方面人力物力资源，开发一批适合目前发展的、高水平的金融科技课程实验项目。经济信息工程学院将为全校金融管理大类专业学生开发具有金融科技特色的劳动教育服务。

三、结合专业教育和劳动教育，共建实践型师资队伍

以金融科技为特色的新工科专业教育需要教师队伍的转型，即需要组建一支同时具备金融科技理论教学能力和实践能力的"双师双能型"教师队伍。劳动教育与专业教育的深度融合要求我们今后要着力培育以下两类教师：

一是既懂金融科技专业理论又懂金融科技专业实务的"双师型"专业教师。这需要提高教师的专业实践能力，鼓励教师深入金融科技一线，在实践中学习金融科技的技术发展、技术创新过程，参与挂职单位的管理、技术研发、服务等工作。西南财经大学教师可以根据《西南财经大学干部派出挂职管理暂行办法》和相应地方政府和企事业单位的选派要求提出挂职申请。挂职期间校内工资、津贴等待遇不变，西南财经大学对挂职期间有突出表现的教师，同等条件下在干部选拔任用时可以优先考虑选拔任用。这在某种程度上对教师深入企事业单位参与社会实践和劳动服务有激励作用。经济信息工程学院教师多次到成都市发展和改革委员会高新技术产业处、云南省福贡县等地挂职，提供了高新技术支持、电商扶贫等劳动实践服务。另外，经济信息工程学院支持教师在不影响本职工作的前提下合理利用时间到在本专业领域的企业、科研机构、社会组织等兼职或自己创办企业。一方面，这是挖掘创新潜力的重要举措，有助于推动科技成果加快向现实生产力转化；另一方面，教师的前沿专业劳动实践经验可以反哺教学，使学生直接收获与时代紧密结合的前沿专业知识和劳动教育知识。经济信息工程学院教师段江把动态范围图像技术科技成果商业化，创办成都恒图科技公司并已上市。该公司研发的产品的用户达 2 亿多人，主要集中在日本、美国、南美洲和欧洲等地；罗旭斌老师创办四川鱼鳞图信息技术股份有限公司，专注土地信息服务和农业大数据领域。包括这两位教师在内的多名有产业实践经验的教师将自己的产业劳动经验进行总结和提炼，形成了本科人才培养方案的三门劳动教育特色鲜明的专业方向课——IT 创业、网上创业、移动技术开发与创业。截至 2021 年，这三门"双师双能型"专业教师指导的课程累计上课学生人数已达到 1 442 人。

二是由金融科技校外专业人士组成的"社会型"兼职教师。一方面，经济信息工程学院邀请产业人士进行相关讲座，加强与学生的交流。为加强金融领域的著名学者和企业家与师生之间的交流，2001 年 11 月，西南财经大学牵头组建光华讲坛。截至2021 年 7 月底，光华讲坛已开办了 5 856 期。罗伯特·蒙代尔（Robert A. Mundell）、

罗伯特·恩格尔（Robert F. Engle）等诺贝尔经济学奖得主，世界著名投资人吉姆·罗杰斯（Jim. Rogers）、招商银行原行长马蔚华等众多金融领域专家和企业家先后做客光华讲坛，与师生展开高层次、前沿性对话与研讨。学生在聆听讲座过程中收获的不仅仅是前沿的专业知识，还有专家和企业家在长期金融劳动实践中积淀升华出来的劳动价值观、道德标准和行为规范。另一方面，经济信息工程学院聘请四川华迪技术公司等企业的工程技术人员担任本科教学任务，完成校外实训、校内实验室实训等实践环节的教学工作。学生在企业的工程技术人员的带领下不仅学习工作岗位所必需的知识技能，还得到劳动态度、责任心的训练，完成学习生活向劳动生活的过渡。

四、劳动教育与专业教育深度融合的成效

从成效上看，西南财经大学经济信息工程学院在课堂教学的内容设置上，专业课程均能以实际金融科技劳动项目为驱动，并在课程中强化金融科技领域的劳动伦理和职业素养教育。劳动项目为驱动的课程结构，使学生真正成为学习的主体。这一教学模式充分调动了学生学习的积极性，使学生能将所学的理论知识直接用于实际劳动项目中，减少了学生适应社会的时间；让学校的教育更贴近企业劳动需求，为学生成功融入社会创造良好的条件。在集中性实践教学方面，西南财经大学经济信息工程学院开设项目管理与开发实训劳动实践课程。所有大二、大三年级的学生都必须参加在实验室或校外实训基地举行的为期半个月的封闭式项目开发劳动实践。同时，经济信息工程学院与泰国正大学院、暹罗大学签订了实习实践协议，每年暑假都有数十名学生前往泰国，与当地大学生共同参与企业项目开发，学生在实训中为泰国国家旅游局开发的泰国旅游应用程序，目前已成功上线。在毕业论文方面，经济信息工程学院要求计算机科学与技术专业的毕业论文设计必须100%进行动手实践型的项目设计。学生通过这些劳动教育与专业教育深度融合的课程和实践活动，不仅在专业实践动手能力上得到了锻炼，同时在实践过程中克服劳动困难、磨炼劳动意志，获得了对劳动实践活动的情感认同和成就感。这推动了经济信息工程学院的就业情况。近5年来，经济信息工程学院毕业生在国内外重点大学深造率达40%以上，就业率保持在93%以上，薪资水平也居全校前列。

西南财经大学经济信息工程学院的金融科技特色新工科专业教育是"与未来合作"的新工科教育。加强劳动教育是党和国家在新时代发展的要求下，经过缜密思考后提出的具有跨时代意义的教育理念。劳动教育与专业教育均对当前高等教育提出了改革的新要求、新思路、新方向。因此，我们必然要将劳动教育与专业教育进行深度融合。

劳动教育与现有的专业课程培养体系真正融合为一个有机的整体，才能真正培养德智体美劳全面发展的社会主义建设者和接班人。

参考文献

［1］刘向兵. 新时代高校劳动教育该如何加强［N］. 中国教育报，2019-09-05（08）.

［2］孙元，付淑敏. 新工科背景下劳动教育与专业教育融合研究：以湖南第一师范学院通信工程专业为例［J］. 湖南第一师范学院学报，2020（2）：64-67.

［3］黄英，李保国，雷菁，等. 新工科的专业核心能力探索及课程体系构建［J］. 大学教育，2020（5）：20-22.

［4］蒋艳. 社会主义先进文化与社会主义核心价值观的共同属性［J］. 思想教育研究，2019（1）：58-61.

新财经背景下财经高校
开展劳动教育的几点思考

——基于马克思劳动学说的视角

罗元化[①]

摘　要：在新财经背景下，财经高校开展劳动教育需要融入新财经元素，并将马克思劳动学说运用其中，提升劳动教育的理论高度。高校先要重新把握劳动与人的全面发展的关系，阐明劳动对学生全面发展的重要作用，之后鼓励学生树立正确的劳动道德，养成正确的劳动观念，将个人前途与国家战略相融合，在民族复兴的伟大征程中实现个人价值。

关键词：新财经；劳动教育；马克思劳动学说

"新财经"这个概念目前在学界还没有一个准确的定义，但它的出现往往与"新时代""新文科""大数据"等相伴随，以区别于传统财经这个概念，彰显了财经发展的一个新阶段。互联网和大数据技术的快速发展与运用，改变了原来行业的边界和业务流程，对劳动者的素质和思维模式提出了新要求。本文聚焦新财经背景，除了突出上述"新"之外，尤其强调整个中国经济运转的深层次逻辑转变——从发展和增长速度优先转到兼顾公平和可持续发展。2021 年 8 月 17 日，中共中央总书记、国家主席、中央军委主席、中央财经委员会主任习近平主持召开中央财经委员会第十次会议。会议研究了扎实促进共同富裕问题，指出要加大民生工程、乡村振兴、住房保障体系等方面的投入，促进社会公平正义和人的全面发展。会议还强调了要加快完善社会主义市场经济体制，增强区域发展的平衡性，强化行业发展的协调性，支持中小企业发展，确保经济金融大局稳定。这些都是中央对新财经的进一步阐释。这个转变从某种程度

---

①　罗元化（1982—），男，博士，西南财经大学经贸外语学院分团委书记，讲师，主要从事思想政治教育研究。

上对于新财经背景下高校劳动教育的影响更大。现在不少学生在专业选择上存在"报热门"的现象，以至于"女孩报考北大考古专业"成为网络热议。作为传统的"热门"，财经类专业更是存在非理性报考的现象。"好找工作""挣钱多"等成为报考的主要理由。近年来，随着国家对房地产、金融等行业的整治，过去的热门专业正逐渐失去光环。毕业生们如果缺乏对劳动的正确认识，很大可能就是挑三拣四或被迫继续读研催生学历"通货膨胀"，而非投身国家亟须的岗位和战略中去。因此，财经高校开展劳动教育必须重点研究和分析新财经这个大背景，必须在劳动教育中融入新财经元素。

劳动教育是新时代党对教育的新要求，是中国特色社会主义教育制度的重要内容，是全面发展教育体系的重要组成部分，是大中小学必须开展的教育活动。劳动教育具有鲜明的思想性，必须将马克思主义劳动观贯彻始终。马克思主义政治经济学是很多财经高校的基础课程。该课程的内容多偏传统和抽象，不如一些课程的内容那样形象和直观。如果其不能在时代的发展中获得新生命，那么就会面临被质疑的局面。例如，随着科技的高速发展，科技在现代化大生产中的作用越发彰显，以至于"人类劳动是所有财富的社会源泉这一断言广遭批评"。这就导致劳动教育的理论高度和理论自信上不去，劳动教育的效果也停留在表面。

基于上述考虑，本文尝试用新财经这个背景去重修解读马克思劳动学说，重点阐述"劳动与人的全面发展""劳动的道德属性""劳动教育与个人价值"三个方面，以期能够为财经高校劳动教育工作探索不同的思路。

一、劳动与人的全面发展

马克思赋予了劳动前所未有的重要性。对于劳动的研究也是马克思整个理论框架的重要基石。马克思指出："劳动创造了人本身""劳动创造了世界""劳动是人区别于动物的本质特征"。但是，受市场功利性影响，社会上不劳而获、逃避责任的思想已向大学渗透，"劳动创造人"的命题逐渐被淡忘，劳动教育的责任日益被遮蔽。因此，具体到劳动教育的开展来看，赋予马克思劳动学说新的时代含义，阐述劳动与人的全面发展之间的关系，让青年一代树立正确劳动观尤为重要。

根据马克思的观察和分析，资产阶级对工人的剥削和压榨，导致工人阶级成为资本的附庸。资本技术构成的上升造成相对人口过剩，工资降低迫使贫苦家庭不得不出卖儿童劳动力，资本家为谋求更大的个人私利乐于大量雇佣童工。儿童过度的劳动和劳动条件的恶劣，导致身体和心智的双重萎缩。每天过长的劳动时间使儿童身体发育不良、智力荒废，这种状况造成工人阶级及其后代的毁灭性灾难。

这样的场景描述离我们真的很遥远吗？从网络热词"996"到"内卷"，难道不能够感受到年青一代的无奈吗？在"996"这个概念广为人知后，不少市场经济的"大佬"甚至将这个明显违反《中华人民共和国劳动法》的概念包装为"人生成功学"。无论是"996"还是"内卷"，之所以引起公众的关注和讨论就是因为这些话题都同时涉及一个深层次问题——劳动和资本。通俗而言之就是一个人该为了赚钱而放弃底线地去劳动吗？那种靠加班、靠拼体力和时间赢得的利润毕竟是短期的，缺乏长期可持续性。更有甚者，这些"996"的年轻人一到中年就因为忽视个人学习和发展而面临被淘汰的尴尬境地。从单个经营主体来看，也许通过这样的方式降低了生产成本，赢得了市场竞争，但是从一个行业和国家的宏观层面看，却是有百害而无一利的。因此，有关部门在关键时刻出手，积极引导企业和劳动者遵守劳动法律法规。从几个事件的走向来看，我们可以欣喜地发现：坚守劳动道德、坚守底线才是唯一出路。资本不应该也不可能有超越道德和法律的权力。广大群众也通过关注这样的网络热点事件，开始认识到劳动是自我实现和自我完善的途径。任何辛苦的付出和劳动都值得尊敬。因此有了"外卖小哥"等视频的走红，有了对奋战在抗疫一线医护人员的"追星"，有了对环卫工人的关怀……这些点点滴滴正汇聚成"尊重劳动""重新认识劳动"的正能量，感动着每一个人。

财经高校开展劳动教育尤其要先把"全面发展"这个理念传递给学生。新财经需要的是更高素质的人才。知识的快速更新迭代要求劳动者不能停止学习，要不断适应和面对新情况。没有一个全面发展的素质，在未来的财经行业是难以立足的。因此，财经高校必须通过劳动教育让学生认识到只有通过劳动才能更好地认识世界，从而把握事物的规律，在劳动实践中提高感知能力、语言能力、思维能力和行动能力，不断提高主动性、自主性和创造性，最终实现个人的全面发展。这种全面发展是一种个人与社会的互动，是一种独立、自由、平等的状态，不是被资本奴役或为了生存而劳作的状态。在这种状态下，作为一个新时代劳动者才会有一种主人翁意识和责任感，才会全身心投入劳动，把工作当成事业，工作的辛劳最后会化为个人才干的增长，进而体会到劳动带来的愉悦和成就感。没有这样一种全面发展的认识，财经高校毕业生就非常容易成为"打工人"，将自己有限的生命和精力投入极易被替代的重复性劳作中去。每天很忙很累，却没得到任何成长。而这就是当下不少年轻人面临的困境。

因此，财经高校开展劳动教育必须首先引导大学生们树立起对劳动的这样一种认识，才能够积极投身劳动，并在这个过程中实现自我的全面发展。

二、劳动的道德属性

正如马克思所洞见的那样："劳动创造了道德主体，道德是主体在劳动关系中创造的文化形态，实现了主体对道德的需要。"

在市场经济条件下，市场参与主体的多元化导致劳动关系中形成的文化形态多元和道德价值观多元。这是一种客观存在。也正是这种多元的存在更需要一种主流价值观的引导和建设，不然就会导致冲突和混乱。劳动教育的重要作用之一就是要引导全体劳动者树立这种主流道德观和价值观。这种蕴含在劳动中的道德观念和价值观念随着时代的变化而变化。改革开放初期，为了推动经济的发展，出现了"唯 GDP 论"。为了经济的发展有的地方甚至牺牲了环境，搞先发展后治理的路子。在这样的环境下，对个人的劳动道德要求可能更多是实现盈利。也就有了所谓的为了盈利而产生的"酒文化""潜规则"等。进入新时代，整个国家的经济运转逻辑是在发展中追求共同富裕，追求"绿水青山"的可持续发展道路。加上持续高压反腐及"八项规定"的出台，风清气正的大环境已经形成，破除"潜规则"，提倡诚实守信和工匠精神的新时代劳动观念正蔚然成风。这对高校开展劳动教育创造了良好的大环境。

在大学阶段开展劳动教育往往容易重劳动实践技能而轻德育，或者矫枉过正地把劳动教育与德智体美四个方面的教育融为一体。不可否认，通过劳动确实能够达到以劳树德、以劳增智、以劳健体、以劳育美的功能。但是，简单地把劳动教育与其他四个方面的教育相融合，实质上就是否定了劳动教育的独特性，否定了劳动教育对于学生未来发展的重要作用。为了解决这个问题，笔者认为应该将劳动的道德属性作为高校劳动教育的一个部分。通过阐述劳动与道德的关系，明确社会主义制度下的劳动道德，进而开展劳动法治教育，鼓励学生坚守初心，为社会主义事业去劳动。

具体来讲，高校可以在日常性劳动，如寝室卫生、校园清洁美化、校内种植基地等劳动教育活动中，鼓励学生制定寝室公约、劳动纪律手册等规范性文件，并收集整理相应案例供大家讨论学习，激发学生参与规则制定和尊重规则的习惯。同时，高校应注重让学生在劳动中学会分工合作，体会社会主义社会平等、和谐的新型劳动关系。在校外的实习基地开展专业劳动时，高校可以通过导入实习规范、考勤规范、岗位职责以及公司员工内部管理等内容，让学生进一步实地感受劳动纪律和文化，引导学生认识社会，增强社会责任感。高校可以开设劳动教育相关专业课程。例如，高校可以通过开设马克思主义劳动学说、劳动道德与伦理、劳动法律法规、劳动与社会保障等课程为高校学生赋予基本的劳动理论知识和素养。这样学生今后在工作中遇到问题，就会主动用相关理论和知识去分析与决策，为和谐的社会主义劳动关系和劳动者的全面发展做出贡献。

三、劳动教育与个人价值

劳动教育的对象是学生。学生作为个体，有其人生追求和梦想。要让劳动教育深入人心，必须将其与学生的个人价值实现充分结合。正如前文提到的，现在财经高校不少学生选报专业不是基于兴趣和天赋，而是基于职业报酬的预期。例如，会计、金融等专业收分高，招生规模大，毕业生就业率高。经济学、数学等相对基础性的专业就相对冷门。劳动教育的目的是要让这些不同专业的学生平等地看待这些专业及未来的不同职业吗？答案显然否定的。劳动教育的作用应该直接锚定学生个人价值的实现上，如教育学生通过具体的劳动实践活动，找到自己能力的短板、兴趣和特长所在，更好地扬长避短，从而取得成功。以笔者所在的学校为例，目前学校为学生提供了多次转专业及辅修专业的机会。这样做的目的显然不是给学生更多渠道去"热门"专业，而是鼓励学生去尽其所能地学习，去弥补短板，实现全面发展，从而在未来的职场中能够实现自我价值。

为了帮助学生更好地实现个人价值，有两个观念需要通过劳动教育进一步强化。第一个观念是"奉献"。无论是高校里开展的寝室卫生整理、校园环境美化、种植基地等活动，还是校外的"三下乡""志愿服务""社会实习实践"等活动都特别强调"奉献"二字。这正是劳动教育的一个重要内容：让学生知道只有先付出才会有回报，而不是为了回报去做什么事情。只有理解并贯彻了这个观念的学生，才能受到用人单位的欢迎，才能真正干出一番事业。学生要坚决向"精致的利己主义"说不。高校要通过劳动教育弘扬劳动为公、天下大同、践行大道、奋斗不止、自强不息的中华民族精神。这也是劳动教育应有的教育境界。只有这样，才能将劳动教育与世界观、人生观紧密相连，树立无产阶级的劳动信仰，才能真正做一个"大写的人"。

第二个观念是"科学劳动"。习近平总书记于2014年4月30日在乌鲁木齐接见劳动模范和先进工作者、先进人物代表，向全国广大劳动者致以"五一"节问候时指出："劳动是一切成功的必经之路。当前，全国各族人民正满怀信心为实现'两个一百年'奋斗目标而努力。实现我们确立的奋斗目标，归根到底要靠辛勤劳动、诚实劳动、科学劳动。"对高校大学生而言，要想成功实现个人价值更要在科学劳动上下功夫。马克思最早在《资本论》中提出科学劳动的概念。随着科学技术、人工智能与大数据等的发展，科学劳动已突破其传统的概念内涵。现代科学劳动是掌握了现代有关最新科学、多学科的前沿理论和最新先进技术的科学劳动者所进行的科学劳动，是高级或超高级的脑力劳动。对一个国家而言，综合国力的竞争取决于科技发展水平和创新能力。对一个人而言，能否很好实现个人价值就是看能否掌握现代科学知识，能否拥有创新能力，能否提供高质量的科学劳动。科学劳动还有科学地安排劳动之意。就劳动教育而言，主要是指科学地安排劳动教育的内容，帮助学生学会合理利用时间，实现德智体美劳的全面发展。

四、结　语

经济的稳健运行对一个国家意义重大。财经高校担负着培养新时代财经人才的重任，应积极研究和探索新财经的发展规律，赋予马克思劳动学说新的时代内涵，让劳动教育深入学生内心，从而让学生树立个人全面发展的目标，把握劳动的道德与价值判断，树立"奉献"和"科学劳动"观念，主动融入国计民生，在民族复兴的伟大征程中实现自身价值。

参考文献

［1］莫伊舍·普殊同. 时间、劳动与社会统治［M］. 康凌，译. 北京：北京大学出版社，2019.

［2］唐建平. 马克思主义劳动观及其在中国的科学发展［J］. 长江大学学报（社会科学版），2012（12）：119-121.

［3］余宏亮，王刚. 大学劳动教育简论［J］. 中国教育科学（中英文），2021，4（2）：100-106，30.

［4］李雨燕，曾茜. 马克思劳动教育思想及其当代启示［J］. 吉首大学学报（社会科学版），2021，42（2）：109-117.

［5］李梦. 从道德的劳动起源认识道德本质［J］. 理论观察，2019（8）：30-32.

［6］徐冬青. 劳动教育的现代价值诉求［J］. 福建教育学院学报，2020，21（10）：16-19.

［7］陈征. 劳动和劳动价值论的运用与发展［M］. 北京：高等教育出版社，2005.

"三全育人"视域下加强劳动教育的价值内涵和实践路径

舒　坦[①]

摘　要： 全国教育大会提出，培养德智体美劳全面发展的社会主义建设者和接班人，赋予了劳动教育重要的地位和时代意义。加强劳动教育进一步促进了新时代"三全育人"工作格局的构建，拓展了德智体美"四育"新的价值内涵。新时代劳动教育的实践路径要在课程体系、实践活动和考评体系中引导学生掌握劳动知识技能，养成良好劳动习惯，树立正确劳动价值观。

关键词： "三全育人"；劳动教育；价值内涵；实践路径

在全国高校思想政治工作会议上，习近平总书记提出："要坚持把立德树人作为中心环节，把思想政治工作贯穿教育教学全过程，实现全程育人、全方位育人。"构建"三全育人"工作格局是新形势下高校思想政治工作的根本遵循。在全国教育大会上，习近平总书记进一步指出："坚持中国特色社会主义教育发展道路，培养德智体美劳全面发展的社会主义建设者和接班人。"[②] 这是新时代第一次将劳育纳入人才培养体系中，强调与德智体美同样重要的战略高度，赋予了高校劳动教育新的使命和新的话语内涵。

一、"三全育人"工作格局下加强劳动教育的价值意义

"三全育人"在"育"的目标是培养德智体美劳全面发展的社会主义事业建设者和接班人。随着中国特色社会主义高等教育现代化、科学化发展，在德育、智育、体育、美育四个方面已经取得了显著的成绩和明显的进步。将劳动教育明确纳入人才培

---

① 舒坦（1989—），男，西南财经大学经济学院辅导员，讲师，主要从事大学生思想政治教育研究。

② 习近平在全国教育大会上强调：坚持中国特色社会主义教育发展道路培养德智体美劳全面发展的社会主义建设者和接班人［N］. 人民日报，2018-09-11.

养战略目标，进一步彰显了劳动教育在全员育人、全方位育人、全过程育人中的重要话语权。

（一）打造了全员育人联动"最需的一道渠"

全员育人强调的是学校、家庭、社会、学生全员参与、全员联动、全员同心同向的"四位一体"协同育人机制。一是在学校层面，为全员育人实现有效联动。加强劳动教育为学校内部全员育人实现有效联动。在学校的育人工作中，学生工作队伍与专业课教师承担了绝大多数职责，部分高校管理人员和后勤服务人员常常面临育人角色暗淡、育人路径缺失以及无力可发、无从下手的困难局面。劳动教育强调树立正确劳动观，掌握劳动本领，尊重劳动价值。这种价值倡导和话语权要求为高校行政管理人员、后勤职工提供了基本遵循和有效渠道，可以让他们更加理直气壮地履行育人主体职责。他们可以通过自身工作实际，结合工作经验和职业特色，让劳动教育内涵更加丰富，形式更加多样，主题更加鲜明，也能够更好地实现校园内部育人主体的有效联动。二是在家庭层面，为全员育人实现有效补位。在高等教育阶段，学生家长往往把育人的权利让渡给学校，部分家长只是在学生成绩、学生发展和突发危机事件等方面给予关注。当前，劳动教育的缺失恰恰是家庭教育不重视和长期缺位造成的。加强劳动教育，就是要让高校学生家长在家庭层面重视劳动教育的重要意义，让学生在家庭中更多地参与劳动，激发学生的劳动欲望，满足学生的劳动权利，使学生养成良好的劳动习惯。劳动教育是学校与家庭之间有效沟通的桥梁和纽带，让学生家长真正参与到育人工作中，积极补位。三是在社会层面，为全员育人提供良好环境。高校人才培养是一个面向社会育人的过程。加强劳动教育，就是要树立正确的劳动观，营造全民热爱劳动、尊重劳动者的良好氛围，搭建有效的劳动教育平台，提高劳动者的社会地位，提供必要的劳动保障，要让社会在高校学生教育主体中从被动参与转向主动供给。四是在学生层面，为全员育人提供主体支持。高校学生兼具人才培养的主体和客体双重身份。马克思主义劳动观认为，整个所谓世界历史不外是人通过劳动而诞生的过程，是自然界对人来说的生成过程[①]。加强劳动教育就是要让人们从被动接受到主动认知，在劳动中认识世界，在劳动中增强本领，在劳动中实现自我管理、自我服务、自我教育。

（二）筑牢了全方位育人"最缺的一方土"

全方位育人着重在整合利用各种资源，保证育人的全面性、时效性、系统性，满足学生成长成才的需求，满足社会发展的需要。如何实现人才培养的全面、系统和时

---

① 马克思，恩格斯. 马克思恩格斯选集：第1卷［M］. 中共中央马克思恩格斯列宁斯大林著作编译局，译. 北京：人民出版社，1995：23.

效，就是要按照习近平总书记的要求，做到"六个下功夫"：在坚定理想信念上下功夫、在厚植爱国主义情怀上下功夫、在加强品德修养上下功夫、在增长知识见识上下功夫、在培养奋斗精神上下功夫、在增强综合素质上下功夫[①]。这六个方面强调身体力行，强调在实践和行动中去成长，更强调在劳动中坚定信仰、培养品格、强身健体、增长才干、锻炼本领，赋予了劳动教育在新时代人才培养工作中更高的地位和时代意义。

在国家计划生育政策的影响下，当前高校大学生大多是"95后"甚至是"00后"，来自独生子女家庭。其自身特点已与"80后""90后"大学生有诸多不同。他们得到家庭更多的爱护和关注，却较少参与到家庭和社会的劳动中。由于课业压力和家长主要关注成绩和兴趣特长方面，针对学生劳动的教育和实践弱化。当前，高校大学生的劳动价值观整体比较健康正确，但也呈现出更加重视脑力劳动而轻视体力劳动、缺乏对劳动全面客观的认知、劳动技能薄弱、劳动观念淡薄、劳动价值取向上比较功利、知行很难合一等问题。学生劳动教育的缺失和弱化，势必造成育人的全面性、全方位性受到影响。

加强劳动教育，在实践、教学、学习等方面加强学生劳动能力和劳动观的培养教育，筑牢了全方位育人"最缺的一方土"。孟子云："饿其体肤，劳其筋骨。"劳动的过程是认知和锻炼的过程，长期有效合理的劳动可以让学生加强意志力的锻炼和培育；讲述中华人民共和国劳动者的故事，讲述大国工匠的故事，可以进一步增强学生的爱国情怀，激发学生做新时代美丽奋斗者的热情，使学生树立用自己的双手创造幸福的观念。通过劳动，学生在体验艰辛的同时，也能增进对劳动者和劳动事业的敬畏与感恩，扭转不劳而获的"理所应当"。通过劳动教育和实践，学生能增强劳动本领、劳动智慧，学会科学劳动，掌握劳动技能，丰富生活常识，强身健体。加强劳动教育可以让学校、家庭、社会在育人工作形成有效联动，实现育人的全面性和全方位性。

（三）打通了全过程育人"最后的一公里"

全过程育人强调的是学生在学校从入学到毕业这一阶段的所有时间的育人机制，涵盖教学周、寒暑假、课上课下的连贯性、持续性、系统性。当前，各高校虽然有充实的第一课堂、丰富的校园活动、多样的实习实践，但依然存在不能够覆盖育人工作的全过程。第一课堂只能覆盖学生在教室的时间，学生从离开教室到回到寝室之后的教育呈现空心化；校园活动和寒暑假实习实践有其时间周期，周期之外的育人出现断续性，从而导致全过程育人不够系统、持续、连贯。

---

① 习近平在全国教育大会上强调：坚持中国特色社会主义教育发展道路培养德智体美劳全面发展的社会主义建设者和接班人[N].人民日报，2018-09-11（01）.

加强劳动教育，正是要整合育人的碎片化时间，打破原有机制之间呈现的单向、片面，从而使其相互作用、相互影响，生成联动、持续、平衡的育人生态。一是打通从线上到线下的育人过程。新的教育形态里，新媒体、融媒体逐渐成为重要的思想政治育人阵地，强调劳动教育，就是将线上所学转化为线下的实践，将线上的思想转化为线下的行动，从而实现从线上到线下育人的有机结合。二是链接校内到校外的育人过程。由于寒暑假、学生实习，高校学生在离开校园后的教育引导略显松散，虽然存在"三下乡"、社会实践项目等，但并不是所有学生都参与其中，有部分学生假期"宅"在家中，无所事事。加强劳动教育，也是让学生在校外忙起来、动起来，让家庭教育、社会教育和学校教育形成合力，链接育人的全过程。三是连贯教室到寝室的育人过程。在学校育人层面，学生在离开教室回到寝室后的时间很难覆盖，少部分学生回到寝室会沉迷于游戏、看剧，寝室卫生和个人卫生糟糕，加强劳动教育，就是让学生从自身行动起来、劳动起来，在劳动中实现育人的全过程覆盖。

二、加强高校"劳育"对德、智、体、美"四育"的内在拓展

习近平总书记在全国教育大会上提出的培养"培养德智体美劳全面发展的社会主义建设者和接班人"的重要论断，是新时代第一次使"劳育"与德、智、体、美"四育"具有同等重要的地位，纳入人才全面培养的目标。新时代高校德智体美劳融合的育人机制和目标是中国特色社会主义高等教育的审慎考量和价值重新构架，是对学生的思想品德、知识技能、能力素养的全方位塑造。在德智体美劳融合的育人价值构架中，五者既有各自独特的价值内涵又互相促进、相辅相成。在"五育并举"的融合育人架构，劳育又赋予了其他四育新的内涵。劳动教育融入德育、智育、体育、美育的过程，是强调在劳动实践中提升高度，拓展广度、锻炼厚度和培育深度的过程。

（一）德育与劳育——强调在实践中提升高度

以劳树德、以劳增智、以劳健体、以劳育美、以劳创造是中国特色社会主义劳动教育的核心特征[①]。通过劳动实践和劳动教育，使学生理解劳动对于实现美好生活向往的重要意义，理解劳动对于我国社会主义事业蓬勃发展起到的重要作用，了解中华民族热爱劳动的优秀品质，认同劳动者和劳动事业的伟大，在劳动中养成热爱劳动、崇尚劳动、尊重劳动的优秀品德，培养懂得感恩、懂得奉献的优秀品质，进一步培养社会主义事业接班人的责任感、主动性、主人翁意识和坚定的意志，在劳动实践中进一

---

① 卓晴君，徐长发. 以劳树德以劳增智以劳育美［N］. 光明日报，2018-10-09（13）.

步提升人才培养的高度。

（二）劳育与智育——强调在实践中拓展广度

智育的过程是引导学生熟练掌握技能、科学主动获取知识、不断发展智力，从而提升认识的广度和深度的过程。劳动创造智慧，劳动的过程也是知识习得和提升的过程。通过劳动锻炼和劳动实践，学生不仅能掌握更多的劳动知识，学会科学劳动，能增加劳动技能和劳动智慧，也能在劳动中学会更多生活常识，更加智慧地面对生活考验，更能让学生将劳动中所学灵活应用在自己的学业和人生智慧的提升上，落实知行合一，在实践中不断拓展自身知识技能的广度。

（三）劳育与体育——强调在实践中锻炼厚度

高校体育的主要功能是促进学生身体素质提升，使学生形成健全的人格，培育学生规则意识，使学生养成良好的生活习惯。目前，高校学生的身体素质状况着实令人担忧。在笔者所在的学校，军训时屡屡发生学生因为身体素质过差无法坚持的情况，甚至在体育测试肺活量的时候都有学生晕厥。国家和社会已经注意到了高校学生身体素质情况，出台了各种文件，采用了各种措施提升高校学生身体素质。劳动是锻炼身体的最佳方式，劳动的过程也是身体各项机能锻炼和提升的过程。坚持持续适量的劳动，养成良好的劳动习惯，体会劳动的乐趣，形成全员劳动的氛围，对当代大学生身体素质的提升大有裨益。

（四）劳育与美育——强调在实践中培育深度

美育旨在"随风潜入夜，润物细无声"，承载着提升学生审美能力、审美品位、陶冶情操、健全人格的功能。加强劳动教育也是引导学生在劳动实践中增强劳动意识，理解劳动最光荣、劳动最美丽的价值认同，引导学生在劳动实践中热爱生活，保持身心健康，学会自我调适。加强劳动教育引导学生理解、尊重中国特色社会主义的劳动事业，宣传先进劳动奋斗事迹，树立正确的劳动观，做新时代的奋斗者，热爱劳动，享受劳动带来的快乐，以劳育美，以美育人，在劳动中丰富内涵，提升审美能力。

三、新时代加强劳动教育的实践路径

新时代加强高校劳动教育，应始终把立德树人作为劳动教育的中心环节，引导学生正确认识马克思主义劳动观，深刻认识和理解习近平总书记关于劳动的重要论述，理解新时代劳动教育的时代意义，树立正确的劳动价值观、养成积极的劳动态度、培养优良的劳动品德、掌握熟练的劳动技能、锻造优秀的劳动品质。2019年7月，中共中央、国务院印发《中共中央 国务院关于深化教育教学改革全面提高义务教育质量的意见》（以下简称《意见》），第一次将劳动教育的内容进行单列。《意见》提出，充分发挥劳动综合育人功能，制定劳动教育指导纲要，为高校开展劳动教育的实践路径指明了方向。探索劳动教育的实践路径就是要坚持劳动课在融入思政课、专业课中同心同向，坚持教育工作者与学生在劳动实践中同力同为，坚持劳动考核评价与学生综合评价同频共振。

（一）坚持劳动课在融入思政课、专业课中同心同向

一是科学设置新时代劳动教育专业课程。高校应将劳动课作为当前高校学生必修课纳入各年级、各专业的人才培养方案之中，设置学分，合理分配劳动理论课程和劳动实践课程的学分权重。劳动教育课程要有与其匹配可行的教学大纲、充足的教学学时、可行的课程目标要求和系统的考评机制。劳动教育课程要让学生理解认同马克思主义劳动观、习近平总书记关于劳动的重要论述、中国特色社会主义道路的劳动历史观，掌握科学的劳动知识和技能。二是整合校内资源，开设丰富多样的劳动体验课程。高校应发挥各部门的职能优势，挖掘学校内部的相关劳动教学资源，利用后勤管理部门的资源，开设相关的烹饪课、维修课等劳动课；利用校医院的资源，开设劳动卫生课；利用法学院系的资源，普及劳动法、劳动合同法等知识课程。三是在思想政治课中融入劳动教育元素，引导学生了解中国历史长河中优秀伟大的劳动成果、劳动经验和劳动奇迹，引导学生认同中国革命史上劳动者发挥的重要作用，引导学生理解中国特色社会主义先进文化中的劳动文化，认同中华人民共和国成立后的中国共产党带领全国人民谱写的劳动史诗，树立正确的劳动价值观，培育学生中国特色社会主义劳动文化自信。高校应利用线上与线下教育相结合的模式，理直气壮开好劳动教育主题班会，组织好丰富的劳动教育活动。

（二）坚持教育工作者与学生在劳动实践中同力同为

马克思说："全部社会生活在本质上是实践的。"[①] 劳动课程教学内容从实践中来，也应该回到劳动实践中去。学校的教育工作者也有劳动的义务，应该以身作则，与学生一同参与到劳动实践的过程中。这样率先垂范，能更好地带动学生从事劳动、热爱劳动。一是在校内劳动实践平台同力同为。高校应在校内的日常运行管理、助学岗位、文化建设项目中搭建实践育人平台。劳动实践育人要与校园周边环境相结合，与校园日常管理、校园资助工作、校园文化建设相结合。学校的学生工作队伍、教学管理人员也应该与学生一起参与到宿舍卫生清洁、图书整理、校园环境美化、校园安全维护等劳动工作中，让学生在培养自身良好劳动习惯的过程中履行劳动义务，营造热爱体

---

① 马克思，恩格斯. 马克思恩格斯选集：第1卷［M］. 中共中央马克思恩格斯列宁斯大林著作编译局，译. 北京：人民出版社，1995：56.

力劳动、尊重体力劳动的氛围。二是在丰富的劳动实践活动中同力同为。高校应打造劳动教育社团,开展丰富的文体活动、益智活动、手工活动,教育工作者应带领学生一同参与。高校应实行奖惩机制,并且奖惩一视同仁,表彰在劳动活动和竞赛中表现突出的师生,惩罚不行动或敷衍了事的师生。高校应组织师生一同参与"三下乡"、假期社会实践等活动,让教师不仅发挥指导的作用,更要参与行动。三是在劳动实践教育基地上同力同为。高校应结合学生年龄特点、专业特色和社会需求,利用校内外资源,建立形式多样、效果良好的劳动实践品牌基地。教师应与学生一同走出学校、深入企业、踏入社会,与学生一起参与实习实训、社会调查等实践活动,一同用脚步丈量祖国大地,落实知行合一。

(三)坚持劳动考核评价与学生综合评价同频共振

一是建立多元系统的劳动教育考核评价机制。评价机制中不仅要有针对学生掌握基本劳动知识、劳动技能的硬指标考核,也要有针对劳动习惯、劳动态度、劳动意志、劳动观念等的软指标考核,更要有将劳动理论知识指导劳动行为、劳动思想转变、解决生活学习难题、带动他人进行劳动的复合指标考核。二是创建将劳动教育考评融入学生综合考评的协同考核机制。高校应将对劳动教育的考核纳入学生身体素质考评、评优评奖、勤工助学、推优入党、毕业鉴定等考评中,设置一定的权重和标准,让不爱劳动、厌恶劳动的学生不能或暂缓评优评奖与推优入党;让被动劳动、消极劳动的学生在各种评优推荐中顺序排后。三是实行自我评价与大众评价相结合的劳动考评机制。学生要对自己的劳动态度、劳动行为进行自我评价和鉴定,同时也要让其他学生、教师、家长对其进行劳动教育的评价。对劳动教育的评价进行位次和层级的排序,教师对排在末位的学生进行批评教育,对排名前茅的学生进行表彰。教师应让学生在自评与他评的过程中更加认识到劳动教育的重要意义,端正劳动态度,营造积极热爱劳动的校园氛围。

参考文献

[1] 习近平在全国教育大会上强调:坚持中国特色社会主义教育发展道路培养德智体美劳全面发展的社会主义建设者和接班人[N].人民日报,2018-09-11(01).

[2] 马克思,恩格斯.马克思恩格斯选集:第1卷[M].中共中央马克思恩格斯列宁斯大林著作编译局,译.北京:人民出版社,1995:23,56.

[3] 卓晴君,徐长发.以劳树德以劳增智以劳育美[N].光明日报,2018-10-09(13).

[4] 马克思,恩格斯.马克思恩格斯全集:第42卷[M].中共中央马克思恩格斯列宁斯大林著作编译局,译.北京:人民出版社,1979:131.

新时代高校开展劳动教育的实施路径研究

赵　岩[①]　刘金洋[②]

摘　要：习近平总书记在 2018 年全国教育大会上全面论述了新时期加强劳动教育、弘扬劳动精神的重要性。在新时代背景下，如何在实践中开展劳动教育成为一个急需解决的问题。本文通过文献分析法、文本分析法和逻辑分析法等，对高校实施劳动教育的方针历程、现实意义和价值进行分析，提出师生共同参与教学相长、建立良好的劳动思想观念、完善高校劳动教育开展制度、将劳动教育融入高等教育各环节的意见，旨在为改善劳动教育在高校的开展现状、拓展其实施路径提供参考。

关键词：劳动教育；高校；全面发展；劳动观念

一、引　言

在 2018 年全国劳动教育大会上，习近平总书记提出："要在学生中弘扬劳动精神，教育引导学生崇尚劳动、尊重劳动，懂得劳动最光荣、劳动最崇高、劳动最伟大、劳动最美丽的道理，长大后能够辛勤劳动、诚实劳动、创造性劳动。"劳动教育是最容易被忽视的一环，在飞速发展的现代社会，劳动教育的开展必然需要与社会的需求相结合。

二、中华人民共和国成立 70 多年来劳动教育的发展历程

20 世纪 50~60 年代，推行劳动教育是为了解决中小学生就业问题、缓解国家经济压力，彼时不仅强调劳动态度、劳动观念的教育，也开始根据工农业发展形势进行生

---

①　赵岩（1986—）女，西南财经大学体育学院助教，研究方向为高校学生思想政治教育。
②　刘金洋（1996—），男，西南交通大学希望学院教师，研究方向为体育教学。

产技术的教育，但受制于很多学校的教学条件，无法做到完全实施。20 世纪 60~70 年代，推行劳动教育是为了服务阶级斗争、政治改造，导致劳动教育的开展事实上偏离了教育的内在规律。20 世纪 80~90 年代，推行劳动教育是为了服务经济建设，倡导加强现代化建设所需的劳动技术教育，但还是因为片面地追求升学率再加上场地、设备、师资的缺失而忽视了劳动教育。进入 21 世纪以后，劳动教育受到重视，旨在推动国家创新、实现民族复兴。

三、新时代高校开展劳动教育的重要意义

劳动教育是促进学生全面发展的必由之路，我们必须认清劳动教育的重大意义才能更好地在实践中施行。

（一）落实立德树人的根本任务

培育正确的劳动价值观、养成良好的劳动习惯是德育工作的重要内容；教育学生掌握劳动知识和技能是智育工作的重要内容；养成不畏艰险、努力奋斗的劳动精神，促进劳动能力的锻炼是体育工作的重要内容；劳动者对美的追求和创造是美育工作的重要内容。因此，劳动教育是培育和践行社会主义核心价值观的有效途径，是高校立德树人的重要载体。

（二）促进大学生全面发展

新时代加强大学生的劳动教育，不仅有利于帮助大学生树立正确的劳动价值观，弘扬劳动精神，养成良好的劳动习惯，提升劳动技能和本领，还有利于大学生在体味艰辛、挥洒汗水中启迪心灵、开启心智，在艰苦奋斗、顽强拼搏中强健体魄、磨炼意志，从而形成健全完善的人格。加强大学生劳动教育不仅使大学生成为德智体美劳全面发展的有思想、有觉悟的劳动者，更让个体生命的潜能得到自由、充分、全面、和谐和可持续的发展。

（三）促进大学生精神发展

勤劳是中华民族的传统美德，也是中华民族屹立不倒的基石。习近平总书记指出，中华民族是勤于劳动、善于创造的民族。正是因为劳动创造，我们拥有了历史的辉煌；正是因为劳动创造，我们拥有了今天的成就。施行劳动教育，不仅在实践中引导大学生养成积极、果敢、不断进取、富于想象、善于批判、敢于表现、勇于创新、善于创造的精神品质，还能引导其传承和发掘民族精神。

四、新时代党和国家对高校开展劳动教育的要求

随着现代社会的飞速发展，劳动教育的内涵也随之发生改变，我们必须认清新时代对高校劳动教育的要求，更好地推进劳动教育课程的开展。

（一）新时代党和国家对高等教育的要求

高校应准确把握劳动教育的内涵和本质，把劳动教育融入高校教育教学全过程、全方位、各环节，深入融合新时代人才培养要求。

1. 引导学生树立同时代发展要求相符合的劳动观念

大学生的劳动观念，即大学生对劳动的认识和看法，是其人生观、世界观、价值观的重要组成部分。劳动观的正确与否，不仅决定着大学生能否以积极的态度投入学习与生活，更关系到他们步入社会之后的成长与成才。当前，中国特色社会主义进入了新时代，推进现代化建设，助力中华民族实现伟大复兴，必须依靠最广大的劳动者，而青年劳动者则是其中的中坚力量。青年学生唯有树立"劳动最光荣、劳动最崇高、劳动最伟大、劳动最美丽"的劳动观念，才能真正跟上时代的步伐，成为社会主义现代化建设的参与者和推动者。因此，引导广大青年学生树立同时代发展要求相符合的劳动观念，既是高校劳动教育的题中之意，也是推进社会主义现代化建设的必然要求。

2. 培养大学生崇尚劳动、尊重劳动者的劳动态度

劳动态度是一种相对稳定的对待劳动的心理倾向，新时代高校必须引导大学生端正劳动态度。在过去相当长的一段时期内，高等教育存在"唯成绩论"的错误倾向，劳动教育则处于缺失的尴尬境地。因此，新时代高校劳动教育必须加强对大学生劳动态度的矫正，凸显尊重劳动者的人文关怀。其中，培植学生尊重劳动者的劳动态度，是劳动教育更为重要的环节。在新时代，引导学生由衷尊重劳动者是对以往错误认识的一种纠正，高校要在矫正劳动态度上下功夫，引导学生正确认识劳动的二重性，树立正确的劳动态度。其中，高校既要让学生意识到没有劳动，我们的日常生活将得不到保障，社会将无法发展，国家将无法前进，也要引导学生充分尊重劳动的多样性，改变部分学生轻视体力劳动及其从业者的错误心态，促进个体的全面发展。

3. 塑造大学生担当社会责任锐意创新的劳动精神

勇于创造是新时代劳动精神的重要特质。习近平总书记指出："中华民族是勤于劳动、善于创造的民族。正是因为劳动创造，我们拥有了历史的辉煌；也正是因为劳动创造，我们拥有了今天的成就。"对整个社会而言，勇于创造的劳动精神是推动时代进步的直接动力；对大学生个体而言，勇于创造与创新才能全面提升自身劳动素养。高

校在开展劳动教育时，要把培养大学生的创造精神放在重要位置，积极为大学生搭建创新创业平台。

（二）新时代高校劳动教育对教师的要求

1. 加强价值引领，凸显劳动教育的导向性

人是劳动教育的目标，高校劳动教育要围绕满足大学生成长成才的实际需求，结合学生的成长环境，深入了解他们的思想特点和兴趣爱好，在教学时多考虑学生的主观想法，以学生喜欢的方式开展劳动教育，充分激发学生的主观能动性，使学生主动、乐于参与劳动。

2. 强化实践体验，提升劳动教育的实效性

劳动教育是一门实践性很强的教育活动，劳动观念的培养、劳动习惯的养成都需要通过实践才能完成。在实践中，高校需要结合学生所学专业，将劳动教育内容与专业相结合，强化学生的专业技能、知识，提升劳动教育的实效性，同时在专业劳动中也可以加强学生对所学专业知识的认同度，让学生做到所学知识并不只是"空壳理论"，而是实践中必不可少的一环。

3. 回归生活世界，提升劳动教育的亲和力

生活是教育最好的教材，高校劳动教育回归大学生的日常生活世界，既能培养学生的基本生存能力，也能使劳动教育更加亲切、容易接受。高校要引导学生重视日常生活中的细节和良好习惯的养成，学会自己照料自己的生活。高校通过组织开展系列活动，让学生切身体会劳动的价值和养成良好劳动习惯的重要性。

五、新时代高校开展劳动教育的实施路径分析

（一）高校师生共同参与相互促进

学习需要榜样的力量，教师身为学生的引路人，需要在劳动教育中对学生起到引领作用。师生在共同劳动的同时，不仅可以使学生减少抵触心理，也能够营造和谐融洽的教学氛围。

（二）树立正确的劳动思想观念

1. 为什么要劳动

劳动是人类赖以生存的实践活动，只有参与劳动的人，其自然属性和社会属性才能得到满足，并通过劳动促进自身发展、实现自我价值，获得其生存和发展的前提——必需的劳动知识与技能。在当前激烈的社会竞争中，一个缺乏劳动知识与技能的人必然不能成为合格的劳动者，注定会被时代抛弃。

2. 怎样坚持劳动教育

在劳动实践中，高校应注重大学生的脑力劳动与体力劳动的结合。课堂上生硬的理论知识与鲜活的实际操作互相印证，大学生在劳动的苦与乐中感受自己的付出与成长，劳动的过程本身即变为知识与技能不断巩固与提升的过程。新时代高校劳动教育应在劳动实践方面为大学生提供更多机会，积极组织形式多样的勤工助学、社会服务等实践活动，与用人单位建立良性互动，为大学生提供更多的实习岗位，鼓励大学生积极参与劳动实践，并建立相对完备的劳动考核机制，多管齐下，帮助大学生习得满足生活和生产需要的最基本的劳动知识与技能。

（三）完善高校劳动教育的实施制度与体系

构建分层次的劳动教育内容体系，需要结合不同年级学生的思想行为特点和身心发展规律，确定分层次的劳动教育内容。对于大学一年级新生，高校应引导他们积极参与自我服务劳动、校园公益劳动，培养他们独立自主的生活能力，使他们养成良好的劳动习惯，进而帮助他们尽快适应大学生活。对于大学二年级学生，其应以社会实践和专业实习为主，推动理论学习与劳动实践相结合，拓宽理论视野，形成对专业发展的理性认识，强化热爱祖国、热爱人民、热爱劳动的情感认识。对于大学三年级学生，其应结合专业实践，提升科研能力和创新意识，培养至诚报国的理想追求、敢为人先的科学精神、开拓创新的进取意识和严谨求实的科研作风。对于大学四年级学生，其应以促进就业为目标，强化就业实习与社会适应能力，明确就业方向，到祖国最需要的地方去建功立业。

（四）劳动教育应当融入高等教育各环节

1. 以劳树德

通过劳动教育，大学生可以养成良好的生活学习习惯，培养健康的心智，在未来的人生中彰显个性魅力，热爱生活，具有创新思维，推动社会道德养成和个人与社会价值的有机结合。劳动是改造社会形态和促进人性完善的巨大力量，是推动社会不断前进的不竭动力。

2. 以劳增智

通过劳动教育，大学生可以学习和掌握劳动知识技能，并通过实践促进智力提升。发达的现代互联网社会生态环境的一个显著特征是强大的人工智能和技术飞速升级换代。技术和劳动存在于社会生活的每一个角落。在现实社会中，劳动和技术密切联系、融为一体，任何剥离劳动和技术的行为都无法实现，劳动在不断推动技术的代际发展。

3. 以劳强体

人是社会关系的总和。通过运动和实践，人与社会在不断进步。马克思在《资本论》中说："未来教育对所有已满一定年龄的儿童来说，就是生产劳动与智育和体育相结合，它不仅是提高社会生产的一种方法，而且是造就全面发展的人的唯一方法。"劳动创造了社会的物质财富和精神财富，构成了人类的本质特征。体力劳动和脑力劳动是劳动的两种不同形式，但两者具有强通融性。每一个生活在现代社会的人，都离不开劳动，劳动让人拥有健康的体魄。

4. 以劳育美

大学生可以通过家庭中的家务劳动、日常生活中的劳动等美化自己的生活，通过参加社会公益劳动美化周边的环境。因此，实施劳动教育可以从心灵上培养学生美的积淀，熏陶学生美的情怀，树立和培养学生正确的审美观，提高学生对美的感受力、鉴赏力和创造力，从而起到以劳育美的作用。

5. 以劳创新

创新起源于劳动。劳动教育之所以有创造性，源于劳动的多样特征、开放特征和互通特征。劳动的表现形式多样化源于劳动性质多样化，劳动成果也呈现出多样化，因此需要科学论证和科学研究后方能确定什么劳动内容、什么劳动形式适合什么类型的大学生。劳动种类的多样性体现于对劳动的分类，从复杂性上可以分为简单劳动和复杂劳动，从操作形式上可以分为手工劳动和机械劳动，从表现形式上可以分为脑力劳动和体力劳动。无论哪种劳动形式，都是新事物产生的起点。

六、结　语

对于劳动教育的重视是当今社会发展的必然要求，只有让大学生投入劳动当中，才能使其理解劳动的重要性和认识到自身存在的不足之处。劳动教育并不是一个新的概念，在中华人民共和国成立初期就已经被提出并实行了，但过去劳动教育的开展模式不能直接套用到现在，因为现在的各种环境都发生了巨大的改变，所以当代劳动教育需要结合社会实际、当代教育理论、当代大学生特点来对劳动教育的开展做出一定的改变。首先就是转变大学生的观念，使其能够认识到劳动的重要性；其次就是在学校政策的引导下，通过教师的带领来开展劳动教育活动；最后就是注重脑力劳动与体力劳动的结合和劳动与学生专业能力培养的结合，引导学生能够真正重视劳动、热爱劳动、投入劳动，并在劳动中提升自我。

参考文献

［1］李珂，曲霞. 1949 年以来劳动教育在党的教育方针中的历史演变与省思 ［J］.教育学报，2018，14（5）：63-72.

［2］乔锦忠. 补齐劳动教育短板，重构"五育"教育体系［J］. 人民教育，2018（21）：33-35.

［3］裴文波，岳海洋，潘聪聪. 高校大学生劳动教育的多维透视［J］. 学校党建与思想教育，2019（4）：87-89.

［4］檀传宝. 劳动教育的概念理解：如何认识劳动教育概念的基本内涵与基本特征［J］. 中国教育学刊，2019（2）：82-84.

［5］王连照. 论劳动教育的特征与实施［J］. 中国教育学刊，2016（7）：89-94.

［6］鲁满新. 论新时代弘扬劳动精神的重大意义与实践路径［J］. 思想理论教育导刊，2019（4）：134-137.

［7］曲霞，刘向兵. 新时代高校劳动教育的内涵辨析与体系建构［J］. 中国高教研究，2019（2）：73-77.

［8］冯刚，刘文博. 新时代加强大学生劳动教育的时代价值与实践路径［J］. 中国高等教育，2019（12）：22-24.

［9］肖绍明，扈中平. 新时代劳动教育何以必要和可能［J］. 教育研究，2019，40（8）：42-50.

［10］祁占勇. 新中国成立 70 年来我国劳动教育政策的价值选择及其变迁［J］. 国家教育行政学院学报，2019（6）：18-26.

［11］刘盼倩. 重申教劳结合教育思想及其在当代中国的意义［J］. 职业技术教育，2019，40（1）：12-17.

浅析新时代财经高校
如何构建劳动教育实施体系①

张 凤② 张 谛③

摘 要： 劳动教育作为促进学生全面发展的教育形式，与德育、智育、体育和美育占有同样重要的地位，在国家培养具有社会责任感、创新精神和实践能力的高级专门人才中起着不可替代的作用。财经高校大学生因其学科和所处时代特点，容易缺乏正确的劳动价值观，使个人发展受阻，与德智体美劳全面发展的人才要求不符。新时代财经高校通过建立"一张网""多门课""所有人"——"1+N+N"劳动教育实施体系，可以提升劳动教育与高校育人整体成效。

关键词： 劳动教育；财经高校；劳动教育实施体系；人才培养

一、劳动教育的时代意义

劳动是一个发展性的概念，在不同的历史背景下具有不同的意义。2018 年，习近平总书记在全国教育大会上强调，我们的教育要培养德智体美劳全面发展的社会主义建设者和接班人。"劳"被重新提出，真正体现了劳动教育在育人体系中的战略价值。习近平总书记也对培养什么人、怎样培养人、为谁培养人这一根本问题提出了明确的工作要求，做出了战略部署，也为大学生劳动教育体系构建指明了方向④。高校作为大

① 基金项目：本文为西南财经大学 2021 年度劳动教育教学改革专项项目"新时代高校劳动实践育人路径创新探索与质量提升——以西南财经大学'后勤课堂'为例，构建大学生劳动教育新生态"（实践类重点项目）的研究成果。

② 张凤（1994—），女，硕士，西南财经大学后勤服务总公司行政管理人员。
③ 张谛（1980—），女，硕士，西南财经大学后勤服务总公司副总经理。

④ 习近平. 在庆祝"五一"国际劳动节暨表彰全国劳动模范和先进工作者大会上的讲话［M］. 北京：人民出版社，2015.

学生进入社会的直接输出口，开展劳动教育具有重要的意义。学生在学校阶段就受到系统而完整的劳动教育，将来不仅带着胜任工作的基本劳动知识与技能，而且带着正确的劳动价值观、劳动伦理观和劳动权益意识步入职场。在未来的工作中，无论是作为资方还是劳方，学生都能在合法维护自身权益的同时积极承担自己的劳动伦理责任，都能从社会分工的角度正确认识双方的角色和相互依存关系，劳动关系领域的冲突与矛盾必然会极大缓解，和谐劳动关系与社会主义和谐社会的构建才会有长治久安的内在基础①。由此可见，劳动教育在国民教育中起着重要的作用，与德智体美"四育"并举。劳动教育应该是顺应时代潮流的，新时代高校劳动教育的目的首先是引导大学生在劳动创造中追求幸福、获得创新灵感，为国家建设培养具有社会责任感、创新精神和实践能力的高级专门人才。

二、财经高校构建劳动教育实施体系的必要性

随着我国社会主义市场经济的建立以及以经济建设为中心的基本国策的确立，财经人才的紧缺是不争的事实，这就使得全社会都非常重视对财经专业大学生的培养。财经高校对学生的培养多数还着重在专业知识的学习，使得学科教育中的"经济、利益"等渗入大学生价值观中，导致当代财经专业大学生越来越功利化，往往追求自身经济利益最大化。在个人发展上，他们更看重实惠、追求实用，而淡化了一个当代青年学生的社会责任感②。此外，财经专业大学生也存在着当代大学生的共同特点：他们作为"网络原住民"，伴随着互联网长大，参与传统体力劳动的机会大大减少、劳动意识普遍缺乏，"不珍惜劳动成果，不想劳动，不会劳动"的现象突出③。财经高校大学生的这些劳动特点，不但阻碍了大学生个人发展，也不符合国家培养德智体美劳全面发展、有社会责任感的高素质人才的要求。在高校方面，多数财经高校现有的课程设置模式强调重基础、宽口径、知识结构全面，课程设置多侧重理论教学，缺乏相应的有针对性的实践与实习环节，或者虽然设置了实践环节，但流于形式，导致财经高校培养的学生专业方向不明且实践性差。在教学模式上，高校强调课堂教学而忽视社会实践和课堂外学习，部分财经高校存在着"关门办学"的倾向，传授的理论知识往往与当地经济发展现实相脱节，与社会需求不能接轨，导致学生的专业知识缺乏实用性。

---

① 曲霞，刘向兵. 新时代高校劳动教育的内涵辨析与体系建构［J］. 中国高教研究，2019（2）：73-77.

② 陈勇军. 马克思主义"教育与生产劳动相结合"生产劳动的涵义［J］. 南京体育学院学报，1995，9（4）：43-45.

③ 刘向兵. 新时代高校劳动教育论纲［M］. 北京：社会科学文献出版社，2019.

从教学安排来看，暑期社会实践、学期实习和毕业见习等实践因资源少和学校控制性差而难免流于形式。这导致学生的实际工作能力和适应社会的能力远达不到预期目的[①]。近年来，虽然国家、社会、学校、家庭各方面对大学生劳动教育的认识水平和重视程度都明显提高，教育效果也有了明显的改善，但其中依然存在众多问题：教育理念急功近利、培养目标含混不清、培养体系缺少可行性、教育方式枯燥单一、教育效果参差不齐等。

综上所述，针对财经高校学生的基本特点及当前劳动教育存在的问题，我们亟须建立行之有效的劳动教育实施体系，引导大学生逐渐回归到正确的劳动价值观中，养成劳动习惯，懂得劳动是光荣的，劳动是美丽的，劳动也是辛苦的，劳动是需要埋头苦干的，是需要辛勤耕耘、脚踏实地和诚实守信的。我们要深刻理解习近平总书记所说的："实现我们确立的奋斗目标，归根到底要靠辛勤劳动、诚实劳动、科学劳动。"[②]

三、新时代财经高校如何有针对性地构建劳动教育实施体系

高校劳动教育体系的核心层是劳动价值观、劳动情感态度、劳动品德、劳动习惯和劳动知识技能。这些要素是新时代的劳动者在思想、心理、伦理、行为以及能力五个方面的基本素质表现，也是高校在人才培养过程中的五大基本目标。这五个方面相辅相成，有机融合。对学生劳动知识技能的培养，有助于学生劳动习惯的养成，在劳动中体验到劳动的意义，逐渐形成劳动品德，对劳动态度更积极，逐渐形成积极的劳动价值观[③]。这五大要素同样也是财经高校劳动教育体系的五大目标。财经高校在构建劳动教育实施体系时，在充分认识高校劳动教育体系核心目标的基础上，根据本校学生情况，结合专业、课程设置特点以及本校资源，建立"一张网""多门课""所有人"——"1+N+N"劳动教育实施体系，引导大学习得劳动知识技能、养成劳动习惯、提高劳动品德、端正劳动态度，从而树立正确的劳动价值观。

（一）"一张网"

财经高校应成立学校劳动教育办公室，并作为纵线；以各学院、部门为横线，形成劳动教育"一张网"，推动校内劳动教育的全面铺开与落地生根。

劳动教育办公室对劳动教育进行全面部署和统筹，在方向上进行宏观指导，实施

---

① 陈思源. 财经类高校大学生"四种能力"培养体系构建研究［J］. 高教论坛，2011（10）：19-22.

② 习近平在乌鲁木齐接见劳动模范和先进工作者、先进人物代表 向全国广大劳动者致以"五一"节问候［N］. 人民日报，2014-05-01（01）.

③ 曲霞，刘向兵. 新时代高校劳动教育的内涵辨析与体系建构［J］. 中国高教研究. 2019（2）：73-77.

上进行组织协调。其具体工作包括：一是充分认识劳动教育在培养德智体美劳全面发展的社会主义接班人中发挥的重要作用，抓住关键和重点，制订可行的劳动教育方案。二是提供强有力的物质保障，提高劳动教育体系建设过程中的人财物投入，增加对劳动教育的奖励，调动参与劳动教育实施人员的积极性。三是加强对劳动教育师资的培养，将劳动教育纳入教师培养内容体系中，并将劳模精神、劳动精神和工匠精神放在师德师风建设中的重要地位；同时，鼓励教师参与劳动教育研究，将劳动教育更好地融入学科建设中，增强实践指导意义。四是建立健全的考核评价机制，通过制定涵盖全面的劳动教育评价制度来评价劳动教育发挥的作用。评价制度中包括学生劳动观念、习惯、技能以及实践等方面，并纳入学生评奖评优的考核中。评价机制可以不断反馈劳动教育结果，改进劳动教育方法，让劳动教育发挥应有的作用。学院、部门也要深刻认识劳动教育在培养德智体美劳全面发展的社会主义建设者和接班人中发挥的重要作用，贯彻落实劳动教育办公室制定的方针与具体方案，根据部门特点制定可行的实践方法，充分发挥劳动教育在高校中育人的实际效果，定期向劳动教育办公室反馈实施效果，依照建议积极进行调整改进。

（二）"多门课"

"多门课"包括了劳动课程、劳动实践、劳动服务三方面的内容。

1. 劳动课程

财经高校学生对社会经济发展动态具有主动探索的精神，他们对新生事物的出现有较高的接受度和较强的好奇心，同时他们也具有较强的主见。因此，学校可以充分结合本校大学生的特点，多方面、多角度宣传劳动教育的意义，在学校官网、官微上推送劳动教育相关国家政策文件的系列解说，实时报道校内开展的劳动教育具体行动，开展劳动教育研讨会和班会，举办劳动教育相关讲座，邀请身边劳模到校内进行分享等。校内形成浓厚的劳动文化，学生对劳动有了近距离认识。财经高校可以引导学生利用惯用的经济学思维理解和认可劳动的意义与价值，把劳动的好处内化于心。

财经高校应将劳动教育融入专业课程中。例如，在课程设计过程中，财经高校应将行业法律法规、职业发展、创新创业等融入其中，增强学生对实际劳动生产的了解，也增强学生对毕业后参与劳动（工作）的认知，有利于学生日后的职业发展，提高了学生进入社会后的适应性。同时，财经高校应课程中设计更多实践环节，让学生参与其中，培养学生动起来的思维和能力。

财经高校应开设劳动技能实训课程，让学生在劳动锻炼中获得学分，调动学生的劳动积极性。劳动技能培训的内容可以充分考虑学生的实际需求，充分利用校内资源，将烹饪、医疗、种植等融入劳动教育课程中，通过建设专门的劳动教育基地、设计特色的课程内容、提供专业的师资队伍和充足的物资保障,让学生全身心参与到劳动中,以提高学生的动手能力,增强吃苦耐劳和抗压的能力,培养尊重和热爱劳动的优良品质。

2. 劳动实践

劳动实践是学生提前适应社会、锻炼劳动品质的重要手段。学校可以通过校企合作,让学生提前参与暑期实习、挂职锻炼等,提高适应能力、体会劳动之不易。校内可以定期举办各类劳动技能大赛,鼓励学生积极参加,培养学生顽强拼搏、积极创新的劳动品质。学校可以在校内设置实践锻炼的场所,增强学生的实践能力。例如,通过引导学生坚持做好寝室日常清洁、定期开展寝室卫生大扫除,加强寝室卫生活动宣传、开展寝室卫生劳动技能培训,组织开展卫生评比活动,旨在培育学生劳动卫生习惯,进一步发挥学生"四自"功能。学校可以通过将校园公共区域划片区,让全校学生对负责区域包干维护,承担劳动责任,提高劳动能力。学校可以让学生参观食堂后厨,深入后厨工作,体验各加工环节,现场学习食堂菜品制作及参与窗口打菜服务、前厅清洁卫生服务等,让学生对食堂后厨有更直观的了解,引导学生体会成果的来之不易。

3. 劳动服务

劳动服务主要通过为学生创造志愿服务机会,以志愿时长等作为鼓励手段,促进学生参与劳动服务。例如,学校可以在新冠肺炎疫情期间开展食堂防疫服务工作、学校食品安全周志愿活动,组织学生参加敬老院服务、支教、乡村振兴等系列志愿活动,让学生在服务他人的过程中,体验劳动的快乐,培养吃苦耐劳的品质。

(三)"所有人"

实施体系的建立需要有坚实的后盾作为支撑,需要全社会参与其中。2017 年 2 月,中共中央、国务院印发的《关于加强和改进新形势下高校思想政治工作的意见》提出了全员、全过程、全方位育人的理念。对于大学生劳动教育而言,所谓全员,包括高校全体教职员工,其中包括高校思政干部、专任教师、教学辅助人员、行政管理人员、后勤服务人员以及各级政府高等教育行政管理机构人员和大学生的家庭成员。全过程是指将劳动育人贯穿高等院校教书育人、管理育人、服务育人的全过程。全方位是指校内与校外、课内与课外、国内与国外、线上与线下多个维度融入劳动教育,形成全领域、全时空、全维度的劳动育人机制。因此,劳动教育的实施,有赖全校各部门的全过程、全方位参与。

劳动教育的直接实施者是学校,学校要强化全体教职工的育人意识,在高校每项工作、每个领域中发挥育人功能,建立共享价值和责任清单。不同岗位根据自身特点、工作性质与服务对象，设计劳动育人责任清单。同时，学校要加强与各地政府高等教育行政管理人员的沟通交流，了解劳动教育的方针政策，并积极做好劳动教育效果反馈，让高等教育行政管理人员也参与到劳动育人工作中来。此外，学校应主动作为，建立家庭、学校、社会的良性互动机制。家庭作为劳动教育的第一场所，将伴随学生的一生，大学生阶段也是人生观、价值观形成的黄金时期，家庭中的劳动教育依然发挥着很重要的作用。社会是大学生离开校园即将进入的地方，也是青年学子施展宏图、报效国家的地方，学生有机会提前适应社会生活，毕业后将更快融入社会和创造价值。因此，劳动教育的实施，需要全社会所有人的共同努力。

四、结 语

劳动教育既是国家对高校育人的要求，也是新的历史背景下高校育人过程中的必要环节。作为具有鲜明特色的财经高校，需要在充分认识学校和学生特点的基础上，有针对性地构建劳动教育实施体系，充分发挥劳动教育在育人实践中的价值。劳动教育还在路上，有赖国家、社会、学校和家庭共同努力来培养热爱劳动、富有创新精神、有社会责任感的社会主义建设者和接班人。

参考文献

[1] 习近平. 在庆祝"五一"国际劳动节暨表彰全国劳动模范和先进工作者大会上的讲话 [M] 北京：人民出版社，2015.

[2] 曲霞，刘向兵. 新时代高校劳动教育的内涵辨析与体系建构 [J]. 中国高教研究，2019（2）：73-77.

[3] 陈勇军. 马克思主义"教育与生产劳动相结合"生产劳动的涵义 [J]. 南京体育学院学报，1995，9（4）：43-45.

[4] 刘向兵. 新时代高校劳动教育论纲 [M]. 北京：社会科学文献出版社，2019.

[5] 陈思源. 财经类高校大学生"四种能力"培养体系构建研究 [J]. 高教论坛，2011（10）：19-22.

[6] 习近平在乌鲁木齐接见劳动模范和先进工作者、先进人物代表 向全国广大劳动者致以"五一"节问候 [N]. 人民日报，2014-05-01（01）.

[7] 高勇. 新时代大学生劳动教育培养体系的建构 [J]. 西南石油大学学报（社会科学版），2019，21（5）：78-84.

新时代大学生劳动教育融入学生党员教育的理论与实践探索

王　保① 　刘　余②

摘　要：全面加强劳动教育是党和国家立足新时代，培养德智体美劳全面发展的社会主义建设者和接班人的重要举措。学生党员作为大学生中的先进代表，党员教育至关重要。本文在分析新时代大学生劳动教育与学生党员教育的内涵要求的基础上，通过马克思主义劳动观、服务意识与宗旨、新知识技术等寻找到两者存在的深刻联系。本文通过分析劳动在马克思主义基本观、党的建设历史和实现中华民族伟大复兴中国梦中的重要价值讨论了两者融入式发展的必要性，并运用 PEST 分析模型分析了可行性。本文从创新教育内容、加强人才制度保障和协调整合校内外资源等探究了实现两者融入式发展的实践方法。

关键词：大学生；劳动教育；学生党员教育；融入式发展

一、引　言

党的十八大以来，以习近平同志为核心的党中央高度重视教育事业的发展，注重教育体系的完善，将劳动教育纳入教育体系之中，要求培养德智体美劳全面发展的社会主义建设者和接班人。2020 年 3 月，中共中央、国务院发布《中共中央 国务院关于全面加强新时代大中小学劳动教育的意见》，明确了劳动教育开展的目标、要求、内容和评价体系等。该意见的出台为国内各层次学校做好学生劳动教育、进一步构建高质量教育体系、坚持"五育并举"指明了方向。近年来，国内专家学者对劳动教育的研

---

① 王保（1993—），男，西南财经大学证券与期货学院专职辅导员。
② 刘余（1993—），男，西南财经大学财政税务学院专职辅导员。

究层出不穷，分别从劳动教育开展的价值与内涵、不同类型学校开展劳动教育的方法等角度进行了探究。对于高校劳动教育而言，相关研究主要集中于实践路径的探索。作为党领导下的高校，同时承担着党员教育任务，做好新时代学生党员教育已成为高校践行为党育人、为国育才的重要内容。按照《中国共产党党员教育管理工作条例》和《中国共产党普通高等学校基层组织工作条例》的要求，高校学生党员教育有了新的内容，在党员教育体系中融入劳动教育、增强党员的劳动意识和劳动创造能力、培养全面发展的高素质学生党员已成为党员教育的"必修课"。那么，新时代大学生劳动教育与高校学生党员教育之间是否存在着某种联系？实现两者融入式发展又具有怎样的价值与意义？有何实践方法？这些内容构成了本文研究的重点，本文通过深入分析新时代大学生劳动教育开展的内涵、与学生党员教育之间的深刻联系，并寻找实现两者融入式发展的可行性和必要性，最后结合实际探究实践的方法，对实现两者融入式发展做出一定的理论和实践贡献。

二、新时代大学生劳动教育与学生党员教育的内涵联系

（一）新时代大学生劳动教育的内涵和要求

习近平总书记在 2018 年召开的全国教育大会上明确指出："要在学生中弘扬劳动精神，教育引导学生崇尚劳动、尊重劳动。"为深入贯彻这一重要指示，中共中央、国务院发布了《中共中央 国务院关于全面加强新时代大中小学劳动教育的意见》（以下简称《意见》）。《意见》强调了劳动教育在国家现代化教育事业中的重要地位和意义以及对培养社会主义建设者和接班人的直接决定性作用。《意见》的出台，为劳动教育在学校的组织实施搭建好顶层设计，为大中小学开展好劳动教育、发挥劳动育人的作用指明了方向。《意见》分别从构建劳动教育体系、开展劳动教育实践活动、提升劳动教育支撑保障能力和加强劳动教育的组织实施等维度对深入开展好劳动教育进行了详细说明和部署，为开展好劳动教育提供了行动指南。2020 年 7 月，为落实好党中央关于劳动教育的指示，深入贯彻《意见》精神，加快构建德智体美劳"五育并举"的现代教育体系，教育部印发《大中小学劳动教育指导纲要（试行）》（以下简称《纲要》），对劳动教育的途径、规划和保障等进行了说明，对有关学生劳动观念的树立、劳动能力的掌握、劳动精神的培育和劳动习惯的养成等提出了明确的要求。

迈入新时代，国家的发展、民族的复兴需要全面发展的时代新人，新时代大学生作为国家人才队伍中的重要组成部分，要坚持全面提高综合素质。高校在人才培育过程中要坚持"五育并举"，重视劳动教育的意义，教育引导学生养成良好的劳动习惯，

树立劳动光荣的意识。《意见》和《纲要》的出台为新时代大学生劳动教育注入了新内涵、提出了新要求以及指明了建设方向。

（二）学生党员教育中关于劳动的新要求

学生党员的培养和教育作为高校党建工作中最基层、最重要的一环，对高校党的建设事业意义重大，做好学生党员教育是高校党建工作的重中之重。党的十九大报告提出，建设知识型、技能型、创新型劳动者大军，弘扬劳模精神，树立劳动光荣的社会风尚和精益求精的敬业风气，突出了劳动的价值与意义。面对高校党员教育一直以来存在的"重理论轻实践"的问题，高校要以构建高质量的学生党员教育体系为目标，贯彻好党中央、教育部的指示和要求，补齐短板，创新实践教育内容，深入开展劳动教育，在党员教育中营造热爱劳动、崇尚劳动、广泛参与劳动的氛围。2019年，中共中央印发《中国共产党党员教育管理工作条例》，在党员教育的基本任务中提出了学习实用技术，提高综合素质和履职能力，增强服务本领的新的要求。开展好知识技能的学习，特别是实用技术技能更是需要劳动实践来实现。《"十四五"规划和2035年远景目标纲要》明确指出，未来人才的培养要坚持德智体美劳全面发展。这也对高校人才培养特别是党员教育做出了新要求。2021年修订的《中国共产党普通高等学校基层组织工作条例》总则中指出，高校党组织必须坚守为党育人、为国育才，培养德智体美劳全面发展的社会主义建设者和接班人。由此，高校开展教育事业、做好党组织建设发展和党员教育理应坚持人才培养的全面性，在德智体美传统教育体系中大力开展劳动教育，朝着德智体美劳均衡培养迈进。

可见，作为大学生群体中的先进代表、高校党员教育队伍中的主体部分，学生党员的教育在新时代有了新要求，不断加强学生党员教育中的劳动教育，增强学生党员的劳动意识和实践能力，是培养新时代优秀学生党员的重要举措。

（三）新时代大学生劳动教育融入学生党员教育的深刻联系

在深入分析新时代大学生劳动教育和学生党员教育的内涵与要求下，本文通过政策解读和对照分析，联系实际，从教育主体和教育内容两个方面来探究两者存在的深刻联系。

1. 教育主体上的现实联系

按照党员发展中对发展对象年龄的要求和现实情况，本文讨论的学生党员为大学生。学生党员是大学生群体中的一部分，新时代大学生劳动教育面向大学生群体，学生党员作为大学生的一部分，也是劳动教育的对象。无论是开展大学生劳动教育还是开展党员教育，其受教育的主体具有包含与被包含的关系。从这个角度出发，我们可以找到新时代大学生劳动教育与学生党员教育存在的最现实、最基础的联系，学生党员开展劳动教育具有必然性要求。

2. 教育内容上的密切联系

2019 年出台的《中国共产党党员教育管理工作条例》对新时代下党员教育开展的内容和形式、教育目标和党员管理等做出了详细说明，在事关党员教育的要求中主要包含以下三点：一是要学习马克思主义基本原理和党的基本知识，努力掌握并自觉运用马克思主义立场观点方法；二是要通过贯彻党的群众路线，增强群众工作本领，密切联系服务群众，践行全心全意为人民服务的宗旨；三是要注重知识技能教育，学习掌握业务知识、科技知识、实用技术等，提高综合素质和履职能力，增强服务本领。对照劳动教育开展的《意见》和《纲要》，有三点内容是共通的：一是加强学生对马克思主义劳动观和社会主义劳动关系的深刻理解，加强马克思主义劳动观教育；二是通过劳动教育强化公共服务的意识，在公益劳动、社会服务中不断增强社会责任感；三是重视生产劳动锻炼，重视新知识和技术的运用，从而不断提高在生产实践中发现和解决问题的能力。

可以看到，大学生劳动教育和学生党员教育在教育内容上，即马克思主义基本观点的学习、服务意识和宗旨的培养以及学习掌握新技术等，有着共通之处。这为实现两者融入式发展在教育内容上找到了密切联系和可能。

无论是教育主体的现实重叠性还是教育内容的共通性，新时代大学生劳动教育与学生党员教育都存在着深刻联系（见图 1）。

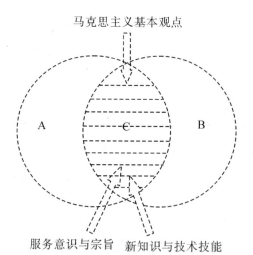

图1 新时代大学生劳动教育与学生党员教育关联示意图

注：图形 A 为大学生群体范围，也为大学生劳动教育范围；图形 B 为学生党员教育范围；图形 C（阴影部分）为学生党员范围，也为学生党员教育中有关劳动教育范围。

三、新时代大学生劳动教育融入学生党员教育的必要性与可行性

新时代大学生劳动教育和学生党员教育存在着教育主体和教育内容上的深刻联系，两者的融入式发展有着必要性和可行性。

（一）必要性分析

1. 马克思主义基本观点中劳动的重要含义

马克思主义劳动观作为马克思主义的基本观点之一，其认为是劳动创造了人本身，通过劳动满足人生存需要和财富的创造与积累，也通过劳动实现人之为人的自由本质；劳动不但创造物质生活，也创造并丰富着精神世界。马克思主义关于劳动有三个基本的观点：其一，人是劳动的产物，人类通过劳动创造生存所需的物质和精神条件；其二，人类全部社会关系形成发展的基础是劳动，人们通过劳动与自然界产生关系，人与人之间又产生生产关系；其三，劳动是促进社会发展变革的根本推动力量，最终决定社会发展的不是精神意志或神灵，而是人的劳动实践。作为坚持以马克思主义为指导的中国共产党，在党员教育中应注重开展劳动教育，坚持劳动的价值观，通过在党员教育中广泛开展劳动教育，永葆党的生命力和创造力，永葆党员的政治本色。

2. 党的建设历史中劳动的重要地位

《中国共产党章程》规定："中国共产党党员永远是劳动人民的普通一员。"纵观党的发展建设史，劳动生产、劳动创造一直是促进党的成长和党领导下中华人民共和国发展壮大的。延安时期的大生产运动，是毛泽东同志带领根据地军民在抗战时期进行的以自给自足为目标的大生产自救运动，党政军民学普遍参与，掀起了一场热火朝天的劳动生产运动，用来改善和保障根据地军民的生活。劳动是延安精神中的重要内容。中华人民共和国成立至改革开放前，社会主义改造、劳动生产成为这一时期的主题，期间国家综合实力得到大幅度提升，一改中华人民共和国成立初期一穷二白的面貌，工业、农业生产技术水平得到极大提升，无论是在质量上还是在数量上较中华人民共和国成立初期都有明显的进步。改革开放以来，中华人民共和国进入了社会主义现代化建设新阶段，社会生产力不断被激发，解放和发展生产力成为主题，邓小平同志曾在全国教育大会上指出，要贯彻"教育与生产劳动相结合"的教育方针，坚持劳动与学生所学专业、国民经济发展实际相结合，注重科学技术在经济发展中的重要作用。党的十八大以来，以习近平同志为核心的党中央审时度势，提出国家发展迈入新时代，从党和国家发展的角度多次强调劳动在保持共产党人政治本色和政治肌体健康、创造人民和中华民族美好生活的重要意义。高校在人才教育培训工作中、在学生党员

教育中应坚持劳动创造的价值引导，深入开展劳动教育，深入贯彻习近平总书记重要讲话精神，坚持"五育并举"。

3. 实现中华民族伟大复兴中国梦的现实需要

习近平总书记在十九大报告中指出："实现中华民族伟大复兴是近代以来中华民族最伟大的梦想。"党领导中国人民承载着这个梦想进行了艰苦卓绝的奋斗，取得了脱贫攻坚的伟大胜利，全面建成了小康社会，中华人民共和国迈入了新的发展建设时期。党的十九大报告提出要建设知识型、技能型、创新型劳动者大军，弘扬劳模精神和工匠精神，对全党和全国开展劳动创造、劳动教育与发扬劳动精神提出了要求、发出了倡议。作为党领导下的高校，贯彻党的十九大精神，开展大学生劳动教育和学生党员教育，组织学生开展劳动实践、提高劳动创造的能力，是坚持立德树人根本任务的重要做法。开展大学生劳动教育必不可少的需要学生党组织这一平台，同时学生党员作为学生群体中的先锋模范可以发挥推进劳动教育的引领作用，实现"三全育人"的更广泛覆盖。将劳动教育融入学生党员教育是为实现中华民族伟大复兴、促进党和国家建设事业发展的应有之义。

无论是马克思主义劳动观，还是党的建设历史中对劳动的重视，抑或是为实现中华民族伟大复兴中国梦这一至高理想，作为劳动人民一员的共产党员都应重视劳动、开展劳动，通过劳动铭记党和国家发展的光辉历史；通过劳动保持政治肌体健康，发扬优良作风；通过劳动永远和人民站在一起，坚持全心全意为人民服务的宗旨。

（二）可行性分析

在必要性分析的基础上，新时代大学生劳动教育融入学生党员教育具有坚实的宏观环境基础。本文采用 PEST 分析模型，分别从政治环境、经济环境、社会环境、技术环境四个维度对新时代大学生劳动教育融入学生党员教育的可行性进行了探究。

1. 政治环境

党的十八大以来，习近平总书记多次强调劳动在党和国家发展中的重要地位，号召全党、全社会弘扬劳动精神，向劳动模范学习。党和国家、教育部先后出台有关开展劳动教育的重要文件，指导劳动教育在学校中的组织与实施，这为新时代大学生劳动教育融入学生党员教育提供了坚实的政治基础。

2. 经济环境

进入新时代，国家经济发展水平不断提高。伴随着财政收入的增加，国家对教育的投入也不断加大，为新时代大学生劳动教育融入学生党员教育奠定了经济基础。一是企业自身建设水平不断提高，对外与高校合作、开展劳动实践的意愿不断增强；二是农业生产体验式基地不断增多，为学生开展劳动教育提供了场所和支持；三是高校在劳动教育资金上的投入也不断增加，更加积极主动地组织学生开展劳动教育；四是学生家庭的经济水平提高，可用于参与劳动教育的自主性投入增多，个人意愿也不断增强。

3. 社会环境

社会环境对学生党员开展劳动教育起到了重要作用：一是在社会文化水平不断提高的基础上，弘扬劳动精神、热爱劳动、崇尚劳动的风气逐渐形成，文化水平的提高促使学生更主动地朝着德智体美劳全面发展迈进；二是社会环境中的价值观念转变，伴随着大中小学劳动观教育，整个社会对于劳动创造、劳动铸就美好生活的价值观不断增强，这为新时代大学生劳动教育融入学生党员教育创造了良好的社会环境。

4. 技术环境

技术环境对劳动教育融入学生党员教育提供了更多的可能。伴随着新技术的应用，劳动教育的实现形式变得更加多样，劳动已突破传统观念的工农业生产，开始朝着线上线下发展，特别是脑力劳动可以通过技术实现，如志愿服务中的数据处理与分析、远程教育服务等，都属于劳动的新形式。同时，新技术的应用更极大地提高了劳动的效率和质量。

四、新时代大学生劳动教育融入学生党员教育的实践方法

新时代大学生劳动教育融入学生党员教育有着深刻联系以及必要性和可行性，实现两者融入式发展的实践方法主要有以下几个方面：

（一）深挖内涵联系，创新教育内容

新时代大学生劳动教育融入学生党员教育重在教育内容的创新与实施，需要深挖两者在教育内容上存在的深刻联系，结合党史学习教育的开展，不断创新教育内容。

1. 强化马克思主义基本观点的学习

高校应结合政治理论学习制度，利用好"三会一课"、主题党日等深入学习马克思主义劳动观，进一步夯实学生党员的马克思主义基本观基础，深刻懂得劳动对于人、对于马克思主义指导下中国共产党发展的深刻意义，更加懂得劳动对于共产党员保持政治本色的重要意义。

2. 增强服务意识，开展社会实践

一方面，劳动教育可以结合党史学习教育开展广泛的实地研学，通过"重走长征路""劳动大生产"等形式融入劳动实践，号召广大党员坚持全心投入、切身参与，用劳动实践过程中的汗水领会中国共产党团结带领全国各族人民走过的光辉历程，学习

和弘扬无数革命先烈为中华人民共和国的建立甘洒热血、前赴后继的大无畏奉献精神；另一方面，劳动教育中有关增强服务意识、坚持为人民服务的内容可以与"我为群众办实事"等活动结合起来。高校可以号召广大学生党员深入社区、村落等开展志愿服务，通过党员支教团、党员智库团等方式开展志愿服务，一是能够教育学生党员增强服务意识，坚持不忘初心，牢记使命；二是使学生党员增强劳动意识，体会劳动带来的收获感和幸福感，深刻懂得劳动的价值和意义。

3. 创新教育内容，坚持理论与技能学习

高校应在党员教育的课程设计上增加劳动教育课程，除劳动理论知识的学习外，突出劳动实践课程，开展丰富的劳动实践；使学生党员学习新技术，赴校内外实验室、科研院所、工厂和农场等学习实用技术，增强本领，将教育的场所从课堂拓展到校内外线下基地；教育引导学生党员通过动手劳动实践，学习一门新技术、实用技术，不断提升自身的综合素质，增强服务人民的本领，坚持全面发展。

（二）强化制度保障，加强人才队伍建设

1. 建设工作制度，优化教育方案

一方面，高校应严格按照《意见》和《纲要》来制定本单位的大学生劳动教育和党员教育制度与工作方案，在劳动教育的组织实施平台中重视党团组织的重要性，特别是学生党支部的重要性，将劳动教育的实践组织主体从单一的班级扩展到党支部和党小组；另一方面，高校应在党校培训方案中和基层党组织党员教育方案中，增加和突出开展劳动教育的要求，将劳动教育的开展作为党组织开展党员教育的重要内容写进工作方案，将党员劳动实践的表现作为党员评议的重要内容，在制度和方案上为劳动教育融入党员教育提供保障。

2. 增强组织实施能力，加强人才队伍建设

做好新时代大学生劳动教育融入学生党员教育需要有一支高素质的人才队伍，要打造一支兼有劳动教育和党员教育理论与实践基础的人才队伍。一方面，高校要重视培养组织管理队伍，以开展劳动教育和党员教育的教师为主、学生骨干为辅，教师的素质和能力决定教育的质量与水平。人才队伍的培养可以通过三条途径推动：一是建立优质的劳动教育和党员教育师资队伍，建设一支以组织者、辅导员、劳动专业教师、党员骨干等为主的专业团队，在开展学生党员教育过程中融入劳动教育的理论知识和实践技能传授；二是邀请劳动模范为组织管理队伍开展劳动教育专题讲座和实操培训，通过现身说法，传递劳动价值观，使受教育对象接受劳模精神和工匠精神的教育洗礼，增强工作能力和信心；三是注重在班团劳动教育学生骨干中选拔培养党员，鼓励学生党员担任各级劳动教育的组织者和参与者，充分发挥劳动教育和党员教育在实施对象

上的重叠性优势，培养一批热爱劳动、劳动理论扎实和实践能力强的学生党员，在党组织和班团集体中够发挥先锋模范作用和引领作用。

（三）协调整合校内外资源，建立"三位一体"的教育和评价机制

实现新时代大学生劳动教育融入学生党员教育需要构建家庭、社会和学校"三位一体"的教育和评价机制，三者同频共振，形成合力，实现全方位教育。

一是高校要充分发挥家庭在学生党员教育中的作用，充分利用好假期组织学生参与志愿服务等社会劳动实践，教育引导学生通过亲身实践体会劳动的乐趣和价值。二是高校要加强与校外劳动机构、企业的联系，如工厂、农业基地等，通过合作共建，组织支部党员、积极分子等参与工农业生产等劳动实践，帮助学生党员在实践中增强责任意识和劳动意识，进一步增强党性修养，切身体会工作的酸甜苦辣，树立劳动光荣的意识。三是高校应利用好校园，划定教学楼、寝室劳动服务区，建设劳动实践基地，如开展农业耕作、烹饪实践、技术维修等。同时，高校要充分利用学科设置条件，开展第二实用专业的辅修，开展专业知识领域的校内志愿服务。高校应通过搭建好校内外劳动教育平台，创新劳动教育的方式和内容，号召学生党员在学习好理论知识的基础上，广泛参与劳动，提高学生党员的综合素质，不断增强服务国家和社会发展的能力。四是在教育活动开展效果的评价上，高校应针对教育活动开展组织主体的多样性，坚持多方评价机制，采用科学方法，评价衡量学生党员教育中劳动教育的效果。高校要坚持从不同实施主体和组织方征求进一步做好学生党员劳动教育的意见和建议，持续优化工作实施方案，不断提升学生党员开展劳动教育的水平。

五、结　语

本文在深入分析新时代大学生劳动教育和学生党员教育的内涵与要求的基础上，通过政策解读分析和对照，寻找到两者存在的深刻联系，并通过马克思主义劳动观、党的建设历史中劳动的重要作用以及实现中华民族伟大复兴中国梦的现实需要三个角度讨论了实现两者融入式发展的必要性；通过 PEST 分析模型，从四个方面探寻了现实可行性。最后本文从创新教育内容、强化制度人才保障、资源整合协调三个角度详细探讨了实践方法。研究框架如图 2 所示。

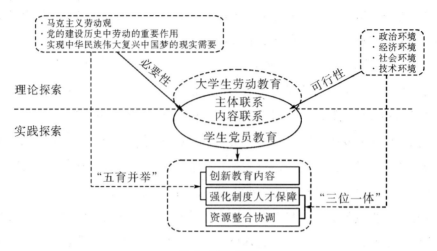

图 2　研究框架

本文挖掘了新时代大学生劳动教育和学生党员教育的内涵与深刻联系，通过必要性和可行性分析讨论实现两者融入式发展的条件与基础，结合实际提出了现实可行的实践方法。本文的研究还存在诸多不足和局限，如未讨论不同类型、不同地区高校在推进劳动教育融入学生党员教育中存在的差异等，需要进行内容细化和持续研究。

回顾党的百年奋斗史，劳动贯穿始终。习近平总书记强调："光荣属于劳动者，幸福属于劳动者。"新时代社会主义事业的发展需要热爱劳动、崇尚劳动的实干家。高校在新时代大学生劳动教育和学生党员教育中承担着重要使命，要深刻领会实现两者融入式发展的重要意义，对照新时代人才培养目标，同步推进培育和培优工程，为国家的发展和民族的复兴贡献力量。

参考文献

［1］中共中央，国务院. 中共中央 国务院关于全面加强新时代大中小学劳动教育的意见［N］. 人民日报，2020-03-27（01）.

［2］习近平在全国教育大会上强调：坚持中国特色社会主义教育发展道路 培养德智体美劳全面发展的社会主义建 设者和接班人［N］. 人民日报，2018-09-11（01）.

［3］习近平在乌鲁木齐接见劳动模范和先进工作者、先进人物代表 向全国广大劳动者致以"五一"节问候［N］. 人民日报，2014-05-01（01）.

［4］中国共产党党员教育管理工作条例［N］. 人民日报，2019-05-22（01）.

［5］中华人民共和国国民经济和社会发展第十四个五年规划和2035年远景目标纲要［N］. 人民日报，2021-03-13（01）.

［6］习近平. 决胜全面建成小康社会 夺取新时代中国特色社会主义伟大胜利［N］. 人民日报，2017-10-28（01）.

［7］马克思，恩格斯. 马克思恩格斯选集：第4卷［M］. 中共中央马克思恩格斯列宁斯大林著作编译局，译. 北京：人民出版社，要2012：473.

［8］胡君进，檀传宝. 马克思主义的劳动价值观与劳动教育观：经典文献的研析［J］. 教育研究，2018，39（5）：9-15，26.

［9］刘向兵. 深入贯彻党的十九届五中全会精神 全面推进高校劳动教育［J］. 中国高等教育，2020（24）：10-12.

［10］乐昕. 深入理解习近平关于劳动重要论述的三个维度［J］. 思想理论教育导刊，2020（11）：40-44.

［11］王丽荣，卢惠璋. 论新时代大学生劳动教育的价值意蕴［J］. 高教探索，2020（7）：114-118.

［12］冯刚，刘文博. 新时代加强大学生劳动教育的时代价值与实践路径［J］. 中国高等教育，2019（12）：22-24.

［13］常晓东. 党建指导下的学校劳动教育实践路径［J］. 现代教育，2020（1）：26-28.

［14］刘泽，杨洁. 新时代劳动教育与高校实践育人：内涵耦合及实践路径［J］. 高校辅导员，2021（2）：67-70.

［15］徐晓明. 劳动教育与党性教育融合研究［J］. 现代基础教育研究，2021，42（2）：73-77.

［16］本报评论员. 光荣属于劳动者 幸福属于劳动者［N］. 光明日报，2020-11-25（05）.

互联网时代下大学生劳动教育的
新内涵和实践路径研究

蒋奕廷① 伍 岳②

摘 要： 随着互联网时代的到来，网络技术的广泛运用使大学生劳动教育有了新内涵，同时也使传统的劳动教育面临重重挑战。2020年3月20日，中共中央、国务院印发的《中共中央 国务院关于全面加强新时代大中小学劳动教育的意见》指出，劳动教育是中国特色社会主义教育制度的重要内容，直接决定社会主义建设者和接班人的劳动精神面貌、劳动价值取向和劳动技能水平，并对新时代大学生劳动教育提出新的要求和期望。本文基于互联网时代的特征，深度剖析互联网时代下大学生劳动教育的新内涵以及所面临的现实问题，并以个人、家庭、学校、社会等主体角度，从转变传统劳动观念，树立正确的劳动观；积极协助劳动教育，做好家庭教育工作；完善劳动课程体系，丰富劳动教学内容；搭建劳动实践平台，提供劳动教育资源四个角度出发，对互联网时代下大学生劳动教育的实践路径进行研究。

关键词： 互联网时代；大学生；劳动教育；新内涵；实践路径

一、引 言

党的十八大以来，习近平总书记对劳动教育做出重要论述，他提出："要在学生中弘扬劳动精神，教育引导学生崇尚劳动、尊重劳动，懂得劳动最光荣、劳动最崇高、劳动最伟大、劳动最美丽的道理。"③《中共中央 国务院关于全面加强新时代大中小学劳动教育的意见》中再次提到，把劳动教育纳入人才培养全过程，贯通大中小学各学

---

① 蒋奕廷（1991—），男，硕士，西南财经大学公共管理学院专职辅导员，主要从事思想政治研究。
② 伍岳（1998—），女，西南财经大学行政管理专业硕士研究生。
③ 习近平总书记在全国教育大会上的讲话［N］. 人民日报，2018-09-12（02）.

段，贯穿家庭、学校、社会各方面，与德育、智育、体育、美育相融合，紧密结合经济社会发展变化和学生生活实际，积极探索具有中国特色的劳动教育模式。高校作为为党和国家培养高素质、高水平人才的前沿阵地，对培养我国德智体美劳全面发展的社会主义建设者和接班人起着重要作用。

近年来，我国在经济上有了飞速发展，同时也带动了教育的不断进步。尤其是随着互联网时代的到来，网络技术渗透到了社会生活中的方方面面，劳动教育的内涵也随之获得了进一步的拓展。随着社会的不断进步，大学生在劳动教育中也出现了诸多问题，一些青少年出现了劳动意识淡薄、网络依赖性增强、实践能力缺失、不珍惜劳动成果、不想劳动、不会劳动的现象，劳动的独特育人价值在一定程度上被忽视，劳动教育被淡化、弱化，这与"劳动是创造价值的源泉"这一基本价值观相悖。因此，在互联网迅速发展的时代背景下，重新审视大学生劳动教育所面临的问题，创新大学生教育的实践路径，切实加强新时代大学生的劳动教育，已刻不容缓。

二、互联网时代下大学生劳动教育的新内涵

大学生劳动教育是指大学生在接受高等教育时，不仅要学习专业知识，也要参加知识教育以外的课外劳动。劳动教育的内涵也并不是一成不变的，它是随着时代的进步，以适应社会需要，呈现出不同的内涵和特征。在互联网时代下，劳动形式、劳动对象都发生着新的变化，日益进步的网络技术和网络信息对大学生劳动教育提出了新的课题与挑战，同时也赋予了大学生劳动教育新的内涵。

（一）劳动教育的总体目标是使学生理解和形成正确的劳动观

劳动观是人们关于劳动总的观点、认识和态度。马克思主义劳动观认为，教育和生产劳动紧密结合，劳动是人类维持生存和发展的唯一手段。但是，自进入 21 世纪以后，随着科学技术的不断进步，传统意义上的体力劳动不再是劳动的唯一形态，创造性劳动、服务性劳动、脑力劳动等劳动新形态的作用越来越突出，劳动直接创造财富的传统观念正在逐渐弱化。劳动观决定了劳动实践。为了更好地适应社会的发展，劳动观念也要随着时代的进步与时俱进。大学生正处于"三观"形成的重要时期，需要在新时代深刻理解互联网科技的内涵，让互联网成为自己成长道路中的有效工具，合理、有效运用互联网技术，通过劳动教育，使大学生重塑正确的马克思主义劳动观，帮助大学生树立劳动最光荣、劳动最崇高、劳动最伟大、劳动最美丽的观念，为今后的劳动实践打下坚实的基础，使自己成为智慧型、创新型的新时代劳动者。

（二）劳动教育的基本原则是始终坚持育人导向

少年强则国强。立德树人既是高校的根本任务，也是国家和时代的需要。人才是

一个国家最核心的竞争力，只有一个国家的劳动者素质提高，整个国家才能真正强大。随着新一代产业革命和科技革命的兴起，党和国家对人才的需求越来越强烈，对人才素质的要求也越来越高，劳动教育被纳入了人才培养的全过程，与德育、智育、体育、美育相融合。换言之，党和国家致力"五育并举"培养综合型人才。高校是国家培养人才的前沿阵地，肩负着为党育人、为国育才的重要使命。因此，高校更要切实加强学生的劳动教育，为党和国家输送全面发展的高素质人才。正如习近平总书记所提到的，要坚持党的领导，围绕培养担当民族复兴大任的时代新人，着力提升学生综合素质，促进学生全面发展、健康成长。高校应把握劳动教育的价值取向，引导大学生树立正确的劳动观，促进大学生崇尚劳动、尊重劳动，增强大学生对劳动人民的感情，进而报效国家、奉献社会。

（三）劳动教育的重点内容是实现多元化的教学内容

过去，社会主要以集体生产为主，学校劳动教育的内容主要也是围绕生产性劳动展开的。但是，随着互联网时代的到来，各种生产技术、网络信息以及价值观念融合交汇，劳动的形态也有了不同的变化，出现了创造性劳动、服务性劳动等各种劳动新形态。社会对劳动的创造性、服务性的要求越来越高，但这种集体生产性劳动的教育方式并未发生改变。为了适应互联网时代下劳动教育的新变化，大学生劳动教育的内容也应该秉承时代发展趋势，不断实现教学内容多元化，应该包括劳动思想、劳动技能以及劳动实践等多方面教育。首先，在劳动思想教育方面，高校要让学生树立先进的劳动观念，不断更新劳动价值观，形成热爱劳动、科学劳动的态度。其次，在劳动技能教育方面，高校要将网络技术与专业知识相结合，开展和专业相关的各种技能培训，培养当代大学生通过网络技术进行学习和劳动的能力。最后，在劳动实践教育方面，高校要充分利用互联网平台，结合社会力量，为大学生开展充分的劳动实践活动。

三、互联网时代下大学生劳动教育面临的问题

党的十八大以来，党和国家十分重视劳动教育的问题，习近平总书记也多次强调了劳动及劳动教育的重要性，将劳动教育摆在了人才培养的关键位置，提出要将劳动教育贯穿德育、智育、体育、美育的全过程，全面推进"五位一体"的教育体系建设，为党和国家培养全面发展的时代新人。在社会发展需要以及国家政策支持的背景下，大学生劳动教育迎来了良好的发展机遇。本文依托时代背景，从个人、家庭、学校以及社会的角度出发，深度剖析互联网时代下大学生劳动教育所存在的问题和挑战，在问题中不断推动大学生劳动教育的创新发展。

（一）大学生对劳动教育的认识存在偏差

随着互联网时代的到来，劳动的内涵发生了新的变化。劳动不仅是指为了发展生产所进行的体力和机器劳动，还包括各种网络技术下所需要的脑力劳动。如今很多大学生对劳动的看法依然停留在错误、片面的理解上，认为劳动就是要扛着锄头下地干活，一提到劳动就是又脏又累的画面，将劳动与体力劳动两者对等起来。之所以会产生这样的认识偏差，有两个重要原因：一方面是受制于传统劳动观念的影响。我国早期的劳动教育是以集体生产为目标的，辛勤劳动也是我们中华民族的传统美德，在传统观念的熏陶下，辛苦的体力劳动观依旧在大学生的心中根深蒂固。另一方面是社会环境的变迁息息相关。随着经济不断发展，人民物质生活水平不断提高，大学生的生活、教育环境都产生了极大的改变，大部分学生很难有机会深入劳动中去，体会不到劳动本身的价值意蕴，导致很多大学生不爱劳动、不想劳动，劳动观念逐渐淡化。

（二）家庭对劳动教育价值观培育的缺失

除了校园教育外，家庭对于大学生的教育也至关重要。现在越来越多的大学生都是家里的独生子女，家长对自己孩子的过度宠爱和过分保护，导致许多大学生很少或者说是几乎不参与到现实劳动中，潜移默化地形成了养尊处优、娇生惯养的不良习性。同时，随着经济的不断发展，在日益增大的社会竞争压力之下，家长也忽视了劳动教育的重要性，一心只想孩子成才，不断向孩子灌输"读书至上"的错误价值观。相对于孩子的综合能力培养而言，家长更在乎的是孩子的学习成绩，认为大学生并不需要参加任何劳动实践，因此家长自然而然地就承担了孩子的一切劳动。此外，物质生活水平的大幅提高也让当代大学生的生活越来越便利化和科技化，传统的劳动创造价值的观念在当代大学生心中被逐渐淡化，几乎一部手机或一台电脑就可以完成自己想做的事情，不需要任何劳动。家长对此也不做干涉和引导，最终导致大学生在溺爱的家庭氛围下逐渐形成了不良的劳动价值观。

（三）学校对劳动教育的课程体系设置落后

在互联网时代背景下，网络技术的普及对于人才培养提出了新的要求，高校对于学生的培养也是更加趋于专业化和智能化。但是，部分高校一味地追求高技术人才的培养，却忽视了学生的劳动教育工作。这主要体现在以下三个方面：一是劳动教育地位的边缘化。目前，部分高校在制订人才培养计划时，并没有将劳动教育纳入大学生的培养规划中，同时在学校实践课程设定时，也并没有将劳动教育设为大学生的必修课，没有认识到劳动教育对于大学生成长的重要性。二是劳动教育内容的片面化。劳动教育是大学生思想政治教育的重要组成部分，是大学生职业生涯的必修课程，但部分高校对于劳动教育课程没有一个明确的规定，仅仅是在思想政治理论课程中介绍了一些劳动教育的理论知识，并没有全方位地开展单独的劳动理论和实践课程。三是劳动教育形式的单一化。部分高校开展劳动课程实践，仅仅体现在一些校园卫生清洁、义务劳动和勤工助学等简单体力劳动上，造成了学校劳动教育与社会实践相脱离，导致大学生劳动过于简单化。

（四）社会对劳动教育的实践开展程度不高

大学生劳动教育不仅是学校和家庭的任务，还与整个社会紧密相连。一方面，随着经济社会的不断发展、科学技术持续更新，互联网技术的复杂性和专业性对当代大学生的劳动素质和劳动技能提出了更高水平的要求。另一方面，社会上针对大学生开展的实践活动仍然停留在传统阶段，实践内容和平台并没有随着时代的进步更新和拓展，导致大学生进行劳动实践的平台有限、机会较少，大学生的劳动能力不能得到有效锻炼。各种互联网新知识、新技术对于大学生而言既是一种挑战也是一种机遇，只有将这些理论知识应用到社会实践中才是真正提高大学生劳动能力的关键所在。但是，目前很多大学生在学校里学习到的理论知识并没有适合的社会平台进行实践，没有真正在社会上经过实践检验，导致大学生在离开校园进入社会时，在工作与生活的各方面都缺乏一定的劳动技能，与整个社会的工作节奏脱节。

四、互联网时代下大学生劳动教育的实践路径

互联网时代大学生的劳动教育是一项系统性的、全方位的工程，仅依靠单方面的力量是远远不够的，因此需要学生个人、家庭、学校以及整个社会的共同协调，形成合力，充分发挥劳动教育在大学生成长、成才过程中的重要作用，促进大学生全面发展。

（一）学生：转变传统劳动观念，树立正确的劳动观

思想是行动的先导，正确的劳动观是引领大学生劳动教育发展的第一步。一方面，大学生要从自身出发，以科学的理论知识为指导，以先进的时代理念武装自己，充分利用互联网知识库进行劳动理论知识的学习和交流，树立崇尚劳动、热爱劳动、尊重劳动的观念，纠正传统观念中重体力劳动的思想，充分感受互联网时代下服务性劳动、创造性劳动的魅力；另一方面，家庭、学校、社会要改变社会环境对劳动教育观念的影响，帮助大学生破除思想上的障碍。家庭教育对大学生产生耳濡目染的作用，因此家长要向孩子传递正确的劳动观，破除传统思维中"万般皆下品，唯有读书高"的教育观念，鼓励孩子全方位成长。高校要明确劳动教育对大学生成长的重要性，将劳育与德育、智育、体育、美育相结合，利用网络平台，如在学校公众号或官网进行劳动

宣传教育。社会要营造一种优良的劳动氛围，鼓励大学生积极参与社会实践，帮助大学生树立正确的劳动平等观、职业平等观。

（二）家庭：积极协助劳动教育，做好家庭教育工作

家庭是大学生成长的重要场所，更是大学生"三观"形成的重要摇篮，劳动教育离不开家庭的协助推进。好的家庭教育不仅可以增强大学生的劳动意识，更能够使大学生在日常的成长中提高劳动技能，在大学生的劳动教育中发挥基础性作用。一方面，家长要从自身做起，紧跟时代的步伐，正确审视"读书至上"的片面价值观，不断提高自身对劳动教育的正确认识，通过言传身教，在日常教育中为孩子树立起一个良好的劳动榜样，在家长和孩子之间树立崇尚劳动的良好家风。另一方面，家长要鼓励孩子积极参与家庭劳动，可以通过每周定期开展一次"家庭劳动日"的方式，让家长和孩子都参与到家务劳动中，并利用互联网自测平台技术对孩子的劳动成果进行测评，让孩子在枯燥细碎的家庭劳动中得到乐趣和成长，不断提高生活自理能力，逐步掌握生活劳动技能。同时，家长还要支持和鼓励孩子积极参与社会实践活动，教导孩子正确使用手机、电脑等互联网移动设备，防止大学生沉溺于网络的"虚拟劳动"。家长应该鼓励孩子切实置身于脚踏实地的社会实践中，不断强化热爱劳动的观念，提升劳动实践技能，增进劳动情感，培养优良的劳动习惯。

（三）学校：完善劳动课程体系，丰富劳动教学内容

高校是大学生接受劳动教育的主阵地。在互联网时代背景下，高校要牢牢把握住主阵地，为即将进入社会的大学生奠定良好的理论和实践基础。首先，针对当前劳动教育出现的诸多问题，高校要结合自身特色，做好劳动教育的顶层设计，帮助引导大学生树立正确的劳动价值观，将"五位一体"教育理念融入劳动教育中，使大学生深刻理解新时代劳动教育的本质内涵，重视劳动技能的培养。高校应通过劳动实践使学生全程、全方位参与劳动，体验劳动之不易，珍惜劳动成果。其次，高校要充分利用课堂教育教学资源，建立健全劳动教育课程体系，将劳动教育纳入大学生必修课程；充分利用云计算技术，建立一套科学的课程学分考核和测评系统，更好地监督大学生的劳动教育成果。再次，高校要丰富和完善劳动教育的课程内容设置，将具体的劳动教育课程划分为劳动理论课、劳动实践课以及劳动技能课等全方位的劳动课程，并根据不同专业性质和要求，设置具有针对性、综合性的交叉性劳动课程实施方案，开展富有学科特色的劳动实践活动。最后，高校应不断创新劳动教育的形式，通过大数据、云平台等互联网技术，搭建互联网时代劳动教育的专属平台，在线上开设各种微课堂，在线下借助互联网平台开展各种社会实践，充分挖掘学生群体中爱劳动、讲劳动、会劳动、能劳动的典型模范，为大学生进入社会参加劳动做好衔接。

（四）社会：搭建劳动实践平台，提供劳动教育资源

实践是检验真理的唯一标准。要想真正促进大学生劳动教育发展、提高大学生劳动技能，就必须通过大量的劳动实践来实现，在理论指导下进行实践锻炼，在实际操作中困而学之，理论与实践相互促进、共同提高。社会作为大学生劳动教育的最后一站也是最为长久的一站，对于大学生未来的发展具有重要的现实意义。除了学校开展的各种劳动实践活动外，社会对于大学生的劳动锻炼也必不可少。以下三类社会主体可以为大学生提供实践平台：一是各类企业可以与高校积极展开合作，为大学生劳动搭建实践平台，建立劳动育人基地，针对不同专业、不同领域的大学生开设具有针对性的各类实习实训项目，为社会各领域的发展积累和锻炼人才。二是各种非营利性组织可以为大学生提供各种志愿服务平台，让大学生能够在志愿服务中增强服务意识、提高服务能力。三是各类公益性组织可以面向所有大学生适当地开展各种公益性活动，如社会援助、义务植树、慈善捐助等。这些活动在锻炼大学生劳动能力的同时还可以提升大学生的思想道德品质。以上实践可以通过整合全社会的力量来搭建一个线上资源平台，将各种劳动实践的信息在互联网上进行及时更新和发布，为大学生进行劳动教育实践提供广阔的空间，以实现"互联网+劳动教育"新模式。

参考文献

[1] 苟颖，成航，谢肖. 新时代高校劳动教育策略探索 [J]. 产业与科技论坛，2021，20（15）：130-131.

[2] 梁宏中，阮方明，钟雄星. 新财经背景下大学生劳动教育体系的构建策略 [J]. 南方论刊，2021（7）：94-96，100.

[3] 魏荣，江佩. 新时代大学生劳动教育理念及实践路径研究 [J]. 合肥工业大学学报（社会科学版），2021，35（3）：104-109.

[4] 王敏. 人工智能时代大学生劳动教育创新路径探究 [J]. 电脑知识与技术，2021，17（17）：190-192.

[5] 蚁曼. 新时代大学生劳动教育"进阶式"实施路径探析 [J]. 科教文汇，2021（6）：41-43.

[6] 周青青. 新时代高校开展大学生劳动教育的路径与效果研究 [J]. 创新创业理论研究与实践，2021，4（11）：95-97.

[7] 温双艳. 当代大学生劳动教育的问题及对策刍议 [J]. 大众标准化，2021（10）：193-195.

［8］张海彬. 解析新时代加强大学生劳动教育的时代价值与实践路径［J］. 科学咨询，2021（5）：171-172.

［9］杨效泉，曾蓓蕾，白炳贵. 加强大学生劳动教育的时代价值与实践路径［J］. 黑龙江教育，2021（4）：43-44.

［10］陈晨. 新时代大学生劳动教育的内涵与培育路径［J］. 继续教育研究，2021（4）：132-134.

［11］冯刚，刘文博. 新时代加强大学生劳动教育的时代价值与实践路径［J］. 中国高等教育，2019（12）：22-24.

［12］吕艳娇，姜君. 新时代高校劳动教育与创新创业教育融合：价值、困境与路径［J］. 当代教育论坛，2021（4）：116-124.

［13］柴素芳，蔡亚楠. 加强劳动教育 培育时代新人［J］. 中国高等教育，2021（9）：10-12.

［14］陈阳. 新时代高校劳动教育实施路径探析［J］. 教育理论与实践，2020，40（36）：16-19.

［15］韩天炜. 论大学生劳动教育的价值指向和实践路向［J］. 学校党建与思想教育，2020（24）：29-30.

［16］刘俊. 新时代大学生劳动观培育的现实境遇与实践路径［J］. 江西师范大学学报（哲学社会科学版），2020，53（6）：29-35.

［17］王莹，王涛. 大学生劳动教育的路径优化研究［J］. 中国高教研究，2020（8）：67-71.

［18］段磊. 加强大学生劳动教育的四个维度［J］. 人民论坛，2020（20）：106-107.

［19］王丽荣，卢惠璋. 论新时代大学生劳动教育的价值意蕴［J］. 高教探索，2020（7）：114-118.

［20］张威. 劳动教育融入大学生思想政治教育的价值及启示［J］. 中国高等教育，2020（20）：36-38.

高校劳动教育在培育时代新人中的使命及其实践路径探析

杨　琳①

摘　要：培育时代新人是实现中华民族伟大复兴中国梦的迫切要求，也是新时代高校劳动教育的重要使命。本文通过解读新时代新阶段习近平总书记关于时代新人的重要论述，探讨了时代新人需要具备的六个基本标准，并以此为基础，提出了高校劳动教育在培育时代新人中的具体使命。为促使高校劳动教育完成其培育时代新人的使命，成为时代新人培育的重要发力点，本文在分析当前高校劳动教育存在的现实问题的基础上，提出了五条实践路径，即建立健全劳动教育课程体系、融劳动教育于思想政治教育之中、丰富劳动教育实践活动形式、构建"四位一体"的协同育人体系、变革高校劳动教育体制。

关键词：高校；劳动教育；时代新人；使命；实践路径

教育是国之大计、党之大计。在党的十九大报告中，习近平总书记提出了"培养担当民族复兴大任的时代新人"的新要求，为新时代中国特色社会主义的人才培养指明了方向。培育有理想信念、有责任担当、有过硬本领、有道德品质、有奋斗精神、有创新能力的时代新人是实现中华民族伟大复兴中国梦的迫切要求，更是新时代高校应当积极承担的重要历史责任。高校培育时代新人虽然有多种实践路径，但劳动教育无疑是其中必不可少的有力举措，因为时代新人只有在丰富的劳动知识学习、劳动实践中才能真正成长起来。时代新人的培育离不开高校劳动教育，因此高校劳动教育应承担起培育时代新人的使命，把培育时代新人作为出发点和落脚点。然而，高校劳动教育要明确自己在时代新人培育中的具体使命，必须首先弄清楚什么是时代新人，其基本标准是什么。同时，高校劳动教育要切实承担起并最终完成其培育时代新人的使

---

①　杨琳（1997—），女，西南财经大学马克思主义学院硕士研究生。

命，必须根据其自身面临的一系列现实问题，从问题入手探索其完成时代新人培育使命的实践路径。

一、时代新人的基本标准

时代新人不是一个空洞的名词，近年来，习近平总书记在不同场合的讲话向我们展示了他眼中的时代新人，也为我们把握时代新人的基本标准指明了方向。只有弄清楚时代新人的基本标准，深刻回答党在新时代要培养什么样的人，高校劳动教育才能明确其在培育时代新人中应承担的具体使命，进而更好地助力高校培养时代新人。

（一）有理想信念

2016 年 4 月 26 日，习近平总书记在知识分子、劳动模范、青年代表座谈会上的讲话中明确指出："心中有阳光，脚下有力量，为了理想能坚持、不懈怠，才能创造无愧于时代的人生。"[1] 从习近平总书记的讲话中可以看出，时代新人首先要有理想、有梦想，要在中国梦的引导下，将自己的个人梦、个人理想融入国家和民族复兴的伟大事业中。因此，时代新人必须坚定理想信念，自觉做共产主义远大理想和中国特色社会主义共同理想的坚定信仰者，必须坚持以国家富强、人民幸福为己任，投身于中国特色社会主义伟大实践，并为之终生奋斗，自觉做共产主义远大理想和中国特色社会主义共同理想的忠实实践者。

（二）有责任担当

2013 年 5 月 4 日，习近平总书记在同各界优秀青年代表座谈时讲到："'时代新人'应当具有自觉的国家意识、民族意识、责任意识，主动担当民族复兴的历史责任，全心全意为人民服务。"责任担当是我国的民族精神，更是一种时代精神，它要求我们敢想、敢做、敢当，自觉肩负起民族复兴的历史重任，是时代新人的追求。

（三）有过硬本领

2016 年 12 月 7 日，习近平总书记在全国高校思想政治工作会议上讲到："'时代新人'要不断提高自身素质和干事创业的能力，切实提高解决实际问题的水平，不断增强工作本领。"[2] 时代新人要把学习当成一个永恒的课题，以时不我待的精神状态，讲学习，求知识，强素质。一个合格的时代新人必须具有过硬本领，练就过硬本领要坚持用中国特色社会主义理论体系武装头脑，树立正确的人生观、价值观和世界观，切实增强政治敏锐性和政治鉴别力；要坚持学用结合，学以致用，"缺什么，补什么"和

---

①　习近平在知识分子、劳动模范、青年代表座谈会上的讲话［J］. 北京青年工作研究，2016（5）：3-6.
②　习近平在全国高校思想政治工作会议上的讲话［N］. 人民日报，2016-12-09（01）.

"需要什么，学什么"，自觉做到多学一点、学深一些；要在书本和实践中学习、熟练掌握、及时更新工作岗位所需要的知识和技能。

（四）有道德品质

2017年5月3日，习近平总书记在中国政法大学考察时讲到："广大青年人人都是一块玉，要时常用真善美来雕琢自己，不断培养高洁的操行和纯朴的情感，努力使自己成为高尚的人。"① 国无德不兴，人无德不立，养成善良的道德情感，形成正确的道德判断、自觉践行道德实践、锤炼高尚的道德品格，是每个人的立身之本，更是时代新人最基本的要求。因此，时代新人要继承中华传统美德、弘扬社会主义道德，崇德向善，具有善良的道德情感、正确的道德判断、自觉的道德实践。

（五）有奋斗精神

2018年5月2日，习近平总书记在北京大学师生座谈会上讲到："新时代是'时代新人'追逐梦想的时代。要成为最好的自己，就必须努力奋斗。"② 艰苦奋斗是中华民族的传统美德。在实现中华民族伟大复兴的新征程上，必然会有艰巨繁重的任务，必然会有艰难险阻甚至惊涛骇浪。因此，时代新人必须发扬艰苦奋斗精神，始终认识到奋斗不只是响亮的口号，而是要在做好每一件小事、完成每一项任务、履行每一项职责中见精神。

（六）有创新能力

2016年4月26日，习近平总书记在知识分子、劳动模范、青年代表座谈会上指出："'时代新人'应当勇于开拓，敢于创新，努力争当具有国际水平的战略科技人才、科技领军人才、青年科技人才和高水平创新团队，为建设科技强国、质量强国、航天强国、网络强国、交通强国、数字中国、智慧社会提供有力支撑。"③ 因此，时代新人必须具备创新能力，要像古人那样，学会用"苟日新、日日新、又日新"来激励自己不断创新，要焕发创造激情、激发创造活力、增强创新意识，而不能习惯于按模式办事，凭经验办事，靠感觉办事。

二、高校劳动教育在培育时代新人中的使命

时代新人的基本标准为高校劳动教育明确其在时代新人培育中的具体使命提供了指导，培育有理想信念、有责任担当、有过硬本领、有道德品质、有奋斗精神、有创新

---

① 习近平在中国政法大学考察时的讲话（摘要）[J]. 吉林人大，2017（5）：1.
② 习近平在北京大学师生座谈会上的讲话 [J]. 北京青年工作研究，2018（5）：10-13.
③ 习近平在知识分子、劳动模范、青年代表座谈会上的讲话 [J]. 北京青年工作研究，2016（5）：3-6.

能力的时代新人，需要高校劳动教育承担起培育劳动观念，培养劳动习惯，传授劳动知识与技能，激发自力更生、艰苦奋斗精神的使命。

（一）培育劳动观念

教育家苏霍姆林斯基曾经指出，社会的进步性和道德进步，取决于组成这个社会的人们如何对待劳动，把劳动看成什么——仅仅是获取物质福利的手段，还是有充分价值和丰富内容而又有趣的精神生活的条件①。从苏霍姆林斯基的观点中可以看出，劳动对于社会和道德的进步起着极其重要的作用，培育有道德品质的时代新人，必须帮助学生形成正确的劳动观念，使他们认识到劳动不仅仅是谋生的手段，更是人生价值、理想信念的践行过程以及道德品质的锤炼过程。在经济全球化时代，伴随着意识形态领域的交融交锋，享乐主义、拜金主义、"佛系文化"、泛娱乐化等各种负面思潮不断侵蚀网络空间，给不少大学生造成了负面影响，使他们产生了"人生苦短，及时行乐""混吃等死"等消极人生观，热爱劳动的观念越来越淡漠。一些大学生出现了不想劳动、不会劳动、不珍惜劳动成果、不尊重劳动者的现象。大学生作为青年的主体，承担着民族复兴的重任，如果没有劳动意识和正确的劳动观念，就无法成长为有理想信念、有责任担当的时代新人。为此，新时代高校要加强对大学生的劳动教育，丰富大学生的精神世界，使大学生形成正确的劳动观念，让崇尚劳动的价值观念入脑、入心、入行。

（二）培养劳动习惯

马克思指出："全部社会生活在本质上是实践的。"② 物质生产实践是人类最基本的实践，其中劳动实践则是我们生产和发展最重要的实践形式之一。从马克思主义的这一理论可以看出，劳动实践是十分重要的，劳动习惯需要在劳动实践中培育。但是当今社会，许多家长出于怕孩子辛苦的心理，对孩子包办一切，极少让孩子参加劳动，这使许多大学生无法在实践中养成劳动的习惯。同时，在应试教育的影响下，家长和高校过分关注孩子的学习和专业技能，而忽视了对大学生的劳动教育，使许多大学生成为只会读书的"书呆子"。家长和学校的这种错误做法无法使大学生通过劳动实践提高智力、强健体魄、提升审美和创新能力以及形成良好的品质和劳动习惯，不利于大学生的全面发展，也背离了当前培育时代新人的目标。马克思主义认为，人的发展的最高境界是人的自由全面发展，是人的本质的真正实现。因此，新时代高校要认真贯彻落实德智体美劳全面发展的教育方针，加强大学生的劳动教育实践，使大学生在实践中养成

---

① 肖湘愚. 新时代高校劳动教育的价值维度［N］. 湖南日报，2020-03-31（7）.
② 马克思，恩格斯. 马克思恩格斯选集：第 1 卷［M］. 中共中央马克思恩格斯列宁斯大林著作编译局，译. 北京：人民出版社，2012：135.

劳动习惯并通过这一习惯实现自身的全面发展，成为多方面发展的时代新人。

（三）传授劳动知识与技能

马克思认为，人民群众是历史的主体，是社会历史的推动者、创造者，时代新人属于人民群众的范畴。马克思强调："人们为了能够'创造历史'，必须能够生活。但是为了生活，首先就需要吃喝住穿以及其他一些东西。因此第一个历史活动就是生产满足这些需要的资料，即生产物质生活本身。"① 人类通过生产和再生产，生产出粮食、衣物和房屋，满足了人作为一种生物最基本的生理需求，并在满足基本生理需求后不断创造着世界，改变着世界，推动社会历史不断向前发展。无论是生产物质资料，还是推动社会历史发展，都需要通过劳动来进行。马克思的这些观点强调了劳动在人类社会历史发展过程中的决定性意义。大学生要成长为有过硬本领，能够进行生产生活，推动社会历史发展的时代新人，必须首先掌握一定的劳动知识与技能，进而在劳动的过程中加以锤炼。因此，高校要加强对大学生的劳动教育，通过劳动理论教育和一系列劳动实践活动，给他们传授劳动知识与技能，增强他们的劳动本领，提高他们的创新能力。只有掌握了丰富的劳动知识与技能，大学生才能更好地生产生活，成长为有过硬本领、有创新能力，能承担起践行社会主义核心价值观、实现中华民族伟大复兴的中国梦、推动社会历史发展的时代新人。

（四）弘扬自力更生、艰苦奋斗的精神

要培育有奋斗精神的时代新人，必须通过劳动教育，使大学生在劳动中弘扬自力更生、艰苦奋斗的精神。自力更生、艰苦奋斗是中华民族的传统美德。在我国远古时期就有许多歌颂勤劳奋斗的传说，如大禹治水、夸父追日等。在我国古代，许多经典著作中表达了对勤劳奋斗精神的提倡和赞美，如《进学解》中的"业精于勤，荒于嬉"强调学业因勤奋而精通，也能在玩乐中被荒废。革命时期，毛泽东强调我们的方针要放在自己力量的基点上，从此"自力更生""艰苦奋斗"就成为中国共产党和中国人民的特色话语表达。改革开放以来，我们形成了许多自力更生、艰苦奋斗的口号，如"空谈误国，实干兴邦""人间万事出艰辛"等。新时代，习近平总书记深刻指出："幸福都是奋斗出来的，奋斗本身就是一种幸福。"自力更生、艰苦奋斗的伟大精神是新时代我国发展的强大精神动力，也是时代新人必备的品格和精神。② 因此，高校要通过劳动教育使大学生认识到自力更生、艰苦奋斗的重要性，并使他们在劳动模范案例分析、劳动教育实践中激发并践行这一精神，成为有伟大奋斗精神的时代新人。

---

① 马克思，恩格斯. 马克思恩格斯选集：第1卷 [M]. 中共中央马克思恩格斯列宁斯大林著作编译局，译. 北京：人民出版社，2012：158.

② 潘玉腾，陈虹. 论时代新人的内涵及培养路径 [J]. 中国高等教育，2019（7）：32.

三、高校劳动教育完成时代新人培育使命的实践路径

当前，高校劳动教育已取得一定成效，但仍面临课程体系不健全、内在动力不足、形式主义、社会对劳动教育存在认知偏差等现实问题，对高校劳动教育完成培育时代新人的使命造成了阻碍。因此，高校劳动教育要最终完成其培育时代新人的使命，必须根据其自身面临的一系列现实问题，从问题入手探索其完成时代新人培育使命的实践路径，以培养能够担当民族复兴大任的时代新人。

（一）建立健全劳动教育课程体系

目前，高校为了响应党加强劳动教育的号召，开展了一些大学生劳动教育的相关讲座和实践活动，但是这些讲座和活动是零散的、碎片化的，绝大多数高校没有建立劳动教育的课程体系，也没有开设劳动教育课，即使建立了也存在课程体系不健全、重劳动实践轻劳动知识传授的问题。针对这些问题，高校要加快建立健全多元化劳动教育课程体系，根据党对新时代高校劳动教育的指示以及学校和学生的实际情况开设劳动教育的必修课、选修课、理论课、实践课，让劳动教育落地生根。高校可以开设马克思主义劳动观、劳动科学概论、劳动经济学、劳动法、劳动与社会保障法等劳动教育理论课程，向大学生系统讲授马克思主义劳动观、劳动经济、劳动法律、劳动社会保障等劳动科学的相关理论知识，使大学生通过理论课程的学习改变劳动就是体力支出的片面看法，理解劳动教育的内涵，形成良好的劳动情感态度和劳动品德。马克思主义强调理论与实践的统一，我国思想家十分重视知行合一，因此，高校要重视大学生劳动实践课程的设置，可以通过开设创新行为与创造力提升、烹饪技能实训、红十字救护员技能培训等相关实践课程，使大学生掌握劳动知识与技能，养成良好的劳动习惯。此外，高校还应该把学生必须掌握的或通识类的劳动教育课程设置为必修课程，把一些生活类、实习就业类劳动教育课程设置为选修课程，让学生根据自己的兴趣选择自己喜欢的劳动课程，使必修课和选修课相互补充，从而达到相得益彰的教育效果。

（二）融劳动教育于思想政治教育之中

高校劳动教育与思想政治教育在目标和内容上具有一定的相关性，把劳动教育融入思想政治教育中，有利于高校劳动教育的开展和劳动教育目标的实现。因此，高校要充分发挥思想政治教育在进行劳动教育方面的作用，把思想政治教育的德育功能与劳动教育的劳育功能结合起来，发挥两者的协同作用。把劳动教育与思想政治教育相结合可以从以下三个方面入手：第一，把劳动教育相关内容纳入高校思想政治教育理

论课。例如，高校可以把马克思、恩格斯、列宁关于劳动的经典论述纳入马克思主义基本原理概论课中，通过上马克思主义基本原理概论课使大学生深化对马克思主义劳动观的认识；可以把先进劳动模范的劳动事迹纳入思想道德基础与法律修养课中，通过思想道德基础与法律修养课促使大学生劳动观念的形成。第二，深入挖掘思政课程中的劳动资源。思政课程中蕴含着许多劳动教育资源，因此高校教师要善于发现和利用这些资源，对学生进行相应的劳动教育。第三，高校可以结合最新政策、社会案例，开展劳动教育主题的思政讲座，集中阐述新时代劳动教育的内涵、主要内容、总体目标等，并结合大学生在实习、就业方面遇到的困难，给予其指导，引导大学生形成正确的劳动价值观、劳动态度、劳动品德。

（三）丰富劳动教育实践活动形式

劳动教育要实践自己的使命，必须坚持知行合一的原则。高校除了给予学生理论上的教学外，还必须把落脚点放在实践上，丰富劳动教育实践活动形式，通过劳动教育实践提高大学生的劳动技能，帮助大学生养成良好的劳动习惯。目前，许多高校劳动教育实践活动的形式单一，很难激发大学生参与劳动教育实践活动的兴趣。为解决这一问题，高校可以从以下四个方面入手：第一，将劳动教育与职业生涯教育、就业指导相结合，开展实习实训、创新创业、职业生涯规划策划比赛等劳动教育实践活动。第二，将劳动教育与社会实践相结合，开展专题调研、植树、清扫公共设施等活动，让学生在社会实践活动中接受锻炼、磨炼意志，形成尊重劳动、热爱劳动、珍惜劳动成果的真挚情感。第三，将劳动教育与志愿服务服务相结合，引导学生积极参加精准扶贫、"三支一扶"、支教、暑期"三下乡"、社区治理等志愿者活动，并建立日常志愿服务自选菜单，鼓励大学生参与大型赛事、论坛、会议、讲座的志愿服务。第四，将劳动教育与大学生的日常生活相结合，开展劳动知识与技能竞赛、"大学生劳动周"、微型"校园农场"建设、勤工俭学、"卫生寝室"评选、校园绿化等活动，让大学生在日常生活中培养劳动习惯，提高劳动技能。

（四）构建"四位一体"的协同育人体系

目前，大学生劳动教育的主要阵地是高校，家庭、社会、政府在劳动教育中发挥的作用还比较微弱，而高校劳动教育要取得良好的教育效果，践行培育时代新人的使命，仅靠自身的力量是不够的，必须发挥家庭、社会、政府的作用。在高校发挥主导作用的同时，家庭要发挥在劳动教育中的基础作用，配合高校劳动教育的开展。首先，家长要转变"万般皆下品，唯有读书高"的片面观念，认识到劳动教育的重要性，在家庭大力弘扬热爱劳动、劳动光荣、劳动伟大等家风家训，并给孩子树立好榜样，做到言传身教，既弘扬家风，又践行家风。其次，家长要善于利用生活中的点点滴滴和情感教育法对孩子进行劳动教育，使教育内容生活化，教育方式情感化。最后，家长应将劳动与教育有机结合，改变把劳动教育简单地看成劳动任务安排的错误看法。社会要发挥在劳动教育中的支持作用，给高校劳动教育的开展提供支持。第一，企业、工厂、农场、旅游基地等要自觉承担社会责任，为高校提供劳动实践平台和基地。第二，社会公益组织要相互合作，利用各自掌握的各种资源和场地，为大学生搭建劳动实践平台，共同支持大学生深入城乡社区、福利院和公共场所等参加志愿服务，开展公益劳动，让大学生在公益性劳动中不断成长。政府要发挥在劳动教育中的监督指导作用，给高校劳动教育的开展提供指导。第一，政府要出台高校劳动教育的相关指导政策，并加大对高校劳动教育的资金支持力度。第二，政府要通过到校检查、问卷调查、电话访谈等方式对高校开展劳动教育的情况进行检查。只有建立起学校、家庭、社会、政府间的联络沟通和资源共享机制，形成各方有效衔接、互相促进、协同育人的工作格局，构建"四位一体"的协同育人体系，形成教育合力，高校劳动教育才能完成好使命。

（五）变革高校劳动教育体制

目前，许多高校存在着不重视劳动教育和内在动力不足等问题，这使得这些高校的相关劳动教育体制没有建立或存在很大的问题，亟待建立和变革。首先，高校要建立并不断完善高校劳动教育管理体制，把劳动教育作为学校和学院教育教学的重要内容，形成学校统一管理、各二级学院密切配合的管理体制，同时完善劳动教师招聘、培训、考核的一体化管理体制。其次，高校要变革高校劳动教育的工作体制，在学校统一领导的前提下，下放更多的权力给各二级学院，使各二级学院根据本学院学生的实际情况和专业性质开展劳动教育工作。高校应建立大学生劳动教育工作小组，负责劳动教育工作的总体规划、组织实施，统筹协调劳动教育的场地、经费、人员，确保劳动教育落实落地。最后，高校要建立劳动教育评价体制，将大学生的劳动表现和结果纳入其综合素质评价体系。大学生劳动教育的评价内容要涉及多个方面，不能只局限于对理论课和实践课教学内容的评价，还应把大学生的生活性劳动纳入评价体系。高校不能把考试作为考核评价的唯一方式，评价方式要多元化。例如，理论方面的劳动课程可以采用书面考试的方式，也可以通过论文、辩论的形式进行考核评价；实践型的课程可以用作品的方式或平时劳动表现记录的方式进行考核评价。

四、结　语

新时代新阶段明确时代新人的基本标准，有利于高校劳动教育明确自己在培育时代新人中承担着哪些使命，并不断践行自己的使命。然而，高校劳动教育要切实承担起并最终完成自己的使命，必须找到自身存在的问题，从问题着手探索高校劳动教育完成时代新人培育使命的实践路径。同时，高校也要充分认识到完成时代新人培育的使命具有长期性、复杂性和不确定性，在开展劳动教育工作时不能急于求成，应循序渐进，发挥多方的作用，形成教育合力。

参考文献

［1］刘向兵. 新时代高校劳动教育的新内涵与新要求：基于习近平关于劳动的重要论述的探析［J］. 中国高教研究，2018（11）：17-21.

［2］段磊. 加强大学生劳动教育的四个维度［J］. 人民论坛，2020（20）：106-107.

［3］马其南. 新时代劳动文化育人研究［J］. 学校党建与思想教育，2020（17）：45-48.

［4］潘玉腾，陈虹. 论时代新人的内涵及培养路径［J］. 中国高等教育，2019（7）：31-33.

［5］周淑芳. 新时代大学生马克思主义劳动观教育刍论［J］. 学校党建与思想育，2019（23）：49-51.

［6］汤丽. 新时代加强大学生劳动教育的价值意蕴与实践路径［J］. 西部学刊，2020（11）：64-67.

［7］冯刚，刘文博. 新时代加强大学生劳动教育的时代价值与实践路径［J］. 中国高等教育，2019（12）：22-24.

［8］吴一孔，阿卡旦木·吾买尔江，牛贺源. 培育时代新人的劳动教育路径探析［J］. 现代交际，2021（5）：160-162.

［9］张阳. 以培养时代新人为指向的大学生劳动教育研究［J］. 新经济，2021（1）：34-39.

"光盘行动"融入高校劳动教育的价值与路径探析①

杨　莉②

摘　要："光盘行动"融入高校劳动教育既是培育大学生勤俭节约意识、落实珍惜粮食行为的关键举措，也是挖掘劳动教育新形式、新内涵的重要契机。"光盘行动"是传承中华民族优秀传统美德，强化勤俭节约、重视劳动的重要内容，也是国家对粮食安全、粮食浪费现象关注的体现。高校劳动教育是新时代全面发展教育的重要组成部分，是将课程与生产劳动相结合，促进学生"以知践行，以行促知"的重要方式。本文以"光盘行动"为切入点，探讨"光盘行动"与高校劳动教育在目标与价值上的内在关联，剖析"光盘行动"融入高校劳动教育的价值意蕴，并提出"光盘行动"与高校劳动教育深度融合的可行性方案，有利于提升高校劳动教育质量，促进大学生的全面发展。

关键词："光盘行动"；高校劳动教育；勤俭节约；劳动价值

2020 年 7 月，教育部印发了《大中小学劳动教育指导纲要（试行）》，深刻阐述了劳动教育的相关问题，涵盖劳动教育的性质和基本理念，目标和内容，途径、关键环节和评价，规划与实施，条件保障与专业支持等方面的内容，从总体上解答了关于劳动教育认知与实施过程中的实际问题，明确了高校在落实立德树人根本任务的过程中，要将劳动教育放在教育体系的突出位置。习近平总书记多次强调劳动教育的极端重要性，指出我国推进教育现代化和建设教育强国，就要努力培养能够担当中华民族复兴大任、适应新时代发展要求、推动社会进一步发展的全方位发展的人才。教育要促使

① 基金项目：本文为西南财经大学 2020 年党建和思想政治工作调研项目"新时代财经高校劳动教育实施现状、问题及效果提升——基于西南财经大学'5+4+4'劳动教育体系的调研分析"的阶段性研究成果。
② 杨莉（1997—），女，西南财经大学思想政治教育专业硕士研究生。

学生培育与践行社会主义核心价值观，促进学生获得德智体美劳全面的发展①。当前，我国部分大学生享受着优良的教育条件与生活条件，却存在漠视劳动价值、轻视劳动成果的倾向。"厉行节约，反对浪费"不应只是一句口号，还应成为一种社会风尚。习近平总书记针对国内部分学校存在的粮食浪费严重现象、大学生勤俭节约意识缺乏问题提出明确要求，指出高校要切实加强与引导学生形成勤俭节约的意识，培养大学生尊重劳动、重视劳动的良好品质。"光盘行动"有助于培养大学生重视劳动、珍惜劳动成果的良好品质。以"光盘行动"融入高校劳动教育为契机，为高校劳动教育注入新内涵、新活力、新形式，有利于大学生在践行"光盘行动"的过程中深化对劳动的理解，培养优良品质，提高综合素养。

一、"光盘行动"与高校劳动教育

（一）"光盘行动"的内涵

"民以食为天，食以俭养德。"自古以来，艰苦奋斗、勤俭节约就是中华民族的传统美德，也是中国共产党的光荣传统和优良作风②。近年来，随着人们生活质量的改善、生活水平的提升，我国粮食浪费现象越发严峻。2020 年 8 月，习近平总书记对培养节约习惯、抵制餐饮浪费做出重要指示，强调要加强监管，加大勤俭节约宣传，在全社会营造节约光荣、浪费可耻的氛围。"光盘行动"倡议由来已久。"光盘行动"蕴含的价值内涵并非只是倡导爱惜粮食、勤俭节约，更为重要的是要从"光盘行动"的背后深刻理解粮食安全、勤俭节约与尊重劳动的重要性，并将"光盘"从认识层面转化为行动层面。随着中国经济的发展，人民生活水平提升，当前日常餐饮浪费严重，人们追求"面子"胜过追求"里子"，聚餐消费只点好的、贵的，以"吃不完"作为点餐标准，造成了粮食的极大浪费，进一步加重了我国的粮食负担，并且强化了社会攀比心理，恶化了饮食风气。习近平总书记的重要指示为加强勤俭节约、落实"光盘行动"指明方向。目前，我国部分高校存在粮食浪费现象，学生缺乏重视劳动、勤俭节约的意识。在校园中推行"光盘行动"，意义十分重大。勤俭节约、热爱劳动既是中华民族的传统美德，也是新时代人们的道德标准③。"光盘行动"有利于学生在意识上重视劳动，培养勤俭节约的习惯，在行动上将优良传统与时代要求落实于校园生活实践。

---

① 靳诺. 培养担当民族复兴大任的时代新人 [J]. 红旗文稿，2020 (20)：4-8.
② 赵祯祺. 坚守"粮"心：让勤俭节约成为行动自觉 [J]. 中国人大，2020 (18)：25-27.
③ 曲伯华. 节约粮食，从"光盘行动"开始 [J]. 环境教育，2020 (9)：62-63.

（二）高校劳动教育的内涵

"劳动教育是发挥劳动的育人功能，对学生进行热爱劳动、热爱劳动人民的教育活动。"[①] 劳动对人的发展至关重要，正确的劳动观有利于促进人的全面发展，劳动教育是将课程与生产劳动相结合，促进学生"以知践行，以行促知"的重要方式。"新时代劳动教育是将生产劳动与教育课程相结合的，以期受教育者树立正确的劳动观念，形成以'尊重劳动、辛勤劳动、诚实劳动'为思想引领的劳动态度。"[②] 高校劳动教育是新时代素质教育的重要组成部分，也是培养全方位发展的时代新人的重要举措。目前，大多数高校在劳动教育的实施与效果层面已经取得了一定的成果，但是还存在一系列的问题，如高校资源整合不充分，高校后勤、退休教师、其他公职人员的劳动教育作用并未充分体现；高校创新力度不够，全国高校劳动教育同质化现象明显，缺乏理论层面与实践层面关于劳动教育的创新，多数学校采取劳动教育结合思想政治课堂教学形式；劳动教育结合第二课堂以创新创业大赛、校园清洁、志愿服务实践为主，缺乏对劳动教育形式与内涵的深度剖析。因此，寻求高校劳动新形式、融入新动力对提升高校劳动教育质量至关重要。

（三）"光盘行动"与高校劳动教育的内在关联

1. "光盘行动"与高校劳动教育目标一致

"光盘行动"与高校劳动教育具有目标一致性，都是为了使学生深刻理解劳动、热爱劳动、尊重劳动，将劳动意识转化为劳动实践。两者都是以劳动为突破口，引导与教育学生理解劳动内涵、珍惜劳动成果、体验劳动过程。"光盘行动"是立足于当前我国面临的餐饮浪费严重，部分人漠视生产劳动不易的事实，提倡在饮食消费中衡量自身能力，以"吃多少，点多少"为饮食消费原则，在实际生活中，落实"光盘行动"理念，培养勤俭节约、热爱劳动、尊重劳动、崇尚劳动的优良品质。高校劳动教育旨在全面提升学生的劳动素养，使学生树立正确的劳动价值观念，掌握只有在劳动中才创造财富的思维逻辑，在高校劳动教育中促使学生掌握必备的劳动技能、养成优良的劳动习惯、传承优秀的劳动精神。

2. "光盘行动"与高校劳动教育价值耦合

"光盘行动"与高校劳动教育的内涵价值具有高度耦合性，都是以社会主义核心价值观为价值支撑，并在具体教育与实践中为社会主义核心价值观注入时代意义。勤俭节约、热爱劳动作为中华民族的传统美德和价值追求，无论在个人层面、社会层面还

① 教育部. 大中小学劳动教育指导纲要（试行）[EB/OL].（2020-07-15）[2021-09-13]. http://www.moe.gov.cn/jyb_xwfb/gzdt_gzdt/s5987/202007/t20200715_472806.html.
② 武红娟. 新时代高校劳动教育的多维探析 [J]. 山西青年职业学院学报, 2019, 32（2）: 103-105.

是国家层面，都是社会主义核心价值观的题中应有之义。"光盘行动"与高校劳动教育提倡热爱劳动、尊重劳动、崇尚劳动，这既是新时代高校为国家发展与建设培养优秀人才的要求，也是社会主义核心价值观与现实生活、时代要求紧密结合的深刻体现。"有德者皆由俭来也。"勤俭节约、尊重劳动不仅是一种生活方式，更是内涵在中国人心中的价值观念。青年学生要以劳动为着眼点，增强尊重劳动、崇尚劳动的意识，将勤俭节约、热爱劳动落到实处。

二、"光盘行动"融入高校劳动教育的价值意蕴

（一）有助于拓宽高校劳动教育的渠道

"光盘行动"以"光盘"为标准，号召社会各群体践行"吃多少、点多少"的就餐原则，以实际行动参与"光盘行动"。"光盘行动"融入高校劳动教育，有助于丰富劳动教育的内涵，拓宽劳动教育的渠道。"光盘行动"与中国传统美德以及当代现实状况紧密结合，为进一步拓宽高校劳动教育途径提供了新动力，有利于弘扬重视劳动的正能量，注入劳动教育新活力。武汉理工大学学生会深入结合日历的数字直观印象与特定时间安排，将每年的 1 月 10 日这一特定日期作为年度"光盘行动"主题活动日，有利于进一步营造重视劳动、珍惜粮食的优良氛围。其主题活动日有两层内在含义：一是从直观感受上，'11'代表着一双筷子，'0'代表着一个盘子；二是从时间节点上，1 月 10 日在元旦春节期间，是浪费现象比较突出的时期。该活动通过以"形"传达尊重劳动、勤俭节约的思想，为高校劳动教育进一步开展"劳动+专业课程""劳动+第二课堂""劳动+养成教育"在内容的丰富与形式的创新上都具有深刻启示。"光盘行动"以节约粮食、尊重劳动为思想依托，以光盘实践为举措，为高校劳动教育内容增加了劳动价值，在实践形式上增添了新形式。高校劳动教育不应该局限于课堂教学，不应限制在校园服务、公益劳动与创新创业方面，还应该立足于现实，关注现实需要，传承中华优秀传统文化，丰富高校劳动教育内容，拓宽高校劳动教育渠道。

（二）有助于培养学生勤俭节约的品质

"光盘行动"旨在增强学生的节约意识，树立正确的劳动价值观念，减少粮食资源的浪费，从而缓解国家在粮食安全上的压力，进而在全社会范围形成"节约光荣、浪费可耻"的浓厚氛围。"光盘行动"融入高校劳动教育有利于学生在生活、学习过程中，潜移默化地接受"光盘行动"教育，形成勤俭节约的品质。"光盘行动"并不是强制性逼人把饭吃完，而是鼓励学生根据自己的食量合理消费，从培养节约意识开始，逐渐落实于消费行动。"光盘行动"弘扬中华民族勤俭节约的传统美德，鼓励学生在饮

食中尊重劳动，勤俭节约，养成良好的习惯与文明健康的生活方式。勤俭节约、尊重劳动果实是中华民族的传统美德，也是对当今粮食浪费现象严重的深刻反思。多数大学生在思想上接受勤俭节约的观念与认识，但是在落实于行动上还存在偏差。针对大学生浪费粮食、漠视生产劳动、轻视生产劳动者的现象，高校劳动教育以"光盘行动"为教育切入点，加快构建学校、家庭、社会"三位一体"的"光盘行动"教育大格局，发挥其联动作用，可以让大学生不仅从思想观念上增强勤俭节约意识，而且从行为实践上落实勤俭节约思想，有助于大学生培育勤俭节约、珍惜劳动果实的优秀品质。

（三）有利于养成学生重视劳动的习惯

劳动教育不是简单意义上的再现体力劳动，不是让学生进行统一的、机械的劳作。"劳动教育，需要教育者在具体劳动过程中教育学生，塑造学生的劳动价值观。"[①] "光盘行动"从生活小事入手，从思想和行动上都潜移默化地教育大学生尊重劳动、重视劳动。"光盘行动"融入高校劳动教育有利于学生从思想上重视劳动、理解劳动，从而尊重劳动、尊重劳动者与劳动成果。"劳动教育的核心目标是培养学生正确的劳动价值观，从而进一步激发出学生的劳动信心与劳动创造能力。"[②] 大学生只有在劳动与劳动教育过程中真正理解劳动内涵，才能更确切、更全面地理解劳动教育的真谛，从而形成重视劳动、尊重劳动的科学劳动价值观。"光盘行动"由现象到内涵地阐释，让学生在实际行动中理解劳动的不易，重视劳动并投身于劳动中，践行"光盘行动"。随着生活水平的提升，当代部分大学生远离具体劳作，缺乏劳动锻炼，对劳动的理解不深刻，漠视劳动成果，轻视劳动人民。在"光盘行动"优秀风尚的引领下，学生从身边事去了解劳动内涵，体悟劳动不易，将被迫接受高校劳动教育转化为主动积极参与高校劳动教育课程与劳动实践，进而完善大学生对高校劳动教育的认识。

三、"光盘行动"融入高校劳动教育的实施路径

"光盘行动"不仅是口号与标语，还是当代大学生的行为准则，体现着大学生的文明素养与全面发展程度。高校作为培养大学生全面发展的主要场所，是我国当前对大学生进行劳动教育的中枢环节以及重要阵地。高校要注重创新劳动教育形式，要抓紧"光盘行动"这一切入点与载体，提升高校劳动教育水平与质量，引导与帮助学生养成尊重劳动、重视劳动、勤俭节约的优秀品质。

---

① 王新昊. 高职院校劳动教育实践路径探索 [J]. 农家参谋，2020（23）：208-209.
② 江佩，魏荣. 论新时代的大学生劳动教育诉求及实现 [J]. 齐齐哈尔大学学报（哲学社会科学版），2020（7）：168-171.

（一）注重统筹谋划，形成完备的"光盘行动"方案

1. 构建落实体系，建设家庭、社会、学校一体化节约教育网

将"光盘行动"融入高校劳动教育，需要家庭、社会、学校三者共同参与、协同发力，形成一体化的教育体系。高校作为劳动教育的主阵地，担负着立德树人的重要任务，在落实"光盘行动"教育时发挥关键作用。"光盘行动"教育旨在培养大学生勤俭节约、重视劳动的意识，推进大学生德智体美劳"五育"有机融合，提升大学生的综合素质。高校是实施"光盘行动"的责任主体，应当统筹资源，整合高校、家庭、社会可利用资源制定科学合理、操作性强的"光盘行动"落实方案，完善"光盘行动"教育中的责任划分，明确具体的操作方法，形成以高校"光盘行动"教育为中心，家庭光盘教育与社会光盘提倡为辅助手段，加快建设家庭、社会、学校"三位一体"节约教育网，发挥家庭、社会、学校的联动作用。

2. 加大宣传力度，完备校内各场所宣传材料设施

加大对"光盘行动"的宣传力度，将"光盘行动"作为高校开展劳动教育的一部分，有利于促进高校形成浓厚的珍惜粮食、勤俭节约的氛围。张贴节约粮食标语与设立"光盘角"，用以宣传"光盘行动"内在的价值与外化的行动，有利于潜移默化地教育大学生养成勤俭节约、重视劳动的习惯。"劳动教育对于人才的培养不止局限于技能，更希望能最大范围影响劳动文化，从而激发学生内在的劳动动力。"[1] 高校应建设寝室楼宣传点，招募校园志愿服务人员在寝室楼下设点宣传，对大学生进行"光盘行动"知识普及，加深大学生对"光盘行动"的理解；组织打印横幅、制作海报等加强在校园范围内加强对大学生节约意识的教育，将"光盘行动"教育融入大学生生活，使大学生在不知不觉中接受光盘思维，落实"光盘行动"。高校可以组织开展以"光盘行动、你我共行"的主题活动，向全校大学生倡议杜绝"舌尖上的浪费"，做到"不贪多、不浪费"，号召大学生珍惜粮食，拒绝浪费，努力做一名厉行节约、反对浪费的实践者。

3. 加强统一监督，设置专门岗位以提醒"光盘"行为

有效的监督有助于在高校形成严肃的节约粮食的氛围，促使大学生落实"光盘行动"。监督是贯彻与落实"光盘行动"教育的"最后一公里"。在制度层面，高校可以设立"光盘"监督工作小组，主要职责是巡查大学生与教师是否存在粮食浪费行为，及时制止与教育各种程度的浪费行为。在机制构建层面，高校可以建立节约粮食的长效机制，吸纳大学生志愿者，大力整治食物浪费与节俭意识缺乏问题。食堂在重点区

---

① 赵静，石彩红. 新时代高校劳动教育的育人价值及实施方略［J］. 黑河学刊，2020（5）：80-84.

域设立用餐监督岗位，包括"餐食浪费情况监督岗""餐具回收岗""食堂巡回监督岗"等餐食监督与食堂服务岗位，让高校大学生以行动参与食堂工作，主动发现与制止身边浪费粮食的行为，从而树立正确的劳动观。

（二）以学生为主体，引导学生开展"光盘行动"实践

1. 发挥党员模范作用，鼓励党员干部带头实践

"光盘行动"既是面对粮食浪费的深刻回应，也是国家对传承优秀传统美德、保障粮食安全、培养全面发展的社会主义建设者的现实要求。"光盘行动"不仅是一个口号，还是每一个中国人都应该遵守的行为准则。大学生党员对于"光盘行动"应该以身作则，做到谨记劳动不易，拒绝粮食浪费。大学生党员应将"我倡议、我带头、我科普、我传承、我联动"落到实处，强化尊重劳动、勤俭节约意识，将"光盘行动"内化为思想意识，外化于实践行动。高校党员干部、大学生党员应带头落实"光盘行动"，提升厉行节约、反对浪费的思想觉悟，充分认识国家粮食安全、优秀传统文化的重要性，树立爱护粮食、珍惜粮食、节约粮食的观念，切实将勤俭节约、重视劳动的观念内化于心、外化于行。

2. 整合各类资源，发挥高校后勤资源优势

高校开展"光盘行动"教育应统筹安排，充分利用高校各种资源。"后勤部门与学生的衣食住行密切相关，存在着天然的劳动教育场所、环境与资源，在开展劳动教育中具有得天独厚的优势。"[①] 开展"光盘行动"教育，高校应充分发挥后勤部门的特殊优势，落实以后勤部门为主导，学工部、工会等各部门共同协作，开展校园"光盘行动"的宣讲以及活动；设置"光盘行动"监督与宣传的专职勤工助学岗位，在食堂与人员密集的区域设置"光盘行动"后勤宣传监督点；成立"感受劳动，服务后勤"的劳动示范与感受基地，使大学生深入理解"粒粒皆辛苦"的内涵，感受从厨房到餐桌的不容易，使大学生通过理论认识与实践真正了解"光盘行动"的深厚意蕴。

3. 丰富活动形式，提倡学生"光盘+"行为

高校活动资源丰富，"光盘行动"教育应充分利用高校的资源优势，通过线上与线下相结合的多种途径，丰富"光盘行动"的活动形式，吸引大学生关注"光盘行动"并落实"光盘行动"。高校可以组织开展"光盘行动"，提倡"光盘+晒图""光盘+打卡""光盘挑战赛"等"光盘行动"活动形式，在创新活动内容与形式上，鼓励大学生参与"光盘行动"。"光盘+晒图"活动，即将自己的空餐盘拍照，并配文字发送至微信朋友圈，积累10次就可以在高校食堂取餐窗口领取免费的小吃一份；"光盘+小程

---

① 雷虹，朱同丹. 以学生为中心视域下高校劳动教育的意蕴解读及路径选择［J］. 黑龙江高教研究，2020，38（3）：13.

序打卡"活动，即根据自己每天的餐饮情况，空盘时在小程序上完成签到。高校通过创新光盘活动形式，吸引大学生参与光盘活动，在参加活动的过程中形成正确的劳动价值观，养成勤俭节约、尊重劳动的优秀品质。

（三）针对高校特点，将"光盘行动"融入课程体系

1. "光盘行动"融入专业课程，深化对"光盘"的理论认知

"光盘行动"融入高校劳动教育不仅要在形式与内容上融入，还要在有关联的课程体系中融入，实现"光盘行动"全员化。"光盘行动"与专业课程相结合，有利于进一步提升大学生的专业实践能力，有利于大学生在专业学习中结合劳动思维。"将劳动教育与专业教育相结合，转换学生的角色，让学生变成课堂的参与者。"① 将劳动意识渗透到专业学习中，可以让学生用亲身经历提高对劳动的认识。将"光盘行动"与高校专业课程相结合，可以形成多维度、多专业、多学科的思考与行为案例。不同学科的大学生可以从不同维度阐释对"光盘行动"的认识，可以丰富"光盘行动"的内涵与外延。例如，经济学的大学生在专业课程上关注的是浪费粮食的成本，以量化的形式呈现当前粮食浪费的严重性，从而深刻认识"光盘行动"的重要性。马克思主义理论学科的大学生在专业课程上关注节约粮食，形成热爱劳动的价值导向。重视劳动、爱护劳动成果的意义重大，在马克思的劳动价值观中有深刻体现。"任何一个民族，如果停止劳动，不用说一年，就是几个星期，也要灭亡。"② 马克思、恩格斯将劳动的价值与意义提升到民族生存的高度，揭示了重视劳动、珍惜劳动的重要性。"光盘行动"融入专业课程，不仅是形式上的内容融入，还要有实质上的价值与理念融入。对其融入的效果评估主要侧重两个方面：一方面，教师在专业课程授课过程中评估将专业知识与"光盘行动"的结合程度与分析力度；另一方面，学生从专业角度出发对"光盘行动"的认识与分析程度可以通过课堂发言与小组作业的形式呈现。将"光盘行动"与专业课程相结合，有利于从不同层面、不同维度对"光盘行动"进行阐释，有助于大学生深化对"光盘行动"的理论认知，并增强勤俭节约意识，落实节俭行动。

2. "光盘行动"融入第二课堂，落实对"光盘"的多重实践

"劳动教育最大的平台应该在课程之下，在广阔的实践舞台之上。"③ "光盘行动"融入高校第二课堂，要充分利用高校的各种资源优势，通过线上与线下的多种形式，利用高校的各种活动与竞赛，强化大学生节约粮食、重视劳动的意识，发挥大学生在

---

① 承德市政研会课题组. 新时代背景下高校劳动教育研究 [J]. 公关世界，2020（19）：66-67.

② 马克思，恩格斯. 马克思恩格斯选集：第4卷 [M]. 中共中央马克思恩格斯列宁斯大林著作编译局，译. 北京：人民出版社，2012：473.

③ 李玉华，马心竹，罗聪. 基于人的全面发展的新时代高校劳动教育研究 [J]. 辽宁大学学报（哲学社会科学版），2020，48（2）：178-184.

"光盘行动"中的主体性作用。高校鼓励大学生走出课堂，走进生产生活，围绕粮食生产过程、食物制作过程，开展走进生产生活实践，感受劳动过程的辛苦以及粮食生产的不易，进一步增强大学生的节约意识，在大学生群体中厚植劳动精神；将"光盘行动"融入大学生创新创业实践，基于当前粮食浪费现状，将如何减少高校粮食浪费、提升粮食利用率作为创业主题，养成勤俭节约思想；举办各类文艺竞赛，将"光盘行动"有效融入各类竞赛，开展"光盘"标语设计大赛、"光盘"绘画大赛、"光盘"舞蹈大赛、"光盘"小品大赛等文艺竞赛，通过创新"光盘"理念表现形式，加深大学生对"光盘行动"的理解；推出"最美光盘者"评选活动，营造向勤俭节约模范与典型学习的良好氛围，采取多姿多彩的形式和喜闻乐见的活动方式，打造宣传文明健康生活方式。"光盘行动"融入第二课堂是高校学生将理论知识与价值观念落实于实际生活的重要途径，其有效融入是高校与高校学生共同努力的目标。一方面，"光盘行动"有效融入第二课堂依赖于高校组织光盘活动的提倡力度与创新程度；另一方面，"光盘行动"有效融入第二课堂离不开高校学生参与光盘活动的响应程度与落实力度。

3. "光盘行动"融入校园文化，培育勤俭节约意识与习惯

校园文化是"光盘行动"融入高校劳动教育的重要载体。"光盘行动"通过传达勤俭节约、重视劳动等思想为校园文化注入新活力。高校应以"光盘行动、节约最美"为主题开展校园文化活动，鼓励大学生参与活动策划、活动实施与活动总结全过程，调动学生参与校园文化活动的积极性，使学生加深对"光盘行动"的理解，养成尊重劳动、勤俭节约的意识；通过让学生了解国家的历史、校园的历史、校训与中华优秀传统文化的内涵，营造良好的校园文化氛围，实现校园文化与"光盘行动"所传达的节约精神的有机结合，引导学生重视劳动、加强节约，形成勤俭节约、重视劳动的劳动精神。"积极推进职业精神、劳动精神、工匠精神、劳模精神进入职业院校，进入课堂，用真情真心真话感染职业院校学生，不断提高学生的劳动素养。"[1] 高校应以劳动精神引领大学生开展各项实践活动，以正确的思想引导勤俭节约行动，既让学生从身体上得到劳动锻炼，又让大学生从思想上深化对劳动的认知与理解；搭建"光盘行动"展示平台，优化热爱劳动、珍惜劳动的校园环境；打造大学生全员参与、全面参与的"光盘行动"示范角，将勤俭节约、热爱劳动融入高校文化中，培养大学生节俭意识与习惯。"光盘行动"融入校园文化，不仅体现在高校相关文化展示与平台的搭建，还体现在高校形成的浓厚的节约粮食、重视劳动的校园氛围，让学生处处见"光盘"，时时想"光盘"，真正实现在校园文化的影响下，将"光盘行动"内化于心、外化于行。

---

① 杨秋月. 新时代职业院校劳动教育的价值逻辑：应然、异化及回归［J］. 高等职业教育探索，2020，19（1）：8-14.

参考文献

［1］京平. 多元共治倡导光盘新风［N］. 北京日报, 2020-09-18（01）.

［2］徐鑫. 劳动育人背景下高职院校"三全"育人工作对策研究［J］. 佳木斯职业学院学报, 2020, 36（10）: 177-179.

［3］于乾, 于路心. "三全育人"视域下的研究生培养模式研究［J］. 教育教学论坛, 2020（41）: 355-356.

［4］章程辉, 肖娟. "三全育人"视域下"劳动+"教育的模式与路径探析［J］. 高校共青团研究, 2020（C1）: 208-212.

［5］李阳. 互联网时代构建高校"三全育人"新格局的实践路径研究［J］. 科技视界, 2020（27）: 130-132.

［6］曲伯华. 节约粮食, 从"光盘行动"开始［J］. 环境教育, 2020（9）: 62-63.

［7］赵祯祺. 坚守"粮"心: 让勤俭节约成为行动自觉［J］. 中国人大, 2020（18）: 25-27.

［8］蔡文文. "三全育人"背景下高校学风建设的思考与实践［J］. 农家参谋, 2020（23）: 293, 295.

［9］滕玥. 打卡"光盘行动", 拒绝"舌尖上的浪费"［J］. 环境经济, 2020（17）, 68-69.

［10］刘歆怡, 吴丽华. 光盘行动［J］. 现代特殊教育, 2020（9）: 15.

［11］胡斯媛, 周厚余, 徐俊丽, 等. 探究"光盘行动"落实的影响因素及对策［J］. 改革与开放, 2018（1）: 80-82.

［12］朱小敏. "光盘行动"促进行为习惯养成［J］. 上海教育科研, 2015（12）: 52-54.

红色精神融入新时代高校劳动教育的路径探析

段鑫康[①]

摘　要：红色精神是马克思主义在革命时期与中国实际相结合形成的产物，是革命先辈遗留的宝贵精神遗产，其在各个历史时期都吸收了相应的时代内涵，成为中华优秀传统文化中最为重要的组成部分。劳动教育是中国自古以来的珍贵历史传统，具有特殊的育人作用，在新时代培养时代新人的过程中发挥着不可替代的作用。将红色精神融入新时代高校劳动教育之中，并贯穿高校劳动教育的始终，对于培养有理想、有信念、有素质的社会主义建设者和接班人尤为重要。

关键词：红色精神；新时代；高校；劳动教育

"任何一个民族，如果停止劳动，不用说一年，就是几个星期，也要灭亡。"[②] 在人类历史演进过程中劳动发挥着极为重要的作用，人类可以通过劳动创造丰富的物质财富和精神财富，进而促使脑力和体力的不断发展。习近平总书记多次关注劳动教育问题，高度重视并反复强调新时代高校劳动教育的必要性，强调"加快推进教育现代化、建设教育强国、办好人民满意的教育，努力培养担当民族复兴大任的时代新人，培养德智体美劳全面发展的社会主义建设者和接班人"[③]。2011 年，习近平同志对苏区精神做出高度概括，即"坚定信念、求真务实、一心为民、清正廉洁、艰苦奋斗、争创一流、无私奉献"[④]。以苏区精神为代表，在特定的历史时期形成了历久弥新的红色精神。

---

①　段鑫康（1997—），男，西南财经大学马克思主义中国化专业硕士研究生。

②　马克思，恩格斯. 马克思恩格斯文集：第 4 卷 [M]. 中共中央马克思恩格斯列宁斯大林著作编译局，译. 北京：人民出版社，2012：473.

③　施雨岑，周玮，白瀛. 努力培养担当民族复兴大任的时代新人：学校思想政治理论课教师座谈会与会代表热议习近平总书记重要讲话 [N]. 人民日报，2019-03-19（04）.

④　习近平. 在纪念中央革命根据地创建暨中华苏维埃共和国成立 80 周年座谈会上的讲话 [N]. 人民日报，2011-11-05（03）.

红色精神在长期的历史发展过程中不断与所处时代相结合，形成了更为丰富的精神内涵，其与新时代高校劳动教育培养学生服务、实践、奋斗、创新、奉献的劳动精神一脉相承，有助于新时代高校大学生培育与践行正确的马克思主义劳动观，进而使其成为符合社会主义建设所需要的、为中华民族伟大复兴所奋斗的建设者和接班人。

一、红色精神与新时代高校劳动教育的内在联系

"红色精神是中国共产党在百年艰苦卓绝奋斗中，形成的生动体现中国共产党人崇高理想信念，体现中国共产党的先锋队性质，体现中国共产党全心全意为人民服务宗旨的精神品格。"[①] 红色精神内容复杂、表现形式多样，可以按照不同的方式对其进行划分。红色精神按人名不同，可分为雷锋精神、铁人精神、焦裕禄精神等；按地名不同，可分为延安精神、井冈山精神、西柏坡精神等；按事件不同，可分为红船精神、抗战精神、抗疫精神等。但不管红色精神表现如何，其始终都是具有特定的内涵，并随着时代的发展而不断丰富和完善，其中的创业精神、奋斗精神、为人民服务精神等与新时代劳动教育具有内在统一性，因此能够融入高校劳动教育之中。新时代的高校教育需要在一定程度上进行调整，在教育的各个环节中"把红色资源利用好、把红色传统发扬好、把红色基因传承好"[②] 尤为重要。红色精神的理论基础、劳动模范作用、最终目标与新时代高校劳动教育是一脉相承的，具有高度的一致性。因此，深刻把握红色精神与新时代高校劳动教育的内在关联，对新时代高校更好地开展劳动教育、高校大学生形成正确的马克思主义劳动观起着重要作用。

（一）红色精神和新时代高校劳动教育具有相同的理论基础

红色精神与劳动教育具有丰富的内涵意蕴和宝贵的时代价值，都体现了对中华民族传统美德和马克思主义的历史继承与时代发展。把握红色精神与劳动教育的内在联系，掌握其共同理论基础对理解红色精神、高校劳动教育尤为重要。

红色精神与劳动教育都源于对中华民族传统美德的传承和发扬，是中华优秀传统文化中最具有延续性、发展性、可塑性的部分之一，其中"艰苦奋斗、自强不息、敬业乐群"的精神在中国共产党抗击外来侵略、平复内部斗争的伟大实践中衍化为红色精神，并在之后的社会主义建设和改革过程中不断丰富其自身的内涵，为其注入时代色彩。进入新时代，党和国家高度重视高校大学生的劳动教育，在这个过程中最重要

---

① 于慧颖，苏新宁. 红色精神是实现中国梦的巨大力量 [J]. 东岳论丛，2020，41（9）：30-34.

② 习近平在视察南京军区机关时强调：贯彻全军政治工作会议精神扎实推进依法治军从严治军 [N]. 人民日报，2014-12-16（01）.

的就是利用中华民族传统美德中"艰苦奋斗、自强不息、敬业乐群"的精神对大学生进行思想政治教育。红色精神与新时代劳动教育都是中国共产党人对马克思主义劳动观的深刻阐释与灵活运用的结果。马克思高度重视劳动的作用，把劳动上升到推动人类历史发展过程中最为重要的条件与前提，"以致我们在某种意义上不得不说：劳动创造了人本身"①。在马克思看来，尊重劳动有两个层面的含义：一是尊重劳动的过程和劳动的成果，二是尊重从事劳动生产的劳动者。因此，马克思高度重视劳动在社会发展中的作用、关心广大工人阶级的境况。以马克思主义作为指导思想的中国共产党也把劳动教育作为新时代中国素质教育的重要组成部分。红色精神是马克思主义思想引入中国后，中国共产党将其深刻分析并用于实践，在长期的革命、建设、改革过程中不断促使马克思主义与中国实际相结合而形成的强大精神力量。红色精神展示出的求真务实、自强不息、艰苦奋斗等优良作风的时代特点，以新的时代价值不断丰富和发展了马克思主义劳动观。

（二）红色精神与新时代高校劳动教育模范精神具有高度耦合性

马克思不仅强调劳动在人类社会发展过程中的重要作用，还注重发展人在劳动中的能动性。人是劳动的最重要的实现主体，人在劳动过程中不断创造社会物质财富，丰富自我的精神世界，实现了自身与社会的统一。部分劳动者在具体劳动过程中表现出色，体现深刻的、富有感染力的劳动精神，成为其他劳动者学习的榜样，因此被称为劳动模范。习近平总书记说："劳动模范是劳动群众的杰出代表，是最美的劳动者。"② 伟大的红色精神形成的背后都是无数的劳动人民、无数的劳动模范在艰苦奋斗、争创一流。正是如此，在这个过程中形成了革命时期的劳模精神。劳模精神从革命时期形成开始，不断吸收各个时期的时代特点，丰富自身的内涵，其对新时代劳动教育模范的形成起着一定的指导作用。新时代劳动教育模范精神是在社会主义现代化建设中涌现出来的，是为中华民族伟大复兴而不懈奋斗的广大劳动群体身上所体现出的精神，如在社会主义建设时期形成的铁人精神、在全面建设小康社会时期形成的脱贫攻坚精神等。这些精神在一定程度上来说继承和弘扬了红色精神，甚至可以说是新时代的红色精神。因此，红色精神与新时代劳动教育中的劳模精神有一定的耦合性。

（三）红色精神与新时代高校劳动教育目标具有内在同一性

我国教育的根本目标就在于通过全面发展教育，培养可以担当起民族复兴大任、

---

① 马克思，恩格斯. 马克思恩格斯选集：第3卷［M］. 中共中央马克思恩格斯列宁斯大林著作编译局，译. 北京：人民出版社，2012：998.

② 习近平. 在知识分子、劳动模范、青年代表座谈会上的讲话［EB/OL］.（2016－04－30）［2021－09－13］. http://www.xinhuanet.com/politics/2016-04/30/c_1118776008.htm.

社会主义建设的新时代有志青年。高校开展劳动教育作为新时代我国开展素质教育的重要组成部分，在培养和引导高校大学生树立正确的价值取向、提升专业技能和改善精神风貌等方面具有重要影响。高校开展劳动教育的目标就是要通过增强劳动观念、落实劳动活动、强化劳动评价来教育引导大学生理解与培育马克思主义劳动观，结合专业知识开展生产性劳动，并在日常生活中不断增强自身的劳动能力和劳动意识，使高校大学生养成良好的劳动习惯，最终形成勤俭、奋斗、创新、奉献的劳动精神。习近平总书记指出："中华民族伟大复兴，绝不是轻轻松松、敲锣打鼓就能实现的。"① 它需要依靠广大劳动人民通过坚持不懈的劳动，创造社会生产生活所需的各种物质条件。在这一过程中，我们的劳动群众如果没有一定的精神激励，如果只是依靠市场原则，像西方的工人一样按照劳动报酬的多少而进行多少劳动，如今我们所享有的美好生活是绝不会实现的。开展红色精神教育的目标是习近平总书记在"七一"讲话中提到的"以史为鉴、开创未来"，也就是牢记党的历史发展中涌现的诸多红色事迹及其内在的红色精神，将其吸收内化并运用于社会主义现代化建设和实现中华民族伟大复兴的实践之中。因此，在新时代推进中华民族伟大复兴这个伟大的实践中，我们必须从始至终都要坚持用中国共产党伟大的红色精神力量激励广大劳动者，使劳动群众受到精神鼓舞，为创造更多的物质与精神财富所奋斗；必须在高校大力弘扬中国共产党在各个历史时期的一系列红色精神，使大学生明白自己将来作为劳动群众中的一员对社会主义建设的重要性。

二、红色精神融入新时代高校劳动教育的现实意义

教育部出台的《大中小学劳动教育指导纲要（试行）》（以下简称《纲要》）指出，普通高等学校应"强化马克思主义劳动观教育，注重围绕创新创业，结合学科专业开展生产劳动和服务型劳动，积累职业经验，培育创造性劳动能力和诚实守信的合法劳动意识"。红色精神具有强大的生机活力，能够对新时代高校劳动教育提供强大的理论与实践支撑。我们以《纲要》提出的高校劳动教育内容为依据，可以从以下四个维度理解红色精神融入新时代高校劳动教育的现实意义。

（一）红色精神融入校园文化，有助于提升大学生日常生活劳动习惯与能力

将红色精神融入高校的校园文化之中，使学生在日常学习生活中有良好的劳动习惯与劳动能力，是构建高校劳动教育长效机制的极为重要的环节。首先，高校要及时

---

① 中国共产党第十九次全国代表大会文件汇编［M］．北京：人民出版社，2017：12.

转换劳动教育观念,在劳动教育中进一步弘扬红色精神。当前,各高校依托各上级部门有关开展劳动教育与弘扬红色精神的相关文件,结合本校教育实际与学生的身心发展状况,构建开展劳动教育与弘扬红色精神的新型劳动教育体系。为此,高校应转换现有劳动教育观念,学习先进的劳动教育理念,使红色精神进校园、进课堂、进书本,最终实现以红色精神激励劳动教育顺利开展的目的。其次,高校各部门要在校园文化建设和开展过程中充分挖掘和融入红色元素,鼓励和引导学生加入校园文化活动开展的全过程,调动和激发学生的劳动积极性,实现高校劳动教育的知行合一,如开展红色精神讲座、红色精神读书会、红色劳动模范故事分享会等。最后,高校要搭建红色精神教育互联网平台,优化网络教育环境。高校应努力培养和打造一批专业素质过硬,具有红色精神的网络舆论宣传队伍,不断对大学生进行红色精神的网络教育,促进高校劳动教育进一步利用网络空间,扩大劳动教育的覆盖面和影响力。高校应为红色精神融入高校劳动教育搭建一个长期的网络宣传教育平台,从而使得高校劳动教育从内容到形式、从课程到实践、从线下到线上,全方位、全过程对学生进行红色精神的传播,使大学生能够受到红色精神的教化和感召,从而提升大学生日常生活劳动能力。

(二)红色精神融入专业教育,有助于提升大学生专业实践能力

将红色精神融入高校专业课程教育,能够有效提升大学生专业实践能力。高校进行专业课程教育的阵地就是课堂,因此将红色精神融入高校专业课程的主要途径就是整合校内校外资源,结合高校实际,以改造课堂内容为出发点,结合相关课程开设情况大力建设"思政课程"与"课程思政"。高校应通过精心选择教学内容,极力活化教学形式,提升专业实践能力。首先,在"思政课程"开展中,高校可以在课程培养计划中统一设置关于实践课的学分,使学生开展社会调查与劳动体验,并在课程体系中设置关于素质拓展的学分,鼓励学生积极参加社会实践、科技竞赛、公益服务或创新创业课程。其次,在"课程思政"开展过程中,高校可以结合该课程与党史、中华人民共和国史、改革开放史和社会主义发展史这"四史"的有关历史演进过程并在课堂上进行讲解。例如,各学科课程可以根据学校的校史、校训和学校精神、红色精神与劳动精神的联系来开展课程导入。这样能够使学生更加深刻地体会到红色精神对于自己所学课程的重要性,并在今后进行专业实践乃至工作中都能体会到红色精神对劳动教育的促进作用。

(三)红色精神融入"双创"教育,有助于提升大学生创新创业能力

"高校创新创业教育和劳动教育都是为了解决高等教育人才培养与社会需求脱节问

题而进行的理念更新与模式变革，都特别强调与新时代劳动发展趋势紧密结合。"① 把红色精神与深化高校"双创"教育改革、提升创新创业能力紧密结合，能够鼓励学生在"双创"教育过程中体验创造性劳动创造条件，进而提升学生的创造性劳动能力。李克强总理提出"大众创业，万众创新"的全新"双创"理念后，全国很多高校开始重视"双创"的积极作用，并响应国家号召，积极开设大学生创业就业指导，增设职业规划等相关课程，为高校大学生创新创业提供课程帮助与实践平台。红色精神融入"双创"教育，最具有代表性的就是"青年红色筑梦之旅"活动（以下简称"青年红旅"）。习近平总书记曾给第三届"青年红旅"的大学生回信，勉励大学生在活动中要学习红色精神、发扬红色精神，用所学的专业知识助力老区的经济社会发展，助力精准扶贫脱困。

从表 1 中可以看出，从嘉兴南湖到首都北京、从井冈山到瑞金、从古田到南昌，历时四载，"青年红旅"活动已成星火燎原之势。"青年红旅"活动的全国对接活动区沿着红色精神传承和发展的地点逐渐扩散开来，广大学子参加"青年红旅"，把自己的专业知识与老区和贫困地区的现实发展需求相结合，既加深了对红色精神的感悟，也在活动过程中将红色精神转化为实践，提升了其创新创业能力。要使"青年红旅"活动的开展具有长效性和实践性，高校需要建设一套相应的长效机制。高校应大力鼓励在校学生参与"青年红旅"活动，并在其中提供一系列的帮助。例如，高校可以从学校层面联系革命老区和贫困地区，为学生开展活动提供帮助；在活动进行过程中挖掘活动地点的红色元素，加强对大学生的红色精神教育，进而有效促进红色精神与"双创"教育的相互融通，以红色精神为"双创"教育提供精神支持，以"双创"教育深化红色精神的实践，提升大学生的创新创业能力。

表 1 "青年红旅"全国对接活动地区②

2017 年	2018 年	2019 年	2020 年
陕西省西安市启动会	福建省上杭县古田会址启动会	浙江省杭州市启动会	北京市、广东省深圳市线上同步启动
陕西省延安市	河北省西柏坡市	山东省威海市	全国 52 个为脱贫摘帽贫困县
	安徽省蚌埠市	黑龙江省大庆市	
	宁夏回族自治区银川市	安徽省六安市	

① 刘丽红，曲霞. 论高校创新创业教育与劳动教育的同构共生［J］. 中国青年社会科学，2020，39（1）：103-109.

② 张国良. 大学生"双创"教育与思想政治教育的融合路径研究［J］. 轻工科技，2020，36（8）：170-171，174.

表1(续)

2017 年	2018 年	2019 年	2020 年
	江西省南昌市、吉水县、井冈山市、瑞金市	江西省上饶市	
	山东省临沂市		

（四）红色精神融入社会服务，有助于增强大学生为人民服务的意识与能力

开展社会服务是新时代高校开展劳动教育的重要途径，能有效增强学生集体劳动意识与能力，更能提升实践作为第二课堂的核心导向和建设使命。将以雷锋精神、脱贫攻坚精神、焦裕禄精神等为代表的红色精神融入具体的社会服务过程是有效增强大学生为人民服务意识与能力的关键环节。因此，高校应首先推动建立"四位一体"的社会服务模式。第一，高校要推进社会服务全员参与，在培养目标中设定每个学生在校期间至少需完成个人社会实践项目和团队社会实践项目各一次，如开展"三下乡""走进敬老院"等活动。第二，高校要推进社会服务课程化改革，将马克思主义劳动教育、专业技能培训与社会实践相结合，设计实施"教育+服务"的课程体系，如在大中小学开展"普及性的专业基础知识宣传教育"。第三，高校要推进社会服务社会化运作，学校负责大学生社会服务的相关职能部门需牵头对接社会需求与资源，深刻把握现实社会的客观需要，促使高校大学生积极参与到力所能及的社会服务活动之中。第四，高校要推进社会服务精品化，筛选出服务程序突出的项目进行培训传承，重点支持保障其发展，如对"互联网+"与"大学生挑战杯"等活动中有创新意义的项目加以帮助并进行孵化，对"支教队""社会服务队"等具有社会意义的社团组织进行支持等。在红色精神融入社会服务的环节，高校应在开展社会服务的全过程贯穿有关雷锋精神、脱贫攻坚精神、焦裕禄精神等展现为人民服务的红色精神的学习，不仅能使学生在社会服务过程中感悟为人民服务在红色精神中的重要性，还能够在社会服务过程中学习如何为人民服务，从而增强为人民服务的意识与能力。

三、红色精神融入新时代高校劳动教育的路径

近年来，高校劳动教育取得了一定的成效，但仍存在大学生主观认识不足、劳动教育形式较为单一、劳动理念没有深入学生生活实际、劳动教育评价体系不健全等现象。红色精神具有强大的感染力与感召力，对新时代高校劳动教育具有重大意义。为此，从多方面探寻红色精神融入新时代高校劳动教育的路径，能够从理论到实践、线上到线下、学校到学生多个维度感悟红色精神，进而促进高校大学生在高校劳动教育

过程中，体悟劳动的价值意义，强化具体实践能力。

（一）强化理论武装，以红色文化推动劳动育人

当前，推进新时代高校劳动教育的首要任务就是强化高校劳动教育的理论武装，加强大学生劳动的意识，使劳动内化为大学生日常生活中不可或缺的一部分。"当前，多数大学生能够认识到劳动教育对自身成长成才的帮助。"① 但是，新时代大学生存在主观认识不足、缺乏劳动内生动力的问题。首先是因为在快节奏的时代，实际劳动普遍被认为是没用的、浪费时间的行为，逐渐演化为重视脑力劳动而轻视体力劳动的情况。其次，高校大学生学习生活中的许多事务都被学校和父母包办，导致学生逐渐习惯了不需要劳动的生活，其劳动的主观意愿也会慢慢退化。最后，当代大学生更为偏爱通过互联网进行虚拟实践，导致许多本应亲身进行的实践被忽视，没有真正达到教育的目的。红色资源在大学生党团教育中的利用，让劳动教育内容不再是悬于空中的理论说教，而是更能深入人心，使原本较为形式化的劳动教育变得更加生动有趣。为此，高校必须加强开展劳动教育的理论武装，挖掘劳动教育的理论支撑点，以红色文化推动劳动育人。

首先，高校需要在课堂上加强红色文化宣传教育，可以结合重大节日、纪念日的现实情况，以初心使命为主题，以主题党日活动、主题团日活动为劳动教育主阵地，高校可以开展红色文化学习，体悟红色精神内涵，宣传劳动教育活动。高校可以开展"青年大学习"和党团知识竞赛活动，在学生支部中举办微党课比赛，提高学生党性修养和思想政治理论素养。其次，高校可以在党员群体中开展"学专题党课，筑红色高墙"活动，向学生传达红色精神，为促进劳动教育贡献力量。最后，高校可以组织暑期社会实践团参观青年运动史馆，使实践队成员驻足在每一份史料前认真观看思考，缅怀先烈，体会中国共产党在革命、建设和改革的过程中的曲折与艰辛经历，感悟中国青年在中国建设与发展各个历史时期的历史责任与时代担当，进而更好地推进劳动教育。高校大学生身上肩负的任务与责任是巨大的、光荣的。中国的发展最终将依靠新一代青年实现。高校大学生要明确自身定位，担负起历史责任，为社会主义建设与中华民族伟大复兴的中国梦的实现贡献力量。

（二）深化社会服务，以红色实践增强劳动育人

新时代高校开展劳动教育需要做到课上与课下相结合，开展课下活动就需要深化社会服务意识。但是，现在高校劳动教育形式较为单一，缺乏全方位、全过程的劳动育人体系。其主要原因是没有坚实的精神作为指引。红色资源的运用改变了以往读文

---

① 郭晓云. 高校劳动教育的现状与路径探析 [J]. 龙岩学院学报，2019（6）：112-117.

件、"啃课本"等刻板的教育形式，而是结合现代科技手段，让学生更能直观地感受红色精神的激励作用。为此，深化社会服务，以红色实践推进劳动育人是高校开展劳动教育的重要途径。

首先，各党团组织牵头推动志愿服务项目化建设，鼓励党支部与企业、社区合作开展志愿服务，并开展社会实践总结评比活动，丰富劳动教育实施途径，促进大学生在实践中加深劳动认知、提升劳动技能、树立正确的劳动观。其次，高校需要强化大学生的"双创"教育，尤其要结合"青年红旅"活动展开社会实践，在实践中感悟红色精神。最后，高校需要强化实习实践劳动教育，坚持理论教育与劳动实践相结合，组织开展学院线下专场招聘会和日常校园宣讲会，搭建用人单位与高校优秀学生密切接触的实践平台，在实习工作中提升学生专业实践能力和综合素养。

（三）抓好队伍建设，以红色骨干推进劳动育人

新时代高校开展劳动教育需要抓好队伍建设，以劳动模范的作用带动更多的学生参与劳动之中。但是，目前大部分高校劳动教育只注重开展一些比较固化的劳动活动，而没有使劳动意识深入学生学习生活之中。为此，抓好劳动模范队伍的建设，培养大批红色劳动骨干，以红色劳动骨干推进劳动育人是高校劳动教育的重要环节。

首先，学校和各学院需要提升组织劳动育人工作水平，结合学校和各学院实际，通过各种形式开展各层级的劳模评选活动，在学生中形成劳动教育的典型模范，促使学生能够向其学习与靠拢，养成"劳动光荣"的习惯。例如，学校开展"三助"（助管、助教、助研）活动，既有效缓解教师和相关职能部门的工作压力，又通过具体的实践经历对大学生进行劳动教育。其次，评选出的劳动模范应该学习红色精神，发扬红色精神，起好带头作用，带动身边的学生参与劳动之中。最后，大学生应该向自己身边的劳动模范看齐，自觉自愿地参与到各种形式的劳动之中。

（四）改善评价机制，以红色精神激励劳动育人

新时代高校开展劳动教育，建立起有效的评价机制尤为重要。但是，高校普遍存在劳动教育评价体系不健全的现象，这就导致在劳动教育中缺乏相应激励机制，不利于劳动教育的开展。因此，只有改善劳动教育的评价机制，以红色精神激励劳动育人，才能够构建起高校劳动教育的长效机制。

首先，高校在开展劳动教育时，应根据不同学生在不同阶段身心发展的规律和特点，并结合学校的管理理念，有效利用红色精神的内容对大学生进行劳动教育。其次，高校应形成师生高度认同、共同参与的劳动教育评价机制，完善现行的劳动教育评价机制，将尊重劳动、崇尚劳动、热爱劳动、积极参与劳动等劳动理念加入劳动教育评价机制，并积极采取相应的措施，激励学生参与到劳动教育之中。最后，高校教师在

对学生进行劳动教育的同时，还应该在该过程中考察学生继承和弘扬红色精神的实际情况，并使之成为劳动教育评价的重要指标。

四、结　语

红色精神融入高校劳动教育具有深刻的理论和现实意义。红色精神是在中华民族近代以来的伟大实践中升华和凝练而成的，是激励中华民族在各个历史时期不断奋勇前进的伟大精神动力，更是在新时代教育和鼓舞广大青年的巨大精神财富。马克思不仅强调劳动在人类社会发展过程中的重要作用，还注重发挥人在劳动中的能动性。在中国，劳动在社会发展过程中起着举足轻重的作用。与此同时，中国也在国内各个社会阶层、各个年龄阶段不断开展劳动教育。将红色精神融入高校劳动教育，不但可以通过高校劳动教育使红色精神在新时代传承和发展，还可以促使高校大学生养成服务、实践、奋斗、创新、奉献的劳动精神，成为符合社会主义建设所需要的、为中华民族复兴所奋斗的栋梁人才。

参考文献

［1］马克思，恩格斯. 马克思恩格斯文集：第 4 卷［M］. 中共中央马克思恩格斯列宁斯大林著作编译局，译. 北京：人民出版社，2012：473.

［2］施雨岑，周玮，白瀛. 努力培养担当民族复兴大任的时代新人：学校思想政治理论课教师座谈会与会代表热议习近平总书记重要讲话［N］. 人民日报，2019-03-19（04）.

［3］习近平. 在纪念中央革命根据地创建暨中华苏维埃共和国成立 80 周年座谈会上的讲话［N］. 人民日报，2011-11-05（03）.

［4］于慧颖，苏新宁. 红色精神是实现中国梦的巨大力量［J］. 东岳论丛，2020，41（9）：30-34.

［5］习近平在视察南京军区机关时强调：贯彻全军政治工作会议精神扎实推进依法治军从严治军［N］. 人民日报，2014-12-16（01）.

［6］马克思，恩格斯. 马克思恩格斯选集：第 3 卷［M］. 中共中央马克思恩格斯列宁斯大林著作编译局，译. 北京：人民出版社，2012：998.

［7］习近平. 在知识分子、劳动模范、青年代表座谈会上的讲话［EB/OL］.（2016-04-30）［2020-09-13］.http://www.xinhuanet.com/politics/2016-04-30/c_1118776008.htm.

［8］中国共产党第十九次全国代表大会文件汇编［M］．北京：人民出版社，2017：12.

［9］刘丽红，曲霞．论高校创新创业教育与劳动教育的同构共生［J］．中国青年社会科学，2020，39（1）：103-109.

［10］郭晓云．高校劳动教育的现状与路径探析［J］．龙岩学院学报，2019（6）：112-117.